# 현대중국학특강

# 현대중국학특강

한국외국어대학교 중국연구소

HU:iNE

# 책머리에

중국은 이제 우리의 일상이 됐다. 학술적 연구 대상으로서, 또 사드(THAAD) 파동처럼 중국과 한국의 갈등으로 인해 피해를 입은 대기업과 중소기업 경영자의 대안 마련이나, 북한 핵문제라는 어려운 문제에 직면한 정부의 효율적인 정책 입안 과정에서도 중국을 마주한다. 중국을 제대로 이해하기 위해서는 무엇을 어떻게 공부해야 할까. 대다수의 한국 대학교에서는 중국관련 학과나 강의를 개설하고 있다. 그러나 중국어와 문학 및 문화, 사학 및 철학의 인문학 영역과 사회와 정치, 경제의 사회과학 영역까지 광범위한 학문 영역에서 '중국적 현상'에 직면하게 되는 학생들은 공부해야 할 영역의 다양성에 당황하게 된다. 흔히 언어 학습부터 사회적 현상을 이해하기 위한 이론이나 방법론의 습득까지 거대한 지식 체계와 연결된 '중국학'의 방대함 속에 길을 잃고 만다. 더욱이 많은 학생들이 중국은 알아갈수록 모르는 것이 더욱 많아지는 신비로운 '미지의 세계'라는 편견으로 인해 중국을 제대로 이해하려는 노력 자체를 힘겨워한다.

한국외국어대학교 중국연구소에서는 '중국적 현상'을 이해하기 위해서는 각 학문 영역에서 '중국학'에 대한 학술적 정의나 방법론을 지루하게 다루는 것보다 다양한 각도에서 중국의 변화를 직접 소개하는 '귀납적 접근'이 유효하다는 데 착안했다. 어학, 문학, 문화, 철학, 정치, 경제, 사회, 법학 분야에서 전문 연구자들이 중국을 바라보는 시각과 관심의 대상이 되는 내용을 독자들이 직접 접해 봄으로써 바로 이런 내용의 연구가 중국을 이해하기 위한 '생각의 창고'라는 느낌을 주고, 또 학습 동기를 제공하는 것이 이 책의 출간 취지이다. 이 책은 중국에 관한 여느 입문서와 다르다. 중국에 관한 기본 지식을 일목요연하게 체계적으로 정리하기 위한 것이 아니라, 다양한 학문의 맛을 느낌으로써 독자들이 중국학에 대한 열정을 스스로 불러일으킬 수 있도록 자극하는데 그 목표를 두고 있다. 이 책을 접하게 되는 독자들이 "바로 이런 내용이 중국학의 대상이며, 중국학의 매력"이라고 느끼고 이 책의 다양한 내용으로부터 스스로 '중국으로의 지적 탐험'에 나설 수 있기를 기대한다.

이 책의 앞부분은 인문학적 내용을 담고 있다. '당대 중국의 인문 사조'에서는 중국의 인문 사조에 대한 학문적 성과에 대한 담론 분석적 접근을 시도하고, '현대 중국의 고전문학'에서는 현대 중국에서 중국 고전문학이 어떻게 다뤄지고 있으며, 그 내용은 어떤 것인지를 소개한다. '현대 중국의 문화코드: 탄터(忐忑)'에서는 사회현상으로 번지고 있는 현대 중국인의 '우울함'을 문화코드로 설명하고 있으며, '중국어 생성문법을 위한 몇 가지 생각'에서는 '생성문법' 체계를 통해 중국어에 대한 현대 어학적 이해를 돕는다. 또 '시진핑 시대 '실크로드 비전'에 대한 역사적 해석과 제언'에서는 실크로드를 통한 문명 교류의 의미를 되새긴다. 뒷부분은 사회과학적 내용으로 구성된다. '중국 정치개혁의 추진과정과 현주소'에서는 현대 중국의 정치개혁이 어디까지 와있는지 보여주며, '시진핑 시대 중국경제 어디로 가나'에서는 시진핑 시대 중국의 시장경제는 어떤 모습으로 어디를 향해 가는지 살펴본다. '현대 중국 사회의 지식인 '공간''에서는 역사적 맥락에서 중국사회에서의 '지식인'이 어떤 역할을 어떤 공간에서 수행했는지를 분석하며, 마지막으로 '중국의 법제정비와 법치국가 건설'에서는 중국의 법체계가 어떻게 진화했고, 그 한계성은 무엇인지를 다루고 있다. 책의 출간을 위해 수고해 주신 집필진과 한국외국어대학교 지식출판원에 감사드린다.

한국외국어대학교 중국연구소<br>현대중국학특강 편집위원회

# 목차

# I

# 인문학을 통해 보는 중국

# 1. 당대 중국의 인문 사조[1)]

강진석

1990년대 중반 필자는 중국철학을 공부하기 위해 베이징으로 유학을 떠났다. 그 당시만 해도 해도 중국은 '우마차를 타고 휴대폰을 걸다'라는 이미지가 농후했던 시기였다. 베이징 대학에서 유학을 하는 동안 6.4 천안문 사건 이후 많은 학우들이 학원을 떠나 하해(下海)[2)]하거나 출국했다는 이야기가 어렴풋이 들려왔다. 1990년대 베이징의 학원가는 평온했고 하루가 다르게 도처에서 빌딩숲이 솟아났다. 좁은 기숙사 방에서 필자가 중국 고전을 놓고 씨름하는 사이 중국의 학술광장에선 많은 논쟁이 오고 갔다. 1990년대 초 상하이 지식인들 사이에서 벌어진 인문정신 논쟁, 대학 강단을 중심으로 전개된 국학열과 서양학술서 번역의 붐, 그리고 1990년대 후반에 등장한 자유주의와 신좌파의 논쟁 등, 중국에선 천안문 사건 이후 조성된 정치적 침묵의 공간에서 오히려 더 다양한 담론이 생산되었다.

1990년대 들어 중국 지식인들은 당대 사회를 비판적인 눈으로 재해석하기 시

---

1) 이 글의 하단 '추천도서'에 제시된 마리칭, 『현대 중국의 8종 사회사조』(2015); 조경란, 『현대 중국 지식인 지도』(2013) 외에 李澤厚, 『該中國哲學登場了?』(2011,上海譯文出版); 許紀霖, 『中國知識分子十論』(2004, 復旦大學出版社) 등을 참조함.

2) 下海: 본래 있던 직업을 떠나 비즈니스계로 발을 들여놓는다는 뜻. 1992년 남순강화 이후 경제활동의 제약이 풀린 기회를 타서 많은 관원과 지식인들이 경제 활동에 투신하게 되었다.

작했다. 사회 모순은 곳곳에서 쉽게 발견되었다. 개혁개방 성과와 민주화의 좌절, 사회 전반에 깔린 세속화 현상, 사회주의 가치의 상실, 부조리의 심화 등의 모순 속에서, 그들은 나름대로 사상적 틀을 갖춘 시각 속에서 문제의 본질을 직시하고 현존 사회를 해석하고 나아가 미래에 대한 전망을 내놓았다. 이 시기 그들이 말한 인문정신의 위기, 세속화의 문제, 공정과 평등의 상실, 개량주의의 논의들, 그리고 2000년대 이후 부상한 중국모델론, 정치유학의 주장, 중국굴기의 담론 등은 개혁개방 이후 진행된 중국의 현실에 대한 인문 사회적 사조(思潮)의 반영이라고 말할 수 있다.

2001년 중국이 WTO에 가입하던 해에 필자는 학위를 마치고 귀국했다. 2000년대 이래 중국에는 개혁개방의 성과, 세계표준의 가입, 빈부격차의 심화, 전통문화의 부활 등, 전에 없던 다양한 현상이 한꺼번에 발생하여 서로 충돌하고 교섭했다. 필자처럼 고전철학을 공부하는 자에게는 '전통의 귀환'이 가장 먼저 눈에 들어왔다. 필자의 당대 사조에 대한 연구는 귀국 후에 본격적으로 이루어졌다. 중국 사조의 사상과 이론은 고전철학을 공부했던 필자에게 전통과 현대의 결합, 현대성(modernity), 서구문명의 보편성 문제 등과 같은 주제에 새로운 시각과 자료를 제공하기에 충분했다. 이러한 배경 속에서 필자는 주 전공인 유가철학과 체용사상에 관한 연구와 더불어 시야를 넓혀 중국의 문화코드, 인문정신 논쟁, 지식인 담론, 대중문화 조류 등에 대해 관심을 갖고 꾸준히 연구를 진행해왔다. 이번에 필자가 맡은 「당대 중국의 인문 사조」라는 주제는 철학 전공자의 시각에서 기존 연구를 다시 정리하고, 한국적 시각에서 중국 담론을 새롭게 조망해 본다는 데 그 의의를 둔다.

## 인문 사조의 정의와 그 성격

'당대 중국의 인문 사조'는 개혁개방 이후 중국에서 등장한 인문적 사유와 흐름에 관한 연구이다. 여기서 '당대(當代)'는 1979년 개혁개방 시기부터 오늘날까지 지속되는 시대를 말한다. 굳이 '당대(contemporary)'의 키워드를 꼽는다면 '개혁개방'에서 '중국굴기'에 이르는 중국의 역정(歷程)으로 표현될 수 있다. 제목에서 말하는 '인문 사조'는 매우 포괄적인 의미를 지닌다. '인문(人文)'은 먼저 학술 분야에서 다루어진 철학, 역사, 문화, 예술의 영역을 말하고, 중국 사조의 특징을 잘 드러내는 논쟁과 토론 등의 형식을 포함하며, 인문학적 논의를 중심으로 사회과학적 시각과 분석으로의 확장과 융합을 포괄하는 광의의 개념이다. 또한 '사조(思潮)'는 좁게 보면 주로 사상가나 학자군의 생각(thought)을 지칭한다. 그러나 사상의 물결 또는 사상의 흐름이라는 의미에서 그 주체는 개인이라기보다는 주로 학파를 말하고 이들에 의해 구축되고 전개된 사상의 흐름을 뜻한다. 따라서 이 사조는 때로는 한 시대를 풍미하는 정신(zeitgeist)으로 읽혀지거나, 사회주의 중국에서 두드러지는 이념(ideology)이나 주의(ism)으로 등장하기도 하고, 때로는 군중의 의식과 결합된 형태의 운동(movement)이나 열풍(craze)을 가리킨다.

중국 사회에서 인문 사조는 시대를 따라 성격을 달리하며 그 특색을 드러내었다. 1980년대는 지식인들이 문화열(文化熱)을 주도하면서 시대의 선도자로 각인되었다. 이 시기 중국의 사조는 시대를 앞서가는 계몽적 성격을 띠었다. 1990년대는 민주화의 좌절과 경제우선주의의 분위기 속에서 사조가 날카로운 비판적 담론을 쏟아내었던 시기였다. 2000년대는 대국굴기(大國崛起)의 열망과 올림픽의 성공적 개최에 힘입어 제반 사조가 민족주의(nationalism)로 수렴되는 현상을 보이고 있다. 이처럼 인문 사조는 중국 내에서 시대를 주도하거나 시대의 모순에 저항하고 비판자의 역할을 담당하기도 하였고 대중적 열망과 함께 민족주의적 특색을 분출하기도 한다.

중국 사조는 중국의 국가적 사건과 사업들과 맞물리면서 시대에 따라 그 성격과 내용을 달리했다. 1980년대는 포스트 문혁(文革), 개혁개방 노선, 1989년 6.4 사건 등이 당시 문화열, 계몽주의, 현대화 논의 등과 함께 조응하고 충돌했다. 1990년대는 1992년 남순강화(南巡講話),[3] 포스트 6.4, 세속화와 시장화 등의 사건이 당시 인문정신 논쟁, 자유주의와 신좌파 논쟁, 대중문화의 부상 등의 사

3) 남순강화(南巡講話): 덩샤오핑이 1992년 1월 18일부터 2월 21일까지 우창, 선전, 주하이, 상하이 등지를 잇달아 방문하면서 중요한 담화를 발표하였다. 담화의 주된 내용은 개혁을 심화하고 발전을 가속화하는 것이었다. 6.4 천안문 사태 이후 보수강경파에 밀렸던 상황을 만회하기 위해 덩샤오핑은 남쪽 지역을 시찰하면서 개혁개방 노선의 지속적인 견지를 주장하였다.

조를 촉발시켰다. 2000년대는 전통문화 복원정책, 2001년 WTO 가입, 2008년 베이징 올림픽 등의 정책 기조 속에서 소프트파워 열풍, 전통의 부활, 중국모델론, 민족주의 등의 사조가 한꺼번에 쏟아져 나왔다.

다시 말하자면 당대 중국은 크게 보아 '포스트 문혁 시기', '1989년 6.4 민주화 운동', '1992년 남순강화', '2001년 WTO 가입', '2008년 베이징올림픽 개최' 등의 사건과 정책이 중국의 지식인과 대중에게 지대한 영향을 끼치게 되었고, 중국의 인문 사조는 이를 각 마디의 분기점으로 하여 반응하고 생산되고 분화하였다.

당대 신유학자 모우쭝산(牟宗三 1909~1995)은 삼통(三統)의 논법으로 중국의 사상 전통을 말한 적이 있다. 그는 20세기의 지평 위에서 영구적 가치인 도통(道統)의 전승, 과학과 같은 학통(學統)의 체계, 민주로 대표되는 정통(政統)의 확장을 말하면서 유학자로서의 시대적 사명을 말한 바 있다. 이를 빌어 유기적으로 중국 사회를 들여다보면, 한국에 비해 제한된 민주주의 환경 속에서도 중국 지식인들은 나름대로 도통의 담론을 끊임없이 사유하였고, 이 전승과 해석 속에서 학통과의 소통과 긴장 관계를 유지하려 하였으며, 정통과의 교섭 속에서 중국 사회의 나아갈 길에 대해 수시로 탐구하여 왔다. 이러한 삼통의 전통은 가깝게는 1919년 5.4 시기에 발생한 중국 지식인의 학술운동 전통에서 기인한 것이고 멀게는 맹자로부터 발단하여 송명대를 거쳐 전승되었던 사대부의 도통 전승과 독립의 정신에서 유래한 것이다.

이러한 현상은 한국적 상황과 얼핏 유사해 보이지만 그 이면에는 큰 차이가 존재한다. 한국 사회도 1987년 민주화운동, 1988년 서울올림픽, 1997년 금융위기, 2002년 한일월드컵, 2008년 2차 금융위기 등의 거대 사건과 국책 사업의 여정 속에서 여러 사조가 등장하고 생산된 것이 사실이다. 그러나 우리는 87체제 이후 지식인 계층의 담론이 사상적 깊이를 지닌 사조의 형태로 발전하지 않았고, 그 주도권을 정치권과 언론매체에 내어주는 결과로 이어졌다. 이를 삼통(三統)으로 보면 각 계통이 제 역할을 제대로 수행하지 못한 채 정통(political tradition)이 도통과 학통을 압도해버린 것이다. 또한 두 차례에 걸친 글로벌 금융위기의 충격 속에서 한국의 인문사조는 자발적 생명력을 회복하기도 전에 신자유주의 체제로 재편되면서 다양한 담론의 공간이 스스로 붕괴되는 비운을 맞게 된 것도 사실이다. 이러한 점이 끈질긴 생명력과 자생력을 지닌 중국의 사조 전통과 구별된다.

## 사조의 유형과 특징

당대 중국학자들은 개혁개방 이후 등장한 중국 사조에 대해 여러 시각에서 분류를 시도했다. 마리청(馬立誠)에 따르면 당대에는 크게 8종의 사조가 있는데, 곧 중국 특색의 사회주의, 구좌파, 신좌파, 민주사회주의, 자유주의, 민족주의, 민수주의(民粹主義, populism), 신유가 등으로 분류된다. 샤오궁친(蕭功秦)은 20세기 중국 사조를 크게 자유주의, 신보수주의, 좌익평등주의의 3종으로 보거나, 이를 다시 6종 즉 자유주의, 신권위주의, 신좌파, 신민족주의, 문화보수주의, 민주사회주의로 나누었다. 쉬지린(許紀霖)은 20세기의 지식인을 시대 변천에 따라 6세대로 나누었다. 국내학자 조경란은 '이념-보편지향'과 '국가-문명지향'의 틀과 '좌우' 대립의 틀로 분석할 때 구좌파, 신좌파, 자유주의, 대륙신유가 등의 4종으로 나누었고, 유파별로는 신좌파, 자유주의파, 문화보수주의파, 사회민주주의파, 구좌파, 대중민족주의파, 신민주주의파 등의 6종으로 구분했다. 리쩌허우는 2000년대 이후 영향력 있는 중국 사조로 자유주의, 신좌파, 문화보수주의의 3종을 들었다. 이러한 분류의 다양성은 학자들마다 지니는 관점과 지향의 차이에서 비롯된 것이다.

앞선 구분에 따른 유형들은 대체로 각 사조나 이념을 생산하는 주체가 있고 이를 기반으로 꾸준히 활동하는 학파와 이에 호응하는 대중의 저변이 존재한다. 그러나 중국의 사조를 유형별로 구분하기 어려운 난점도 존재한다. 왜냐하면 사조는 학파나 이념에 의해서만 생산되는 것이 아니라, 때로는 공간적 성격으로 때로는 이데올로기적 모습으로 또 어떤 때는 광대한 대중운동의 기세로 다가오곤 한다. 때로는 하나의 특정 사조 안에 강단, 사상, 운동, 이념의 내용이 함께 응축된 경우도 존재한다. 1980년대 문화영웅으로 추앙받았던 리쩌허우가 그 대표적인 예이다. 그가 생산한 사조 속에는 지식인의 사상, 도서출판의 전파, 독자의 토론, 대중매체의 재생산, 민주화 운동의 참여 등의 여러 얼굴이 공존한다.

이와 함께 우리는 특정 사조의 끊임없는 변신에도 주목할 필요가 있다. 끊임없는 변신과 변형 속에서 오히려 자기정체성을 공고히 하려는 사상가로는 리쩌허우와 왕후이(汪暉)를 꼽을 수 있다. 리쩌허우는 마르크스 실천관에서 시작하여 신계몽주의의 주장을 거쳐 개량주의로 정착해 간 인물이었다면, 당대 중국의 신좌파로 주목받는 왕후이는 마오이즘적 좌파사상에서 출발하여 2000년대 들어 중국모델론을 긍정하고 트랜스시스템사회(trans-systemic society)[4] 개념에 기초한 중화질서적 시야로 초점이 계속 옮겨가고 있다. 이 두 사상가의 사례는 한 학파의 사조를 단일한 주의(主義)로 규명할 수 없다는 관찰자의 곤경을 잘 담고 있다.

사조를 이해하는 또 다른 분석틀로는 전통-반전통의 초점과 체제(體制)-반체제적 시각을 들 수 있다. 1980년대의 사조는 가히 반전통(反傳統)의 물결 속에서 진행되었다고 볼 수 있다. 당시 유학부흥론을 제외한 모든 사조들은 대체로 서구-중국, 현대-전통, 계몽-봉건 등의 이원적 시각을 유지하였다. 이들은 대체로 서구적 시각에 비추어 중국적 요소를 전통으로 치부하고 그 봉건성을 부각시켰다. 또 하나는 체제-반체제의 시각인데, 첸리췬(錢理群)과 같은 이는 1989년 6.4 이후 전개된 정치경제체제를 6.4체제로 명명했다.[5] 1980년대 지식인들이 사상 담론을 주도했던 문화열 시기에는 친체제-반체제의 성격이 그다지 중시되지 않았다. 그러나 1992년 이후 사상 사조는 대체로 친체제와 반체제의 두 입장으로 극명히 갈리게 된다. 체제비판적 입장에 선 사조로는 인문주의파, 신좌파, 급진적 자유주의, 사회민주주의 등을 들 수 있다. 2000년대 이후 신좌파는 중국모델론을 제기하면서 친체제적 입장으로 선회하였고, 반면에 자유주의파는

---

4) Trans-Systemic Society: 왕후이(汪暉)에 의해 제시된 개념. 그는 『아시아 세계-중국 역사』에서 이 개념을 트랜스시스템사회는 서로 다른 문화, 종족집단, 지역이 교류, 전파, 병존하면서 서로 연관된 사회 형태와 문화 형태라고 설명하였다. 이 TSS 사회에서 문화는 필연적으로 정치적이고, 따라서 TSS는 정치구조를 언급하지 않을 수 없다. 왕후이는 이 개념을 통해 근대 시기 청조와 티베트의 관계를 설명했고, 많은 논란의 여지를 남겼다.

5) 첸리췬은 1992년 남순강화를 1989년 6.4체제의 하나의 발전과정으로 인식했다. 따라서 그가 말한 6.4체제는 남순강화를 포함하며, 그는 1992년 이후 이 6.4체제가 지속된 것으로 이해했다.

사회주의적 요소와 결합하면서 오히려 더 체제비판적인 입장을 부각시키고 있다. 2000년대 들어 등장한 정치유학과 민족주의 사조는 체제옹호적인 입장과 함께 민수주의와의 결합을 꾀하고 있다.

따라서 오늘날 중국의 인문사조를 제대로 규명하기 위해서는 적어도 시대 구분과 유형 분류, 사조의 성격과 변천, 다양한 시각적 접근 등의 요소를 함께 고려해야 한다. 기존에 당대 사상 사조 또는 사회 사조에 대한 연구는 국내외 학자들을 중심으로 활발하게 진행되었다. 필자는 이들의 연구에 힘입은 바 매우 크다. 필자는 기존의 연구 내용에서 비교적 주목받지 못했던 흐름을 조명하고, 기존의 분석에 대해 나름대로 독자적인 인문학적 해석을 가미하며, 이를 한국 인문학적 지평에서 다시 평가하는 글쓰기를 시도하고자 한다.

## 1. 1980년대 인문 사조와 지식인의 위상[6)]

### 신계몽의 시대

중국 현대사에서 문화대혁명은 중국인들에게 크나큰 좌절과 시련을 안겨다 주었다. 1966년부터 시작된 이 운동은 '해서파관(海瑞罷官)'[7)]이라는 문화적 이슈에서 발단하였지만 정치투쟁과 대중운동으로 이어진 10년의 동란은 중국인들에게 씻을 수 없는 상처를 남기게 된다. 1980년대 초반은 문혁의 상흔이 아직 잔존하였지만 덩샤오핑(鄧小平 1904~1997)의 개혁개방 노선과 사상해방의 분위기

6) '추천도서'인 쉬지린, 『왜 다시 계몽이 필요한가』(2013); 강진석, 「리쩌허우의 미학사상과 서체중용론」(2016) 외에 김교빈, 「문화열과 현대중국」(1994, 『현대중국의 모색』, 동녘)을 참조함.

7) 1960년 우한(吳晗)이 쓴 연극대본의 제목이다. 대약진운동이 실패로 돌아갔던 막바지에 쓰여졌던 이 대본은 1965년 문혁 4인방 중의 한 사람인 야오원위안(姚文元)에 의해 마오쩌둥을 풍자하여 비판한 것이라고 맹렬하게 비난을 받았다. 훗날 사가들은 이 연극대본을 빌미로 하여 문화대혁명이 일어나게 되었다고 평가하였다.

속에서 기대와 희망으로 충만했다. 1957년 반우파투쟁[8] 이후 수그러진 백화제방의 분위기가 다시 살아나고 자유로운 학술토론의 장이 곳곳에 마련되었다. 지식인들은 이 시기를 1919년 5.4 신문화운동 이후에 등장한 신계몽운동의 적기로 인식하였다. 문학계에서는 상흔문학(傷痕文學)이 등장하고 5세대 영화가 등장하면서 문혁에 대한 재평가가 유행처럼 번졌고, 이와 함께 중국 전역을 뜨겁게 달구었던 문화열이 일어났다. 학술계에서는 다양한 형태의 학술토론회가 열렸고, 이러한 분위기는 80년대 중후반까지 꾸준히 이어졌다. 다양한 형태의 문화서원과 연구중심이 수립되었고 서양학문을 번역한 책들이 총서의 형태로 속속 등장하였다.

마오쩌둥(毛澤東 1893~1976)은 강렬한 자각의식으로 서양의 보편성으로부터 독립을 시도했다. 대약진 운동과 문화대혁명에 이르는 여정은 공산주의 이상세계를 지향했던 중국식 사회주의의 거대한 실험이었다. 이 실험은 서양의 현대성을 배척하고 전 인류를 구하고자 하는 공산주의적 이상 속에서 중국 특수의 길을 걷는 것이었다. 쉬지린(許紀霖)은 마오 시대의 대동 이념이 그 유토피아적 실천과 세속시대 인성과의 괴리로 인해 실패했다고 진단한다. 이 문화대혁명이 끝나자 중국은 서둘러서 문화를 개방하고 전 세계적 보편문명에 융합하고자 했다. 5.4 시기 전반서화(全盤西化)가 시대의 대세를 이루었다면 1980년대의 사상계몽도 서구적 보편성을 탐구하는 사유가 시대의 대세를 이루었다. 이 시기 계몽사상에는 중국 대 세계, 전통 대 근대, 역사 대 규범, 특수 대 보편의 뿌리 깊은 이원적 서사가 존재했다. 여기서 중국은 폐쇄와 낙후를 의미했고 현대화를 방해하는 특수한 전통을 상징했다. 반면 세계는 전진과 미래를 의미했고 보편 가치와 규범을 의미했다. 이 시기 지식인들이 말한 계몽은 결국 서구적 보편성을 향한 희구였고 현대화는 중국식 전통의 옷을 벗고 보편의 세계를 향해 전진하는 것이었다.

---

8) 반우파투쟁(反右派鬪爭): 1957년 마오쩌둥에 의해 실시된 우파분자 탄압운동. 마오는 1956년 자유로운 언론의 표현을 보장한다는 취지의 쌍백(百花齊放, 百家爭鳴) 방침을 발표했으나, 이듬해 이를 뒤집고 우파분자 탄압과 언론자유의 제한을 실시하였다.

## 지식인과 문화열

개혁개방의 선언과 함께 개시된 1980년대는 중국 근현대사에서 문화의 빅뱅이 다시 출현한 시기로 인식된다. 학술의 거의 전 분야에 걸쳐 형형색색의 꽃들이 만개한 것처럼 열띤 토론의 장이 형성되었다. 점차 학제 간의 토론도 활성화되었고 여러 분야를 넘나드는 문화의 스타들이 다시 등장하기 시작했다. 그 중심에는 '지식분자(知識分子)'로 명명된 지식인이 있었다. 이들은 문화대토론 즉 '문화열(文化熱)'을 주도했다. 1980년대는 계몽주의의 귀환으로 칭해질 만큼 반전통주의 사조가 시대를 압도했다. 문화열을 주도했던 지식인들은 작가, 과학자, 철학자, 사학자, 문학가, 인문학자 등의 다양한 직업군을 이루었고, 비록 신분상의 구별을 있었으나 그들이 다루는 주제들은 하나 같이 공공성을 담보하면서 각 영역을 자유롭게 넘나들었다. 그들은 중국의 현장을 떠나지 않으면서도 동서양을 자유롭게 넘나드는 개방적 사유를 유지했다. 문화열의 한 축에는 바로 이러한 지식인열이 자리 잡고 있었다. 이 시기 지식인열의 주요 화두는 '중심으로 돌아가자'는 것이었다. 1949년 신중국 수립과 연이어 발생한 대약진과 문혁의 역사 궤적 속에서 소외되고 배척되었던 지식인들이 신계몽주의 시대에 다시 사회개혁의 엘리트 주역으로 인정받게 되었다.

이들은 당시 중국의 대학가, 가두, 광장을 가릴 것 없이 두루 환영받는 '문화영웅(文化英雄)'들이었다. 그들의 인기는 당시 대중매체의 스타들과 비교해서 결코 뒤지지 않았고 세속적인 대중 스타들과는 달리 신성하고 이상적인 풍모를 지니고 있었다. 자유의식과 독립인격이라는 당시 그들의 이상은 1980년대 사상계에서 두루 뿌리내린 공통의 인식이었다. 지식인 집단이 주도하던 신계몽의 시대는 1989년 6.4 천안문 사태를 맞이하면서 크나큰 좌절을 경험하게 된다. 쉬지린에 따르면 중국 지식인의 위상은 1980년대 신계몽운동 이후 1990년대에 이르러 점차 주변화되었다. 1989년은 그 대표적인 분수령이었다. 1990년대로 접어들면서 지식인의 주변화와 동시에 중국사회의 세속화가 급속하게 진행되었다. 그것은 문화의 중심이 지식인 계통에서 대중문화 영역으로, 공공담론으로부터 세속문화로 이동하는 것을 의미했다.

김교빈에 따르면, 1980년대 문화열을 주도한 사조로는 유학부흥론, 비판계승론, 철저재건론, 서체중용론 등이 있었다. 이 네 사조는 유학부흥론을 제외하면 대체로 반전통과 신계몽의 사상적 맥락에 속한다고 볼 수 있다.

먼저 유학부흥론은 중국의 전통사상인 유학을 복권시키자는 운동이다. 그들은 문혁시기 철저하게 폄하되었던 유학을 다시 복원하고, 중국문화의 뿌리인 유가사상을 통해 중국문화의 독창성과 우수성을 알리고 부흥시키고자 했다. 이 운동을 이끌 학자들은 당시 대만과 홍콩 등지에서 활약하고 있던 해외신유가들과 협력하고 당시 동아시아에서 유행하던 유교자본주의 사조와 호응하면서 다양한 유학 부흥운동을 일으켰다. 둘째는 비판계승론이다. 이들은 중국 전통 중에서 찌꺼기와 알맹이를 구별하여 이를 비판적으로 계승하고, 중국적 특성을 지닌 사회주의 물질문명과 정신문명을 내용으로 하는 사회주의 신문화를 건설하자고 주장했다. 이들은 개혁개방 이후 중국이 직면한 경제개혁의 현실을 냉정하게 인정하고, 중화민족의 우량한 전통을 살리기 위해 전통문화를 분석해내고, 서구문화 가운데 부패한 부분을 떼어내어 현실에 유리한 과학과 민주를 들여오자고 주장했다. 셋째는 철저재건론이다. 진관타오(金觀濤), 깐양(甘陽) 등으로 대표되는 이들은 서양의 사회과학적 방법론, 자연과학의 다양한 이론을 가져다가 자신들의 이론을 구축하고자 했다. 그들의 눈에 비친 중국의 현실은 경제가 여전히 소농경제에 머물러 있고 문화도 전근대문화에 머물러 있었다. 따라서 중국의 전통문화를 근본적으로 개조하여 철저하게 다시 세워야 한다고 주장했다. 이러한 점에서 그들은 확실히 반전통의 입장에 서 있었다. 넷째는 리쩌허우로 대표되는 서체중용론(西體中用論)이다. 당시 리쩌허우는 유학비판론이나 비판계승론 심지어는 중국화한 공산주의마저도 여전히 중체서용의 낡은 틀을 벗어나지 못했다고 진단했다. 따라서 이러한 봉건적인 중국을 바꾸기 위해서는 서체(西體), 즉 서구의 과학기술문명, 선진방식, 서양학문 등의 상부구조와 하부구조를 모두 들여와 중국의 본체로 삼아야 한다고 주장했다.

문화열은 TV 매체와 만나면서 기하급수적으로 팽창하였다. 1988년 6월 중앙TV는 다큐멘터리 「허상(河殤): 황하의 죽음」을 연속해서 방영한다. 다큐는 쪽빛문명과 황색문명을 극명하게 대립시키면서 자유주의 사조와 철저재건론의 색채를 선명하게 드러내고 있었다. 대중매체를 통한 파급효과는 문화열의 전국적 확산을 가져왔고 점차 그 정점을 향해 나아가는 추세였다. 1989년 5.4 운동

70주년을 맞아 문화열은 정점을 찍고 있었다. 6월 4일 천안문 사건 이후 문화열은 순식간에 식어버리고 중국 사회는 침묵 속에서 냉정을 되찾아 갔다. 1992년 남순강화 이후 덩샤오핑은 경제우선주의 정책을 채택하면서 개혁개방의 기조를 지속시켜 나갔다.

남순강화 이후 지식인의 위상은 날개 꺾인 새들처럼 일순간에 추락했다. 1990년대에 들어서자 지식인의 공공 담론은 자취를 감추고, 문화열을 대신해서 국학열과 번역열이 그 자리를 대신 메우기 시작했다. 국학연구와 학술규범의 중건이라는 분위기에 편승하여 지식인들이 대거 학원화되고 현대적인 지식체제로 편입되었다. 중국 사회는 급속도로 세속화되었고 시장경제의 사회 속에서 지식인의 주변화는 가속화되었다. 경제발전이 유일한 화두의 중심으로 자리잡으면서 더 이상 공공담론은 주목받지 않게 되었다. 1990년대 공공문화의 상실은 구미가 경험했던 1970년대 이후 상황과 유사하게 지식체제의 전문화와 문화생활의 상업화로 나타났다.

1994년 무렵에 일어난 '인문정신 논쟁'은 지식인 집단의 주변화를 문제 삼으면서 시작된 것이다. 그리고 1990년대 지식인의 독립성에 대한 희구는 지식인의 이상모델을 아이콘으로 띠우면서 구준(顧準 1915~1974)[9]과 천인커(陳寅恪 1890~1969)[10] 의 열풍으로 다시 등장하게 되었다.

---

9) 구준(顧準 1915~1974): 당대 중국의 사상가이자 경제학자. 일찍이 중국 사회주의시장경제 이론을 제시하였고 민주사회주의 사상을 주장했다. 1957년 반우파투쟁 시기, 시장경제 이론 등을 주장하여 당적을 박탈당했고, 문혁 시기 재차 우파인사로 낙인찍혀 지속적으로 고초를 당했다. 당시 시대분위기 속에서 가족도 그를 이해하지 못하여 처는 자살하고 자제는 관계의 절연을 선언했다. 고초를 당하는 중에서 독립적인 사고를 유지하고 민주사회주의의 이상을 지켰다. 1997년 『구준일기』가 뒤늦게 출간되면서, 중국에 구준열이 일어났다.

10) 천인커(陳寅恪 1890~1969): 당대 중국의 저명한 역사학자. 유럽과 미국 등지에서 유학했다. 10여종 언어에 능통함. 1920년대 설립된 칭화대 국학원의 교수로 역임했고, 당시 4대 국학대사 중의 한 사람으로 칭해졌다. 1929년 왕궈웨이 비문을 작성하면서 '독립의 정신과 자유의 사상'을 인생의 지표로 삼았다. 문혁 시기 우파인사로 낙인찍혀 고초를 당했다. 핍박 중에서 많은 저작을 완성시켰고, 학문의 독립을 지킨 대표적 인물로 추앙되었다. 1995년 루젠둥(陸鍵東)이 지은 『천인커, 최후의 20년』(김형종 역, 2008, 사계절)으로 세간에 더욱 알려지게 되었다.

## 2. 현대신유학의 사상적 흐름[11]

현대신유학은 당대 인문주의 사조 중에서 상대적으로 독립적인 성격을 띠고 있다. 자유주의와 좌파사상이 주로 20세기 초엽을 전후로 중국에서 발흥했다면, 현대신유학은 선진시기 공자철학에 그 연원을 두었고 송명대 신유학을 계승한 측면도 있으며, 중화인민공화국 수립 이후에는 봉건의 상징으로 매도되면서도 그 끈질긴 생명력을 유지해왔다. 다른 사조와 달리 이들은 태생적으로 결코 반전통의 입장에 설 수 없었고, 단지 마오쩌둥 시기 펑여우란(馮友蘭 1895~1990)에 의해 유물사관에 입각해 기술한 『중국철학사신편』이 출간되거나 장다이넨(張岱年 1909~2004), 팡커리(方克立) 등이 유학의 가치를 긍정하면서 동시에 선진학문을 수용해야 한다는 비판적 계승론을 주장하는 수준의 이론적 변용을 보여주고 있었다. 현대신유학 사조는 1980년대에는 대중과 소통하고 호흡하는 문화부흥열로 등장하였고, 1990년대는 학원가와 출판계를 중심으로 한 학문적인 토론으로 이어졌고, 2000년대 들어서는 그 열풍이 민간으로 확대되면서 여러 대학에 국학원이 설립되고 강습반이 개설되는 등의 제2의 전성기를 구가하고 있다.

### 유학부흥열과 현대신유가

1980년대 유학부흥열은 문화대혁명 이후 가장 큰 규모로 개최된 2개의 학술대회에서 시작되었다. 1981년 10월 항저우에서 '전국송명리학토론'이 열렸고, 같은 달 꾸이린에서 '중외철학사비교토론회'가 열렸다. 1982년 청두에서 '중국

11) '추천도서'인 마리청, 『현대 중국의 8종 사회사조』(2015); 천라이, 『진래교수의 유학과 현대사회』(2016) 외에 박영미, 「중국의 현대신유학 수용과 이해: 1980년대 현대신유학 연구를 중심으로」 (2008, 『현대신유학과 중국특색의 사회주의』, 한양대학교 출판부); 김재숙, 「중국 현대 미학대토론에 나타난 미의 본질 논쟁」(2004, 『시대와 철학』); 임태승, 「리쩌허우 미학사상 비판」, (1999, 『동아시아 문화와 사상』) 등을 참조함.

의 근대과학이 낙후된 원인을 규명하자'는 학술토론회가 12월에는 상하이에서 '중국문화사연구자좌담회'가 열렸다. 특히 이 '좌담회'에선 '문화'가 본격적으로 토론의 주제로 등장했다. 문화의 성질을 어떻게 정의할 것인가, 전통문화를 어떻게 평가할 것인가, 중외문화의 교류를 어떻게 볼 것인가, 문화의 중심이 무엇인가 등 다양한 주제가 논의되었다. 이 회의에서 다루어진 주제들은 향후 '문화열' 속에서 각기 다른 사조에 영향을 끼치게 된다. 1983년에는 문화 관련 학술토론회가 전국적으로 개최되었다. 그 후 베이징에 중국문화서원(中國文化書院), 『문화중국과 세계』 편집위원회, 21세기 연구원 등이 설립되면서 '문화열'을 주도하게 된다. 이 시기 문화열은 문화, 유학, 미학이 한데 어우러져 있었고, 현대신유학은 학자군을 중심으로 한 학술토론회의 형식을 띠면서 전면에 등장하였다.

이러한 학술토론 성격의 문화열풍은 중국문화서원(中國文化書院)이 설립되면서 이 공간을 무대로 당대신유가(當代新儒家)로 불리었던 해외유학자들의 교류로 이어지게 된다. 1984년 베이징에서 설립된 중국문화서원은 여러 대학의 학자들이 연합하여 설립한 민간단체 성격의 교육기관이었다. 그들은 중국문화의 우수한 전통을 계승하고 중외문화를 비교 연구하고 세계 각국의 학자들과 교류하면서 중국 전통문화의 현대화를 촉진하는 것을 그 목적으로 하였다.

이 공간 속에서 량수밍(梁漱溟 1893~1988), 펑여우란, 탕이지에, 리쩌허우 등의 대륙학자들이 강사로 초빙되어 활발하게 활동하였다. 그 중에서도 특히 서원 내에 개설된 '문화계열강습반(文化系列講習班)'은 1기 '중국전통문화', 2기 '중서문화비교연구', 3기 '과학기술과 문화', 4기 '문화와 미래' 등을 주제로 저명한 중국대륙학자와 해외신유가 그리고 다수의 외국학자들이 강사로 초빙되어 전국 각지에서 모인 수강자들에게 강연을 하였다. 해외에서 초빙된 현대신유가 중 뚜웨이밍(杜維明)은 전국을 순회하는 강연과 논문발표를 통해서 현대신유학의 사상, 그 중에서도 특히 '유학 3기발전론'을 전파하면서 유학부흥열을 중국 전역으로 확산키는 공헌을 하였다. 흥미롭게도 1984년 민간단체의 형식으로 설립된 중국문화서원에서 당시 문화열의 대표주자였던 세 사람이 한데 모여 강연하는 장면이 연출되었는데, 서체중용론을 주장한 리쩌허우, 비판계승론을 주장한 팡커리, 유학부흥을 제창했던 펑여우란과 량수밍 등이 서원(書院) 공간을 매개로 교류하고 대화했던 것이다. 이렇듯 당시 학문의 분위기는 매우 유연하였고, 학제 간의 토론과 대화는 시대정신과도 같이 자연스런 것이었다.

정자둥(鄭家棟)은 당시 중국 대륙에서 현대신유학에 주목하게 된 몇 가지 원인을 이렇게 말한다. 첫째는 뚜웨이밍이 해외신유학의 사상을 대륙에 소개하면서 30여 년간 단절되었던 유학의 부흥운동이 이에 자극되어 되살아난 것이다. 다음으로 동아시아 공업문명의 부흥과 유학의 연관성을 논의하는 가운데 전통문화와 현대화의 관계를 고민하던 대륙 학자들이 현대신유가가 제시하는 문제에 주목하게 된 것이다. 이밖에 개혁개방의 분위기 속에서 해외 학자들의 대륙 내 활동이 자유로워진 점 등이다. 문혁 시기 숨죽일 수밖에 없었던 대륙신유가는 외부의 자극에 의해서 비로소 기지개를 펴게 된 것이다. 해외신유가의 사상은 대륙신유가에게 유가의 현대적 해석에 한 시야를 열어주었고, 당시 유행했던 유교자본주의 등의 사조는 현대화의 탐색 과정에서 하나의 단서를 제공해 준 셈이다.

그러나 1980년대의 사조 속에서 유학의 위상은 결코 환영 일색만은 아니었다. 당대 대륙신유가의 대표주자인 천라이(陳來)는 1980년대와 1990년대에 전국적으로 만연했던 반전통주의 사조 속에서 유학이 직면했던 곤경에 대해 언급한다. 문화열은 탈경계적이고 개방적이었으나 중국사회 내의 반전통 기조는 여전히 강렬하게 이데올로기적으로 작용했다. 시대 속에서 유학과 기타 사조는 양자 간에 지지와 반대, 호응과 상충이라는 이중적 설정이 여전히 유효했다. 반유학사조는 1980년대와 1990년대에 확실한 궤적을 그리면서 유학과 적대적 관계를 유지했다. 천라이에 따르면 1980년대의 반유학사조는 자유주의를 배경으로 한 문화급진주의였고, 1990년대 중엽에 흥기한 유가비판운동은 교조주의와 사이비마르크스주의에서 온 것이다. 이 문화급진주의는 1980년대를 풍미했던 철저재건파, 자유주의, 서체중용파를 아우르는 거대한 물결로 볼 수 있고, 교조주의와 사이비마르크스주의는 1990년대에 등장한 구좌파와 신좌파 사조를 가리킨다. 이처럼 유학부흥열은 각 시대에 공존했던 반유학사조와 충돌하면서 나름대로 자신의 영역을 고수한 것이다. 당시 뚜웨이밍은 유학이 현대화 정신과 밀접하게 관련된다는 점에 대해 이성적이고 진지하게 성찰하자고 주장하였고, 서양의 사회과학적 학술훈련을 받는 자로서 더욱 견실하고 경험적인 연구를 하자고 주장했다. 그러나 당시 대륙의 학자들은 이 주장에 대해 극도의 경계심을 표출하고, 뚜가 말한 유학전통의 창조적 전환도 극도로 위험한 것으로 보고 일제히 공격하는 양상을 띠었다. 신문 매체도 이에 가세하여 풍자와 인신공격을 서슴지 않았다. 이러한 장면은 당시 대륙의 분위기가 개방적이고 다원적인 심리가 부족했다고 인정할 수밖에 없는 것이다. 이렇듯 1980년대의 유학과 관련된 타 학파의 태도는 공격과 대화가 공존하였다.

## 현대신유학과 현대성의 문제

뚜웨이밍은 1980년대 유학부흥론의 중심에 서 있었다. 그의 주장은 대륙신유학에 큰 자극을 주었고, 대륙신유학은 이러한 해외파의 사상을 수혈 받는 과정에서 더욱 발전하였다. 뚜웨이밍의 대표 사상인 유학 3기론은 해외신유학의 사상에서 한 단계 더 나아간 주장으로서 레벤스(J.R.Levenson 1920~1969)가 『유교중국과 현대적 운명』에서 유교의 종언을 고한 것에 대한 반박을 시도한 일종의 대응담론이다. 5.4 신문화운동 이래로 중국인들은 현대화를 곧 서구화로 인식하면서 유가 전통을 비판하였고, 이로 인해 유학은 과거의 주도적 지위를 잃게 되었다. 뚜웨이밍의 전 세대 해외신유학자인 모우쫑산(牟宗三) 등은 근대시기 지식인들의 유가전통에 대한 비판이 유학 몰락의 근본 원인이라고 지적했다. 그러나 뚜웨이밍은 여기서 한걸음 더 나아가 실제로 공맹(孔孟)의 도를 몰락시킨 주된 원인이 공맹의 도를 빌려 정치 복벽(復辟)을 꾀했던 당시 군벌과 정치인에게 있다고 보았다. 몰락의 주범은 '유교중국' 즉 정치화된 유학이다. 그는 '유교중국'과 '유교전통'을 엄밀히 구분하면서, '유교중국'을 단호히 배척하고 동아시아의 문화정체성을 이루는 인문정신으로서의 '유가전통'은 계승 발전시켜야 한다고 보았다.

그는 유학 3기론의 실현을 위해 세 가지 제안을 했다. 첫째는 개혁개방을 견지하고 4대 현대화를 추진하며 중국식 사회주의의 문명대국을 건설하기 위해 봉건의식을 비판해야 하고, 둘째는 협소한 실용주의적 관점에서 벗어나 드넓은 시야를 가지고 유가전통의 가치지향을 탐구해야 하며, 셋째는 유학과 타 영역의 학문 즉 서양의 사회학, 철학, 신학, 비교종교학 등과 전면적인 대화를 진행해야 한다는 내용이다. 당시 뚜웨이밍의 사상에는 유학적 가치의 견지, 덩샤오핑 노선에 대한 긍정, 현대화에 대한 탐색, 동서 비교론적 시각 등의 특색을 띠고 있었다.

유학 3기론의 사상적 내용은 천라이 등의 2세대 대륙신유가에 의해 대부분 수용되었다. 천라이(陳來)도 유학자로서 현대화 문제에 대해 진지하면서 동시에 비판적인 태도를 지녀야 할 것을 강조한다. 그는 이렇게 말한다. "우리는 시장경제로의 선회를 지지하고 이성화를 추진하는 것과 동시에, 더 높은 시야에서 유가의 문화전통과 중국식 현대화의 발전 문제를 사유해야 한다. 사실상 모든 종교 전통은 현대화와 충돌하였으며, 하나 같이 필연적으로 현대화 발전 속에서 파생된 물욕의 범람, 가치의 해체, 인성의 소외, 인간관계의 소실, 문화 상업화 등의 부정적 요소들에 대해 비판적인 태도를 고수하였다. 동시에 우리가 또 현대화가 피할 수 없는 추세임을 인정한다면, 이러한 상황 속에서 세속세계와 과도한 긴장관계를 유지하는 종교는 적응하기 어려울 것이다. 그러나 유교가 세속 중에서 신성(神聖)을 추구하고, 세계와의 상호 조응에 중점을 두며, 도덕과 문화의 체계를 중시한다면, 동화의 과정 중에서도 시장의 도구이성과 비교적 합리적인 긴장성을 유지할 수 있을 것이다."

현대신유학이 선택한 기조는 유학과 현대화의 합리적 긴장성이다. 그것은 유학의 가치를 송두리째 배격하는 문화급진주의에 반대하고 현대화의 산물을 모두 거부하는 문화보수주의도 경계하는 길이다. 문화급진주의와 자유주의는 전통을 철저하게 버리고 상공업, 도시문명, 개인주의, 자유와 민주, 자본주의 경쟁력 등을 내용으로 하는 현대성을 품을 것을 요구한다. 반면 문화보수주의는 과학, 민주, 시장, 경제, 민주정치가 자발적으로 공민도덕과 공동체의 윤리질서를 도출할 수 없고 인생의 가치를 충족시킬 수 없다고 주장한다. 유학의 길은 이 양 극단을 취하는 데 있지 않다. 중요한 것은 현대 사회생활에 있어서 가치 있는 유학의 정신과 원리를 적극적으로 인정하고 그것이 국민교육과 문화건설에 합법적으로 작용되도록 하는 것이다.

천라이는 현대화의 수용 속에서 합리적인 긴장상태를 유지하는 것이 중요하다고 생각한다. 전통문화를 전면적으로 거부하는 문화급진주의도 시장경제 사회에서 복고적인 교조주의를 주장하는 사이비마르크스주의도 현대사회가 나아갈 방향이 아니다. 그리고 현대화의 가치를 전면적으로 거부하는 문화보수주의도 올바른 유학의 나아갈 길이 아니다.

2007년에 발표한 「공자와 당대 중국」이란 논문에서 천라이는 전통의 부흥은 결코 복고(復古)가 아니라는 점을 분명히 했다. 전통의 부흥은 결코 과거로의 회귀가 아니며, 전통의 전승은 해석에 의존하고, 해석은 언제나 시대의 새로운 변화를 반영하며, 새로운 발전을 포함한다. 현대신유학이 기대하는 것은 인문학자와 사회과학자들이 긴밀히 교류하고 이성적 태도와 열린 마음으로 유학과 당대중국의 여러 과제를 깊이 논의함으로써 당대 중국의 사회 문화가 나아갈 길을 모색하는 것이다.

## 문화보수주의와 거리두기

뚜웨이밍에서 천라이로 이어지는 현대신유학의 계보 속에서 유학과 현대화의 조응, 정치유교와의 거리두기, 전통부흥과 복고주의의 구별, 문화급진주의와 자유주의에 대한 냉정한 비판 등의 공통점이 발견된다. 이러한 사상 경향은 2000년대 들어서 홀연히 등장한 정치유학(政治儒學)의 사조와는 분명하게 구분된다. 장칭(蔣慶)은 2003년 『정치유학』을 저술하면서 정치유학 사조의 포문을 열었다. 그에 따르면 유학은 탄생한 날부터 정치유학이었고, 정치유학은 정권과 정치에 착안한 것이다. 정치유학이 수립하려는 정치제도는 예(禮)로서 곧 고대 시기의 예제를 말한다. 고대의 예제를 회복하고 예제를 통해 사회생활의 각 방면을 규범 지워야 하며, 이 정치질서는 반드시 육예(六藝)의 공자 학술로 통합해야 한다고 주장한다. 이와 더불어 그는 서양의 민주, 자유, 인권 등의 가치를 부정하고 육예의 궤도로 복귀할 것을 주장했다.

장칭의 주장은 정치유교를 반대하는 뚜웨이밍의 주장 그리고 복고주의를 비판하는 천라이의 논법과 완전히 상반된다. 정치유학을 주장하고 문화복고를 주장하는 자들은 문화보수주의 또는 문화민족주의의 사조에 속한다고 볼 수 있을 뿐, 이들을 현대신유학의 계보에서 함께 논할 수 없다. 따라서 최근 중국 대륙에서 이들을 '대륙신유가'가 호칭하는 것은 적절치 못한 학파 분류이다. 오히려 이들에겐 '정치유학론자' 또는 '유교만능주의자'라는 칭호가 더 어울릴 것이다.

천라이는 현대사회에 유학과 현대체제와 관계에 대해 이렇게 말한다. 오늘날 유학과 현대체제의 결합은 복고주의나 상호배격의 길이 아니라 오히려 분산적이고 느슨한 관계를 유지하는 것이다. 이것이 현대유학과 중국사회의 관계적 특징이다. 따라서 필자는 장칭으로 대표되는 정치유학 사조를 현대신유학 사조와 분리하여 이해한다. 21세기 들어 등장한 정치유학에서는 유학과 현대성 간의 합리적 긴장 관계나 유가의 현대적 재해석의 시도를 찾아볼 수 없고 타 종교와의 열린 대화도 발견할 수 없으며 오직 고대 유교의 예제로 돌아가는 복고주의와 유교만능주의와 같은 근본주의적 색채만이 발견되고 있다. 이러한 문화보수주의 사조의 성향은 오히려 당대 민족주의와 손잡고 대중적인 문화민족주의로 변모할 가능성이 크다.

## 3. 리쩌허우: 미학열에서 고별혁명으로[12)]

당대 중국의 인문사조 역사 속에서 리쩌허우(李澤厚 1930~현재)만큼 파란만장한 족적을 남긴 학자를 찾아볼 수 있을까? 많은 사조들이 한 시대를 풍미하다 얼마 안 가서 스러졌고 사상을 이끌었던 영수도 마치 비 개인 다음 날의 일상처럼 대중의 기억 속에서 잊어지는 경우가 허다하다. 하지만 돌이켜 보건데 리쩌허우의 목소리는 언제나 문화의 광장에서 울려 퍼졌고 시대가 바뀌어도 한결같이 대중의 관심을 끌고 있는 독특한 사상가이다. 그의 현실 감각은 가히 타고난 것이라고 해도 과언이 아니다. 마치 주어진 시대를 읽어내는 현장 감각과 다가

12) '추천도서'인 강진석, 『체용철학』(2011); 중국현대철학연구회, 『처음 읽는 중국현대철학』(2016) 등을 참조함.

올 시대를 예견하는 시야와 대중을 사로잡는 논리가 한데 어우러진 것처럼, 그는 언제나 문화의 중심에 서 있는 자로서 매 순간 한 페이지를 차지한다.

그가 일구어낸 사조는 딱히 자유주의나 계몽주의도 단정 지을 수 없고 보수주의나 민족주의로 논하기는 더욱 곤란하다. 그는 1950년대 마르크스 미학관을 거쳐 1980년대에 서체중용론과 계몽주의를 주장하였고 1990년대 이후에는 고별혁명으로 대표되는 개량주의를 말하였으며, 2000년대 이후에는 정감본체론을 강화하여 문화인류학적인 사상체계를 구축하고 있다. 우리가 리쩌허우에 주목해야 하는 이유는 그의 사상 속에서 오늘날 중국의 자화상을 엿볼 수 있기 때문이다.

## 리쩌허우의 미학운동

리쩌허우는 1950년대 중국 학술계를 뜨겁게 달구었던 미학논전(美學論戰)에 참여하여 실천미학을 주장한다. 당시 유행했던 주관주의 미학론과 기계주의 미학론에 맞서, 그는 마르크스주의에서 강조한 인간의 실천 논리를 기반으로 실천이 만든 자연의 인간화가 미의 본질이자 근원이라고 주장한다. 자연 자체가 미(美)가 아니라 미적 자연은 사회화의 결과이며 바로 인간 본질의 대상화에 따른 결과라는 주장은, 당시 리쩌허우가 마르크스 초기 사상인 『경제철학수고』의 영향을 받은 것으로 인류의 물질적 현실의 실천 활동을 강조한 것이다. 이러한 리의 주장은 중국 미학계에 커다란 반향을 불러 일으켰고, 이에 부응하여 동시대 미학자들도 마르크스 실천론의 관점에서 미의 본질을 해석하게 되면서, 점차 중국의 주류 미학으로 발전하게 된다. 이것이 바로 리쩌허우의 실천미학이다.

그 후 대약진운동에서 문화대혁명으로 이어지는 장구한 사회주의 실험이 10여 년에 걸쳐 중국을 휩쓸게 된다. 문혁의 기세가 완전히 꺾이지 않았던 1970년대 중반, 그의 미학사상은 칸트철학에 눈을 뜨면서 새로운 전기를 맞이한다. 그는 과거 마르크스의 실천미학에 칸트의 영향을 받은 주체성 개념을 결합하였는데, 그가 강조한 주체성은 칸트식의 선험적인 것이 아니라 발생적인 것이었다.

즉 다시 말해 칸트의 병폐는 주체성이 반드시 실천이라는 기초 위에서 이루어져야 함을 간과했다는 것이다. 임태승의 표현처럼 이 시기 리쩌허우의 미학은 칸트철학에서 설정된 선험적 형식을 마르크스주의 실천이라는 용광로에 집어넣어 양자가 그 안에서 정련되어진 것과 같았다.

개혁개방 시기에 진입하면서 중국 전역에선 제2의 5.4 계몽운동을 대망할 정도로 백화제방의 분위기로 충만했고, 리쩌허우의 미학은 또다시 새로운 학설을 제시하게 된다. 1987년 그는 정감본체(情感本體)라는 개념을 제시하는데, 이 정감본체 개념은 무수히 많은 개체의 우연성이 자유에 참여하고 분투적 추구를 하는 가운데 이루어진다는 점이 강조되었다.

## 서체중용론

리쩌허우의 미학 사상이 그의 사회주의 미학관의 변천 과정을 보여주었다면 서체중용론(西體中用論)은 그의 사상에서 계몽의 명분과 철학적 지향점을 잘 반영하고 있다. 서양의 본체와 중국적 적용을 말한 이 서체중용론은 결국 서양의 학문, 사상, 제도가 더 우월하다는 전제 위에서, 그리고 이러한 서구적 본체를 도입하는 선제 조건 하에서 중국적인 작업이 가능하다는 지향점을 갖는다. 서체중용론은 중체서용의 봉건성과 전반서화의 맹목성을 함께 비판한다. 중체서용론자는 겉으로는 현대화를 표방하였지만 실제로는 봉건성을 벗어버리지 못했고, 결과적으로 중체로써 서구로부터 흡수한 것들을 모두 동화시켜버린다. 반면 전반서화의 경우, 중국의 근대에서 현대에 이르기까지 단순히 모방만을 추구하여 현실 속에서 성공을 거둘 수 없었다. 서체중용론이 제창되었던 1980년대는 신계몽주의가 압도하던 시대였고, 문화열의 중심에 섰던 리쩌허우의 입장에서 주요 방점은 중용(中用)보다는 서체(西體)에 찍혀 있었다.

그에 따르면 근대화가 모두 서양에서 시작되었고, 현대의 대공업생산, 증기기관, 전기, 화학공업, 컴퓨터, 그리고 그것들을 생산하는 각종 과학, 공업기술, 경영관리제도 등도 모두 서양에서 전래되었다. 때문에 현대적 대공업생산으로 발전시키는 면에서 현대화는 바로 서구화인 것이다. 서체의 근본적인 틀은 서양에서 건너온 현대적 대공업의 생산양식과 과학기술과 경영제도이다. 이러한 서체를 구축하기 위해서는 현대화 즉 서구화의 토대를 받아들여야 하고, 이로부터 진정한 의미의 서체로 건설할 수 있다고 보았다. 그가 이해한 광의의 서체는 서양의 과학기술, 생산양식과 더불어 서양의 학문도 포함되었고, 이로써 중국을 개조할 것을 주장하였다. 이렇게 볼 때 당시의 서체중용은 결국 서체로써 중국을 개조하자는 의미에서 그리 멀리 나아가지 않았다.

## 고별혁명과 개량주의

천안문 사태가 발발한 후, 1992년 리쩌허우는 미국으로 건너간다. 1990년대 이후 그의 사조는 문화급진주의에 대한 반성에서부터 시작되었다. 문화급진주의는 기실 중국 사회주의 역사 속에서 5.4 시기에 그 원류를 두고 대약진, 문화대혁명을 거쳐서 천안문 운동에 이르기까지 중국 인민의 심리 속에 깊게 뿌리내린 하나의 정서였다. 그것은 일종의 혁명 전통으로서 급진적이고 때로는 폭력적으로 체제의 전환을 요구하는 운동의 성격을 띤다. 리가 1997년에 선보인 『고별혁명(告別革命)』은 이러한 혁명 전통과의 결별을 선언한 것이다. 그는 말한다. "문화대혁명 이후로 나는 캉유웨이(康有爲 1858~1927)를 점점 더 높이 평가하게 되었습니다. 그가 선택한 것은 영국식 개량주의의 방식이었는데, 이러한 방식은 폭력혁명을 피하고 사회에 상대적인 안정과 조화를 유지해 줌으로써 대규모의 파괴와 심한 기복을 피할 수 있게 해 줍니다." 1990년대 이후 그가 제시한 개량주의는 바로 캉유웨이의 사상에서 영감을 얻은 것이다.

개량주의는 '전화적 창조'라는 말로 표현되었다. 전화적 창조는 마치 헌 병에 새 술을 담는 방식으로서 이른바 '혁명적 창조'와 극명하게 대립된다. 후자는 신속하고 철저하게 과거의 것을 타파하여 새로운 것을 창출하는 방식인 반면, 전자는 헌 병에다 새 술을 담고 과거에 기대 새 것을 세우고 진부한 것을 미루어 새 것을 도출하는 점진적인 변화를 의미한다. 개량주의적 실험 속에서 리가 일찍이 언급했던 서체중용의 방점이 서체에서 중용(中用)으로 완만히 이동하게 된 것이다. 다시 말해 서구 본체의 도입을 강조하던 데에서 중국적 적용의 방법을 강조하는 곳으로 시각의 수정이 가해졌다.

1999년 『기묘오설(己卯五說)』에서 리쩌허우는 '4순서설'을 제시한다. '4순서설'은 그의 개량주의를 더욱 구체화한 것으로, 직면한 중국의 현실 속에서는 그는 경제발전 - 개인주의 - 사회정의 - 정치민주의 순서로 진행되는 개혁이 여전히 유효하다는 주장을 편다. 4순서설은 그 선후와 경중에 있어서 중국현실에서 우선순위가 무엇인지 제시한 것이다. 경제발전을 최우선 과제로 설정하고 정치민주화를 최후의 숙제로 남겨두었다는 점에서, 이 시기 그의 사상은 중국 관방에서 견지했던 경제우선주의 정책과 정치민주화의 후순위 설정의 기조와 그 맥을 같이 한다. 리의 이러한 생각은 2000년대 이후에도 바뀌지 않았다. 2011년에도 그는 덩샤오핑의 '돌다리를 두드리면서 강을 건너자'는 주장에 동감을 표했다.

1990년대 이후 그의 사상은 고별혁명과 개량주의로 수렴되어 갔다. 사회주의 시장경제의 온건 노선 위에서 그의 사조는 더 이상 문화를 선도하는 사상 영수로서의 면모를 찾아 볼 수가 없고 오히려 현 정부의 정책 노선과 느슨하게 관계하면서 계몽주의와 개량주의의 두 추를 양손에 쥐고 저울질하는 듯하다. 1990년대 이후 그가 경제발전의 논리를 최우선 과제로 설정한 배경에 대한 철학적 해명은 그다지 명료하지 않다. 왜냐하면 그가 말한 혁명 노선과의 결별이란 논리 속에서 경제발전우선주의가 자연스럽게 도출되는 것은 아니기 때문이다. 문화급진주의에 대한 반성이라고 하기에는 철학적으로 다소 빈곤해 보이고 정치민주화를 방기했다는 부분에서는 확실히 첸리췬(錢理群)과 같이 일관된 자유주의자의 태도와는 상당한 거리감이 느껴진다. 이처럼 그의 사유는 하나의 사조 형태로 규명하기에는 어려운 난제가 곳곳에서 드러난다.

그럼에도 불구하고 우리가 리쩌허우에 주목해야 하는 이유는 오늘날 중국이 직면한 현실의 문제를 나름대로 짚어내고 그 속에서 철학적 해석을 시도하고 있다는 그의 현실주의적 사고에 있다. 그의 철학의 존재 의의는 어떤 심오한 체계를 수립하거나 불변의 법칙을 발견하는 데 있는 것이 아니라 중국 현실의 변화에 비추어 끊임없이 자신의 이론을 수정해 나간 데에 있다. 어쩌면 중국의 대중이 그의 철학을 선호하는 이유도 바로 그의 철학 속에서 당면한 중국의 민낯을 가장 잘 읽어내는 일종의 자화상을 발견할 수 있는 데서 찾을 수 있다.

2011년 출간된 『중국철학은 이제 등장할 때가 되었는가?』는 그의 저작은 또 다시 새로운 생각을 찾고 있는 중국의 독자들을 불러 모으고 있다. 이 책에서 그는 2000년대 들어 유행하는 국학열에 우려를 표시하고 이러한 문화보수주의가 민족주의와 결합하면 군중적인 민족 정서로 변질될 수 있다고 경고한다. 그리고 중국모델론에 대해서도 민족주의에 민수주의(populism)가 더해지면 곧바로 국가사회주의로 귀결될 수 있다는 점에서 우려를 표시하고 있다. 유교만능주의를 부르짖는 국학열은 서체중용을 견지하는 리의 입장에선 여전히 계몽이 아니라 '몽계(蒙啓)' 즉 '무지몽매함을 여는 것'에 불과하다. 그리고 현 단계에선 다른 무엇보다도 먼저 공공이성을 수립해야 한다고 주장하는 점에서 볼 때 아직도 그는 계몽의 끈을 놓지 않고 있다. 오늘날 우리는 개량주의 노선 위에서 여전히 계몽을 꿈꾸는 리의 사상을 발견하게 된다. 그는 사상의 완성보다는 지속되는 미완의 여정에서 당대 중국의 변화를 주시하며 현실 감각의 촉수를 세우고 있다. 이 점이 바로 우리가 리의 사상을 무시할 수 없는 중요한 이유이다.

## 4. 6.4 체제와 그 이후[13)]

### 첸리췬이 말한 6.4 체제

중국에는 아직도 공개적인 역사적 평가가 이루어지지 않은 몇몇 사건들이 존재하는데, 6.4 천안문 사건도 그 중의 하나이다. 중국 정부와 학계는 이 사건에 대한 직접적인 평가를 일종의 기휘(忌諱)로 삼고 있다. 그러나 중국 현대사에서 이 사건이 중국인들에게 던져다 준 충격과 내상은 문혁에 버금갈 정도로 심각한 것이었다. 첸리췬은 1989년 천안문 사태에서 1992년 남순강화에 이르는 시기에 형성된 중국의 정치경제 체제를 6.4 체제라고 부른다.

---

13) '추천도서'인 마리청, 『현대 중국의 8종 사회사조』(2015); 조경란, 『현대 중국 지식인 지도』(2013); 첸리췬, 『마오쩌둥 시대와 포스트 마오쩌둥 시대』(2012) 등을 참조함.

1988년 6월, CCTV에서 방영된 다큐멘터리 「허상(河殤)」은 문화의 관점에서 당시 정치를 비판하고 역사를 통해 현실을 조망하는 성격을 띠었다. 중국 대중은 다큐가 지닌 비판과 풍자의 내용에 고무되었고, 예상을 훨씬 뛰어넘어 전국적으로 반향을 불러일으키게 된다. 서적으로 출판된 『황하의 죽음』의 겉표지에는 '비극적인 민족 심리를 드러내다'와 '고대 중화문명의 운명을 돌아보다'라는 두 마디가 적혀있었다. 다큐는 서양의 쪽빛문명과 중국의 황색문명을 구분하면서, 해양문명인 서구의 쪽빛문명이 지니는 우월성과 선진성을 집중적으로 조명하였고, 반대로 황색의 중화문명은 그 낙후성과 함께 현대화를 견인하지 못한 원인을 담보한 것으로 비춰졌다. 조경란은 당시 다큐가 급진적인 반전통주의의 메시지를 지니고 있었고 「허상(河殤)」의 출현은 가히 1980년대 사상운동의 최고봉으로 칭할 만 했다고 평가한다.

이 무렵 덩샤오핑은 이미 급진적 자유주의가 대세를 이룬 사회 분위기에 대해 우려하고 있었다. 1986년 덩은 정치체제의 개혁을 제시함과 동시에 자유화에 대한 반대를 큰 목소리로 말하면서, 이는 앞으로 10년, 20년을 두고 점차적으로 수행해야 할 것이라고 주장한다. 천안문 사태가 발발하기 몇 달 전인 1989년 봄 무렵 웨린쟝(岳麟章)과 정융녠(鄭永年)은 「신권위주의와 정치민주화」라는 글을 발표했다. 이 글에서 던져진 신권위주의의 내용은 대체로 (1) 현 중국의 국정(國情)으로 보면 경제현대화와 정치민주화는 동시에 나아갈 수 없다. 우선 경제현대화를 실현하고 난 후에 다시 정치민주화를 실행해야 한다. (2) 중국의 경제현대화는 반드시 집권의 조건하에서 완성될 수 있다. (3) 현재 중국의 정치 개혁은 정치민주화를 전면적으로 수행하는 것이 아니라 집권제와 정치전권을 실행해야 한다. (4) 집권제가 강조하는 것은 정치체제가 아닌 지도자인데 위대한 지도자나 묵계로 배합된 결책집단이 경제현대화를 강제로 추진해야 한다. (5) 신권위통치 집단의 임무는 강력한 힘으로 시장화와 자유재산제도를 추진하고 중산계급을 배양하는 것이다. 이처럼 신권위주의는 1980년대 후반 덩샤오핑이 주장하고자 했던 내용과 대체로 일치하고 있다. 샤오궁친은 이 사조가 점진적이고 안정적이며 개명한 권위를 지렛대로 하는 질서를 주요 가치로 삼으며 신권위주의자는 개명한 전제하의 사회진보야말로 비로소 최종적으로 민주와 현대화를 실현하는 조건이라고 보았다. 이 노선에 기반을 둔 체제는 1992년 남순강화

이후 점차 중국 체제를 수호하는 지배적인 이데올로기로 굳어지게 된다. 1980년대 말 「허상(河殤)」으로 대표되는 자유주의적 색채와 서구의 보편가치에 대한 추구는 덩샤오핑과 신권위주의를 기반으로 한 체제와 첨예하게 대립하게 된다.

## 남순강화 이후

첸리췬에 따르면 천안문 사건이 일어나기 전, 중국에는 3대 정치역량이 존재했다. 먼저 덩샤오핑이 대표하는 당 관료 집단과 원로 집단이 있었는데, 이들은 개혁개방의 효율성을 제고하고 일당통치의 권력을 수호하는 노선을 지향했다. 둘째는 지식인 엘리트와 민영기업 경제엘리트가 주체가 된 신흥 이익집단과 그에 영향을 받은 청년학생 집단이 있었고, 이들은 자유와 민주를 지향하고 부패에 반대하는 주장을 펼쳤다. 셋째는 후야오방(胡耀邦 1915~1989)과 자오쯔양(趙紫陽 1919~2005)이 대표하는 당내 민주파로서 정치체제의 개혁이 권위정치가 통제하는 이성적이고 점진적인 개량의 길로 나아가기를 희망했다. 1989년 민주화 운동은 이러한 추세를 반영한 것이었고 후야오방의 갑작스런 사망은 하나의 도화선에 불과했다. 덩으로 대표되는 원로집단과 청년학생 집단은 모두 타협점을 찾는 길을 원하지 않았고 쌍방의 역량은 간극이 지나치게 벌어져 있었다. 당시 민주세력이었던 청년학생들은 유력한 정치, 사상 및 조직적 지도가 결여되어 있었고, 민주화 운동은 산만하고 정치 경험이 없는 이들이 주도하는 자발적 운동의 성격을 띠고 있었다. 1989년 6월 4일의 발포는 중국 현대사에서 씻을 수 없는 거대한 오점으로 남게 되었다. 이러한 사태는 마오쩌둥도 감히 행할 수 없었던 극단적 행위였다고 첸리췬은 회고한다.

천안문 사건이 불러온 결과는 정치체제 개혁의 전면적 후퇴, 민간저항 역량에 대한 전면적 타격, 그리고 당 권력의 전면적인 확장이었다. 이러한 시각은 자유주의 사조에 입각한 것이다. 사회의 민주화가 좌절되고 집권당의 권위주의체제가 강화되는 당시의 상황에 대해 첸리췬은 6.4 체제의 개념을 제시한다. 첸은 1957년 반우파투쟁 이후 전개된 중국을 57체제로 보고 1989년 이후 전개된 중국을 6.4체제로 보았다. 첸에 따르면, 6.4체제는 57체제(반우파투쟁 이후의 전제주의

체제)의 연장이자 동시에 새로운 덩샤오핑 시대의 특징을 갖는다. 6.4체제의 형성은 하나의 발전과정을 갖게 되는데 그것이 바로 1992년 실시된 덩샤오핑의 남순강화이다. 쟝쩌민은 덩의 남순강화 이후 신속하게 개혁개방 노선으로 돌아와 집정 기간 동안 덩샤오핑 노선을 전면적으로 관철하게 된다. 이 과정에서 점차 '덩샤오핑 체제' 즉 6.4체제는 안정을 취하게 된다.

6.4체제는 중국의 사조 형성에 있어서 덩샤오핑 노선을 강화하는 신권위주의와 경제우선주의가 결합된 형태의 한 줄기를 형성하게 된다. 1990년대의 인문 사조는 첸리췬이 말한 6.4 체제가 나름대로 자리를 잡아가는 시기에 부상한 것이다. 1980년대의 문화열 사조가 포스트 문혁과 개혁개방의 교차로에서 발생하였다면, 1990년대의 인문 사조는 6.4 체제의 형성과 공고화 시점에서 다시 분화되어 일어났다. 그리고 이들 사조는 친정부적인 권위주의 사조를 제외하고는 대체로 중국 체제에 대해 비판적인 시각을 띠게 되었다.

## 5. 1990년대 중국 인문사조의 분화[14)]

### 시장경제와 세속사회

1990년대로 들어서자 중국사회는 빠른 속도로 세속화되었다. 덩샤오핑 노선은 시장경제와 소비문화를 장려했고 세속화는 당시 사회에서 별다른 저항 없이 정착되어 갔다. 쉬지린은 이 시기 중국사회가 더욱 심각하게 세속화된 원인을 세속사회의 진행과 동시에 공공담론의 신앙이 함께 쇠락한 데서 찾았다. 쉬가 본 당시 중국은 시장사회의 등장으로 자본주의의 경제 논리가 일상화되었고 '영혼 없는 물욕주의'가 일상 속에 팽배해졌다. 문혁의 종결 이후 마오쩌둥 시대

14) '추천도서'인 쉬지린(2013); 첸리췬(2010) 외에 이희옥, 『중국의 새로운 사회주의 탐색』(2004, 창비) 등을 참조함.

를 지배했던 금욕주의가 신앙 체계를 상실한 채 진공상태가 되었고, 이 공허함을 물욕주의가 대신 채우게 된 것이다. 현대 중국인의 정신세계에서 궁극적인 가치가 결핍되어 감에 따라 시장경제가 내면의 원시적 욕망을 자극하자 물욕주의가 중국사회를 뒤덮게 되었다. 물욕주의가 정신화되고 소비가 심미화되면서 본래 존재했던 물욕과 정신, 소비와 심미, 세속과 초월, 모독과 신성의 경계를 절묘하게 은폐되었다. 첸리췬 역시 1990년대를 실용주의와 전제주의가 득세하고 이와 동시에 향락주의와 소비주의가 판을 치는 사회로 인식하였다.

1990년대에 나타난 신앙의 상실은 쉬지린이 말한 문혁 이후의 금욕주의 공백뿐만이 아니라 사실상 1980년대 신계몽으로 대표되는 이상주의의 상실감이 더 컸다고 말할 수 있다. 금욕주의는 마오쩌둥 시기 혁명적 유토피아 추구의 일종의 외재적 형식이었고, 신계몽주의은 인류 보편적 가치에 대한 궁극적인 추구였다. 혁명적 유토피아의 상실과 인류 보편가치 추구의 증발은 중국사회가 세속화되는 데 있어서 더 큰 절망감을 안겨다 준 것이다. 보편 추구에 대한 상실감은 중국 지식인들에게 일종의 반성적 계기로 작용했다.

1980년대 신계몽운동에서 서양은 현대성의 모범이자 세계 보편사의 궁극적 상징이었다. 당시 계몽주의의 추구는 곧 보편적 이성에 부합하는 보편적 현대성에 대한 탐구를 의미했다. 중국이 전세계적 보편사를 향해 나아가는 꿈을 꾼 것이다. 그러나 1990년대 중반 계몽 진영이 분열하면서 서양이라는 보편적 상징기호에도 분열과 변화가 일어났다. 장이우(張頤武)와 천샤오밍(陳曉明)은 에드워드 사이드(Edward W. Said 1935~2003)의 탈식민주의 문화이론을 받아들이면서 5.4 이래 중국의 계몽 담론을 반성하게 된다. 포스트모더니즘도 이 시기 중국에서 크게 유행하기 시작했다. 이 사상의 옹호론자들은 푸코와 데리다의 이론을 가져와서 중국이 이미 포스트모던의 사회에 진입했다고 단언하면서 후현대 시기 지식인의 사망을 선포했다. 신좌파는 마오이즘적 시각에서 자본주의로 점철된 시장사회를 비판하였고, 자유주의 진영은 급진파와 온건파로 갈라지면서 남순강화 이후의 중국체제에 대해 서로 다른 목소리를 내기 시작했다.

## 다원화 시대의 사조 분화

세속사회로의 진입은 곧 이전 중국사회가 지녔던 공공사회의 면모가 붕괴되는 것을 의미했다. 중국 지식인의 위기의식은 바로 공공담론의 상실, 공공생활의 붕괴에서 비롯된 면이 강했다. 쉬지린은 중국이 시장경제 체제로 진입하면서 과거 마오쩌둥 시기에 존재했던 공공의 정치생활과 공공담론이 결핍되기 시작했다고 말한다. 공공성은 세속사회로 접어들면서 과도한 정치화가 1980년대의 과도기를 거쳐서 1990년대에 과도한 개인화로 바뀌었다. 과거 국가 통제에 의해 조직되었던 공공생활은 자주적인 시민사회나 공민사회로 전환되지 못했고, 이로 인해 공공생활을 크게 쇠락하게 되었다. 공공성의 상실 속에서 지식인은 6.4 이후의 정치체제에서 분리되어 나올 필요성을 느끼게 되었고, 많은 지식인들이 자발적으로 문화의 광장에서 학원가로 운신의 폭을 좁혀갔다. 시장사회와 소비주의가 득세하는 분위기 속에서 지식인은 한편으로는 지식인의 주변화를 인정하고 중국사회의 다원화 현상을 직시하게 된다.

1980년대 계몽의 영수로 추앙받았던 지식인 집단은 추락해버린 자신의 위상을 점검하고 1990년대의 팽배해진 향락주의와 관능주의를 정조준하여 '인문정신(人文精神)' 논쟁을 개시했다. 대중문화 비판이라는 다소 온건한 주제에서 출발했던 이 논쟁은 여러 파생 담론을 생산하면서 주목을 받았다. 그러나 학원화되고 쪼그라든 지식인의 위상 속에서 담론은 매우 수세적이고 방어적이었다. 인문정신의 개념과 정의에 대한 정리가 미처 종결되기도 전에 중국은 1990년대 말 세계금융위기를 목도하게 된다. 세계화(globalization)에 대한 열띤 토론과 함께 중국에선 민족주의와 애국주의가 다시 부상하였고, 이 시기 인문정신 담론은 논쟁의 주도권을 자유주의와 신좌파 논쟁에 넘겨주게 된다.

인문정신 논쟁이 진행되던 무렵 신보수주의 집단도 생겨났는데, 이들은 대체로 의사자유적 자유시장의 전망을 가진 체제수호적 정부가 시장경제를 구성해야 한다고 주장했다. 이들의 공격 목표는 '서구의 달은 중국의 달보다 둥글다'는 서구 편향의 자유주의를 비판하는 데 있었다. 이것은 1980년대의 신권위주의가 신권력론 등을 거치면서 1990년대에 다시 출현한 것으로 볼 수 있다. 이들의 이데올로기적 위상은 구좌파와 급진개혁 노선의 중간에 속했고 대체로 점진주의, 중앙-지방관계의 중시, 국가중심적 민족주의의 옹호, 문화적 자유주의 비판의 성향을 띠었다. 신보수주의는 현대화의 합리적 요소를 찾아내고 현대화를 이끌 새로운 권위주의 정치를 모색하였다. 이후 자유주의 내에서 급진주의에 반대하는 추세가 확산되어 자유주의와 신보수주의 사이에 이론적 대화가 진행되기도 하였다. 결국 신보수주의는 급진주의에 기초한 일체의 정치낭만주의를 비판하고 역사의 연속선상에서 온전한 기제를 통해 구체제를 벗어나 새로운 체제로 진입한다는 실질적 구상을 제기하였다.

1990년대는 신보주의의의 사조와 함께 대중매체의 약진도 두드러지는 시대였다. 주류 이데올로기의 입장에서 볼 때 대중매체는 미디어에 대한 통제와 이용을 통해 비교적 쉽게 대중에 접근할 수 있는 좋은 수단이었다. 주류 이데올로기가 대중문화와 결합하여 새로운 동력을 갖게 되는 것도 1990년대 중국 사상문화의 한 특징이 되었다. 1992년 14차 당 대회 이후 사회주의 시장경제가 중국의 정책목표로 설정된 이후 '문화산업'이라는 개념이 정착되었고, 이후 이 기조는 2000년대까지 이어지게 되었다. 문화가 산업과 결합하고 대중문화가 전성기를 맞이하면서 지식인 집단에 쏠렸던 문화열 구도는 점차 대중문화 영역으로 옮겨가게 되었다. 고급문화와 대척점을 이루면서 대중문화는 각종 미디어를 활용하여 다양한 문화 장르를 생산했다. 인문정신 논쟁은 바로 이 대중문화 현상에 대한 지식인 집단의 항의의 목소리를 담고 있었다.

# 6. 인문정신 논쟁[15)]

## 인문정신 논쟁의 독법

1980년대의 지나친 낙관은 1990년대의 극심한 좌절로 이어졌다. 신계몽운동의 부활을 꿈꾸었던 지식인들은 1990년대 초반 함선의 항로를 잃고 자초하고 만다. 지식인들은 '계몽의 영수', '생활의 스승'의 지위를 상실하고 중심에서 주변으로 밀려났다. 협애한 공리주의만 판치는 세상으로 인식된 당대의 분위기 속에서, 지식인들은 '인문정신(人文精神)'을 새로운 시대적 담론으로 부각시켰다.

1993년 2월 『상하이문학』 6기에 게재된 「광야 위의 폐허 - 문학과 인문정신의 위기」라는 대담에서 지식인들은 인문정신의 쇠락 현실에 대해 포문을 열었다. 왕샤오밍(王曉明), 장훙(張宏) 등 5명이 참여한 이 대담의 첫 번째 화두는 문학과 영화의 타락에 관한 것이었다. 인문정신 옹호론자들은 왕쑤어(王朔)의 문학과 장이머우(張藝謀)의 영화를 겨냥하면서 논쟁을 이끌었다. 당시 비판의 초점은 왕수어의 조롱문학과 장이머우의 관능예술에 맞춰져 있었으나 이로부터 양상된 담론은 당시 중국사회의 현실 전반을 풍자했다고 볼 수 있다. 그들은 당시 친관방적 사조가 중국특색의 시장경제를 옹호하고 그것이 진보적이고 합리적이라고 주장하면서도 그 이면에 존재하는 사상의 자유, 시민의 권리, 서민생활의 보장, 자본집단의 사회약탈에 대해선 침묵한 사실에 대해 풍자의 형식으로 대응한 것이다.

인문정신론자들에 따르면 왕수어의 문학세계는 폐허에 불과하고 폐허가 폐허를 조소하는 세계를 그린 것에 불과하고, 장이머우의 예술세계는 욕망의 유희로 가득 찼고 그가 구사한 포스트모더니즘은 유희 속에서 쾌감을 얻는 도구에 불과한 것이었다. 이처럼 그들이 직접 성토한 대상은 문학과 영화였지만 그 내면에는 당시 중국 사회의 상업화와 세속화에 대한 비판이 깔려 있었다. 관능

---

15) 주로 강진석, 「당대 중국 人文精神 담론의 원형과 지식인의 위상 연구」(2010, 『중국학연구』)를 참조함

적인 만족만을 추구하고 인문학적 가치를 경시하는 풍토 속에서 지식인들은 심각한 위기의식을 가지게 되었는데, 이 위기의식은 시장화로 인해 야기된 도덕 상실, 신념의 위기, 가치의 타락을 반영함과 동시에 지식인들이 중심적 지위를 잃고 주변화된 것에 대한 항의를 함께 담고 있었다.

그들의 인문정신이란 무엇인가? 사실 당시 논쟁은 가열되어 갔지만 정작 인문론자들의 '인문정신'의 성격은 세속사회에 대한 비판에 가려져 제대로 드러나지 않았다. 혹자는 마오쩌둥 시대의 시대정신과 도덕성을, 혹자는 사대부의 도통(道統) 관념을 논했지만 가장 공인된 정체성은 '반(反)6.4체제'로 볼 수 있다. 자체 담론의 철학적 근거가 주 내용을 이루기보다는 안티(反)가 오히려 그들 정체성의 근거를 이루었다. 당시 담론은 문학의 세속화와 예술의 타락을 직접 거론하는 근접 논리가 주류를 형성하였을 뿐, 이를 통해 경제우선주의에 매몰된 당시 사회를 비판하는 원격 논리는 제대로 감지되지 않았다. 이에 대응하는 반박 논리가 등장하면서, 담론은 논쟁의 형태를 띠기 시작했다. 인문정신의 냉소론자들은 대중문화의 세속화가 정당하다는 논리를 들고 나왔다. 그들은 인문정신 위기론자들의 독단과 문화일원주의를 맹렬하게 비판했다.

냉소론자들은 시장경제로 인한 상업화가 타락의 원인이라는 옹호론자의 논리에 맞서 계획경제 시기의 위선을 집중적으로 고발한다. 왕멍(王蒙)은 계획경제의 비극은 거짓 인문정신에 있었다고 보았다. 왕에 따르면, 이 시기는 자신과 남을 속이는 속임수, 이익만 좇고 피해는 회피하는 맹목성, 공의의 깃발 뒤에 숨은 사심(私心)으로 충만하고, 또한 위선적인 교조, 주체성의 말살, 권력의 남용, 관료들의 독단 등으로 얼룩진 시대였다. 이러한 시대에 비해 시장경제 속에는 오히려 건강한 정신, 신앙, 희생, 귀감 등이 살아있다. 옹호론자들은 '도통'이라는 신앙에 빠져 다른 문화를 인정하지 않는 문화일원주의에 빠져있다. 인문정신을 신성화하고 절대화하는 것은 교조주의와 마찬가지로 자승자박이 될 뿐이므로, 인문정신은 다원성을 인정해야 한다는 것이다. 결국 냉소론자들은 다원주의를 거부하는 독단과 세속화를 타락으로 간주한 신성화를 싸잡아 고발하고 있다. 그것은 희망을 신화의 저 과거로 회귀시키고 상실이란 표지를 통해 천국을 그려내고 여전히 민중의 계몽을 꿈꾸는 귀족식 우월감에 빠진 자들에 대한 고발이다.

논쟁은 1992년을 기점으로 찬반이 극명하게 갈리고 있다. 시장사회의 대중문화를 긍정할 것인가? 이로부터 생산된 대중문화를 받아들일 것인가? 그리고 심층적으로 볼 때 6.4와 92체제 이후의 중국사회를 어떻게 볼 것인가? 등에 관한 물음이다. 인문정신 위기론자들의 논리는 탄력을 받지 못했다. 그들은 문화 영수로서의 자존심을 지켰지만 풍자와 근접 화법이란 선에서 한 발짝도 더 나아가지 못했다. 이것은 당시 중국의 민주주의 환경을 이해할 수 있는 또 하나의 사례이다.

## 지식인의 도통의식과 민간강위

이 시기 인문정신 옹호론자들이 언급한 인문정신 개념은 주로 지식인의 위상과 역할을 통해 구체화된 인문학적 가치로 설명되었다. 지식인의 독립적 위상과 서사 역량은 인문정신이 구현될 수 있는 선결 조건이며, 이런 의미에서 '인문정신'은 영구적인 가치이기 이전에 지식인이 세상에 개입하는 독특한 방식으로 이해되었다. 서구적 의미의 인문정신(humanism)은 오랜 중세의 신학적 가치에 대한 인본주의의 반동이라는 데서 출발했다. 이 인문정신도 독립, 자유, 회의, 부정 등의 다양한 방법과 자세를 말하고 있다. 그러나 중국적 인문정신은 이러한 방법과 자세 등이 '지식인'이란 주체를 통해서 수렴되고 구사된다는 특징이 있다. 따라서 사변적이기보다는 행위적이고 사조를 논하기보다는 현실에 대한 지식인의 참여 방법을 구체화하는 성격을 지닌다.

인문정신론에 따르면, 지식인은 반드시 '개인'과 '독립'을 확보해야 한다. 왜냐하면 지식인이 설정한 인문가치는 본질적으로 부정적이고 비판적이기 때문이다. 인문정신은 주어진 시대의 지평 속에서 언제나 '부정역량(否定力量)' 즉 세상에 대한 준엄한 비판의 힘으로 존재했다. 따라서 당대의 지식인은 보편적인 대변인의 지위를 상실했지만 이를 되찾아야 하고, 지식인의 발언권을 회복해야 하며 독립적인 위상을 확보해야 한다. 독립과 비판의 가치로서 바라보면 전반서화식의 서구적 인문정신도 체제순응적으로 변질된 세속적인 유가(儒家)도 진정한 인문정신을 담아내지 못한 것이다. 지식인의 독립 서사가 존재하는 것, 그

것이 곧 인문정신이 존재할 수 있는 선결 조건이다. '인(人)'은 지식인의 정신에서 체현되고, '문(文)'은 지식인의 서사 가능성 속에서 체현된다. 이처럼 인문정신은 독립적인 서사 역량으로 발현되며, 이를 통해 물욕이 범람하는 사회와 경계를 지을 수 있다.

지식인 위상에 대한 진지한 학문적 성찰은 1980년대 신계몽주의 운동에 대한 반성적 의미를 담고 있다. 그것은 1990년대 이후 추락한 지식인 위상에 대한 일종의 항변이자 시장경제 와 신권위주의 체제 속에서 지식인은 어떻게 뿌리내려야 하는가에 대한 이론적 탐구이다. 이 시기 천인커(陳寅恪)가 다시 문화적 아이콘으로 떠오는 것은 바로 마오 체제 속에서도 꿋꿋하게 학문적 독립과 개인의 서사를 보여준 그를 통해 지식인의 부활을 희구했던 당시의 세태를 잘 반영한다. 천인커는 '독립의 정신과 자유의 사상'을 주장했는데, 이는 이데올로기로부터의 독립과 체제로부터의 자유를 외쳤던 당시 지식인의 지향과 상당히 부합한다.

지식인들은 지식인의 정신이 도통(道統) 의식으로 발현되어야 한다고 생각했다. 중국적 인문정신의 정수는 바로 도통적 가치이고 이 가치를 구현하는 지식인의 책무로 이해된다. 그 원형은 선진 유가의 모습에서 찾을 수 있다. 당시 지식인은 통치계급과의 협력과 대립이라는 팽팽한 긴장 속에서 자신의 이상을 실현하고자 했다. 이 구도 속에서는 도통은 정통(政統)을 제어하고 학통(學統)을 도구로 삼을 수 있다. 그 도통의 범주는 매우 광범위하여 주어진 시대의 철학, 역사, 정치, 문학, 음악 등을 모두 포괄한다. 그리고 도통을 구현하는 주체로서 각 시대의 지식인들이 있다. 바로 이런 의미에서 중국의 '인문정신'은 바로 주어진 시대의 지식인과 그들의 실천 속에서 성취된 정신과 사상의 자원이라고 말할 수 있다.

천쓰허(陳思和)는 오늘날 중국 지식인은 이미 주변화되었다는 주장에 동의할 수 없었다. 지식인은 주변화된 것이 아니라 자리를 과거 묘당(廟堂)에서 민간(民間)으로 옮겨갔을 뿐이다. 이것을 그는 민간강위(民間崗位)라고 불렀다. 통치계급의 현장인 묘당에서 쫓겨난 것이 아니라 지식인이 스스로 민간의 지평에서 새로운 묘당을 구축한 것이다. '민간묘당' 이론은 5.4 신문화운동을 그 모델로 제시한다. 5.4 시기 민중의 대각성 운동이 일어나고 지식인은 광장에서 무지몽매한 민중을 계몽하고 교육하는 역할을 맡게 되었다. 천은 루쉰(魯迅 1881~1936)이야말로 근대 시기 묘당과 민간을 자유롭게 넘나들면서 민중을 계몽하는 문신(門神)의 전형으로 평가하였다.

중국 인문정신 논쟁은 지식인 담론과 세속사회 비판을 주 내용으로 한 사조이다. 현대신유학이나 자유주의 사조가 특정한 사상적 연원을 지니고 체계적인 이론을 갖춘 반면, 이 사조는 시대정신을 밝히고 사회비판을 위주로 했던 논쟁의 성격을 띠고 있다. 그들이 시대 비판을 위해 선택했던 문학과 영화의 비판은 오늘날 이미 수명을 다한 지 오래다. 문학은 자생력을 지닌 채 승승장구하고 있고, 영화는 5세대 영화 이후 6세대 영화가 등장하면서 오히려 중국사회에서 가장 진보적인 체제비판 세력으로 자리 잡았다. 필자가 보기에 당시 그들이 말한 '광장'은 사실상 6.4 천안문 광장의 미학적 오마주를 담고 있다. 당시 담론은 분명 지식인과 광장의 현장이 일순간에 사라진 자리[崗位]에 대한 논쟁적 항거의 의미를 지닌다.

## 7. 자유주의와 신좌파 이론[16)]

중국 근현대사에서 중국 지식인들에게 가장 큰 영향을 끼친 사조는 아마도 자유주의와 마르크스-레닌주의일 것이다. 자유주의는 5.4 신운동 시기에 중국에 계몽과 현대의 이상을 실현해 줄 사상적 원류로 인정받았고, 마르크스-레닌주의는 1920년대 이래 중국 사회주의 건설과 마오쩌둥 사상의 원천으로 작용했음은 부인할 수 없는 사실이다. 1990년대 중후반에 이르러 인문정신 논쟁이 숨고르기를 하는 사이 이른바 '신좌파'와 '자유주의'의 논쟁이 개시되었다.

---

16) '참고도서'인 마리칭(2015); 첸리췬(2012); 쉬지린(2013) 외에 서진영, 『21세기 중국정치』(2008, 폴리테이아)를 참조함.

## 중국특색의 사회주의 속의 양대 사조

덩샤오핑 노선에서 채택된 선부론(先富論)은 1980년대에 입안되었으나 개혁이 가속화된 1990년대 이후 여러 부작용과 함께 그 효능이 가시화되기 시작한다. 선부론의 추진 속에서 지방과 계층의 양극화가 심화되고, 경제발전 제일주의와 황금만능주의가 만들어내는 심각한 부정부패의 문제, 사회가치의 전도 현상, 자원 낭비와 환경 파괴와 같은 부작용은 덩샤오핑 시대를 넘어 쟝쩌민 정부 시기까지 고스란히 이어졌다. 남순강화 이후 덩샤오핑 체제는 신권위주의의 강화와 시장경제 노선의 견지라는 다소 이질적인 양대 기조의 병합 형태로 추진되었다.

자유주의와 신좌파 사조의 개시는 양대 진영의 대표 논문에서 촉발되었다고 볼 수 있다. 1998년 리선즈(李愼之)는 베이징대학 100주년을 기념하는 책 『베이징대학 전통과 근대중국』의 서문에 「베이징대학의 자유주의 전통을 확대하자」라는 글을 기고했다. 이 글의 취지는 "오늘날 가장 중요한 것은 베이징대학의 자유주의 전통을 확대하는 것이다. …… 세계가 공업화를 거친 이래 이삼백 년간의 비교와 선택을 하였으나 중국은 백여 년을 거쳐 인류역사상 가장 큰 규모의 실험을 거쳐 충분히 이론적으로 이를 증명하였으니, 자유주의는 가장 좋고 보편적인 가치라는 것이다."라고 말했다. 1999년 리선즈는 「5.4로 돌아가 계몽을 거듭 새롭게 하자」라는 글에서 "중국의 전통문화는 진시황의 통일 천하 이천 이백년 이래 한마디로 전제주의였다. 전제주의 통치의 유일한 출로는 계몽이며 근 삼백년 인류역사의 주류인 자유주의가 전제주의를 대신해야만 한다."라고 말했다. 1989년 6.4 사태 이후로 숨죽였던 자유주의는 1992년 남순강화 이후 숨고르기를 끝낸 후 리선즈의 논문을 계기로 다시 포문을 열게 된 것이다.

반면 1997년 왕후이(汪暉)는 『천애(川涯)』라는 저널에 「당대 중국의 사상 상황과 현대성 문제」라는 글을 기고한다. 글에서 그는 "문화대혁명의 종료를 계기로 부단혁명과 자본주의 비판을 특징으로 하는 사회주의는 종말을 선언했다. …… 또한 개방의 개혁 실천 중 중국은 점차 세계자본주의 시장으로 들어갔다."고 주장했다. 또 한명의 좌파 학자인 츠이즈위안(崔之元)은 같은 해 『중국과 세계』라는 저널에 「마오쩌둥 문혁이론의 득실과 현대성의 중건」이란 논문을 기고하였고, 이 글에 요지는, '대민주'로 당내 주자파를 타도한 것이 마오쩌둥 문혁이론의 핵심 내용이고 마오쩌둥 문혁이론의 득이며, 교조화된 마르크스주의를 돌파했으며 대민주의 방법으로 현재 사회주의체제가 지닌 내재적 모순을 해결하고자 했다. …… 대민주는 마오쩌둥의 끝내지 못한 사업이며 그의 정치유산에서 가장 중요한 부분이라는 것이었다. 이 두 논문에서 발견할 수 있는 키워드는 현재 중국이 세계자본주의 시장에 편입되었다는 것, 현재 사회주의 체제의 모순의 해결 방안을 마오쩌둥의 대민주 전통에서 찾을 수 있다는 것 등이다.

기실 1990년대를 맞이하기 전 이 양대 사조는 깊은 내상을 추스르고 막 잠에서 깨어나고 있었다. 자유주의는 민주화의 좌절을 경험하면서 민주주의에 대한 절망과 함께 문화급진주의에 대한 자성의 시간을 갖고 있었고, 좌파 지식인들은 10여년에 걸친 마오이즘의 사회주의적 실험이 가져다 준 동란적 성격의 실패와 혼돈 속에서 나름대로 이론적 정리 작업이 필요했다. 그들은 1990년대를 마닥뜨리면서 한쪽은 5.4 시기 계몽주의적 자유주의 전통을 끌어왔고, 다른 한쪽은 마오이즘의 대민주 전통을 끌어다가 당시 중국특색의 사회주의를 비판하기 시작했다.

자유주의파 안에 여러 분절과 착종이 존재하지만 그들의 논지는 대체로 당시 중국사회의 부패 원인을 정부와 권력집단의 농단과 과도한 간섭에서 기인한다고 보았다. 때문에 작은 정부를 지향하고 정부의 간섭을 줄여야 한다고 주장한다. 또한 자유주의는 정치체제의 개혁을 호소하고 민주발전을 추진하며 공민 정치참여의 확대, 인권의 보장, 사회역량의 정치권력에 대한 감독과 균형 작용의 발휘, 사법의 독립과 언론의 자유, 민주헌정의 법치국가 건설 등을 주장한다. 그들은 중국의 진보를 가로막는 것은 초국적기업이 아니라 국내의 구정치체제와 이데올로기라고 보았다. 자유주의는 '군중 대민주'식의 민수주의를 반대하고 제도적 민주와 대의제민주를 추구하며, 세계화를 찬성하고 중국의 WTO 가입을 지지한다.

이와 달리 신좌파는 중국 부패의 책임을 덩샤오핑의 시장경제 체제와 국제자본에게서 찾았다. 국제자본과 국내자본의 상호 침투와 충돌 과정에서 체제적 부패가 조성된 것이다. 그들은 세계화에 대해 반대하고 의구심을 가졌는데, 왜냐하면 개발도상국은 세계화 과정 중에 주변화 될 수밖에 없고 결국 경제식민지가 되거나 초국적기업의 착취 도구가 될 것이 명확하기 때문이다. 그들은 중국이 WTO에 가입하면 반드시 실업이 증대하고 중국사회가 불안해져서 중국 정부가 붕괴될 것이라고 예견했다.

이렇듯 상이한 관점의 분기는 중국사회에 대한 첨예한 인식의 차이에서 기인한다. 신좌파는 중국 사회의 자본주의화를 세계자본주의 체계의 유기적인 구성부분으로 보았고, 이것이 중국 사회의 질적인 변화를 상징한다고 보았다. 이것이야말로 오늘날 중국의 가장 위험한 요소이고 마땅히 비판받아야 할 주요 대상인 것이다. 그러나 자유주의자는 사회의 성격과 제도 면에서 1990년대의 중국은 마오쩌둥 시대와 일맥상통한다고 보았다. 사회주의라는 명목 하에 전제주의가 횡행하고, 이 봉건적 잔재가 중국의 전진을 가로막고 있으므로, 이러한 중국 특색의 권력 전제에 대한 비판은 중요한 임무라고 보았다.

중국의 미래에 대해서도 양자의 입장은 크게 갈린다. 자유주의는 민주와 자유를 강조하고, 시민사회를 발전시켜 서양이 이미 성숙한 경험을 갖고 있는 헌정민주의 길을 걷자고 주장한다. 반면 신좌파는 사회적 평등을 중시하며 중국혁명과 마오쩌둥의 사회주의 실험의 경험을 참고하여 중국 자신의 길을 걷자고 주장한다. 따라서 신좌파는 미국을 우두머리로 하는 서방 패권에 반대하고 민족주의의 부흥이 역사적 추세라고 생각하고, 반면 자유주의자들은 민족주의에 시종일관 경계하는 태도를 지니고 이러한 비이성이 전제체제에 이용당할 수 있다고 우려한다.

이처럼 당대 중국사회를 바라보는 양대 사조의 관점은 너무나 상이하다. 특히 양자는 동일한 마오쩌둥의 유산을 놓고 한쪽에서는 당대 사회를 57체제의 연속이자 전제주의 체제의 연장으로 간주하여 이를 타파해야 한다고 말하고, 다른 한쪽에서는 정반대로 마오의 대민주 전통을 하루속히 복원하는 것이야말로 당대 자본주의 사회의 모순을 해결하는 길이라고 주장한다. 부패에 대해서도 한쪽에서는 이 원인이 자본주의 체제로의 편입에서 기인했다고 말하고 있고 다른 한쪽에서는 권위주의 체제의 농단과 간섭에 있다고 말했으니, 양자 사이에 공통분모는 그다지 존재하지 않는 것 같다.

1990년대 이래 이 양대 파고의 한 복판에서 '중국특색'과 '사회주의'로 명명된 덩샤오핑 노선은 매우 견실한 기세로 순항하고 있었다. 2000년대를 전후로 두 사조는 정부의 노선과 점차 접점을 찾고자 시도했다. 자유주의는 그 중의 일부가 중국특색이 주장하는 순차적 접근 즉 정치민주화를 후순위로 설정하는 노선과 대화를 시도했고, 신좌파는 중국모델에 대한 새로운 이론을 수립하면서 중국정부의 현 노선과 화해하게 된다. 결과적으로 자유주의의 전제주의의 비판은 개혁에는 순차가 필요하다는 개량주의를 일부 받아들인 것이고, 신좌파는 세계자본주의 비판이라는 순수 노선에서 국가주의와의 결합을 통한 복합 노선으로 선회하게 된 것이다.

## 중국 자유주의의 사상적 특색

이 양대 사조를 바라보면서 필자는 각 사조의 한 가지 특색에 주목했다. 그 중 하나는 중국 자유주의 사조가 지닌 반성적 진지함이다. 그들은 결코 서양의 자유주의처럼 원칙의 추구에만 경도되지 않고 상대적으로 매우 진지하고 유연하다는 사실이다. 이 진지함은 중국 사상의 전통에서 꾸준히 존재했던 대동사상과 유토피아론의 조명을 받아 특히 사회 기층에 대한 관심을 저버리지 않는다는 데 있다. 또 하나 주목한 것은 신좌파가 보여준 보편에 대한 회의이다. 그들은 이른바 보편적 모더니즘에 대해, 다시 말해 서구적 보편성을 대표하는 현대성(modernity)에 대해 회의하면서 이에 대한 중국적 대안을 모색했다는 사실이다. 그들은 서구의 현대성이 자체적으로 모순적 구조를 지닌다는 점에 주목하고 이를 세계 자본주의 사조와 연관시켜 사유하고 있다. 그들의 회의적 사유는 결국 '반(反)현대성의 현대성'이란 명제를 도출하게 된다.

쉬지린은 근대 중국의 자유주의 수용 중에서 가장 영향력이 컸던 것은 미국의 존 듀이(John Dewey 1859~1952)가 아니라 오히려 영국의 헤럴드 래스키(Harold Laski 1893~1950)라는 점에 주목한다. 래스키는 유명한 페이비언주의(Fabianism) 사상가였다. 1930년대 이후 중국에서 래스키 열풍은 약해졌지만 그의 이론은 중국 자유주의의 형성에 지대한 영향을 끼치게 된다. 래스키의 페이비언주의는 일종의 수정자유주의 이론으로서 자유주의의 기본 원칙을 유지하면서 그것을 사회주의의 평등 및 공정의 원칙과 조화시키려 했다. 이에 따라 자유주의의 틀

내에서 사회민주주의적 사상 체계라는 변종이 생겨나게 되었다. 당시 민주주의와 사회주의를 조화시킨다는 이 사유는 하나의 복음처럼 받아들여졌다. 이러한 사조는 중국 내에서 꾸준히 하나의 물줄기를 형성한다. 중국의 자유주의자는 한편으로는 자본주의 발전의 불가피성을 선명히 의식했고, 다른 한편으로는 사회주의에 대한 선호를 억누를 수 없었다. 장둥쑨(張東蓀 1886-1973)이 이러한 사상적 곤경을 잘 보여주었듯이, 중국 자유주의자들은 '한꺼번에' 모든 일을 처리하는 노력을 포기한 적이 없었다.

근대 중국 자유주의의 이러한 융합적 사유의 전통은 당대에서도 여전히 진지한 한 영역을 차지하고 있다. 자유주의자인 친후이(秦暉)는 오늘날 민주사회주의 성향의 자유주의자가 발전적인 합리성을 지닌다고 생각한다. 중국의 현재 상황 하에서 자유주의는 민주사회주의와 확실한 경계를 지을 필요가 없다는 것이다. 오늘날 중국 자유주의자는 당면한 여러 문제를 해결하는 것이 가장 중요한데, 완전한 시장경제 체제의 건립을 요구하고 법에 의한 재산권 개혁의 심화, 공정 평등의 실현이 요구된다. 이런 차원에서 당대 중국에서 자유주의는 민주사회주의와 서로 보충되어야 한다고 주장한다. 친후이가 말한 자유주의와 민주사회주의의 보충은 거칠게 말하면 자유주의와 사회주의의 상호 보완이자 상호 조명으로 볼 수 있다. 이러한 사례는 중국의 자유주의 전통이 서구식 자유주의와 다른 일면을 잘 반영한다.

자유주의 성향을 지닌 첸리췬도 이와 비슷한 반성적 태도를 보이고 있다. 1980년대 그는 계몽주의적 입장에 서서 사상적으로는 자유주의 색채를 띠고 있었다. 그 후 1990년대 들어서 신좌파의 중국 사회에 대한 비판을 접하면서 사회 양극화와 같은 개혁개방의 부작용에 대해 다시금 주목하게 되었다고 말한다.

이 시기 그의 사유는 '반성'과 '경계'의 두 진지한 과정을 거쳐 또 하나의 '입각점'을 갖게 되었다. 그의 '반성'은 자아의 경지가 부족한 엘리트의 입장, 성찰을 거치지 않은 서방 현대성의 상상, 루쉰의 전통이었던 사회평등과 정의의 좌익 전통, 사회주의 전통에 대한 냉담과 무시 등에 관한 것이었다. 반성과 동시에 '경계'할 점은 초심으로 되돌아가서 민주와 과학의 계몽주의 전통을 견지하는 것을 부정하고 중국혁명과 마오쩌둥 시대를 미화하며 포퓰리즘 입장으로 회귀하는 것을 경계하는 것이었다. 그의 사유는 이 두 갈래의 대척점에서 망설이게 되었으나 이내 '입각점'을 찾았다. 그것은 곧 "한편으로는 입인(立人)[17]의 이상에 기반을 둔 철저한 비판적 입장을 견지하고 민주·과학·자유·평등의 이념에 대해, 이상주의와 계몽주의에 대해 '견지하며 질의한다.'는 복잡한 태도를 지녔고, 시종일관 형형색색의 이데올로기와 유토피아에 대해 회의적 태도를 유지했으며, 스스로 분별할 수 없는 것이라면 무엇이든지 시종일관 반감과 경계를 늦추지 않았다. 이로써 영원히 현재 상태에 만족하지 않았고, 영원한 비판자가 되었다. … 다른 한편으로 양극화의 현실 속에서 나는 기층의 인민과 약소 집단 쪽에 서는 곳을 견지했다. … 그러나 이른바 '인민의 대변인' 역할을 하는 것을 거부하고 나 자신과 기층 민중의 관계 속에서도 동일하게 나의 독립성을 지키고자 했다."

첸리췬의 입각점은 계몽주의의 독립을 유지하고 자유주의의 이념을 견지하고 동시에 포퓰리즘을 배격하고 소외당한 기층의 편에 서는 것이다. 그는 근대 이래 이어져왔던 중국 자유주의의 '한꺼번에' 사유하고 해결하고자 했던 하나의 전통을 계승하고 있다. 필자는 첸리췬의 사유와 실천에서 중국특색의 자유주의의 한 전형을 발견한다. 그의 논지에서 필자는 맹목적인 낙관도 투영적인 유토피아도 찾아볼 수 없고 오직 중국의 계몽주의의 전통을 충실히 실천하는 한 지식인을 발견할 수 있다.

17) 『논어』 「옹야」편에 나오는 말. "夫仁者, 己欲立而立人, 己欲達而達人." 인(仁)이란 자신이 서고자 하면 남도 (함께) 세워준다는 의미에서 '立人'이 언급되었다. '立人'은 나와 함께 남을 배려하고 돕는다는 의미를 지닌다.

## 8. 비판적 지식인 왕후이의 변주곡[18)]

2000년대로 접어들면 과거 신좌파의 대표격 인물이었던 왕후이(汪暉)에 대한 중국학자들의 평가는 다소 엇갈린다. 1990년대 '비판적 지식인'을 자처했던 왕후이는 오늘날 사조의 흐름에서 논란의 중심에 서 있는 인물이다. 2008년 베이징 올림픽 이후 중국에선 소프트파워 열풍과 중국굴기의 붐이 일어났다. 소프트파워는 국학열이 강세를 이룬 반면 중국굴기는 여러 사조의 양태를 띠었는데, 그 중의 하나가 중국모델론이다. 대체로 왕후이에 대한 세간의 인식이 다층화된 것도 이 중국모델에 대한 그의 견해로부터 촉발되었다고 볼 수 있다. 왕후이의 사상은 2010년을 기점으로 큰 변환을 가져왔다고 볼 수 있는데, 그 중 하나는 중국모델론이고 또 다른 하나는 조공시스템이다.

### 비판적 지식인

1990년대 왕후이가 자신의 좌파적 사상을 전개할 때만 해도 본인은 한 명의 '비판적 지식인'으로 칭해지길 자처했다. 당시 그는 마르크스주의의 현대성을 높이 평가하면서 덩샤오핑의 중국특색의 사회주의를 자본주의와 사회주의의 대립적 시각에서 바라보았다. 중국은 이미 세계자본주의 시장체제로 편입되었고, 세계자본주의의 첨병 역할을 하는 서구 국가가 세계화를 빌미로 중국을 경제식민지로 만들고 초국적기업의 경제침략과 착취의 도구가 될 위험성이 크다는 것이 그의 일관된 논조였다. 이러한 차원에서 그는 세계화와 중국의 WTO 가입에 반대했다. 이 시기 왕후이의 '비판적' 관점은 마오쩌둥의 사회주의적 유산을 긍정하면서 서구의 현대성을 비판하는 '반(反)현대성의 현대성'이었고, 이는 당시 중국의 시장경제 체제와 자본주의 모순에 대한 하나의 비판적 담론으

18) '추천도서'인 조경란(2013); 마리청(2015); 쉬지린(2013) 외에 왕후이, 『아시아는 세계다』(2011, 글항아리) 등을 주로 참조함.

로 인식되었다.

2007년 「탈정치화의 정치, 헤게모니의 다중구성과 1960년대의 소실」의 글이 발표되었던 당시만 해도 왕후이는 좌파적 시각에서 일관되게 중국사회의 관료화와 탈이데올로기화를 비판했다. 그는 1960년대를 탈정치화와 정치화의 두 움직임이 교차한 시대로 간주하였고, 이를 통해 '탈정치화의 정치화'를 비판한 배경은 정치활동을 구성하는 전제이자 기초인 주체의 자유와 능동성이 부정되는 오늘의 현실을 비판하고자 한 것이다. 그는 개혁개방 이후 당의 국가화, 노선투쟁의 종결, 계급 개념이 사라지면서 중국 정치에서 '1960년대의 가치'가 총체적으로 '소실'된 것으로 보았다. 이 시기의 논지는 1990년대 그가 견지했던 비판적 지식인으로서의 좌파적 입장과 크게 다르지 않다. 마오 노선의 긍정을 전제로 한 계급의 문제, 민주의 성격 등을 논한 내용은 1990년대 사유의 연장이라고 볼 수 있다.

## 신좌파에서 중국모델론으로

왕후이 사상의 분기는 2007년에서 2010년에 이르는 시기에 뚜렷이 나타났다. 조경란은 이를 두고 '소실'에서 '도전'으로의 변신으로 이해했다. 2010년 발표된 「중국굴기의 경험과 도전」이란 논문에서 그는 중국 당국의 현 체제가 중국 경제를 성공으로 이끈 비결이라고 주장한다. 이 글은 중국의 고속성장에는 중국만의 특성이 있을 것이라는 가정 하에서 전개되었다. 덩샤오핑 노선과 중국 체제에 대해 예리한 비판적 시각을 견지했던 입장에서 개혁개방 30년의 성과를 인정하고 이를 기반으로 미래의 방향을 제시하는 입장으로 내용의 변환이 이루어졌다. 2007년 「소실」에서 개혁개방 노선은 문혁에 대한 철저한 부정에서 생겨난 것이라고 비판했던 논지에서 2010년 「도전」은 사회주의 시기의 사회적 자원과 신좌파가 참여한 논쟁이 여론을 형성하여 결국 현 정부의 공공정책을 변화시켰다고 말하고 있다. 따라서 오늘날 중국의 경제 발전은 결국 신자유주의 정책과는 직접적인 관련이 없다고 말을 바꾼 것이다. 「도전」이 쓰여진 당시는 베이징 올림픽의 성공적 개최가 결실을 거둔 직후였고, 후진타오 정부의 화해사회론이 가동되는 시기였으며, 중국 경제가 2차 글로벌 금융위기를 무난히 방어하고 있던 상황이었고, 서점가에는 중국굴기와 소프트파워의 관련 서적이 넘쳐나던 시기였다. 개혁개방 30년의 총결산이 승인되었던 시기에 좌파적 시각은 나름대로 논리적 돌파구가 필요했다고 볼 수 있다.

'소실'로부터 '도전'으로의 변신에 대해 가장 맹렬하게 비판한 자들은 자유주의파였다. 치우펑(秋風)은 신좌파가 중국모델의 정책설계자와 이론가로 활약하면서, 과거 몇 십년간 행해진 중국 개혁의 성과는 기적을 방불케 한 것이었으며 이는 바로 자신들이 설계한 것이라는 논지를 폈는데, 이는 기묘한 변검술과도 같다고 보았다. 애초에 그들은 서구자본주의와 그 민주에 반대하는 것이 기본 입장이었기 때문에 현재 중국모델을 제창하고 중국이 서구의 길을 거부하고 보편가치에 도전한 것을 논증한 것이 성공했다고 여긴 것이다. 그들에게 있어서는 서구 반대가 목적일 뿐 개혁을 지지하거나 반대하는 것은 단지 수단일 뿐이며 이러한 목적에 도달하는 데 유리한지의 여부만 따질 뿐이다. 첸리췬은 왕후이가 이론과 사실이 분열되는 약점을 메우기 위해 정당 국가화론을 제기한다고 보았다. 그들은 자각적으로 국가의 싱크탱크 역할을 자임했고 갈수록 강력하게 국가주의화하고 있다는 것이다. 왕후이의 중국모델 논법은 현 중국 체제의 문제들은 은폐하면서 모종의 국가주의적 성향마저 보이고 있는데, 이것이 자신을 놀라게 하다는 것이다.

쉬지린의 비판은 가장 심도가 있었는데, 그는 역사상대주의적 성향을 지니는 왕후이의 다원적 현대성을 지적하고 이로부터 도출된 중국모델론이 지니는 위험성에 대해 경고한다. 다원적 현대성이란 쉽게 말하자면 현대성의 태양이 하나가 아니라 여러 개라는 이론으로 역사주의적 상대성을 그 기반으로 한다. 철학적 역사주의가 정치적 국가주의로 진화하는 과정에는 은밀한 논리적 통로가 존재한다. 쉬지린은 2011년 무렵 발표한 「근10년 이래 중국 국가주의사조의 비판」에서 최근 들어 신좌파들이 집단적으로 우파로 바뀌었고 국가주의적 주장을 하고 있다고 말한다. 이러한 국가주의는 민족주의에서 발전된 것이지만 민족주의보다 더 극단적이고 더 정치화된 것으로 국가가 사회생활의 각 영역에서 핵심 지위를 차지하는 것이 강조되고 이로 인해 국가가 민족과 인민의 전체 이익을 대표한다고 여기게 되어 개인의 이익을 억제하고 정치적 간섭을 받을 수 있는 위험이 도사리고 있다고 보았다. 쉬지린은 이러한 국가주의 사조에는 일찍이 히틀러의 법학자였던 카를 슈미트(C. Schmit)로부터 제시된 슈미트주의와 사상적 맥락이 닿아있다고 주장한다.

## 조공시스템과 반서구주의

2010년 왕후이의 또 다른 문제작이 출간되었다. 『아시아적 시야-중국 역사』라는 제목의 저서에서 왕은 아시아를 둘러싼 국제 관계를 바라보는 또 하나의 시각을 제시한다. 같은 해 발표된 「중국굴기의 경험과 도전」이 현 중국의 국가체제에 대한 이론적 제시였다면, 『아시아적 시야-중국 역사』는 중국과 인접한 아시아적 질서 그 중에서도 특히 티베트 문제를 둘러싼 서구의 시각에 대한 일종의 대응담론적 성격을 띠고 있다. 왕은 이 책에서 '트랜스소사이어티시스템(trans-society-system, 이하 TSS로 칭함)'이란 개념을 제시하는데, 이는 서로 다른 문화, 종족, 지역이 교류, 병존하는 사회문화의 형태를 의미한다. 중국 역사에서 문화적 경계를 논하려면 이 TSS의 시각에서 바라보아야 하며, 이런 차원에서 문화는 필연적으로 정치적인 속성을 띤다고 주장한다.

왕에 따르면, 제국과 민족국가가 대립구도를 띠는 것은 유럽이 만들어 낸 시각이며, 민족국가가 근대정치의 형식이라고 전제하는 아시아 개념은 유럽이 생산한 서구적 입장일 뿐이다. 그는 유럽의 삐뚤어진 시각을 증명하기 위해 장구한 서구 오리엔탈리즘의 역사를 소개하고 이러한 사조가 티베트에 대한 유럽의 신화를 어떻게 만들어 갔는가를 설명하였고, 조공시스템으로 설명되는 당시 청조(清朝)와 번속 간의 관계를 역사적으로 조명하면서 유럽이 주장한 '제국-민족국가'의 대립적 관계를 교정하고자 했다. 그의 결론은 1950년대에 이루어진 중국의 티베트 정책은 청조와 티베트 간에 형성되었던 중앙-지방 관계(조공관계)가 민족주권의 승인관계로 전환되는 맥락 속에서 이해되어져야 한다는 것이다. 왕의 주장은 결국 1950년대 당시 중국정부의 티베트 침공과 병탄은 청조-티베트 간의 조공 관계가 중국-티베트의 주권국가 관계로 이행되는 과정에서 불가피하게 발생한 충돌이며, 이렇게 볼 때 무력에 의한 중국정부의 티베트 병탄은 나름대로 합법성을 지닌다는 것이다.

이 논리의 연장선상에서 그는 1950년대 이후 중국이 티베트를 세속화하는 과정에도 합법성을 부여하였다. 즉 사회주의 국가에 의한 티베트 세속화와 시장화 개혁에 따른 티베트의 세속화를 구분되어야 하는데, 전자는 정교분리를 추진하는 과정에서 티베트 사회의 정치경제 구조와 계급 관계를 개조했을 뿐만 아니라 그들에게 준종교적인 가치 체계를 창조한 반면, 후자는 경제와 시장의 역량으로 사회주의 시기의 가치 체계를 훼손하였고 이에 따라 이 세속화는 종교 확장의 토대를 제공하였다고 주장하였다. 왕의 논지는 1950년대 이후 중국이 티베트를 병탄하고 나아가 정교분리를 시도하는 과정이 합법적이라는 전제와 결론을 내포하고 있다. 『아시아적 시야』는 중국 초기 사회주의의 역사를 긍정하고 이로써 중국 근대의 중화질서를 재구성하고 합법성을 부여하고 있다. 이러한 논리적 작업은 그가 중국굴기를 논하면서 과거 정부의 개혁개방의 역사를 재구성하고 합법성을 부여했던 형태와 유사한 맥락을 지닌다.

2000년대 이후 왕후이의 사상 속에서 그의 좌파 이론은 중국굴기론과 조공시스템 이론과의 결합을 꾀하였고, 이 와중에 덩샤오핑의 개혁개방 30년에 대한 평가는 비판에서 점차 긍정으로 변환을 가져오게 되었다. 중국굴기론의 프레임 속에서 기존의 세계화와 WTO가입에 대한 비판은 중국모델의 방어적 시스템 안으로 용해되어 갔고, 조공시스템으로 대표되는 중화질서적 시야 속에서 주변국에 대한 병탄과 티베트 사회의 세속화는 정당성을 갖게 되었다. 2010년에 제시된 중국모델론과 TSS 이론에서 우리는 더 이상 왕의 비판적 지식인의 면모를 찾아보기 힘들다. 그가 구상했던 중국의 글로벌 대치점도 과거 세계자본주의에서 점차 서구문명 또는 보편가치로 재설정되고 있다. 그가 지향했던 자본주의 대 사회주의의 이원 대립적 논법은 2000년대 이후 중국굴기론의 서구 대체의 논리, TSS 이론을 통한 신중화질서의 정당화 논리 등에 의해 새롭게 재구성되고 있다. 이러한 사상적 이행과 변환은 그의 이론이 지닌 투영적 사유의 특색을 여실히 보여준다. 그는 시종일관 '반서구주의'라는 프레임 속에서 중국사회와 국제관계를 투영적으로 사유하고 있다고 볼 수 있다. 거대 프레임은 선명하지만 그의 사상이 지니는 시대별 담론 간의 논리적 비정합성의 모순 역시 매우 확연해 보인다.

## 9. 2000년대 이후 중국사조[19]

2008년 베이징 올림픽의 성공적 개최는 중국 국민에게 크나큰 자긍심을 심어 주었다. "이젠 올림픽 이전이냐 올림픽 이후냐의 문제이다."라고 말한 그들의 선언은 포스트 올림픽의 시대가 지닌 역사적 의미를 잘 반영한다. 이러한 자긍심과 자신감은 중국사회에 매우 긍정적인 에너지[正能量]로 작용하고 있다. 포스트 올림픽 시대는 아편전쟁 이래 굴욕의 역사를 청산하고 개혁개방 30년을 총결하는 의미가 있으며, 이미 세계는 G2의 위상으로 중국을 바라보고 있다. 올림픽을 전후로 중국 내에선 '대국(大國)'을 모색하는 여러 목소리가 등장했다. 2006년 중앙TV에서 '대국굴기(大國崛起)'[20]가 방영될 때만 해도 중국의 대국몽(大國夢)은 아직 학습의 차원에 머물러 있었다. 그러나 올림픽 이후 부상한 대국담론은 '중국의 꿈'을 과감하고 직접적으로 설계하기 시작했다. 이 시기 '중화굴기', '중국굴기', '중국모델' 등의 용어가 언론과 학계에서 거침없이 등장했다. 관방 학계에선 여전히 덩샤오핑의 '도광양회(韜光養晦)'[21]를 말하고 '삼단계론[三步走]'[22]을 강조했지만, 중국 사회는 이미 민족주의 사조를 하나의 대세로 인정하고 있다. 2013년 시진핑 정부가 출범한 이래 관방 차원에서 '중국몽(China Dream)'을 제창하면서, 중국에선 국가주의와 민족주의가 하나의 거대한 흐름이 되고 있다.

---

19) '추천도서'인 쉬지린(2013); 강진석(2011) 외에 송인재, 「21세기 중국 '정치유학'의 이념과 쟁점」(2015, 『유학연구』) 등을 참조함.

20) 대국굴기(大國崛起): 2006년 중국 CCTV-2에서 방영된 총12집의 다큐멘터리. '강대국의 부상'이란 뜻의 이 다큐는 포르투갈, 스페인, 네덜란드, 영국, 프랑스, 독일, 러시아, 일본, 미국 등 총 9개국의 흥망성쇠를 조명하여 강대국의 규율과 조건을 탐색하였다. 1988년 방영된 「허상」 이래로 다시 한 번 전국적인 반향을 불러 일으켰다.

21) 도광양회(韜光養晦): 번뜩이는 칼날의 빛을 감추고 어둠 속에서 힘을 기른다는 뜻. 외교적인 용어로는 1992년 덩샤오핑에 의해 처음 언급되었다. 당시 그의 언급은 중국이 몇 년 더 도광양회하면 더 큰 정치역량을 얻을 수 있고 국제사회에서의 발언권도 달라질 것이라는 취지였다.

22) 삼단계론[三步走]: 1987년 제시된 중국경제건설 총노선의 3단계 전략. 1981~1990:온포(溫飽)사회 건설, 1991년~20세기말: 소강(小康)사회 건설, 21세기 중엽까지 중등발달국가수준의 사회건설을 목표로 하였다.

21세기 초엽, 거칠게 말하면 당대 중국의 민족주의(nationalism) 사조는 내용 면에선 문화민족주의와 정치민족주의로 나눌 수 있고 유형 면에서는 국가주의, 애국주의, 민수주의(民粹主義) 등으로 분류될 수 있다. 문화민족주의에서 가장 두드러진 사조는 장칭으로 대표되는 정치유학과 지셴린(季羨林 1911~2009) 등이 주장한 문화대체주의를 들 수 있다. 정치민족주의는 리우밍푸(劉明福) 등이 주장하는 중국모델론, 뭐뤄(摩羅) 등이 주장하는 애국주의, 왕샤오둥(王小東)이 주장하는 반역향종족주의(反逆向種族主義) 등이 있다. 문화민족주의에서 드러나는 사조의 특색은 주로 중국의 문화로써 서양의 보편가치를 대체할 시기가 도래했다는 주장과 유학의 사상으로 현실 정치의 질서와 제도를 재구성 또는 재복원해야 한다는 주장 등이 있다. 정치민족주의에서도 이와 유사한 성향을 띠는데, 그들은 서양모델과 소련모델을 대체할 제3의 대안으로서 중국모델을 주장하거나 과거 중국의 계몽주의는 수명을 다했으므로 이를 대신할 새로운 민족주의를 주장하고 있다.

먼저 문화민족주의를 살펴보면, 당대 국학대사(國學大師)로 추앙받는 지셴린(季羨林)은 동방적 사유로써 서양문화를 대체하자고 주장한다. 그에 따르면, 서양 문명은 인류에게 커다란 복리를 가져다주었으나 다른 한편으로는 재난, 각종 질병, 환경오염, 생태계의 파괴 등을 불러왔다. 이제는 동방문화의 종합적 사유로써 이러한 폐단을 제거해야 할 시점이다. 그것은 철학적으로 볼 때 서구 형이상학의 분석은 이미 쇠락하였으므로 동방의 전체적 사유로 이를 대체하여야 한다. 더 이상 서양문화를 주도로 삼고 동양문화를 개조하는 방향이 아니라 동방문화를 주도로 삼고 서양문화의 정수를 흡수하여 인류문화의 발전방향을 한 단계 끌어올리는 길을 가야한다. 또한 당대 정치유학을 주장하는 자들은 유학을 통해서 서양보다 우월한 정치제도를 구축할 수 있다고 믿는다. 장칭(蔣慶)은 유학은 태생부터 정치유학이었고, 공자의 최대 바램은 천하가 인(仁)으로 돌아가는 정치 이상을 실현하는 것이라고 주장한다. 정치를 유학의 본질로 보는 주장은 정치유학, 인민유학, 제도유학의 다양한 형태로 분화하고 있다. 송인재는 이들의 정치유학 주장이 서양 근대성의 신화를 폐기하고 나름대로 대안을 창출하려는 구도에서 생겨난 것으로 이해했다. 이러한 문화민족주의의 주장은 대체로 중국문화로 서양문화를 대체할 수 있다는 신념의 공감대를 지닌다.

이러한 공감대는 정치민족주의에서도 확연히 드러난다. 리우밍푸(劉明福)는 그의 저서 『중국몽(中國夢)』(2010)에서 새로운 대안으로서의 '중국모식(中國模式)'을 말하고 있다. 그에 따르면, '중국모식'은 '서방모식'과 '북방모식' 이후에 등장한 '동방모식'을 말한다. 이 때 '서방모식'은 미국모델을 말하고, '북방모식'은 소련모델을 말하며, '동방모식'은 개혁개방 30년 이래 창조된 '중국특색의 사회주의'를 말한다. '중국모식'은 소련모델이 미처 해결하지 못한 '사회주의'의 문제를 해결하는 것이고, 미국모델이 생산한 세계화로 인해 야기된 금융위기와 국제관계에서 드러낸 패권주의 등의 문제를 해결하는 것이다. 일찍이 미국이 '자유, 민주, 인권'의 기치를 높이 들었다면, 중국은 '화평, 발전, 합작'의 화해세계 건설의 기치를 내세운다. 이것은 중국이 지향하는 '민주세계화평론'이자 '반패권화평론'이다.

중국모델론은 제3의 대안모델을 내놓는다는 차원에서 이론적인 매력이 있다. 리우밍푸의 저서는 이러한 차원에서 당대 중국의 외교관들에게 큰 반향을 불러일으켰다고 전해진다. 그러나 사상사적으로 볼 때 국가주의적 색채를 띤 이 사조는 중국부강론과 가치중립적인 제도합리성만을 강조하게 될 위험성이 있으며, 이러한 목적론적인 이론이 만약 인류의 오만과 자만심을 제약하는 문명적 가치를 소홀히 하면 마키아벨리즘으로 전락할 수 있다고 쉬지린은 경고한다.

반면 학술적 접근보다는 민족정서를 고취시키는 의도에서 구사되는 사조 또한 당대 민족주의의 한 특색이다. 뭐뤄(摩羅)와 왕샤오둥(王小東)은 그 대표적인 인물들로서 이들은 루쉰(魯迅)류의 정신각성법이 이제 수명이 다했다고 주장한다. 그들에 따르면 루쉰의 본래 의도는 중국인을 정신적으로 깨우치려는 데 있었지만 그 효과는 오히려 정반대의 길로 나아가게 되었다. 결과적으로 루쉰 사상은 중국인 스스로의 목에 정신적인 족쇄를 채운 꼴이 되었다. 이러한 사상은 오늘날의 '서양노예 사상'과 다름없다. 그러므로 중국의 미래를 위해서 이러한 양노사상(洋奴思想)을 버리고 새로운 정신해방을 꿈꾸어야 한다. 자기비하와 열등주의에서 벗어나 새로운 정신해방을 꿈꾸어야 한다는 것이다. 왕샤오둥은 과거의 이러한 심리를 '역향종족주의(逆向種族主義)'라고 불렀다. '역향종족주의'는 식민과 약탈을 일삼고 패권국가를 수립한 서방을 우등 인종으로 여기고, 반면에 도

살과 약탈을 당해 참패에 이른 중국을 열등 인종으로 보는 심리구조를 말한다. 중국은 이러한 심리구조에서 과감히 벗어나 중국굴기의 시대에 걸맞는 의식으로 무장해야 한다는 것이다. 이들은 '양노사상'과 '역향종족주의'를 극복하기 위해선 '애국주의', '민족주의', '국가주의'의 기치를 높이 들어야 한다고 주장한다.

루쉰의 사상과 대립점을 설정하고 새로운 종족주의를 주장하는 이들의 사유는 계몽주의와의 결별을 훨씬 뛰어넘어 쇼비니즘(chauvinism)적인 냄새마저 짙게 풍기고 있다. 이들 사조에서 필자는 합리적 사유보다는 서양에 대한 이글거리는 적개심을 느끼게 된다. 이러한 민족주의는 민수주의(populism)와 결합되어 하나의 군중운동 형태로 전이될 가능성이 매우 높다.

## 10. 맺음말

2012년 시징핑 주석에 의해 처음 언급된 '중국몽'은 중화민족의 위대한 부흥을 실현하자는 취지에서 제시되었다. 그리고 그 구체적인 실천으로 국가부강, 민족진흥, 인민행복의 강조와 민족정신의 홍양, 중국역량의 응집 등이 강조되었고, 이를 통해 중화민족의 위대한 꿈을 실현하는 것을 목표로 삼는다. 필자는 '중국몽'이 제시하는 여러 정치경제적 이데올로기를 살펴보면서 과연 2020년을 전후로 중국에선 또 어떤 새로운 사조가 등장할 것인가를 생각해본다. 개혁개방 40년에 걸쳐 발생한 여러 인문사조를 살펴보면서 중국의 담론은 결코 녹녹치 않았고 끈질긴 생명력을 바탕으로 중국사회에 음으로 양으로 커다란 영향을 끼쳐왔다는 사실을 알게 되었다. 확실히 21세기 중국에선 민족주의의 기세가 가장 강하게 작용하고 있는 것 같다. 그러나 지금까지 중국의 지식인과 민중이 보여준 역사를 볼 때 중국의 민족주의는 결코 비이성적이거나 패권적인 형태의 단일한 방향으로만 흐르지는 않을 것이다.

오늘날 중국에선 여전히 보편적 가치를 탐색하는 자유주의 사조, 끊임없이 자신을 단속하면서 독립의 정신과 사상의 자유를 외치는 계몽주의 사조, 유학의 고전적 가치와 현대성의 결합을 고민하는 신유학 사조, 민주주의와 사회주의의 결합을 한데 놓고 씨름하는 사회민주주의 사조, 그리고 리쩌허우와 같이 끊임없이 자신을 변화시켜 시대의 흐름을 읽어내려는 지식인과 중국 고유의 사회주의적 가치를 놓고 서구의 패권에 대항하는 왕후이와 같은 사상가들이 두 눈을 시퍼렇게 뜨고 오늘의 중국이 나아가는 길을 지켜보고 있다. 앞서도 필자가 언급했듯이 중국은 제한된 민주주의의 환경 속에서도 매우 훌륭하고 다양한 담론의 전통을 일구어내고 있다. 이는 지나치게 자유로운 대한민국의 환경 속에서 담론의 주도권을 언론에 완전히 내어주고만 우리의 현실과는 너무나도 큰 대조를 보이고 있다. 사상은 반성으로부터 시작된다. 필자는 이번 연구를 통해서 우리가 지녀야 할 반성과 지식인의 자리에 대해 다시금 생각하게 된다.

## 〈추천 도서〉

강진석, 『체용철학』, 도서출판 문사철, 2011

마리청(馬立誠) 저 · 박영순, 최은진 역, 『현대 중국의 8종 사회사조』, 학고방, 2015

백원담 편역, 『인문학의 위기』, 푸른 숲, 1999

쉬지린(許紀霖) 저 · 송인재 역, 『왜 다시 계몽이 필요한가』, 글항아리, 2013

왕후이(汪暉) 등 저, 장영석 안치영 역, 『고뇌하는 중국 : 현대 중국 지식인의 담론과 중국 현실』, 길, 2005

조경란, 『현대 중국 지식인 지도』, 글항아리, 2013

중국현대철학연구회, 『처음 읽는 중국현대철학』, 동녘, 2016

천라이(陳來) 저 · 강진석 역, 『진래교수의 유학과 현대사회』, 예문서원, 2016

첸리췬(錢理群) 저 · 연광석 , 『마오쩌둥 시대와 포스트 마오쩌둥 시대』, 한울, 2012

# 2. 현대 중국의 고전문학

임원빈

고전문학(古典文學)이란 무엇인가? 이러한 질문에 대부분은 고대(古代)의 문학작품이라고 답할 것이다. 그러나 고전문학이란 단순히 시기적인 의미만을 가지고 있는 것이 아니라 더 넓고 깊은 의미를 가지고 있다. 즉, 고전문학(古典文學)에서 고전(古典)이란 단순히 시간적인 의미만을 가리키는 것은 아니며, 더 중요한 것은 시공을 넘어 읽을 만한 가치가 있을 뿐만 아니라 높은 수준을 가져서 후대에 모범이 될 만하다는 평가를 받고 있는 저작물을 말한다는 점이다. 결국, 중국고전문학(中國古典文學)이란 중국(中國) 고대(古代)의 문학작품이면서, 그 가치나 수준이 당시와 현재에 인정을 받아 모범이 될 만한 문학작품을 가리키는 것이다. 중국에서의 고전문학이란 일반적으로 고대(古代)부터 1919년 5월 4일 신문화운동(新文化運動)시기까지의 문학작품을 가리킨다. 고전문학의 다양한 형식으로는 시(詩), 산문(散文), 악부(樂府), 사부(辭賦), 소설(小說), 문학비평(文學批評), 강창(講唱), 사(詞), 곡(曲) 등을 망라한다.

## 1. 고전문학(古典文學)과 교육(教育)

고전문학연구자든 일반 대중이든 이들이 고전문학을 만나게 되는 시기는 언제부터일까? 대부분의 국가에서 자국의 고전문학을 접하게 되는 시기는 정규 교육기관인 초등학교부터라고 할 수 있다. 즉, 초등학교를 비롯한 청소년기의 학생들은 정규 학교를 통하여 초보적으로 중국의 고전문학작품을 접하게 되며, 고전문학에 대한 기본적인 내용을 습득하게 된다고 할 수 있다. 그러나 청소년기를 벗어나 성인이 된 이후에는 본인의 흥미나 관심 또는 목적에 따라 새롭게 고전문학을 접하게 된다.

정규 학교에서 고전문학을 가르치는 기본적인 목적은 고전문학에 스며들어 있는 인문소양[1]을 청소년들에게 배양시키는 것이다. 고전문학에 내포된 인문소양이 무엇인지 알아보고, 또한 학교에서 어떤 고전문학작품을 학습하는지를 구체적으로 살펴보자.

### 고전문학에 내포된 인문소양

학교에서 고전문학을 가르치는 것은 학생들에게 기본적인 인문소양을 배양하기 위해서이다. 소위, 인문소양은 오랜 기간 전해져 오는 고전문학에 많이 깃들어 있기에 이러한 고전문학을 만나게 함으로써 그 속에 내포된 인문소양을 학습하게 하는 것이다.

첫째, 고전문학에 내포된 인문소양은 어떤 효용가치가 있는가? 양호한 품성

---

1) 인문(人文)이란 인간다움(후마니타스), 인간의 문화와 문명을 말한다. 인문학이란 인간과 인간의 근원 문제나 인간의 사상과 문화에 관해 탐구하는 학문을 말한다. 또는 인간의 언어문학·예술·철학·역사 등을 연구하는 학문을 말하며, 동시에 인간의 삶과 사고를 탐구하는 학문을 말한다. 인문소양이란 인간과 인간관계 그리고 인간사회에 대해 이해하고 적절히 행동할 수 있는 소양을 말한다. 또한 인간다움과 인간의 삶과 사고를 이해할 수 있는 역량을 말한다.

을 형성하는데 도움이 된다. 고전문학에 표현된 도덕과 예의 그리고 의리와 절개 혹은 호연지기(浩然之氣) 등은 올바른 품성을 갖게 한다. 둘째, 올바른 인생관이나 세계관을 수립하는데 도움이 된다. 고전문학에 나타난 인물들의 사상과 행동은 정의를 강조하고 사회와 국가를 중시하고 있다. 자신이라는 개인을 우선시하기 보다는 우리나 사회, 더 나아가 국가와 민족을 중시하는 내용이 고전문학에는 많이 언급되고 있다. 특히, 고전문학 작가의 고난을 헤쳐 나가는 모습과 불굴의 의지 등은 청소년에게 깊은 감동을 줄 수 있다. 셋째, 문학작품에 대한 심미수준을 제고하는데 도움이 된다. 고전문학의 세밀한 묘사나 풍부한 상상력 그리고 신선한 구상력은 문학적 감상능력과 문학적인 소양을 배양할 수 있게 하는 토대가 될 수 있다. 이러한 부분은 차후 고전문학에 흥미를 갖게 하는데 중요한 부분이 될 뿐만 아니라 스스로 창작을 하게하는 동기부여도 된다. 넷째, 정서적으로나 심리적인 안정에 도움이 된다. 그 이유는 경쟁적이고 급변하는 현대사회에서는 종종의 스트레스를 받을 수밖에 없는데, 심리를 편안하게 하고 안정시키는 내용의 고전문학을 감상한다면 이를 통해 대리만족을 얻거나 잠시 여유 있는 시간을 가질 수 있기 때문이다.

## 중국 정규학교에서의 고전문학작품 감상

중국의 소학교(초등학교)와 초급 중학교(중학교) 및 고급 중학교(고등학교)에서 배우는 국어교과서에는 다양한 고전문학작품이 수록되어 있다. 교과서에 실려 있는 고전문학작품은 분명 대표성이 있거나 교육적으로 중요하고 의미 있는 작품들일 것이다. 중국정부에서는 '전일제 의무교육 국어 교과과정 표준(全日制義務教育語文課程標準)'을 공포하여 소학교(초등학교)와 초급 중학교(중학교) 교육과정에서의 고전문학작품을 추천하고 있다. 또한 고급 중학교(고등학교)에 해당하는 학생들에게는 '고등학교 국어 신 교과과정 표준(高中語文新課程標準)'에 의거하여 고전문학작품 목록을 추천하고 있다. 중국의 교육부에서 추천하고 있는 초등학교와 중학교에서 배워야할 고전문학작품에는 시가와 문언문(文言文)의 산문작품이 있다. 초등학교에서 배워야 할 작품으로는 시가(詩歌) 75편을 추천하고 있으며, 중학교에서는 시가(詩歌)와 사(詞) 및 문언문(文言文) 61편을 추천하고 있다. 이 목록은 추천이며 강제성을 가지는 것은 아니므로 교과서를 출판하는 출판사에 따라 수록하는 시가와 문언문(文言文)은 약간씩 다르다.

중국의 교과서는 1950년 이전의 출판사를 합병하여 출범한 인민교육출판사(人民教育出版社)에서 1951년부터 출판되었으며, 이 교과서는 당시 국정교과서로 전국에 통용되는 유일한 것이었다. 2001년 교육부는 '국가 기초교육과정의 개혁과 실험을 추진하는 업무에 관한 통지(「關於啓動國歌基礎教育課程改革實驗工作的通知」를 공포하여 '교과과정 개혁(課程改革)'을 실시하면서 교과서에 대한 편찬권리를 개방하였다. 이에 교과서의 편찬은 인민교육출판사가 독점하지 않게 되었으며, 현재는 인민교육출판사(人民教育出版社, 人教版), 강소교육출판사(江蘇教育出版社, 蘇教版), 북경사범대학출판사(北京師範大學出版社, 北師大版), 호남교육출판사(湖南教育出版社, 湘教版), 호북교육출판사(湖北教育出版社, 鄂教版), 서남사범대학출판사(西南師範大學出版社, 西師版), 어문출판사(語文出版社, 語文版) 등에서 초등학교와 중학교의 교과서를 편찬하고 있다. 그러나 전국적으로 가장 많이 사용하고 있는 교과서는 인민교육출판사(人民教育出版社, 人教版)의 교과서이며, 국어 교과서 역시 이 출판사의 교과서를 대부분 사용하고 있다. 따라서 인민교육출판사에서 출판한 초등학교 국어 교과서와 중학교 국어 교과서에 수록된 고대의 시가(詩歌)와 사(詞) 및 문언문(文言文)에 대하여 살펴보고자 한다.

## 인민교육출판사(人民教育出版社, 人教版) 초등학교 국어 교과서

인민교육출판사의 초등학교 국어 교과서에는 고대의 시가(詩歌)를 중심으로 하여 일부 사(詞)와 문언문(文言文)을 수록하고 있다. 교과서는 각 학년 별로 상책(上冊)과 하책(下冊)로 구분하여 12권으로 나누어져 있다. 중국의 학기는 한국과 달라 9월 학기가 첫 학기이며, 교과서의 내용도 일정 기간이 경과하면 일부를 수정하기도 한다.

초등학교 1학년 국어교재 상(上)

초등학교 1학년 국어교재 하(下)

○ 1학년 상책(上冊)

당(唐)나라 왕유(王維)의 「그림(畵)」, 당(唐)나라 이백(李白)의 「고요한 밤에 생각에 잠겨(靜夜思)」 등 2편이 수록 되어 있다. 단, 2016년 8월에 출판된 교과서에는 이백의 시를 수록하지 않고 있다.

○ 1학년 하책(下冊)

당(唐)나라 맹호연(孟浩然)의 「봄 새벽(春曉)」, 청(淸)나라 고정(高鼎)의 「시골에서 살며(村居)」, 청(淸)나라 원매(袁枚)의 「보는 것(所見)」, 송(宋)나라 양만리(楊萬里)의

「작은 연못(小池)」 등 4편이 수록되어 있다.

○ 2학년 상책(上冊)

송(宋)나라 소식(蘇軾)의 「유경문에게 드리며(贈劉景文)」, 당(唐)나라 두목(杜牧)의 「산행(山行)」, 당(唐)나라 하지장(賀知章)의 「고향으로 돌아가며 지은 글(回鄉偶書)」, 당(唐)나라 이백(李白)의 「왕륜에게 드리며(贈王倫)」 등 4편이 있다.

○ 2학년 하책(下冊)

당(唐)나라 백거이(白居易)의 「풀(草)」, 당(唐)나라 양만리(楊萬里)의 「새로 지은 장터의 서공의 상점에서 묵으며(宿新市徐公店)」, 당(唐)나라 이백(李白)의 「여산의 폭포를 바라보며(望廬山瀑布)」, 당(唐)나라 두보(杜甫)의 「절구(絶句)」 등 4편이 있다.

○ 3학년 상책(上冊)

송(宋)나라 엽소옹(葉紹翁)의 「밤중에 본 바를 쓰다(夜書所見)」, 당(唐)나라 왕유(王維)의 「9월 9일 산동에 사는 형제를 생각하며(九月九日憶山東兄弟)」, 당(唐)나라 이백(李白)의 「천문산을 바라보며(望天門山)」, 송(宋)나라 소식(蘇軾)의 「서호에서 술을 마시다가 처음으로 맑았다가 비가 오는 것을 보며(飮湖上初晴後雨)」 등 4편이 있다.

○ 3학년 하책(下冊)

당(唐)나라 하지장(賀知章)의 「버드나무를 노래하며(詠柳)」, 송(宋)나라 주희(朱熹)의 「봄날(春日)」, 당(唐)나라 임걸(林傑)의 「걸교(乞巧)」, 당(唐)나라 이상은(李商隱)의 「항아(嫦娥)」 등 4편이 있다.

○ 4학년 상책(上冊)

송(宋)나라 소식(蘇軾)의 「서림사의 벽에 쓰다(題西林壁)」, 송(宋)나라 육유(陸游)의 「산의 서쪽 마을을 유람하며(遊山西村)」, 당(唐)나라 이백(李白)의 「황학루에서 맹호연이 광릉으로 가는 것을 송별하며(黃鶴樓送孟浩然之廣陵)」, 당(唐)나라 왕유(王維)

의 「원이가 안서로 부임 가는 것을 송별하며(送元二使安西)」 등 4편이 있다.

○ 4학년 하책(下冊)

당(唐)나라 이백(李白)의 「홀로 경정산에 앉아(獨坐敬亭山)」, 당(唐)나라 유우석(劉禹錫)의 「동정호를 바라보며(望洞庭)」, 당(唐)나라 백거이(白居易)의 「억강남(憶江南)」, 송(宋)나라 옹권(翁卷)의 「4월의 향촌(鄕村四月)」, 송(宋)나라 범성대(范成大)의 「사계절 전원에서의 흥취(四時田園雜興)」, 당(唐)나라 장지화(張志和)의 「어가자(漁歌子)」 등 6편이 있다.

○ 5학년 상책(上冊)

송(宋)나라 왕안석(王安石)의 「과주에 배를 정박하고(泊船瓜洲)」, 당(唐)나라 장적(張籍)의 「가을의 그리움(秋思)」, 청(淸)나라 납란성덕(納蘭性德)의 「장상사·산을 넘어가며(長相思·山一程)」 등 3편이 있다.

○ 5학년 하책(下冊)

당(唐)나라 여암(呂岩)의 「목동(牧童)」, 송(宋)나라 양만리(楊萬里)의 「배를 타고 안인을 지나며(舟過安仁)」, 송(宋)나라 신기질(辛棄疾)의 「청평악·시골에 머물며(淸平樂·村居)」 등 3편이 있다.

그 외에 문언문(文言文)으로 남조(南朝) 유의경(劉義慶)의 『세설신어(世說新語)』에 전하는 「양씨의 아들(楊氏之子)」 1편이 있다.

○ 6학년 상책(上冊)

선진(先秦)시기의 『시경(詩經)』에 수록된 「고비를 캐다(採薇)」, 당(唐)나라 두보(杜甫)의 「봄밤에 기쁘게 비를 맞이하며(春夜喜雨)」, 송(宋)나라 신기질(辛棄疾)의 「서강월·밤중에 황사 길을 가는 중에(西江月·夜行黃沙道中)」, 원(元)나라 백박(白樸)의 「천정사·가을(天淨沙·秋)」 등 4편이 있다. 여기에서 백박(白樸)의 「천정사·가을(天淨沙·秋)」은 문학 형식에 있어서는 산곡(散曲)이나, 넓은 범주에서는 시사(詩詞)와 같은 형식으로 본다.

그 외에 문언문(文言文)으로 고사성어로 통용되는 「백아가 줄을 끊다(伯牙絶絃)」 1편이 있다.

○ 6학년 하책(下冊)

위(魏)나라 조식(曹植)의 「일곱 걸음을 걸으며 짓다(七步詩)」, 당(唐)나라 왕유(王維)의 「시냇가에서 까마귀가 울다(鳥鳴澗)」, 당(唐)나라 왕창령(王昌齡)의 「부용루에서 신점을 보내며(芙蓉樓送辛漸)」, 당(唐)나라 두보(杜甫)의 「강가를 홀로 걸으며 꽃을 찾네(江畔獨步尋花)」, 명(明)나라 우겸(于謙)의 「석회의 노래(石灰吟)」, 청(淸)나라 정섭(鄭燮)의 「돌 위에 자란 대나무(竹石)」, 당(唐)나라 두보(杜甫)의 「군대가 하남과 하북을 수복했다는 말을 듣고(聞官軍收河南河北)」, 청(淸)나라 공자진(龔自珍)의 「기해년에 쓴 시들(己亥雜詩)」, 송(宋)나라 소식(蘇軾)의 「완계사(浣溪沙)」, 송(宋)나라 왕관(王觀)의 「복산자·포호연이 절동으로 가는 것을 송별하며(卜算子·送鮑浩然之浙東)」 등 10편이 있다.

그 외에 문언문(文言文)으로 『맹자·고자(孟子·告子)』에 전하는 「바둑을 배우다(學弈)」와 『열자·탕문(列子·湯問)』에 전하는 「두 아이가 해를 가지고 다투다(兩個兒辯日)」 등 2편이 있다.

인민교육출판사에서 출판된 초등학교 국어 교과서는 고대의 시가(詩歌) 45편, 사(詞) 6편, 산곡(散曲) 1편 그리고 4편의 문언문(文言文)을 수록하고 있다. 대부분 시가를 중심으로 수록하고 있으며, 4학년이 되서야 사(詞)와 산곡(散曲)이 추가되었다. 또한 문언문(文言文)은 5학년 시기부터 수록하고 있다. 시가(詩歌)와 사(詞)는 대부분 당(唐)나라와 송(宋)나라의 작품을 수록하고 있다. 시인으로는 이백(李白)이나 왕유(王維) 그리고 소식(蘇軾)의 작품이 가장 많이 수록되어 있으며, 사인(詞人)의 경우는 송(宋)나라의 신기질(辛棄疾)의 작품이 가장 많다. 작품들의 내용을 보면 산수를 유람하거나 산수를 즐기는 자연과 관련된 부분이 가장 많다. 그 외에 벗을 생각하는 내용이나 고향을 그리워하는 내용 그리고 애국심을 고취하는 내용도 보이고 있다. 초등학생이기 때문인지 정치나 사회에 대한 내용은 거의 보이지 않고 있다. 2001년 이후 교과서의 편찬이 자유롭기 때문인지 국가에서 추천한 시가들을 모두 수록하지는 않고 있으며, 고정(高鼎)·엽소옹(葉紹

翁)·임걸(林傑)·옹권(翁卷)·여암(呂岩) 등 일반 중국문학사에서 언급되지 않는 잘 알려지지 않은 시인들의 시가를 수록하고 있다는 점도 특이하다.

아래에 중국의 여러 출판사의 교과서에 일반적으로 수록된 고대 시가를 예로 들어 감상해보자.

그림(畵) - 왕유(王維)

遠看山有色, 멀리서 보니 산의 경치가 아름다운데,
近聽水無聲. 가까이 가서 들으려고 하니 물소리가 나지 않네.
春去花還在, 봄이 가버렸지만 꽃은 여전히 남아 있고,
人來鳥不驚. 사람이 다가가도 새는 놀라지 않네.

이 시가는 당(唐)나라 왕유(王維)가 그림에 그려져 있는 산의 경치와 새를 보면서 지은 것이다. 실제 자연과 그림을 교묘하게 연상하게 만들고 있다.

「고요한 밤에 생각에 잠겨(靜夜思)」 - 이백(李白)

床前明月光, 침상 앞에 달빛이 비치니,
疑是地上霜. 하얀 빛이 땅에 내린 서리인 듯하네.
擧頭望明月, 머리를 들어 달을 바라보고,
低頭思故鄕. 머리를 숙여 고향을 생각하네.

이 시는 이백(李白)이 타향에서 고향을 그리워하는 마음을 잘 표현하고 있다. 한국이나 중국이나 고향을 생각하는 마음을 표현하고 있는 데에 있어서 모두 달이라는 매개체가 사용되었다는 점을 보면, 양국의 시인들이 느끼는 정서가 일맥상통함을 알 수 있다.

「봄 새벽(春曉)」 - 맹호연(孟浩然)

春眠不覺曉, 봄 늦잠에 새벽 온 것을 몰랐는데,
處處聞啼鳥. 이곳저곳에서 새 울음소리 들리네.
夜來風雨聲, 어제 밤에 비바람 소리 들렸으니,
花落知多少. 꽃이 얼마나 떨어졌을까.

나른한 봄에 늦잠을 자면서 새 울음소리를 듣다가 불현 듯이 어제 밤 비바람 소리가 생각났다. 그리고는 봄꽃이 여기저기 떨어져 있겠다는 생각을 해본다.

「관작루에 올라(登鸛雀樓)」 - 왕지환(王之渙)

白日依山盡, 해가 산에 기대어 지고,
黃河入海流, 황하의 강물은 바다로 향해 흘러가네,
欲窮千里目, 천리 저 아득한 곳까지 더 보고 싶다면,
更上一層樓. 한층 더 올라야 한다네.

이 시는 관작루라는 높은 곳에 올라 황하(黃河)를 바라보며 지은 것이다. 이 시에서 더 멀리 보고 싶다면 한층 더 올라야 한다는 표현은 다방면에서 비유적으로 사용되고 있다. 예를 들면, 자신의 위치를 한 단계 더 올리고 싶다면 그만큼 더 노력을 해야 한다는 의미를 가지고 있다.

## 인민교육출판사(人民教育出版社, 人教版) 중학교 국어 교과서

인민교육출판사의 중학교 국어 교과서는 고대의 시가(詩歌)와 사(詞) 및 문언문(文言文)을 수록하고 있는데, 그 중 문언문의 비중은 초등학교에 비하여 대폭 증가하였다.

중학교 국어교재 상(上)

○ 1학년 상책(上冊)

동한(東漢) 조조(曹操)의 「창해를 바라보며(觀滄海)」, 당(唐)나라 왕만(王灣)의 「북고산 아래에서 잠시 머물며(次北固山下)」, 당(唐)나라 이백(李白)의 「왕창령이 용표로 좌천되어 멀리 간다는 말을 듣고(聞王昌齡左遷龍標遙有此寄)」, 원(元)나라 마치원(馬致遠)의 「천정사·가을의 그리움(天淨沙·秋思)」 등 4편이 있다. 또한, 부록으로 9편의 시가와 사(詞)를 수록하고 있다.

문언문(文言文)으로는 유의경(劉義慶)의 『세설신어(世說新語)』에 전하는 「눈을 이야기 하다(詠雪)」와 「진태구와 친구의 약속(陳太丘與友期)」 등 2편이 있다.

『논어(論語)』에 전하는 「학이(學而)」편 "공자가 말씀하셨다. 배우며 때때로 익히면 또한 기쁘지 아니한가? 벗이 멀리에서 오니 또한 즐겁지 아니한가? 다른 사람이 알아주지 않아도 화를 내지 않으니 또한 군자가 아닌가?(子曰: 學而時習之, 不亦悅乎? 有朋自遠方來, 不亦樂乎? 人不知而不慍, 不亦君子乎?)" 등 12편의 문장을 수록하고 있다.

우언(寓言)으로 「지혜로운 사람이 이웃을 의심하다(智子疑隣)」와 「새옹지마(塞翁之馬)」 등 2편이 있다.

○ 1학년 하책(下冊)

북조(北朝)의 민가인 「목란시(木蘭詩)」 1편이 있다. 또한, 부록으로 10편의 시가와 사(詞)를 수록하고 있다.

문언문(文言文)으로는 송(宋)나라 왕안석(王安石)의 「방중영의 처지를 가슴 아파하며(傷仲永)」, 송(宋)나라 사마광(司馬光)이 편찬한 『자치통감(資治通鑑)』에 전하는 「손권이 학문을 권하다(孫權勸學)」, 청(淸)나라 장조(張潮)가 편찬한 『우초신지(虞初新志)』에 전하는 「입으로 하는 기술(口技)」, 『산해경(山海經)』에 전하는 「과보가 해를 쫓아내다(夸父逐日)」, 『회남자(淮南子)』에 전하는 「공공이 화가 나서 불주산을 박다(共工怒觸不周山)」, 청(淸)나라 포송령(蒲松齡)의 「요재지이(聊齋志異)」에 전하는 「이리(狼)」 등 6편이 있다.

○ 2학년 상책(上冊)

당(唐)나라 두보(杜甫)의 「태산을 바라보며(望岳)」, 당(唐)나라 두보(杜甫)의 「석호의 관리(石壕吏)」, 진(晉)나라 도연명(陶淵明)의 「전원으로 돌아가서 살다(歸園田居·其三)」, 당(唐)나라 왕유(王維)의 「관리가 되어 변방으로 가다(使至塞上)」, 당(唐)나라 이백(李白)의 「형문산을 넘어가느라 이별하며(渡荊門送別)」, 송(宋)나라 진여의(陳與義)의 「악양루에 올라(登岳陽樓·其一)」 등 6편이 있다. 또한, 부록으로 10편의 시가와 사(詞)를 수록하고 있다.

문언문(文言文)으로는 진(晉)나라 도연명(陶淵明)의 「도화원기(桃花源記)」, 당(唐)나라 유우석(劉禹錫)의 「누추한 방에서 마음에 새기다(陋室銘)」, 송(宋)나라 주돈이(朱敦頤)의 「연꽃을 아끼는 마음(愛蓮說)」, 명(明)나라 위학이(魏學洢)의 「복숭아씨로 만든 배 이야기(核舟記)」, 『예기(禮記)』에 전하는 「큰 도가 행해지다(大道之行也)」, 북조(北朝) 역도원(酈道元)의 「삼협(三峽)」, 남조(南朝) 도홍경(陶弘景)의 「사중서에 답하여 쓰다(答射中書書)」, 송(宋)나라 소식(蘇軾)의 「밤중에 승천사에서 노닐며(記承天寺夜游)」, 송(宋)나라 주밀(周密)의 「밀려오는 조수를 보다(觀潮)」, 청(淸)나라 장대(張岱)의 「호심정에서 눈을 보다(湖心亭看雪)」 등 10편이 있다.

○ 2학년 하책(下冊)

당(唐)나라 유우석(劉禹錫)의 「백거이가 양주에서 처음 만난 자리에서 나에게 준 것에 화답하여(酬樂天揚州初逢席上見贈)」, 당(唐)나라 두목(杜牧)의 「적벽(赤壁)」, 송(宋)나라 문천상(文天祥)의 「영정양을 지나며(過零丁洋)」, 송(宋)나라 소식(蘇軾)의 「수조가두(水調歌頭)」, 원(元)나라 장양호(張養浩)의 「산파양·동관에서의 회고(山坡羊·潼關懷古)」, 진(晉)나라 도연명(陶淵明)의 「술을 마시며(飮酒·其五)」, 당(唐)나라 이백(李白)의 「길을 가는 어려움(行路難)」, 당(唐)나라 두보(杜甫)의 「초가집이 가을바람에 망가졌기에(茅屋爲秋風所破歌)」, 당(唐)나라 잠삼(岑參)의 「백설이 내릴 때 무판관이 장안으로 돌아가는 것을 배웅하며(白雪歌送武判官歸京)」, 청(淸)나라 공자진(龔自

珍)의 「기해년에 쓴 시들(己亥雜詩)」 등 10편이 있다. 또한, 교재 이외의 작품으로 10편의 시가와 사(詞)를 수록하고 있다.

문언문(文言文)으로 남조(南朝) 오균(吳均)의 「주원사에게 보내는 글(與朱元思書)」, 진(晉)나라 도연명(陶淵明)의 「오류선생전(五柳先生傳)」, 당(唐)나라 한유(韓愈)의 「말 이야기(馬說)」, 명(明)나라 송렴(宋濂)의 「동양에 사는 마생을 송별하며 쓴 글(送東陽馬生序)」, 당(唐)나라 유종원(柳宗元)의 「소석담기(小石潭記)」, 송(宋)나라 범중엄(范仲淹)의 「악양루기(岳陽樓記)」, 송(宋)나라 구양수(歐陽脩)의 「취옹정기(醉翁亭記)」, 명(明)나라 원굉도(袁宏道)의 「만정유기(滿井游記)」 등 8편이 있다.

○ 3학년 상책(上冊)

당(唐)나라 온정균(溫庭筠)의 「억강남(憶江南)」, 송(宋)나라 범중엄(范仲淹)의 「어가오(漁家傲)」, 송(宋)나라 소식(蘇軾)의 「강성자·밀주에서 사냥을 나가며(江城子·密州出獵)」, 송(宋)나라 이청조(李清照)의 「무릉춘(武陵春)」, 송(宋)나라 신기질(辛棄疾)의 「파진자·진동보에게 장엄한 사를 지어 보내며(破陣子·爲陳同甫賦壯詞以寄之)」 등 사(詞) 5편이 있다. 또한, 부록으로 10편의 시가와 사(詞)를 수록하고 있다.

문언문(文言文)으로는 한(漢)나라 사마천(司馬遷)이 편찬한 『사기(史記)』에 전하는 「진섭세가(陳涉世家)」, 『전국책(戰國策)』에 전하는 「당저가 사명을 완수하다(唐雎不辱使命)」, 진(晉)나라 진수(陳壽)가 편찬한 『삼국지(三國志)』에 전하는 「융중에서 응대하다(隆中對)」, 제갈량(諸葛亮)의 「출사표(出師表)」 등 4편이 있다.

○ 3학년 하책(下冊)

선진(先秦)시기의 『시경(詩經)』에 수록된 「관저 새(關雎)」, 선진(先秦)시기의 『시경(詩經)』에 수록된 「갈대(蒹葭)」 등 2편이 있다. 또한, 부록으로 10편의 시가와 사(詞)를 수록하고 있다.

문언문(文言文)은 『묵자(墨子)』에 전하는 「공수(公輸)」, 『맹자·공손추하(孟子·公孫丑下)』에 전하는 「도를 얻으면 도와주는 사람이 많고, 도를 잃으면 도와주는 사람이 적다(得道多助, 失道寡助)」와 「우환을 통하여 살아가고 발전하며, 안락함은 죽음에 이르게 한다(生於憂患, 死於安樂)」 등 2편의 문장, 『맹자·고자(孟子·告子)』에 전하는 「물고기는 내가 얻고자 하는 것이다(魚我所欲也)」, 『장자·추수(莊子·秋水)』에 전하는 「혜자가 양나라에서 재상을 하다(惠子相梁)」와 「장자와 혜자가 호수(濠水)의 다리에서 노닐다(莊子與惠子游於濠梁)」 등 2편의 문장, 『좌전·장공십년(左傳·莊公十年)』에 전하는 「조귀가 전쟁을 논하다(曹劌論戰)」, 『전국책(戰國策)』에 전하는 「추기가 풍자로서 제나라 왕에게 간언하다(鄒忌諷齊王納諫)」, 『열자(列子)』에 전하는 「우공이 산을 옮기다(愚公移山)」 등 총 9편의 문장이 있다.

중학교 과정에서 배우는 고전문학은 초등학교와 달리 문언문(文言文)이 상당히 많이 수록되어 있다. 구체적으로 본다면, 시가는 20편이며, 사(詞)는 8편, 문언문은 54편이 수록되어 있다. 시기적으로 본다면 역시 당(唐)나라와 송(宋)나라의 작품이 비교적 많으며, 그 다음으로는 청(淸)나라의 작품이 많다. 그리고 초등학교 과정에서는 명(明)나라의 작품이 거의 없었는데, 중학교 과정에서는 다소 증가했다. 고전문학작품의 내용도 다양해지고 심오해졌으며, 단순한 생활이나 자연을 벗어나 인생에 대한 철학적 내용들로, 학생들의 가치관 형성에 영향을 주는 작품이 많아졌음을 알 수 있다. 특히, 선진(先秦)시기의 철리산문(哲理散文)이 많이 수록되어 있다.

중학교 과정에 수록된 시가와 문언문(文言文) 중에서 널리 알려진 작품 몇 편을 소개하고자 한다.

「술을 마시며(飮酒)」 - 도연명(陶淵明)

結廬在人境, 사람이 사는 근처에 초가집을 지었지만,
而無車馬喧. 수레나 말의 소리 들리지 않는다.
問君何能爾? 어찌 그럴 수 있느냐고 묻기에,
心遠地自偏. 마음이 저 멀리에 있기 때문이라 답하네.
採菊東籬下, 동쪽 울타리 아래에서 국화를 따다가,
悠然見南山. 아득히 남산을 바라보네.
山氣日夕佳, 산의 기운은 해질 무렵에 가장 아름답고,
飛鳥相與還. 날아다니는 새들도 짝을 지어 돌아가네.
此中有眞義, 이 중에 진실로 참뜻이 있어,

欲辯已忘言. 말로 표현하고 싶지만 이미 말을 잊었네.

이 시는 자연과 더불어 생활하는 유유자적하고 여유로운 심정을 매우 자연스럽고 담담하게 표현하고 있는 전원시(田園詩)이다.

「봄날을 바라보며(春望)」 - 두보(杜甫)

國破山河在, 나라는 망해도 산천은 그대로이고,
城春草木深. 성에 봄이 왔건만 초목만 무성하구나.
感時花濺淚, 시절을 생각하니 꽃을 봐도 눈물이 떨어지고,
恨別鳥驚心. 이별을 한스러워하기에 새소리에도 마음이 놀란다.
烽火連三月, 봉화가 계속해서 이어지니,
家書抵萬金. 편지는 만금의 가치가 있네.
白頭搔更短, 흰 머리 긁어 더욱 짧아지니,
渾欲不勝簪. 도무지 비녀를 꼽지 못하겠구나.

이 시는 전란에 휩싸인 나라를 보며 슬픈 심정을 드러내고 있는 시이다. 그러므로 아름다운 꽃을 보아도 눈물이 흐르고, 아름다운 새소리를 들어도 놀라는 것이다.

도연명(陶淵明)의 「도화원기(桃花源記)」 중의 "노인과 어린이들이 어울려 함께 기뻐하며 즐거워했다(黃髮垂髫, 並怡然自樂)."라는 부분은 근심과 걱정이 없는 평화스러운 동양적인 이상향을 보여주고 있다.

범중엄(范仲淹)의 「악양루기(岳陽樓記)」 중의 "천하에 근심이 있으면 먼저 근심하고, 천하에 즐거움이 있으면 나중에 즐거워했다(先天下之憂而憂, 後天下之樂而樂)."라는 말은 관리나 지식인의 국가와 백성을 생각하는 마음을 잘 보여주고 있다.

소식(蘇軾)의 「적벽부(赤壁賦)」 중의 "오로지 강 위에 부는 맑은 바람과 산간에 뜬 달은, 그것을 귀로 들으면 소리가 되고 눈으로 그것을 보면 그림이 되는데, 이를 가지는데 금지하는 것이 없고, 그것을 사용해도 끝이 없으니, 이는 조물주

가 만든 다함이 없는 창고입니다(惟江上之淸風, 與山間之明月, 耳得之而爲聲, 目遇之而成色, 取之無禁, 用之不竭, 是造物者之無盡藏也)."라는 말은 자연과 더불어 인생을 즐기는 철학적인 사고를 잘 드러내고 있으며, 우리가 흔히 말하는 '무진장(無盡藏)'이라는 용어가 나오고 있다.

중국의 초등학교와 중학교 과정에서 배우는 중국고전문학 작품은 점차 증가하고 있는데, 이는 고전문학이 내포하고 있는 문화적인 측면에 대한 중요성을 인식했기 때문일 것이다. 실제로 국가주석인 시진핑(習近平)은 2014년 9월 베이징사범대학(北京師範大學)에서 강연할 때에 교과서에서 경전에 해당하는 고전문학작품은 중국화(中國化)를 의미한다고 언급하며 이를 버리는 것은 슬픈 일이라고 말하였다.

## 2. 고전문학(古典文學)의 대중화(大衆化)

현대의 일반인들은 고전문학을 어떻게 생각하고 있을까? 여러 견해들이 있겠지만 일반적으로는 현대의 생활과 약간의 거리감이 있을 것이라는 생각을 가지고 있을 것이다. 이는 고전이라는 가치와 상관없이 일반인들의 입장에서 고전문학을 접하는 기회나 읽을 시간적인 측면, 급변하는 현대의 생활 속에서 과거의 내용이라는 측면에서 그 이유를 찾을 수 있으리라 생각한다. 그러나 일반인들은 어느 시점이 되거나 어떤 계기에 따라 그리고 고전문학이 고전의 산물로 끝나는 것은 아니기에 고전문학을 완전히 멀리하지는 않았다. 고전문학이 현재까지 전해진다는 것은 무슨 의미를 가지고 있을까를 생각한다면 고전이 단순히 과거의 산물만은 아니라는 것을 느낄 수 있다. 고전문학이 현재까지 전해지며 잊혀지거나 소멸되지 않은 것은 현재의 사람들이 그 고전문학을 읽으며 좋아하고 무엇인가 얻는 바가 있기 때문일 것이다. 과거의 산물은 현재의 거울이 될 수 있기에 많은 사람들이 고전을 읽으며 거기에서 문화적 소양을 쌓으며, 인생관과 가치관을 수립하는데 도움을 받으며, 자신이 겪지 않은 생활의 단면을 맛보며, 고전에 나오는 새로운 세계를 통해 시야를 넓히며, 심리적 안정과 치유를 받기도 한다. 이러한 이로움을 주는 고전문학은 기본적으로는 청소년기의 고전에 대한 학습을 통해서 전해지지만 다른 방면으로는 이러한 고전문학의 장점을 아는 학자들의 노력에 의해서 폭넓게 선별되어 전해진다고 할 수 있다.

고전문학의 대중화는 고전문학작품의 현대한어(現代漢語)로의 번역과 고전문학의 현대적 활용 및 고전문학의 대중화 측면에서의 문제점 등 세 가지 방면에서 생각해 볼 수 있다.

## 고전문학작품의 현대한어로의 번역

고전문학작품은 대부분 서면어(書面語)인 문언문(文言文)으로 창작되었기에 수준 높은 문언(文言)에 대한 습득이 없다면 해독할 수 없다. 이는 비단 일반 대중뿐만 아니라 연구자의 입장에서도 쉽지 않은 부분이다. 과거의 연구자들은 현재의 세분화되고 방대한 학문과 달리 협소한 학문 분과에서 주로 시문(詩文)에 대한 학문적 연마에 천착할 수 있는 여건이 되었기에 문언문에 대한 해독이 그다지 어렵지 않았다. 그러나 현대는 소위 구어체인 백화(白話)로 이루어진 현대한어를 정규 학교에서 배우며, 이를 일상생활에서 말하고 글을 쓰기에 과거의 문언문으로 기록된 고전문학을 해독하기는 더욱 더 어렵게 되었다. 이에 따라 중국에서는 일반 대중을 위해 고전문학작품을 현대한어인 백화(白話)로 번역해야 했으며, 이러한 번역은 국가적인 차원에서 주로 이루어지면서 이미 상당히 많은 고전문학작품이 현대한어로 번역되었다. 고전문학작품의 출판은 이미 20세기에 시작되었지만, 그 출판은 대부분 연구자에게 필요한 고전문학작품 원문의 정리 혹은 원문에 주석(註釋)이나 해설을 한 것이지 일단 대중을 위한 백화번역은 아니었다. 예를 들면, 상해고적출판사(上海古籍出版社)의 『중국고전문학총서(中國古典文學叢書)』는 1979~2010년까지 시문집(詩文集) 위주로 주석만 하여 원문의 이해에 도움을 주었지만, 백화번역을 하지는 않았다. 일반 대중을 위한 고전문학작품의 백화번역은 80년대에 이르러서 시작되었다. 예를 들면, 귀주인민출판사(貴州人民出版社)의 『중국역대명저전역총서(中國歷代名著全譯叢書)』, 길림문사출판사(吉林文史出版社)의 『중국고대명저금역총서(中國古代名著今譯叢書)』, 중화서국(中華書局)의 『중국고전명저역주총서(中國古典名著譯注叢書)』, 악록서사(岳麓書社)의 『고전명저금역독본(古典名著今譯讀本)』, 광주출판사(廣州出版社)의 『중국고전명저역주총서(中國古典名著譯注叢書)』 등이 있다. 이들은 수많은 고대의 문학작품 중에서 그야말로 고전에 해당하는 작품을 우선적으로 현대한어로 번역하였다. 물론 이러한 백화번역 작업은 현재에도 진행 중이며, 점차 전문적인 문학작품과 저작물에 이르기까지 그 범위를 넓히고 있다.

## 고전문학의 현대적 활용

고전문학에 포함된 일부 작품들에 대하여 현대의 일반 대중들은 교육기관을 통해서든 개인적인 관심에 따라서든 이미 학습하거나 읽었다고 할 수 있다. 그러므로 고전문학작품에 등장하는 인물이나 사건은 현대인의 대화에서 쉽게 언급되며, 이에 대한 지식들은 일종의 문화적 소양이 되기도 하였다. 그러나 이러한 정도의 고전문학의 활용은 미미할 수밖에 없기에 고전문학을 폭넓게 알리며, 고전문학에 대한 흥미를 유발하기 위해서 고전문학을 현대적인 분야에서 활용하는 방안이 제시되었고 일부 실현되었다.

## 고전문학과 현대 문화예술과의 결합

고전문학을 대중화하는데 있어서 가장 좋은 방법은 고전문학에 대한 흥미를 유발시키는 것이다. 기본적으로 딱딱하고 어렵다는 선입견이 존재하는 고전문학은 현대의 문화예술과 결합되며 대중들과 가까워졌다.

이전에는 고전문학의 내용이 영화나 TV드라마의 내용으로 많이 결합되었다. 예를 들면, 고전소설인 삼국지연의(三國志演義), 서유기(西遊記), 금병매(金瓶梅), 수호지(水滸志) 등은 이미 영화나 TV드라마로 대중들에게 많이 전해졌다. 또한

「공작이 동남쪽으로 날아가다(孔雀東南飛)」나 「목란시(木蘭詩)」 등의 장편서사시의 경우도 영화나 드라마로 만들어져 방영되었다. 아울러 대표적인 시인인 이백(李白)이나 두보(杜甫) 및 소식(蘇軾) 등을 소재로 삼은 전기적인 영화나 드라마도 적지 않다.

최근에는 이러한 영화나 드라마의 범위뿐만 아니라 첨단예술문화에 고전문학의 내용이 상당히 많이 진입하여 고전문학이 새롭게 대중들에게 다가가고 있다. 예를 들면, 오락·게임·인터넷 등에서의 고전문학작품의 활용 같은 것이다. 특히, 인터넷이나 스마트 폰의 게임은 고전문학 중에서 삼국지연의(三國志演義) 같은 소설을 새롭게 이용하고 있으며, 이미 많은 청소년들이 심취하고 있다. 그러나 이러한 부분은 사실상 고전문학에 대한 왜곡을 불러일으킬 수 있는 여지도 내포하고 있다. 이는 지나치게 대중에 영합하려는 의도에 따라 본질보다는 흥미에 치중하고, 또한 흥미를 위해 지나친 변형이 가해졌기 때문이다. 또한 이에 따라 원래 읽기 중심의 고전문학에서 더욱 멀어지는 결과를 만들어내기도 하였다.

소설 삼국지

만화 삼국지

오락 삼국지

## 역대 중국 국가주석(國家主席)과 고전문학

중국의 역대 국가주석은 고전문학에 관심이 많았으며 고전문학에 대한 지식도 풍부했다. 마오쩌둥(毛澤東)의 경우는 많은 고전문학작품을 남기고 있다. 그 외의 국가주석들은 비록 이공계 출신들이 많지만 해외 순방 시에는 대부분 고전문학 중의 시가를 이용하여 외교상의 복잡하고 미묘한 의중을 고상하게 드러냈다.

○ 2014년 7월 시진핑(習近平) 국가주석 한국 방문

2014년 7월 4일 한국을 방문한 시진핑(習近平) 중국 국가주석은 서울대학교에서 강연할 때, 역시 1년 전과 마찬가지로 왕지환(王之渙)의 「관작루에 올라(登鸛雀樓)」"해가 산에 기대어 지고, 황하의 강물은 바다로 향해 흘러가네, 천리 저 아득한 곳까지 더 보고 싶다면, 한층 더 올라야 한다네(白日依山盡, 黃河入海流, 欲窮千里目, 更上一層樓)." 중에서 "천리 저 아득한 곳까지 더 보고 싶다면, 한층 더 올라야 한다네(欲窮千里目, 更上一層樓)"를 인용하여 양국의 관계를 더욱 발전시키자는 의중을 보여주었다.

○ 2013년 6월 박근혜 대통령 중국 방문

중국을 방문한 박근혜 대통령은 시진핑(習近平) 중국 국가주석과의 6월 28일 오찬에서 서로 선물을 주고받았다. 한국 측은 차 세트를 주었으며, 중국 측에서는 왕지환(王之渙)의 「관작루에 올라(登鸛雀樓)」라는 시가 쓰인 서예작품을 주었다. 특히, 「관작루에 올라(登鸛雀樓)」 "해가 산에 기대어 지고, 황하의 강물은 바다로 향해 흘러가네, 천리 저 아득한 곳까지 더 보고 싶다면, 한층 더 올라야 한다네(白日依山盡, 黃河入海流, 欲窮千里目, 更上一層樓)."라는 시를 인용하면서 중국 측에서는 '태양(白日)'은 양국 간의 환한 미래를 의미하며, '천리 저 아득한 곳까지 더 보고 싶다면, 한층 더 올라야 한다네(欲窮千里目, 更上一層樓)'는 양국 간의 관계가 더욱 발전되어가길 기원하는 의미를 담고 있다고 밝혔다.

○ 2002년 10월 미국을 방문한 장쩌민(江澤敏) 국가주석은 이백(李白)의 시 「아침에 백제성을 떠나며(早發白帝城)」 "아침에 아름다운 구름 속에 있는 백제성을 떠나, 천리나 되는 강릉 땅을 하루 만에 갔다네. 양쪽 강 언덕에 원숭이 울음소리 멎지 않는데, 가벼운 배는 이미 만 겹이나 되는 산을 지나왔다네(朝辭白帝彩雲間, 千里江陵一日還. 兩岸猿聲啼不住, 輕舟已過萬重山.)"를 인용하여 미국을 찾은 즐거운 마음을 표현하였다.

## 고전문학의 대중화현황

고전문학의 대중화를 총체적으로 정리하고 엿보기란 현실적으로 어렵다. 만약 대중화를 논한다면 설문을 통한 조사와 분석이 있어야 하는데, 중국의 인구와 공간을 감안하면 전반적인 분석을 하기 어렵기 때문이다. 따라서 비록 총체성을 가지기는 어렵지만 특정지역에 한정된 설문조사로 일부분이나마 그 정황을 알 수 있다. 2014년에 발표된 「일반대중의 문학 독서열정에 관심을 가지며 - 현대 일반시민의 고전문학 생활 조사(關注普通人的文學熱讀 - 當代普通市民的古典文學生活調查)」[2] 를 빌어 중국에서의 고전문학의 대중화 현황을 일부나마 엿보고자 한다.

○ 설문내용의 정리

| 지역 : 산동(山東), 호남(湖南) 등 9개 성 및 북경(北京), 제남(濟南), 심천(深圳) 등<br>대상 : 화이트칼라, 노동자, 농민, 가정주부, 퇴임자 등<br>방법 : 길거리에서의 설문조사<br>설문수량 : 980부<br>기간 : 2013년 1월부터 10월까지 |
|---|
| ① 고전문학을 어떤 경로로 접하는가?<br>서점에서 구매 55.8% / 도서관에서 빌림 36.7% / 인터넷 서점에서 구입 30.2% (중복 설문방법 이용)<br>서점에서 고전문학작품을 구입하는 사람들이 많다. |
| ② 고전문학이 대중에게 전달되는 방법 중에서 가장 좋은 것은 무엇인가?<br>종이책 42.3% / 영화나 드라마 32.6% / TV의 교양강좌 15.7% / 학교교육 6.4% |
| ③ 1년에 몇 권의 고전문학작품을 읽는가?<br>5권 이내 60.1% / 5권에서 10권 22.3% / 10권 이상 9.4% |

2) 奕妮, 「關注普通人的文學熱讀 - 當代普通市民的古典文學生活調查」, 甘肅社會科學, 2014.

④ 고전문학작품 읽는 것을 좋아하는가?
아주 좋아함 29.7% / 그럭저럭 좋아함 65.1% / 좋아하지 않음 3.4%

⑤ 어떤 형식의 고전문학작품을 좋아하는가?
소설 68.2% / 시사 16.5% / 산문 8.9% / 희곡 6.4%

⑤-1 어떤 유형의 고전소설을 좋아하는가?
역사소설 47.8% / 로맨스소설 19.2% / 범죄소설 15.6% / 무협소설 10.7%

⑥ 고전문학을 읽게 된 동기는 무엇인가?
시험 등 공리적인 이유로 16.8% / 시간 때우기 30.9% / 흥미와 호기심으로 56% / 고대인의 생활과 가치를 이해하기 위해 35.5% / 생활의 지혜를 위해 32.5%

⑦ 왜 고전문학작품을 많이 읽지 않는가?
⑦-1 출판사의 학술문화분야의 서적 판매 순위 50위에는 고전문학이 5권(『史記』,『資治通鑑』,『論語』,『萬歷十五年』』,『明代王朝』)이지만, 사실상 이 5권은 순수 고전문학작품이 아니라 역사나 철학적인 서적이기에 결국 1권도 없다고 할 수 있다.

⑦-2 고전문학작품을 읽는데 가장 큰 장애는 무엇인가?
언어문자가 어렵다. 42.6% / 흥미가 없다. 27.9% / 고전문학작품의 사상이 고루하다. 8.6% / 시간이 없다 8.1%

⑧ 여유시간에 주로 무엇을 하나? (대상 : 중고등학생)
TV나 영화 35.6% / 게임 21.3% / 독서 26.7% / 체육활동 9.8%

⑨ 고전문학작품은 어떤 효용이 있다고 생각합니까?
고대인의 생활을 이해한다. 47.2% / 생존지혜를 습득한다. 65% / 생활스트레스를 완화한다. 28.5% / 심미능력을 배양한다. 41.9% / 도덕적인 인격을 배양한다. 48.2% / 아무 효용도 없다. 4%

⑩ 국민들의 독서량을 늘이기 위해 정부 차원에서 노력. 예를 들면, 60만개가 넘는 농촌에 작은도서관 설치.

### 고전문학의 대중화 측면에서의 문제점

고전문학이 대중화되면서 다양한 방법으로 대중에게 접근된 것은 긍정적인 일이지만 역시 부정적인 측면도 도출되었다. 첫째, 현대한어의 번역에 있어서의 문제점으로 단시일에 많은 문언문(文言文)을 번역했기에 오류가 적지 않다. 둘째, 문언문에 대한 현대한어 번역 자체에 일반 대중이 잘 쓰지 않는 용어가 빈번하여 여전히 어렵고 이에 따라 고전문학에 대한 흥미를 제대로 높이지 못했다. 셋째, 출판사의 입장에서 고전문학은 기타 현대문학이나 생활과 관련된 서적의 수요량에 비하여 여전히 높지 않기에 고전문학 출판을 기피하는 현상이 있다. 혹시 출판을 하더라도 인터넷을 이용한 불법 업로드와 다운로드가 일반화되어 더욱 어려운 상황이다. 또한 일부 대중들이 좋아하는 특정 고전문학 작품에 대한 출판사의 과다한 중복 출판이 많다. 넷째, 영화나 인터넷 및 스마트폰에서의 게임은 고전문학의 원래 의미를 손상시키거나 오해를 불러왔다. 예를 들면, 미국에서 영화화된 「화목란(花木蘭)」에 청소년들이 열광하면서도 「목란사(木蘭辭)」가 중국의 것임을 모른다거나, 일본의 게임으로 널리 알려진 『삼국연의(三國演義)』에 나타난 인물들의 변형된 모습은 일본의 것인지 중국의 것인지 모르게 만들었다.

## 3. 고전문학(古典文學)에 대한 연구(研究)

현대 중국에서 고전문학에 대한 연구란 일반인이 행하는 작업이 아니라 고전문학을 연구하는 연구자들의 작업이다. 이러한 연구자들은 단순히 고전문학을 감상하고 그 감상문을 쓰는 것이 아니다. 이들은 전문적인 학습과정을 거치고 고전문학에 대한 일정 정도 수준의 지식을 습득한 이후에, 고전문학에 대한 과거의 성과를 흡수하며 아울러 자신만의 관점과 시각을 가지고 고전문학을 분석하고 연구한다. 이들은 문학을 창작하는 문학창작자와 다른 문학연구자인 것이다. 현대 중국에서의 고전문학에 대한 연구 전반을 참고할 수 있는 자료로는 『중국고전문학연구사(中國古典文學研究史)』와 「신시기 중국고전문학연구의 회고와 전망(新時期中國古典文學研究的回顧與展望)」이라고 할 수 있다.[3] 중국의 고전문학이 현재까지 전해 오는 동안 많은 연구가들은 그것에 담긴 심미, 철학, 인생 등을 고찰하였다. 현대 중국의 고전문학연구 현황을 고전문학연구의 발전과정, 고전문학연구의 내용, 고전문학연구의 미래 등 세 가지 방면으로 나누어 살펴보자.

## 고전문학연구의 발전과정

고전문학에 대한 연구는 이미 고대부터 시작되었다. 공자(孔子)의 유가(儒家)적 사고는 문학을 공리(功利)적인 것으로 생각하여 문학작품의 사회성(社會性)과 현실적 공리성(功利性)을 중시하였는데, 이것이 바로 고대의 문학에 대한 이론이며 연구인 것이다. 이후 한대(漢代) 시기에도 유가(儒家)적 정치교화(政治敎化)를 중시하였는데, 이러한 정치교화라는 표준은 바로 당시 문학에 대한 연구의 산물이다. 위진남북조(魏晉南北朝)시대에 이르면 소위 문학의 자각시대가 되며 유가(儒家)적 사고를 일정 정도 벗어나 개성을 가지고 문학작품에 대한 다양한 이론을 접목시키게 되며, 이에 따라 문학평론서가 출현하였다. 예를 들면, 『문심조룡(文心雕龍)』과 『시품(詩品)』이 있다. 당송(唐宋)시기에 이르면 위진남북조의 문학평론서를 발전시켜 문학연구에 대한 의식의 자각으로 전대의 문학에 대한 정리와 분석을 하는 연구가 진행된다. 예를 들면, 문집의 편찬이나 주석 작업 등이 있으며, 더 나아가 시가창작에 대한 분석과 견해를 담은 사공도(司空圖)의 『시품(詩品)』이나 엄우(嚴羽)의 『창랑시화(滄浪詩話)』 같은 시화(詩話)가 출현한다. 원명(元明)시기부터 청대(淸代) 중기(中期)까지의 시기에는 희곡과 소설에 대한 연구가 새롭게 진행되는 동시에, 전대 시문(詩文)에 대한 집중적인 연구를 바탕으로 한 전

3) 郭英德等著, 『中國古典文學研究史』, 中華書局, 1995. · 柳躍進, 「新時期中國古典文學研究的回顧與展望」, 許昌師專學報, 2000.

문적인 이론서가 대거 출현한다. 예를 들면, 『역대시화(歷代詩話)』나 『청시화(淸詩話)』등으로, 연구자의 이론저작들을 모아 두고 있다.

청대(淸代) 후기는 소위 서양의 학술이 수입되는 '서학동점(西學東漸)'의 시기로 고전문학의 연구에도 큰 변화를 가져오게 된다. 즉, '과학적'이며 '근대적'인 서양의 새로운 학술사상은 연구자들에게 고전문학을 새로운 시각으로 바라보게 만들었으며, 연구 방법에 있어서도 역시 새로운 시각으로 접근하게 만들었다. 그 결과 문사철(文史哲)이 명확하게 구분되지 않았던 연구에서 구획이 명확하게 정립되었으며, 비논리적이던 연구가 논리적으로 변화되었고 비체계적이던 연구가 체계적으로 변화 되었다.

5·4시기의 신문화운동(新文化運動)이후 고전문학연구는 서양 학술의 지속적인 수입에 영향을 받아 청대 후기와 마찬가지로 큰 변화의 연장선상에 있었다고 할 수 있다. 특히 고전문학을 사회학적(社會學的), 정치사상적(政治思想的), 역사학적(歷史學的)인 관점을 가지고 연구하는 것은 이전의 봉건사회(封建社會)시기에서의 연구방법은 아니었다. 또한 이러한 연구방법론의 영향으로 고전문학연구는 새롭게 변화되었으며, 이에 영향력 있는 작가 겸 이론가가 출현하였다. 예를 들면, 호적(胡適)·노신(魯迅)·진인각(陳寅恪)·전종서(錢鍾書) 등이 있다. 또한 서양의 다양한 학술사상에서 마르크스주의의 관점은 당시의 문학연구자들에게 큰 사상적 변화를 이끌어 냈다. 따라서 마르크스주의의 계급분석방법, 유물변증법 등의 이론이 고전문학연구자에게 흡수되어 새로운 시각으로 고전문학을 연구하게 되었다. 그러나 이후 연구자들은 마르크스주의에 대한 교조주의적 사고로 지나치게 계급 분석적, 사회주의적 관념에 치중하여 고전문학을 유형화하였다. 따라서 1920년대 이후 고전문학의 연구 표준은 반동과 진보 혹은 인민성의 여부 혹은 정치성의 여부가 되었고, 이에 따라 이러한 표준이 예술성의 우위를 점하게 되었다. 문화대혁명시기인 70년대에는 심지어 고전문학을 반동적인 것으로 치부하여 말살하려고 하였으며, 이로 말미암아 고전문학은 실제로 상당한 타격을 입었다.

개혁개방을 진행한 80년대부터 90년대는 고전문학연구에 있어서 새로운 발전을 이루어낸 시기이다. 비록 개방을 통하여 서양의 다양한 이론이 도입되었지만 고전문학연구 자체에 있어서의 영향은 그다지 크지 않았다. 예를 들면, 후현대주의(포스트모더니즘)[4]는 주로 현대문학연구에 영향을 주었다. 비록 고전문학연구에 있어서 서양적인 이론의 영향은 크지 않았지만, 서양의 새로운 학술사상이나 선진적이며 현대적인 사고 및 연구자의 자유와 개방 그리고 연구 토대의 형성은 지대한 영향을 주었기에 고전문학연구 역시 새로운 발전을 하게 되었다. 이 시기 고전문학연구의 발전에 있어서 첫째로 중요한 부분은 연구 시야의 다원화이다. 직전의 고전문학연구는 유물사관에 입각하여 진행되었기에 다양성이 결여되었다고 할 수 있다. 개혁개방과 더불어 시작된 사상적 해방은 고전문학연구에 구속과 제약이 없는 다원화된 시각을 갖게 하였다. 이에 연구자들은 새로운 연구방법, 자주적인 사상과 관념 등을 통하여 연구할 수 있는 토양을 얻게 되었으며, 이를 바탕으로 다원화된 연구 및 전문적이며 실험적인 저술활동을 했던 것이다. 예를 들면, 『도교문학사(道教文學史)』가 있다. 둘째는 연구자의 저변 확대이다. 우선, 문화대혁명(文化大革命) 이후 학술활동을 할 수 없었던 학자들이 연구에 전념할 수 있게 되었으며, 이들이 고전문학연구의 토대가 되는 저술을 할 수 있었던 것이다. 예를 들면, 『중국문학사(中國文學史)』를 저술했다. 또한 중단되었던 전문학교가 다시 문을 열게 됨에 따라 연구자들이 대거 배출되었다. 예를 들면, 77학번과 78학번의 석사연구생이 80년대 후반과 90년대에 활발하게 활동을 하였다. 셋째는 고전문학사료의 정리와 출판이다. 이는 국가적인 차원에서 이루어졌다. 국무원(國務院)의 국가고적정리출판기획팀(國家古籍整理出版規劃小組)과 교육부(教育部) 고적정리연구사업위원회(古籍整理研究工作委員會)의 체계적인 계획과 도움이 있었다. 이에 다양한 공구서와 자료회편 및 총서 등이 출판되었다. 다섯째는 조직적이며 체계적인 연구회와 학술지가 만들어졌다. 예를 들면, 전문적으로 『홍루몽(紅樓夢)』을 연구하는 '홍학(紅學)' 등의 학파가 만들어졌으며, 또한 고전문학연구를 발표하는 전문적인 학술지로는 『문학유산(文學遺産)』·『문학평론(文學評論)』 등이 있으며, 매년 당대문학연구자료(唐代文學研究資

---

4) 포스트모더니즘, 후현대주의 : 탈 중심적 다원적 사고, 탈 이성적 사고. 개성 자율 다양 - 비디오 아트, 랩 등이 있다. 문학에서는 장르의 벽이 느슨해지고 전지적 시점보다는 다른 시점을 채택함으로써 현실감을 증대시키고 독자의 상상력을 중시하게 된다. 소설에서 마지막에 약간의 여운을 남겨두고 독자를 생각하게끔 하는 것도 포스트모더니즘의 영향으로, 작가위주의 문학에서 벗어나 독자가 능동적으로 읽을 수 있도록 하는 것이 특징이다.

料)를 수집하고 정리한 이후에 이에 평론을 한 학술지 『당대문학연구(唐代文學研究)』 등이 있다. 이러한 연구회와 학술지는 연구자에게 연구 성과를 발표할 수 있는 장이 되었다.

2000년대에는 다양한 방면의 안정과 그 간의 연구 성과를 바탕으로 정리하고 융합한 연구 자료가 저술되었으며, 또한 국제화 시대에 걸 맞는 연구풍토가 조성되었다. 우선, 다양한 방면의 안정이란 이전의 과도기적인 변화에서 연구자의 입장, 연구 환경, 연구발표의 지면 등에 있어서의 안정적인 토대가 이루어졌다는 의미이다. 이에 따라 전국 각지의 대학원 석박사과정의 졸업자가 대거 배출되었으며, 이들이 저술한 논문들은 상당히 많다. 이러한 수적인 영향을 바탕으로 논문의 내용 역시 매우 다양해졌다. 예를 들어, 이백(李白)과 관련된 저술이나 논문을 중국 공식 사이트인 CNKI(中國知網, 中國知識基礎設施工程, CAJ - China Academic Online Journal Dantebase)에서 검색하면 약 17,000여 건의 관련 자료가 검색되는데 양이 많은 만큼 이백을 다양한 시각으로 연구한 논문이 상당히 많음을 알 수 있다. 둘째로 이전의 연구 자료를 바탕으로 이를 집대성하고 추가하여 정리한 저술이다. 예를 들면, 80년대의 문학과 유교, 문학과 불교, 문학과 도교 등의 산재한 연구를 집대성한 『중국종교문학사(中國宗教文學史)』(2014년) 같은 저술이다. 셋째, 국제화시대에 걸 맞는 연구풍토란 해외 중국고전문학연구자와의 왕래와 해외에서의 고전문학연구의 발표 및 해외학자의 중국 내에서의 고전문학연구 발표를 말한다. 특히 중국과 한국, 중국과 일본은 국제회의의 형식을 빌려 이미 상당히 빈번하게 왕래를 하고 있다. 한국의 경우 92년 수교 이후 많은 중국의 교환교수가 한국 대학에서 강의하며 한국에 존재하는 중국고전문학 자료를 접하였으며, 이를 정리하여 중국이나 한국에서 발간하였다. 예를 들면, 『국외한자서적연구논집(域外漢籍研究論集)』(張伯偉, 北京大學出版社, 2011.), 『역외소견중국고사연구자료회편·조선한적편(域外所見中國古史研究資料滙編·朝鮮漢籍篇)(全三十冊)』(人民出版社, 2013.), 『한국소장중국한적총목(韓國所藏中國漢籍總目)(全6冊)』(全寅初主編, 韓國學古房, 2005.) 등이 있다.

## 고전문학연구의 내용

고전문학연구의 내용이란 고전문학 연구 자료의 구체적인 성과물을 말한다. 이러한 연구 자료는 고대는 고대대로 그 이전의 문학에 대한 연구를 했기에, 그 연원은 당연히 선진(先秦)시기부터라고 할 수 있다. 여기에서는 현대 중국이라는 시점을 시작점으로 하기에 80년대의 고전문학 연구 자료에 대한 내용을 소개하고자 한다. 개혁 개방의 80년대에는 중국 연구자들의 다양한 노력으로 많은 성과물이 도출되었다.

우선, 중국고전문학 작품의 정리 출간이다. 역대 저명한 시인의 시집이나 문집 등이 총집이나 별집의 형태로 출판되었으며, 특히 이전에는 원문만을 독립적으로 구분하여 출판하였으나, 이 시기에는 원전을 정리한 문집과 더불어 주석을 단 별집들이 출판되어 연구자들이 원문을 이해하는데 많은 도움을 주었다. 『전당시(全唐詩)』와 『전당문(全唐文)』의 경우는 이미 청대(淸代)에 편찬되었지만 그 외의 고전문학자료들의 정리와 편찬은 이 시기에 대량으로 이루어졌다. 예를 들면 『전송시(全宋詩)』, 『전송문(全宋文)』, 『전명문(全明文)』 등은 80년대부터 단계적으로 출판되었다. 주석을 단 별집으로는 『왕우승집전주(王祐承集箋注)』·『제기시집교주(齊己詩集校注)』·『이상은시가집해(李商隱詩歌集解)』 등이 있다.

둘째, 고전문학연구를 하는데 있어서 토대가 되는 공구서(工具書)의 출판이다. 이는 이전에 침체되었던 고전문학연구를 진작시키는데 지대한 도움을 주었다. 특히 국가적인 차원에서 전국의 연구자들이 공동의 노력을 통하여 방대하고 다양한 공구서와 자료회편(이전의 연구 자료를 정리한 자료)을 짧은 시간에 출판할 수 있게 하였다. 이를 바탕으로 연구자들은 연구 자료에 대한 수집과 분석에 필요한 시간을 절약할 수 있었으며, 자신의 창의적인 시각을 저서나 논문에 집중할 수 있었다. 예를 들면, 공구서로는 『중국고대문학사전(中國古代文學辭典)』, 『당시감상사전(唐詩鑑賞辭典)』, 『삼국지연의자료휘편(三國志演義資料彙編)』, 『당시휘평(唐詩彙評)』, 『백거이연보(白居易年譜)』 등이 있다.

셋째, 전문적이며 정기적인 학문체계와 학술지가 대량으로 만들어졌다. 특히 이전부터 많은 관심을 받아온 고전문학에 대한 학문을 지칭하여 고유명사화한 학문에는 '선학(選學)', '홍학(紅學)', '돈황학(敦煌學)' 등이 있다. 학술지로는 『문학유산(文學遺産)』, 『문학평론(文學評論)』, 『중화문사논총(中華文史論叢)』, 『당대문학연구(唐代文學研究)』, 『송대문학연구(宋代文學研究)』 등이 있다. 이러한 학술지는 고전문학연구자들에게 논문을 발표할 수 있는 공간을 제공하였으며, 고전문학연구 동향을 엿볼 수 있는 자료들이라고 할 수 있다.

넷째, 고전문학작품을 수록하고 있는 대형 간행물에 대한 데이터베이스 작업도 80년대 컴퓨터의 보급과 동시에 전방위적으로 진행되었다. 이는 고전문학연구자들에게 시간을 절약하게 하거나 통계적인 문제를 쉽게 해결하게 하는 등 연구의 효율성을 높여 주었다. 예를 들면, 중국사회과학원의 '『전당시(全唐詩)』 데이터베이스', 베이징대학교의 '『전송시(全宋詩)』 데이터베이스'가 있다. 종합 고전문헌의 웹 데이터베이스로 대표적인 것은 중국 기본 고적 서고(中國基本古籍庫(http://www.er07.com)로 1998년 베이징대학교와 베이징애여생디지털화기술연구센터(北京愛如生數字化技術研究中心)가 공동으로 개발했으며, 선진(先秦)부터 중화민국(中華民國)시기까지의 역대 서적 1만 여 종, 16만 여 권을 수록하고 있다. 이외에도 인터넷상에서 다양한 고전문학작품들을 수록하고 있는 사이트로는 시사명구(詩詞名句)네트워크(service@shicimingju.com)나 고시문(古詩文)네트워크(service@gushiwen.org) 등이 있다.

## 고전문학연구의 미래

고전문학연구는 80년대 이후 양적으로나 질적으로 급속한 발전을 이루었다. 특히 고전문학연구의 토대가 되는 원전에 대한 출판과 이에 대한 정리 작업은 후대 연구자들에게 지대한 도움과 영향을 주었으며, 실제로 이를 바탕으로 많은 저술과 논문이 출판되고 발표되었다. 그러나 고전문학연구의 미래 발전을 위해서는 현재까지의 고전문학연구에 대해 되돌아보며 성찰해야할 필요가 있다.

우선, 한계와 문제점을 되돌아볼 수 있겠다. 80년대의 개혁 개방은 서방과의 학술적 소통이 이루어지면서 새로운 방법론이 도입되었지만, 실제적으로 고전문학과의 접목은 여의치 않았다. 그러나 그럼에도 일부 학자들은 서방의 사상과 관념을 바탕으로 고전문학을 연구하는 오류를 범했었다. 또 다른 문제점은 연구자의 대량 배출이 있었지만 고전문학연구에 천착하여 일가를 이룰 정도의 성취를 이룬 연구자는 아직 배출되지 않았다는 점이다. 이전에는 연구자가 극히 적었지만 대가의 반열에 오른 연구자가 적지 않았다. 특히, 현대의 연구자들은 집중보다는 시류를 따라 연구의 대상을 정하는 것이 일반적이라고 할 수 있다. 최근의 문제점은 더욱 심각하여 깊이 있는 연구를 하는 연구자가 적은 것에만 그치는 것이 아니라 고전문학연구자의 수조차도 줄어들었다는 점이다. 급변하는 중국의 경제성장의 변화는 현실에서의 경제효과를 중시하게 되었기에 실질적으로 현실사회에서 비현실적이며 비영리적인 분야인 고전문학을 연구하는 연구자는 자연히 줄어들 수밖에 없었을 것이다.

중국고전연구의 미래를 생각해보면, 몇 가지 분야에서 고전문학연구는 여전히 변화하고 발전하고 있음을 알 수 있다.

첫째, 현재 고전문학연구자가 줄고 전체적으로 인문학의 위기라고 할 수 있지만 나름대로의 고전문학연구는 진행되고 있으며 변화하고 발전하고 있다. 비록 고전문학연구에 대한 성취가 누적되어 더 이상 새로운 연구의 소재가 없는 듯이 보이지만 시대의 변화는 다시 또 새로운 대상을 만들어 주고 있다. 이는 중국의 고도성장과 맥을 같이 하는데, 바로 중국고전문학의 세계화이며, 세계화 속에서 고유의 민족특색을 찾는 데에 있다. 이러한 분야는 중국 고전문학과 외국 고전문학과의 비교연구이다. 이러한 비교문학연구는 이전부터 있었지만 그 폭은 이전과 다르다. 예를 들면, 1992년 한중수교에서 비롯된 한국 고전문학과 중국고전문학의 비교연구는 양국에서 대폭 증가했음을 알 수 있으며, 이는 현재 진행형이다.

둘째, 연구의 방향성이 더욱 다양해지고 있다. 예를 들면, 문학과 자연과학, 문학과 음악 등 복합적인 연구가 새롭게 진행되어 새로운 성과물을 만들어 내고 있다.

셋째, 이전 고전문학연구 성과의 집대성이 이루어지고 있다. 80년대 이후 고전문학연구의 토대가 만들어지고 활발해지면서 다양한 방향으로 연구가 진행되었지만, 그 열매는 아직 맺지 못했다고 할 수 있다. 2000년대에 들어서서 비로서 그 열매가 맺어지고 있다고 할 수 있다. 예를 들면, 문학과 종교와의 관련성을 집대성한 『중국종교문학사(中國宗教文學史)』가 그런 예라고 할 수 있다.

## 4. 맺음말

고전문학이라는 용어 자체를 생각하면, 대부분 친근하기 보다는 조금은 불편하고 조금은 어렵다는 느낌을 받는다. 이는 고전문학이 현재의 일상생활에서 자연스럽게 존재하는 것이 아니라 스스로 접하려고 해야만 만날 수 있기 때문이다. 생활의 리듬이 빠르고 새로운 편의성을 가져다주는 많은 것들이 쏟아져 나오는 현대의 상황에서 이러한 고전문학은 무엇인가 느리고 고리타분하다는 느낌을 받게한다. 그러나 반면에 고전문학의 필요성은 이러한 현대의 생활에 대한 반작용으로써 오히려 증대된다고 할 수 있다. 소위 인문학의 위기라는 말이 마치 흔히 널려진 단어처럼 반복되지만, 실제로 인문학은 늘 최고의 자리에 있지 않았지만 늘 생존하고 있었던 것이다. 이는 마치 세상 만물의 부침과 마찬가지로 어느 시대에는 침체되었다가 그 시대가 변화하면 또 다시 새로운 필요성에 의해 저절로 드러나고 다시 각광을 받는 것과 같다고 할 수 있다.

현대 중국에서 고전문학은 어떻게 자리매김 하고 있는가라고 질문을 한다면, 침체로 가기 보다는 오히려 점차 새롭게 대두되는 시기라고 말할 수 있겠다. 이는 중국의 고도성장과 맥을 같이 하는데, 고도성장과 더불어 각광을 받는 것이 아니라 오히려 고도성장의 반작용으로 다시 활성화되는 것이라고 할 수 있다. 대중들이 소홀히 했던 고전문학에 대한 관심이 현재 점차 살아나고 있다는 생각이 드는 것은 경제성장이 대중들을 경제적으로 부유하게 만든 것과 달리 정신적인 측면에서 오히려 피폐하게 만들고 있기 때문이다. 즉, 대중들은 이런 정신적인 피폐를 벗어나기 위한 시도로 고전문학에 다가가고 있는 것이다.

고전문학에 대한 연구에 있어서는 일면 호황이라고 할 수 있다. 이는 80년대 이전의 계급주의를 벗어나고 80년대 이후 서방학술의 범람을 겪은 이후, 현재는 고전문학을 연구하는 제반 조건이 매우 풍부하기 때문이며, 또한 세계화 속에서의 중국 고전문학이 어느 시기보다 더욱 폭넓은 시선을 받고 있기 때문이기도 하며 역시 세계화 속에서 중국 고전문학과 세계문학과의 비교연구 등이 이전보다 더욱 다양하고 광범위하게 연구되고 있기 때문이다.

고전문학의 교육에 있어서는 정부 차원에서 조직적이며 체계적인 노력을 해왔기에, 기본 틀의 변화는 적다고 할 수 있다. 특히, 고전문학에 대한 선별은 너무 획일적일 수 있고 다양성이나 자율성을 제약할 수 있는데, 국가적인 차원에서 2001년부터 소위 국정교과서의 출판권리를 개방하여 이러한 제약을 벗어나고자 한 노력은 매우 긍정적인 일이라고 할 수 있다. 이에 현재 다양한 출판사가 초등학교와 중학교의 교과서를 자율적으로 출판하고, 각 지역별로 자유롭게 교과서를 선택하고 있다.

고전문학의 대중화에 있어서 기본적으로 고전문학 작품을 널리 알리고 고전문학 작품이 널리 읽힌다면 긍정적인 일이다. 그러나 첨단 사회에서 대중들은 더욱 빨리 더욱 쉽게 더욱 흥미 있게 고전문학을 접하는 경향으로 흘러가고 있는데, 이는 결코 긍정적인 일이 아니다. 특히, 청소년기의 고전문학에 대한 흥미가 오락이나 게임으로 만들어지는 것은 장기적으로 분명히 문제점을 낳을 것으로 생각된다.

현재 중국의 일반대중은 고전문학이 고리타분하다고 생각하여도 대부분 고전문학의 필요성을 부정하지는 않고 있다. 이러한 생각이 저변에 있기에 고전문학에 대한 애호는 부침이 있을 뿐 소멸되지 않는 것이다. 고전문학이라는 인문성은 자연스럽게 부침을 겪는 것이 올바른 방향일 것이다. 즉, 경제성장이 어느 정도의 궤도에 이르면 자연스럽게 대중들의 문화적 소양도 높아지는 것과 같다고 할 수 있다. 고전문학이 가진 인문소양에 대한 흡수 역시 중국의 경제나 문화적 수준이 높아질수록 자연스럽게 높아질 것이며, 그 상황은 이미 시작되어 진행되고 있다고 할 수 있다.

## 〈추천도서〉

나관중(羅貫中) 저 · 이문열 평역, 『삼국지』, 민음사, 2002

오태석, 『중국문학의 인식과 지평』, 역락, 2001

이중텐 저 · 심규호 역, 『이중텐 사람을 말하다』, 중앙북스, 2013

조설근(曹雪芹), 고악(高鶚) 저 · 최용철, 고민희 역, 『홍루몽』, 나남, 2016

지영재 편역, 『중국시가선』, 을유문화사, 2007

황견(黃堅) 편찬, 김학주 역저, 『고문진보(전집·후집)』, 명문당, 2012

# 3. 현대 중국의 문화코드: 탄터(忐忑)[1]

안영은

현대를 살아가는 중국인들의 심리적 상황을 너무나도 잘 묘사해 주고 있는 문화코드가 있다. 바로 탄터(忐忑)다. 우리말로는 '탐특'이라고 읽는다. 글자의 모양새를 보면 마음(心)이 위(上)로 떠올랐다가 마음(心)이 다시 아래(下)로 가라앉는 형상으로 현대인이 많이 겪고 있는 불안감을 표현한 것이다. 표의문자(表意文字)가 주는 간결하면서도 정확한 의미전달이 매우 돋보이는 글자가 아닐 수 없다. 일반적으로 불안(不安)이라는 단어와 결합하여 '탄터뿌안(忐忑不安)'이라는 성어로 사용된다. '탄터(忐忑)'의 어원은 그리스 신화에서 왔다. 제우스의 아들인 탄탈로스(Tantalus)의 이야기에서 비롯된 것이다. 탄탈로스는 신들만이 먹을 수 있는 음식과 지식을 인간들에게 발설하여 신들의 노여움을 사게 되어 늪에 갇히게 된다. 배가 고파서 나뭇가지의 과일을 따먹으려 하면 나뭇가지가 위로 올라가 버리고, 목이 말라 고개를 숙여 물을 먹고자 하면 수면이 아래로 내려가 물을 마실 수 없는 형벌에 처해진다. 이렇듯 영원한 배고픔과 갈증에 시달리는 탄탈로스의 이야기에서 비롯되어 이룰 수 없는 욕망을 상징하게 된 이 말은 5세기경 인도를 경유해 중국에 유입되면서 지금의 '忐忑'로 자리 잡게 된다. 그러

1) 이 글에서는 '탄터(忐忑)증후군', 또는 노래 제목 <忐忑>를 '불안 증후군', 또는 <불안>으로 표기하지 않고, 중국어 발음을 그대로 한국어로 옮겨 '탄터증후군' 또는 <탄터>로 표기하였다. 그밖에 서명(書名)인 『忐忑的中國人』의 경우는 한국어로 번역하여 『불안한 중국인』으로 표기하였다.

고 보면, 중국으로 유입된 외래어 가운데 가장 역사가 오래된 셈이다. 그런데 수 세기에 걸쳐 사용된 탄터(忐忑)라는 글자가 현재적 시점에서 돌연 주목을 받고 있다. 그 까닭은 무엇일까?

## 1. 탄터(忐忑)

### 탄터뿌안(忐忑不安)

개혁개방이래 중국은 괄목할 만한 경제적 성과를 거둬 미국과 어깨를 나란히 겨루며 G2국가로서의 면모를 유감없이 발휘하고 있다. 뿐만 아니라 2008년 베이징(北京) 올림픽과 2010년 상하이(上海) 세계 엑스포 등 각종 국제적 문화 행사를 성공적으로 치루면서 중국은 경제적 자신감뿐만이 아니라 강한 문화적 자부심도 가지게 되었다. 이런 시점에서 무엇이 이들을 불안하게 만드는 것인가? 전문가들은 중국인들이 국가와 사회의 고속성장과 변화를 따라잡지 못하는 데에서 발생하는 '문화지체(cultural lag , 文化遲滯)'를 그 원인으로 꼽고 있다. 문화지체란 1922년 미국의 사회학자 W.F.오그번(William Fielding Ogburn)이 '물질문명의 변화에 비하여 비물질적, 정신적 문화 요소의 변동 속도가 느려지기 때문에 나타나는 혼란'을 지칭하면서 사회변동론(社會變動論)에서 사용한 개념이다. 한마디로 중국이라는 국가는 급속하게 발전을 이루어 나가고 있는데 반해 국가를 구성하는 국민들의 삶은 그 속도를 따라가지 못하는 데서 오는 불안감인 것이다. 중국은 다른 선진국들은 물론 한국과 비교해서도 더 짧은 기간 동안 급속한 경제 성장을 이루었다. 그 과정에서 중국사회 또한 급격하게 변화되었으며, 중국인들은 하루가 다르게 변화하는 사회에 적응하는 데 애를 먹으면서 스트레스가 누적되었다.

개혁개방이래로 중국은 3단계 국가발전 단계를 구상해왔다. 1단계가 개혁개방이 시작된 지난 1980년부터 2000년까지 즉, 먹고 사는 기본 의식주를 해결하는 '온바오(溫飽)' 시기라면 2단계는 2001년부터 2020년까지로 중산층이 늘어나는 단계인 '샤오캉(小康)' 시기다. 이어서 3단계는 2021년부터 사회주의 인민공화국 수립 100주년이 되는 2049년까지 부유한 대국을 건설하는 '다퉁(大同)'시기다. 문제는 현재 중국 경제가 급속도로 발전하여 중국정부의 목표대로 의식주 문제가 해결된 온바오(溫飽)단계에서 안정되고 풍요로운 삶을 누리는 샤오캉(小康) 단계로 돌입했는지는 모르겠지만, 이에 수반되어야 할 정신적인 요소들의 성장은 경제적 성장과 일치하지 않는다는 것이다. 경제적 성장과 정신적 성장의 격차는 사실상 1단계적 삶이나마 제대로 보장 받고자 하는 농민공(農民工)들의 꿈과 현 시진핑(習近平) 정부에서 이야기 하는 '중국의 꿈(中國夢)'의 거리만큼이나 크게 벌어져 있다.

현대중국의 지도자들은 집권기간 동안 모두 자신들의 아젠다(Agenda)를 제시해 왔다. 예컨대 마오쩌둥(毛澤東:1893~1976)은 항일전쟁(抗日戰爭:1937~1945), 국공내전(國共內戰:1945~1949)을 거치고 새로운 중국을 건설하기 위한 아젠다로 '혁명으로 중국을 일으키자(站起來)'를 내걸었고, 대약진(大躍進:1958~1960), 문화대혁명(文化大革命:1966~1976)이후 극도로 침체된 중국 경제를 일으키기 위해 개혁개방을 추진했던 덩샤오핑(鄧小平: 1904~1997)은 '부자가 되게 하자(富起來)'를 표방하였다. 또한 중국의 위상을 세계 속에 재정립시키고자 했던 장쩌민(江澤民:1926~ )은 중국을 '강성하게 만들자(强起來)'를, 후진타오(胡錦濤:1942~ )는 분열과 격차를 해소하고 분배와 균형성장을 강조하는 '조화로운 사회를 이루게 하자(和諧社會)'를 내세웠다. 그리고 현재 중국 지도자인 시진핑(習近平:1953~ )은 중화민족의 위대한 부흥을 꿈꾸는 매우 낭만적인 구호인 '중국의 꿈(中國夢)', 즉 '차이나 드림(China Dream)'을 제시하였다. 시진핑 정부가 들어선 후로 중국은 거리마다 '중국의 꿈'과 관련된 옥외광고를 내걸었고, '중국의 꿈(中國夢)'은 곧 '중국 인민(人民)의 꿈'임을 대대적으로 강조하였다. 중국 중앙선전부(中央宣傳部) 산하 중앙문명부서(中央文明辦) 사이트(www.wenming.cn)에는 위 그림과 같이 '중국의 꿈'

그림 7. 中央文明網 中央宣傳部 中央文明辦主辦 www.wenming.cn

을 이미지화한 공익광고 수십 편이 게시되어 있다. 하나같이 중국적 특색이 농후하게 담겨있다.

'자유', '평등', '기회'로 상징되었던 '아메리카 드림'이 허상이며 실재하지 않는다고 평가되는 상황이다. 2014년 미국 미주리 퍼거슨시에서 벌어진 백인 경찰관 10대 흑인 청년 총격사망사건은 여전히 흑백의 갈등을 보여주고 있고, 2016년 미국 민주당 대선주자였던 힐러리 클린턴이 사용한 바 있는 '유리천장(glass ceiling)'이란 표현은 충분한 능력을 갖춘 사람이 성 차별이나 인종 차별 등의 이유로 고위직을 맡지 못하는 상황을 비유적으로 이르는 용어로 여전히 미국이 기회의 땅이 아님을 대변해 주는 것으로 들린다. 이러한 상황에서 중국이 대내외적으로 '차이나 드림'을 이야기하고 있다. 2013년에는 아메리칸 드림에 젖어 살던 세 청년들이 그 꿈을 미국이 아닌 중국에서 이룬다는 내용의 영화 <아메리칸 드림 인 차이나(中國合伙人)>(陳可辛 감독)가 상영되기도 하였다. 영화는 아메리칸 드림의 허상을 보여주는 동시에 또 다른 허상일 수 있는 차이나 드림을 제시하고 있다. 아메리칸 드림이 고스란히 차이나 드림으로 이식되는 모습이 일견 씁쓸해 지는 지점이다. 사실상 많은 중국인들은 그것이 자신의 꿈이 아닌 특정한 '그들' 또는 '국가'의 꿈이라고 인식할 뿐이다.

최근 한국에는 번역서 『우울한 중국인』이 주목받고 있다. 이 책에서 저자 량샤오성(梁曉聲)은 중국이 '거대 경제체'로 성장하는 과정에서 소외된 하위계층의 집단적 우울 증세에 대해서 진단한다. 저자는 중국인의 불안을 현재의 관점이 아니라 역사를 거슬러 올라가 송나라(宋)에서부터 이어지는 집단적인 노예근성과 유가사상의 폐해 등을 예로 들며 사회주의 인민공화국 수립 후 문화대혁명 등 크고 작은 여러 사건 등을 겪으며 중국인의 마음속에 깊이 뿌리내린 사회적 불신에서 그 원인을 찾는다. 량샤오성은 2013년에 또 『우울한 중국인』의 후속편이라 할 수 있는 『불안한 중국인(忐忑的中國人)』을 중국에서 출판하였다. 당초에 이 책의 제목은 『초조한 중국인(焦虑的中國人)』이었는데, 『불안한 중국인(忐忑的中國人)』으로 바뀌어 출판되었다. 이것은 아마도 <탄터(忐忑)>라는 제목의 궁린나(龔琳娜) 음악이 전국적으로 열풍을 불러일으켰고, 이로 인해 '忐忑'가 2010년 최고의 유행어로 선정된 것과 무관하지 않을 것이다. 여러 가지 경로를 통해서 매년마다 선정되는 중국의 유행어는 그 해의 사회상황 뿐만이 아니라 해마다

변하는 유행어의 변화를 통해 현대 중국의 사회경제 발전의 맥락, 생활변화의 궤적, 문화의 흐름 등을 파악하는 데 요긴하게 활용된다. 예컨대 2008년 중국 최고의 유행어로 선정된 바 있는 산짜이(山寨)는 이후 현대중국을 상징하는 문화부호로 자리 잡은 바 있다. 산짜이는 본래 중국 고전소설 『수호전(水滸傳)』 속 108명의 영웅이 양산박(梁山泊)의 산짜이(山寨: 산적들의 소굴)를 근거지로 정부 권력에 대항하면서 힘없고 선량한 백성들을 도왔다는 데에서 유래 하는 것이다. 이것이 현대중국에서 전용(轉用)되어 경제적 측면에서 '짝퉁'이라고 부르는 모조품, 복제품을 가리키다가 이후로는 중국사회 전반에 확산되어 주류사회와 주류문화에 저항하는 민중의 풀뿌리 문화라는 의미를 갖게 되었다. 고가의 유명 상품에 대항해서 짝퉁 상품을 만들고 이를 인민들에게 싼 값에 공급하는 이름 없는 민간기업들의 행위가 『수호전』 속 산짜이와 유사하다는 관점이 제기되면서, 중국 관영 방송 CCTV에서는 산짜이를 서민의 사회문화적 현상이라는 각도에서 재조명하기도 하였다.

량샤오성의 책뿐만이 아니라 최근 몇 년 동안 중국의 신문과 인터넷에는 탄터(忐忑)를 제목으로 한 뉴스가 매일 수십 개씩 등장하고 있다. 이렇듯 현대 중국인들은 탄터증후군에 빠져있다. 이러한 탄터증후군은 중국인들의 집단적 불안감에서 나온 것이라 할 수 있다. 개인적인 심리적 불안감이 하나의 사회현상으로 자리 잡기까지는 사실상 경제 성장 이면의 가파른 물가 상승과 집값 상승, 쓰촨(四川) 대지진과 같은 커다란 자연재해가 구체적으로 영향을 미쳤다고 볼 수 있다. 이러한 중국인들의 심리를 반영해 주고 있는 것이 바로 궁린나의 노래 <탄터>의 유행인 것이다.

<탄터(忐忑)>는 2010년 2월 베이징 신춘음악회에서 민속음악가인 궁린나(龔琳娜)가 선보인 곡으로, 네티즌들에게 큰 화제를 일으키며 2010년 최고의 히트곡으로 선정되었다. 궁린나는 1975년 8월 1일 생으로, 중국 구이저우(貴州省) 출신의 한족(漢族) 민요가수다. 7세에 전국 순회공연을 할 정도로 재능이 뛰어났고, 문화부로부터 '민요장원'의 칭호를 수여받은 바 있다. 독일인 작곡가인 로버트 촐리치(Robert Zollitsch)와 결혼하여 독일에 살면서 중국과 독일의 젊은 음악가들로 구성된 세계음악그룹인 '오행악대(五行樂隊)'를 만들어 유럽을 돌며 순회공연을 하기도 했다. 이 그룹의 특징은 중국 민족음악과 독일 바바리아(Bayern) 민

족문화 속에 내재된 현대 음악적 요소를 운용한 음악을 만들고자 한다는 점이다. <탄터>를 작곡한 로버트 졸리치는 생황, 피리, 양금, 4현(弦) 악기 등으로 반주를 넣고 중국 희곡에서 주로 사용하는 북과 징의 소리를 그대로 악곡에 적어 넣었다. 또한 경극(京劇) 속 배역인 노단(老旦: 늙은 여자 역), 노생(老生:재상, 충신, 학자 따위의 중년 남자 역), 흑두(黑頭: 얼굴을 검게 칠한 사람), 화단(花旦: 활달한 여자 역) 등 여러 가지 배역의 음색을 고려해서 연습곡을 만들었다. 이렇게 해서 <탄터>는 특정한 가사 없이 '아아오아이' 등의 의성어만으로 고음과 저음을 섞어가면서 리듬을 빠르고 느리게 변주시키는 독특하면서도 어려운 창법과 궁린나의 신들린 듯한 제스처와 표정변화를 통해 불안한 심리를 표현한 곡으로 완성되었다. 다소 우스꽝스러우면서도 기괴하게 불안한 심리를 음악적으로 표현하고 있는 <탄터>에 대해 네티즌들의 반응은 가히 뜨거웠다.

## 탄터(忐忑)증후군

중국인에게 불안은 일상이 되었다. 각종 신문과 인터넷에는 탄터(忐忑)와 관련된 내용들이 연이어 등장한다. 가히 '탄터증후군'이라 부를 만하다. 탄터 현상을 특집으로 조명한 시사주간지 『신저우칸(新周刊)』(2012년)은 중국 내 스트레스 해소를 위한 사이트만 2만 5천여 개에 달한다면서 '탄터'가 아이디어 사업의 새로운 소재가 되고 있다고 전했다. 『신저우칸』에 따르면 억눌린 감정을 표출하는 유료 욕사이트 '중궈헌창(中國恨墻)'이나 스트레스 배설 카페인 '쿠바(哭吧)', 우울증 등을 치료하는 심리상담소 '웃음치료센터' 등은 꽤 성공한 사례들이다. 특히 2006년 광둥성(廣東省) 광저우(廣州)에 문을 연 '웃음치료센터'는 지금까지 100만 명 이상이 웃음치료 체험 및 강의에 참가했다. 이는 현대 중국인들이 심각한 정신적 불안에 시달리고 있음을 보여주는 사례가 된다. '탄터 특집'을 내건 『신저우칸』은 "누구도 내일을 알 수 없지만, 내일엔 또 다른 새벽이 열린다."라고 하는 베이다오(北島: 1949~ )시인의 시 <무제(無題)>의 한 구절을 언급하며 위로와 희망을 강조한다.

불안은 흔히 우울증을 동반한다. 『우울한 중국인』(2012)의 저자 량샤오성은 중국의 급속한 경제발전에서 소외된 중국인의 우울증에 대해 이야기한다. 저자는 중국인이 우울증에 걸리게 된 근원을 찾는 과정에서 과거 수백 년의 역사 속에서도 우울했던 중국인은 사회가 발전해 나감에 따라서 또 다른 우울증을 앓았다고 밝히면서 우울증의 다양한 원인을 깊이 있게 들여다본다. 량샤오성은 현재 중국인이 우울한 중요 원인 중 하나로 크고 작은 사건들에 따른 사회적 불신을 꼽으며 우울한 중국인들의 마음을 어루만져 주는 사회의 역할을 강조한다. 몇 년 전 일본 원전 사고 이후 일어났던 중국의 소금 사재기 파동, 돼지고기 독성물질 함유 사건, 방사성 물질이 다량으로 검출된 채소파동, 중국 지진 등에 대한 중국인들의 반응은 현 사회에 대한 불신에서 생겨난 불안감을 고스란히 반영해 주는 것이라 볼 수 있다. 중국정부는 이러한 분위기에 동승해서 더욱더 불안을 부추기는 다양한 유언비어에 대해 소문은 사실이 아니며 모든 것들이 공포심에서 비롯된 것이라면서 적극적 진압에 나서고 있기는 하지만 중국인들의 불안감을 해소시키기에는 역부족이었다.

중국정부에서 대대적으로 선포한 국가발전의 3단계 중 사실상 샤오캉(小康)사회로 접어든 현재가 가장 불안한 시기라고 할 수 있다. 배불리 먹는 삶조차 보장 받지 못하고 있는 하층민들은, 조화로운 사회인 다퉁(大同)사회를 꿈꾸는 정부를 불신한다. 농민을 비롯한 도시 서민층, 풍족한 삶을 향유하는 중산층과 중국 경제의 핵심계층으로 시장 변화를 주도하는 신흥 소비계층인 신귀족층 등 각각의 계층들은 또 나름의 위치에서 불안을 느낀다. 『불안한 중국인(忐忑的中国人)』에서의 량샤오성의 언급을 빌면 "21세기 초 강성대국을 건설 중인 중국은 남녀노소, 농촌과 도시, 가난한 자와 부자, 관(官)과 민(民)할 것 없이 모두 집단적으로 굴기(崛起)이후의 대국 불안감에 빠져있다." 그는 이러한 초조와 불안은 역사적 동란(動亂)시대에 느끼는 불안과는 다른 형태의 불안감이라고 분석한다. 이는 생명의 위협에 따른 불안이 아닌, 삶의 존재 형태에 따른 불안인 것이다.

베이징대학(北京大學) 중문과 천샤오밍(陳曉明) 교수는 량샤오성이 언급한 중국인의 집단적 불안에 대해서 "현재 중국인의 심리는 물론 중국사회의 생존상태를 제대로 파악한 것이다. 다원적 요소와 힘의 작용에 의해 결정되는 사회에는 일종의 위기감이라는 것이 있기 마련이다. 때문에 중국처럼 고속발전을 이룬

개발도상국가에 있어서 이런 불안감은 매우 형상적으로 나타난다. 고속철로 위에 있을 때 우리는 불안감을 느끼지만, 만약 우리가 마차 위나 시골의 밭두렁 위에 앉아 있다면 상대적으로 그다지 불안함을 느끼지 않을 것이다."라고 언급하였다. 인간의 불안이 과학의 발전에서 온다고 언급한 바 있는 나쓰메 소세끼(夏目金之助)의 말을 상기시키게 된다. 앞으로 나아가 멈출 줄을 모르는 과학은 우리에게 멈추는 것을 허용해 주지 않기 때문에 이를 따라가지 못하는 개인은 불안감에 휩싸일 수밖에 없다는 말일 것이다. 특히 개혁개방이후 사회주의적 자본주의를 지향하고는 있지만, '철밥통(고용이 안정된 직업)'의 개념이 사라진 지금 일부 중국인들은 먹고사는 문제에 힘들어하고 있고, 자본권력에 휘둘리고 어쩔 수 없이 거대 자본의 돈 맛에 빠져나올 수 없는 사람들도 가진 것을 잃을까봐 불안해한다. 또한 자본권력과 상관없는 사람들도 각자의 처한 상황 속에서 실존적인 불안을 안고 산다. '탄터(忐忑)'는 중국인들은 물론 현대인들의 생존상태, 정신 상태를 대변해 줄 수 있는 표현인 것이다.

2012년 11월 LG경제연구소에서 발간한 「LG 瞭望中国 China Insight」43호는 우울증에 빠진 중국인들을 비교적 상세하게 조명하고 있다. 연구자료 속에는 이미 언급했던 2012년 4월 중국의 주간지 「신저우칸(新周刊)」의 표지기사 '탄터(忐忑)'현상이 중국 사회에서 커다란 반향을 일으켰다고 소개하는 한편, 량샤오성(梁晓声)의 『우울한 중국인(郁悶的中國人)』에 대해서도 언급하고 있다. 연구보고서는 "제10차 중화의학회(中華醫學會) 정신병학(精神病學) 분회(分會)가 대도시 주민들을 대상으로 실시한 조사에 따르면, 2010년 현재 중국 15세 이상 조사 대상자 중 정신질환 발병률이 약 17%이며, 우울증이 5%, 불안신경증이 5%, 약물 및 알코올 중독증이 약 5%였다. 특히 1999년에는 0.64%에 그쳤던 우울증 발병률이 10년 사이에 10배 가까이 증가했고, 베이징시 심리위기 연구소와 예방센터에 따르면 매년 28만 7,000명의 중국인이 자살하고, 200만 명이 자살을 시도하지만 미수에 그친다. 자살 원인의 70%가 우울증이다. 우울증에까지 이르진 않지만 일상생활에서 심각한 불안과 답답함, 스트레스를 경험하고 있는 중국인들은 훨씬 많은" 것으로 소개했다. 또한 2012년 9월 잉차이왕롄(英才網联)과 펑황차이징(鳳凰財經)의 공동조사에 따르면, "43.5%의 직장인이 항상 불안감을 느끼고 있으며, 작은 일로도 초조와 불안을 느낀다고 응답했다. 또한 31.7%가 수

면장애 및 우울한 정서, 식욕부진, 갑갑함, 무력감을 느꼈다고 답했다. 이밖에 9.8%가 강박증, 7.8%가 공포증, 7.3%가 히스테리 경향을 보였다." 10월 17일 런민왕(人民網)의 보도에 따르면 세계 최대 사무공간 컨설팅 그룹 리저스(Regus)가 2011년 전 세계 80개국 1만 6,000명의 직장인을 대상으로 실시한 조사에서 스트레스가 지난해 보다 심해졌다고 대답한 중국인이 75%로 1위를 기록했다. 이는 전 세계 평균치를 48%나 웃도는 수치로, 베이징(北京), 상하이(上海) 등 대도시 주민들이 과중한 업무 스트레스에 시달리고 있는 것으로 조사됐다. 상황이 이렇게 되자, 중국정부도 이에 대한 대응 조치를 내놓기 시작했다. 저장성(浙江省) 닝보(寧波)시의 '톈이(天一) 심리상담 핫라인'은 2002년 개통되어 2012년 9월 현재 상담을 받은 사람 수가 2만 5,000명에 이른다. 중국 지방정부도 인스턴트 메신저인 QQ를 이용하여 주민들을 위한 심리상담 서비스를 적극 시행하고 있다. 톈진(天津)시는 2010년부터 초등학교와 중학교에 대해 심리 전문 교사 및 보조 인력을 시내지역 학교는 50%, 농촌지역도 20% 이상 유지하도록 규정하고 있다. 2015년 까지는 시내지역은 70%, 농촌지역은 40%에 도달하는 것을 목표로 삼았다. 중증 정신질환 관리센터의 경우도 설립지역을 2010년 80%에서 2015년에는 95% 이상으로 끌어올리는 방안을 고안하였다. 중앙정부의 입법 및 지원 작업도 빠르게 진행되고 있다. 2012년 10월 23일 중국 전국인민대표대회(全國人民代表大會)는 '정신위생법' 초안에 대해 심의했는데, 여기에는 의료인원의 안정적인 공급을 위해 정신건강 관련 종사자에게 수당을 지급하는 등의 방안이 포함되었다. 그야말로 중국인에게 불안은 이미 일상이 되어버린 것이다.

# 2. 신곡(神曲) 탄터(忐忑)

## 궁린나(龔琳娜)의 〈탄터〉

이렇게 일상이 되어 버린 중국인의 불안한 심리는 대중문화현상으로도 나타나게 되었다. 중국인의 불안한 심리로 인해 일시에 열풍을 불러일으킨 음악이 있었으니, 그것이 바로 궁린나의 <탄터>다. 이 음악은 대중들에 의해 신곡(神曲)으로 불렸는데, 여기에서의 '신곡(神曲)'이란 주로 인터넷에서 사용되는 용어로 두 가지 의미를 내포한다. 첫째, 가사와 멜로디가 매우 단순하고 어떠한 춤에도 잘 어울리며 남녀노소가 따라 부르기 쉬운 통속적인 후크송(hook song: 짧은 후렴구에 반복된 가사로 청자에게 흥겨움을 주는 음악)을 의미한다. 둘째, 음악적으로도 음역대가 넓어 음의 높낮이의 차가 크고, 리듬 또한 빨라졌다 느려졌다하는 변주가 많아 쉽게 따라 부르지 못하는 노래, 때문에 '신(神)의 경지에 올라야 부를 수 있는 노래'를 뜻하기도 한다. 최근 세계적으로 돌풍을 불러일으킨 싸이의 <강남스타일>을 중국에서 신곡이라 부르는 것은 첫 번째 의미가 적용된 것이고, 궁린나 노래가 신곡으로 불리는 것은 바로 후자적 개념에 따른 것이다. 실제로, 중국 가요계의 여왕으로 불리는 왕페이(王菲)조차 이 노래를 따라 불러보려다 실패했다고 밝힌 바 있다.

<탄터>가 신속하게 유행하게 된 원인은 2010년이라는 시대적 맥락에서 볼 때 대중매체와 직접적인 연관이 있다. 본래 이 곡은 2005년에 창작되어 같은 해 중앙민족음악홀(中央民族音樂廳)에서 개최한 현대작품음악회에서 첫 선을 보였지만, 당시 현장에 있던 대다수의 음악전문가들로부터는 그다지 주목을 끌지 못했다. 그러던 것이 2010년 베이징(北京)신춘음악회 출연을 계기로 대중의 반응을 얻게 되었고, 후난(湖南)위성TV 송년음악회 황금시간대에도 소개되면서 전국 시청자들의 이목을 끌게되었다. 당시의 영상은 순식간에 인터넷으로 퍼져나가 급기야 신곡(神曲)이란 명칭을 얻게되었다.

<탄터>가 신속하게 확산될 수 있었던 데에는 인터넷 매체 및 스마트 폰의 영향이 절대적이었다고 할 수 있다. 기존에는 신문, 방송, 도서, 잡지, 라디오 등이

각각의 콘텐츠를 생산해 내었다면, 현재는 온라인, 스마트폰, 타블렛, 소셜 미디어 등 새로운 미디어가 발달하면서 각각의 미디어들이 서로 연결될 수 있게 되었다. 이에 따라 메시지를 생산하고 전하는 사람은 하나의 이야기를 여러 가지 다양한 미디어 포맷을 활용해 전달하게 되는데 이러한 콘텐츠 생산 형태를 '트랜스미디어(trans media)'라고 한다. <탄터>는 바로 TV에서의 영상이 온라인으로 옮겨지게 되면서, 다양한 미디어 포맷을 통해 특히, 중국판 트위터라고 할 수 있는 웨이보(徽博)등 소셜 미디어를 통해서 급속도로 전파되었다. 또한 <탄터>음악의 소비자들은 단순 소비에서 벗어나 창작, 편집에 직간접적으로 참여함으로써 다양한 형태의 콘텐츠를 제작하였고 또 각종 트랜스미디어 소비에도 적극적으로 참여하였다.

<탄터>가 음반을 통해서 발표된 것이 아니라, 우선은 TV 오락 프로그램에서 선을 보이고, 이 음악의 특이성에 매료된 시청자들에 의해서 인터넷상에 동영상이 올려 지면서 급속도로 확산되었다는 점은 주목할 만하다. 궁린나의 언급에 따르면 음반회사에서 이곡이 너무 전위적이어서 대중들이 받아들이지 못할 것이라면서 발매를 거절했다고 한다. 그런 곡이 시청자들의 호응에 힘입어 인터넷이라는 가상 환경에 신속하게 확산되었다는 것은 대중들이 이 곡을 충분히 수용할 수 있는 문화적 역량을 가지고 있다는 것을 의미하는 것인가? 아니면 인터넷이라는 '의사환경(pseudo-environment)'이 가지고 있는 특별한 매력 때문으로 간주해야 하는가?

'의사환경'이란 표현은 20세기 초 미국의 저명 저널리스트였던 월터 리프만(Walter Lippmann: 1889~1974)이 매스 미디어(mass media)가 전달하는 간접적인 환경이 인간의 행동을 자극한다는 뜻에서 만들어 낸 신조어다. 리프만은 "우리는 부분적으로는 현실세계에서 살고 있고 부분적으로는 다른 사람들이 우리에게 말해 준 것과 이야기, 사진, 신문의 설명, 그리고 그와 같은 것으로부터 우리가 구성한 허구의 세계에 살고 있다. 이는 실제 환경이 아니라, 그의 생생한 용어인 '의사환경'을 구성한다."고 언급한 바 있다. <탄터>는 인터넷이라는 의사환경 속에서 네티즌들에 의해 일사분란하게 전파되었고, 각 종 매체도 즉각적으로 <탄터>에 대한 보도 경쟁을 벌였다. 또 몇몇 포털 사이트(portal site)에서는 경쟁적으로 홈페이지 초기화면에 동영상을 올려놓아 순식간에 클릭률 100만을 초과달

성하였다.

앞서 언급했듯이 <탄터>는 일방적으로 수용하는 단계(리트윗, 유포, 혹은 추천)를 넘어서 수용자들의 전면적인 참여를 통해서 원본으로부터 상당 부분 변형된 콘텐츠로서 유튜브나 소셜 미디어 그리고 인터넷의 다른 매체들을 통해 확산되었다. 이들 동영상 가운데는 의성어로만 되어 있던 노래에 유사한 음을 사용한 가사를 붙여 새로운 스토리를 구성해 낸 것도 있고, 또 기타나 피아노 등의 악기를 사용하여 <탄터>를 아예 클래식 버전으로 새롭게 구성해 낸 콘텐츠도 있다. 또 리바이벌된 노래를 재편집하여 또 다른 완성된 콘텐츠로 선을 보이기도 하였다.

## 트랜스미디어 스토리텔링(Transmedia Storytelling)

여기에서 헨리 젠킨스(Henry Jenkins)의 트랜스미디어 및 트랜스미디어 스토리텔링에 대한 개념에 주목할 필요가 있다. 앞서도 언급했듯이 트랜스미디어는 하나의 스토리를 다각도의 시각으로 바라보고, 다양한 미디를 통해 의미를 담아내는 것을 의미한다. 젠킨스의 말을 빌자면 "하나의 스토리는 영화로 소개되고, 텔레비전, 소설, 그리고 만화로 확장될 수 있다. 그 이야기의 세계는 게임 플레이를 통해 탐험될 수도 있고, 놀이공원의 명소로 경험될 수도 있다.", "이상적인 형태의 트랜스미디어 스토리텔링에서, 각각의 미디어는 각자 최선의 역할을 수행" 하게 되는 것이다. 예컨대, 윤태호 작가의 인기 웹툰 '미생'의 경우, 비정규직 직장인의 삶을 현실적으로 그려낸 드라마 <미생>(2014)외에도 모바일 단편 옴니버스 영화 <미생 프리퀄>(2013)로도 제작되어 주인공들의 개별적 히스토리를 다채롭게 보여준 바 있다. 웹드라마 <게임회사 여직원들>(2016) 또한 게임회사 여직원들의 5인 5색 '오피스 하드 캐리' 이야기를 다뤄 화제를 모았던 웹툰을 웹드라마로 확장시켜 성공을 거두었다. 2015년, 2016년 두 해에 걸쳐 대단한 흥행수익을 거둔 우민호 감독의 <내부자들>(2015) 역시도 윤태호 작가의 미완결 웹툰을 영화화해 관객 수 7백만 명을 기록하고, 감독판으로 확장된 버전을 재개봉해 관객 수 2백만 명을 넘어서는 기염을 토한 바 있다. 이렇듯 트랜스미디어 세계에서의 스토리텔링은 무궁무진하게 나타난다.

여기에서 제시된 '트랜스미디어'및 '트랜스미디어 스토리텔링' 이란 용어는 젠킨스에 의해 2006년 저서 『컨버전스 컬쳐(Convergence Culture)』에서 처음 출현했다. 트랜스미디어는 여러 미디어를 통해 표현되지만, 스토리 라인은 서로 연관되어 있으면서 그 내용의 폭이나 깊이를 확장 시킨 것이라고 볼 수 있다. 트랜스미디어 사용자 혹은 소비자는 미디어를 통한 콘텐츠의 단순 소비에서 떠나 창작, 편집, 소비의 과정에 직간접적으로 참여하게 됨으로써 어떤 경향이나 트렌드 등을 만들어 내는데 깊이 관여한다고 할 수 있다. 이것은 바로 트랜스미디어의 상호텍스트성을 의미한다. 하나의 내러티브가 하나의 매체 안에 머무르지 않고 다양한 매체로 구현될 때 그 스토리텔링은 트랜스미디어 스토리텔링이라고 볼 수 있을 것이다. 따라서 트랜스미디어 스토리의 중요 요소는 소위 디지털 팬의 적극적 참여라고 할 수 있다. 이러한 팬 중심의 트랜스미디어 스토리텔링의 전제들을 잘 보여주는 콘텐츠의 하나는 밈 비디오(meme video)다. 밈 비디오란 풍자적으로 모방하는 패러디(parody), 흔히 혼성모방이라 하는 패스티시(pastiche), 다양한 소스를 하나의 디지털 파일로 조합하는 매시업(mash-up)과 같이 수용자의 창의적이고 전면적인 참여를 통해서 원본 비디오나 콘텐츠로부터 상당 부분 변형되어 유튜브나 소셜 미디어 그리고 인터넷의 다른 매체들을 통해 대중적으로 확산되는 영상 콘텐츠나 비디오 클립을 의미한다. 싸이의 <강남스타일>의 경우는 밈 비디오를 통해, 하나의 이야기가 여러 개의 미디어 플랫폼을 이용함으로써 이야기 자체가 확장, 심화, 변화되는 현상을 볼 수 있다. 서울대 언론정보학과 교수 홍석경에 따르면, 트랜스미디어 스토리텔링은 서로 다른 미디어 플랫폼에서 상호 인용적 또는 상호 협업적인 이야기를 전개하는 것으로, 콘텐츠의 깊이와 다양한 해석의 가능성, 신비함, 비밀스러움을 제고함으로써 갈수록 민첩하고 사로잡기 힘든 수용자들을 적극적으로 콘텐츠 수용자, 팬으로 끌어들이는 전략이기도 하다.

<탄터>의 경우는 방송 영상이 인터넷에 유포되자, 이에 대한 열렬한 반응이 있었고, 뒤늦게 쇼 프로그램, 신문 뉴스를 통해 본격적으로 소개되면서 훨씬 더 다양한 반응을 이끌게 되었다. <탄터>에 대한 반응은 개인적인 측면에서 국민적 측면으로 전환되어 국민적 상상과 대중심리의 일면을 고스란히 드러내 주었

다. 심지어 많은 인기 연예인들조차 이를 앞 다투어 모방하는 유튜브를 추천하거나 이에 대한 평론을 직접 올리기도 함으로써 <탄터> 열기를 한층 더 가열 시켰다. 가수 왕페이는 웨이보에 <탄터>에 대한 평론을 올리고, 량징루(梁靜茹), 수이무녠화(水木年華)와 같은 가수들과 홍콩의 배우들, TV프로그램 진행자 뚜민저(杜汶澤) 등의 <탄터> 패러디 또는 패스티쉬, 일본 보컬로이드의 캐릭터 하츠네 미쿠(初音ミク)의 패러디에 대한 연예인들의 반응 또한 <탄터>붐을 일으키는 데 한 몫 했다고 볼 수 있다. 2011년 황바이밍(黃百鳴)의 코믹멜로 영화 <최강회사(最強喜事)>에서도 <탄터>가 사용되었다.

<탄터>의 재생산과 인기 상승의 구조는 우리나라 가수 싸이(Psy)의 <강남스타일>의 그것과 유사한 모습을 보이고 있다. 그 때문인지 <강남스타일>이 유행할 당시 중국에서 발간된 한 잡지에서는 <강남스타일>을 또 다른 신곡(神曲)으로 소개하며 <탄터(忐忑)>와 비교하기도 하였다. <강남스타일>의 글로벌 확산 진원지는 유튜브로 이를 통해 해외 팬들과 만날 수 있는 고객접점이 확보되었고, 트위터 같은 SNS가 조력자가 되었다. 이와 비교했을 때 <탄터>는 <강남스타일>과 동일한 경로를 거쳐 크게 유행하기는 했지만 상대적으로 <탄터>는 훨씬 더 국지적인 규모에서 특정 사회문화적 맥락과 연관되어 있다고 볼 수 있다.

## 탄터(忐忑) 스타일

궁린나의 <탄터>는 특별한 가사 없이 '아오아이~아지디아지동아지다러디거동'과 같은 의성어만으로 이어지는 노래다. 아래 그림(출처:www.tudou.com)에서 보듯이 궁린나는 기괴한 복장과 얼굴화장을 한 채 천당과 지옥을 오가듯 고음과 저음을 섞어가며 노래를 부르며 젊은 층과 지식인들을 파고들었다. 현재 궁린나는 중국 누리꾼들에게 가장 인기 있는 대중가수 가운데 한명이 되었다. 중국 언론은 궁린나를 따르는 누리꾼이 2억 명에 달한다고 추정하고 있다. 상하이 푸단대학(復旦大) 구샤오밍(顧曉鳴) 교수는 <탄터>의 폭발적 인기를 '괴문화(怪文化)'로 인식해야 한다고 언급하면서, 이는 여러 가지 요소에 의해 형성된 현상으로 간주한다. 그의 인식을 빌자면, 이러한 현상의 발현은 우선 중국사회가 다양한 문화를 수용할 수 있다는 사회 진보적 측면을 보여줄 뿐 만 아니라, 대중 또한 독특한 풍격의 콘텐츠에 자연스럽게 반응하게 되었다는 것, 또 새롭고 독특한 풍격을 좇는 네트워크 사회에서는 시선을 끄는 것이 무엇보다 중요하다는 것을 대중들이 인식하게 되었다는 것을 보여준다.

그림 8. 2011년 湖南 위성TV 春晚공연

<탄터>는 대중들에게 많은 상상의 공간을 제공해 주었다고 볼 수 있다. 궁린나의 남편이자 <탄터>의 작곡가 로버트 촐리치가 기존 음악에 대한 새로운 시도 차원에서 만든 이 노래를 궁린나가 시창(視唱)했을 때는 단지 목소리 기교의 극한에 도전해 보고자 하는 마음에서였다. 구체적 가사를 써넣지 않은 상태에서 병음(拼音)을 달고, 노래를 할 때도 별다른 구상 없이 그저 음악을 좇다보니, 고음과 저음을 오가면서 불안감이 느껴졌고, 이를 자기 식으로 표현해 낸 음악이 바로 <탄터> 였지만, 이 곡을 듣는 사람들은 제각각 이 곡에 대한 저마다의 해석을 하게 되었던 것이다.

현재 중국의 사회변화, 재난재해, 사건사고 추세로 볼 때 중국의 전문가들조차 '탄터'현상이 쉽게 해소될 것 같지 않다고 전망하는 상황에서, 노래를 부르면서 느껴지는 불안감을 기괴한 스타일로 표현해 낸 궁린나의 음악은 현실 중국에서 불안감을 느끼는 다수의 사람들에게 새롭고도 독특한 표현방식으로써 긍정적으로 수용되었다. 그러나 <탄터>가 인터넷 매체 및 스마트 폰을 이용하여 신속하게 확산되었음에도 불구하고, 그 확산의 범위가 전 세계로 까지는 미치지 못했다는 점에서 <탄터>는 보편성과 상호성이 다소 부족한 것으로 보인다. 궁린나의 음악은 가수의 독특한 음악적 스타일, 또는 중국음악계에서 민가를 이용한 전혀 다른 스타일의 음악 구축이란 측면에서 매우 독보적이지만, 이 노래가 중국에서 또는 화교권 사회에서는 열렬한 반응을 얻은 반면, 글로벌한 사운드가 되지 못했다는 것은 부정할 수 없는 사실이다. 글로벌한 사운드가 되기 위해서 필요한 것은 보편성과 상호성이다. 싸이의 강남스타일이 글로벌화 된 이유는 동시대 음악팬들의 귀에 익숙한 글로벌 사운드를 갖고 있어, 그들로부터 보편성과 상호성을 확보했기 때문이다. 반면 궁린나의 음악은 다소 국지적

차별성을 강조하고 또 멜로디, 음성, 스타일의 측면에서 전위적인 성격으로, 글로벌한 반응을 얻기 위해 요구되는 보편성과 상호성을 얻지 못했다. 그러나 특정 가사를 붙이기보다는 무의미한 의성어를 붙여서 감정을 표현하고, 또 다채로운 표정을 통해 음악적 효과를 배가시키는 나름의 전략을 사용한 점은 인정하지 않을 수 없다. 하지만 다채로운 표정이 이 음악에서 얼마간의 보편성과 상호성을 이끌어 낼 수 있는 요소가 된 것은 분명하지만, 싸이가 귀에 익는 멜로디와 남녀노소를 불문하고 쉽게 따라 할 수 있는 말춤(horse dance)을 통해 보편성과 상호성을 이끌어 낸 것에는 미치지 못했다.

그럼에도 불구하고 <탄터>는 예상치 못한 성공을 거뒀다. 이 노래의 성공요인은 완곡함을 벗어난 것에 있다고 생각한다. 불안감을 완곡하게 표현한 것이 아니라, 폭넓은 음역대를 이용해 높고 낮음을 극단으로 오갔고 리듬도 빠름과 느림을 오갔으며, 변주가 심해 어느 누구도 모방 불가능한, 게다가 상당히 엽기적인 표현방식이 그간 완곡한 멜로디에 익숙했던 소비자들에게 파격을 가져왔기 때문이다. 예로부터 중국에서는 시와 노래, 산문, 희곡에 이르기까지 완곡한 표현으로 핵심을 숨기는 경우가 많았다. 그런데 이 음악은 거칠고 직설적으로 불안을 별 다른 가사 없는 '아아오아이'라는 의성어로써 포효하고 있는 것이다. 분명하지도 확정적이지도 않는 의성어와 과장된 동작과 다이내믹한 표정이 오히려 분명하고 설득력 있는 어조로 불안을 표현하는 것보다 음악 소비자들에게는 훨씬 더 진정성 있게 다가왔을 수도 있다. 또한 이러한 '불안'을 오락적으로 수용하게 함으로써 불안감이 분노로 바뀌는 것을 억제해 주는 역할까지도 이 음악이 하고 있다고 볼 수 있다. 수많은 네티즌들은 <탄터>발표 후 <탄터>의 오락요소를 흉내 내고 모방하여 패러디함으로써 <탄터>를 재생산해냈고, 온라인을 넘어 오프라인까지 선풍적인 인기를 끌게 하였다. 나이, 직업, 성별, 국가를 넘어 모든 사람들이 궁린나를 흉내 내면서 각자의 불안감을 오락적으로 수용함으로써 이를 해소하였던 것이다. 이른바 궁린나의 <탄터>는 영국의 문화연구가 존 피스크(John Fiske)가 대중문화 텍스트를 고찰할 때 제기했던 '생산자적인 텍스트'라고 할 수 있다. 피스크에 따르면 생산자적 텍스트는 열린 텍스트로써 자신의 취약함과 한계를 인정하기에 자신이 만들어낸 텍스트를 자신의 통제 하에 가둬두지 않고 새로운 텍스트를 허용한다. 참된 의미에서 본다면 생산자적인 텍스트는 그 자신의 통제 능력을 초월해 있다고 할 수 있다. 궁린나는 <탄터>를 매번 똑같이 부르지 않는다. 상황에 따라서 또 다른 <탄터>를 만들어 내고 또 수많은 네티즌들이 자신들의 <탄터>를 새로운 방식으로 만들어 내는 것을 허용한다. <탄터>가 현대 중국사회의 불안을 반영하고 있다곤 하지만 사실상 <탄터>만의 독자적인 메시지가 결핍되어 있는 등의 텍스트 내부의 구멍은 무수히 존재한다. 바로 이러한 구멍으로 인해서 자기 자신은 물론 또 다른 네티즌들에 의해 수많은 생산적 텍스트가 또다시 재생산될 수 있었던 것이 아니었을까?

## 이데올로기(ideology) 코드

<탄터(忐忑)>라는 음악만을 놓고 보았을 때, <탄터>는 분명 특정 이데올로기와는 전혀 관계가 없지만, 중국인들에게는 유행가 한 곡 이상의 의미를 갖는다. 이는 마치 싸이의 <강남스타일>이 국내외 한국인들에게 나름의 자부심을 부여해 준 것과 같은 맥락이다. <탄터>에 대해 예술적 특징을 강조하는 논자들의 경우 대부분은 '중국민가의 세계화'라는 측면을 부각시킨다. 물론 중국 전통 악기를 바탕으로 하여 연주를 하고 있고, 궁린나가 경극(京劇) 창법을 이용하여 노래를 하며 분장, 복장 또한 전통적 요소를 지닌다는 점은 틀림없는 사실이지만, 사실상 음악을 제외한 표정, 분장, 복장 등은 <탄터>가 대중의 주목을 끌고 난 뒤, 이후에 강화된 표현방식이라고 볼 수 있다. 중국의 많은 음악 전문가들은 <탄터>의 전통적 요소를 찾아내어, 중국민가의 세계화에 초점을 맞추는 문장들을 집중적으로 발표하는데, 이는 과거 그녀가 정작 민가를 전 세계에 알리러 다닐 때보다도 더 극적인 이데올로기적 성격을 부여하는 것으로 비춰진다. 비평가들이 우선 주목하는 것은 중국 민족음악을 열애하는 로버트 촐리치가 오행악대를 설립하여, 중국 민족음악 풍격을 갖춘 세계음악을 창작하였다는 것이다. 그들은 <탄터>가 중국 전통희곡의 다양한 선율과 서양의 음악적 요소를 적절히 융합하여, 현대적인 편곡을 통해 성공을 거둔 것이라고 평가한다. 심지어 상하이(上海) 음악대학 왕수(王澍)교수는 이 곡을 이후 중국민가대회의 '지정곡'으로 삼아도 좋을 것이라 언급하였는데, 이는 <탄터>가 음악창작, 표현 등에 있

어 민족적 요소를 존중하고, 현대적 요소를 유기적으로 결합한 것으로 매우 모범적인 작품이라는 것을 공식적으로 표명한 것이라 볼 수 있다. 또 한편에서는 <탄터>를 새로운 민족성악 작품으로 민족문화의 정수를 훨씬 더 대중이 접하기 쉬운 방식으로 전달했다고 극찬하면서, 이 음악이 민족문화를 널리 알리고 계승 시키는 측면에서 긍정적인 교육효과가 있다고 평가하고 있다. 심지어 중국음악을 열렬히 사랑하는 외국인이 중국음악에 대한 이해에서 출발하여 중국음악적 요소를 자기 담론으로 흡수 융합시켜 무한한 즐거움을 전달해 주었다고 극찬을 보내기도 하였다.

그런데 이러한 찬사들을 목도하게 되니, 제국주의에 근거한 서양 위주의 사고방식을 비판한 에드워드 사이드(Edward Said)가 『오리엔탈리즘(Orientalism)』서두에서 인용한 바 있는 마르크스의 말, 즉 "그들은 스스로 자신을 대변할 수 없고 다른 누군가에 의해 대변되어야 한다."가 떠오르는 것은 왜인가? 중국문화를 사랑하는 서양인이 중국 전통음악과 서양음악을 결합하여 만들어낸 새로운 음악에 대해, 중국의 민가가수인 궁린나는 <탄터>를 시창(視唱)하는 과정에서 음역대 높낮이의 급격한 변화에 따라 느껴지는 불안감을 자기방식으로 개성 있게 표현해 내었을 뿐이었지만, 공교롭게도 이는 당시 중국에 팽배했던 불안감과 맞물려서 <탄터>가 마치 현 중국의 시대적 감성을 반영하여 창작된 것처럼 시청자들에게 피력되었던 것이다. 결과적으로 <탄터>는 중국인의 불안감을 대변하는 음악으로 인식되었다. 일각에서는 불안한 심리를 궁린나 식으로 괴이하게 표현하는 것은 현 단계 중국 사회현실 및 사회주의 핵심 가치 선양이라는 주선율과는 배리되는 것이라는 비판도 전개되었다. <탄터>를 통해 오히려 불안감이 조장되고 있다는 논리인 것이다.

그러나 <탄터>에 관한 비평은 중국음악 발전에 지대한 업적을 남겼다는 쪽으로 기울고 있다. 이는 싸이 <강남스타일>에 애국주의 이데올로기를 부여하는 것과도 유사하다. 그러나 두 가지는 다른 맥락에서 이데올로기화 되어 있음을 알 수 있다. <강남스타일>의 경우는 한류의 연장선상에서 전 세계에 다시 한번 한국음악 열풍을 불러일으켰다는 측면에서 애국자로서의 싸이의 이미지가 부각된 것이고, 이로 인해 본래 한국 내에서 주류문화에 반항하는 B급문화의 생산자였던 싸이는 태극기만 흔들지 않았지, 어느 순간 자신도 모르게 한국문화의 대변자로서의 역할을 부여받고, 이에 화답하는 행보를 보여주었다. 실제 2012년 10월 시청 앞 광장에서 열린 싸이 공연에서는 이러한 모습을 볼 수 있었다. 공연이 시작되자 애국가 반주와 함께 시민들의 제창이 이어졌고, 싸이가 애국가를 부르며 무대에 올라오자 많은 사람들로부터 뜨거운 박수가 이어졌다. 그러나 싸이 공연에 익숙한 사람들에게 이것은 상당히 낯선 모습이었다.

반면 <탄터>의 경우 중국의 민가를 바탕으로 새로운 음악을 생산하던 궁린나는 작곡가 남편이 기존과는 전혀 다른 새로운 음악의 창작이라는 차원에서 만들어낸 음악에 차후 중국적 색채를 스스로 입힘으로써 자발적으로 중국적 상황에 부합하는 새로운 의미와 이데올로기적 색채를 적극적으로 부여하였고, 이에 중국의 음악 전문가들이 호응하여 새로운 담론을 생산해 낸 예라고 할 수 있다. 여기에서 궁린나 스스로가 부여한 이데올로기적 의미로는 자신을 '인민음악가'로 칭하는 부분에서 드러난다. 궁린나는 자신의 위치에 대해서 일반 예술가라기보다는 '인민음악가'라고 명시하고 있다. 많은 비평가들과 시장은 <탄터>에 대해 민족음악 영역 확대와 보급이라는 측면을 강조하고 있고, 궁린나 또한 이를 흔쾌히 받아들이고 있다.

2011년 후난(湖南)위성TV 새해맞이 음악회에 궁린나는 경극공연을 방불케 하는 과장된 복장으로 무대에 등장해서 높은 시청률을 기록했고, 이로 인해 인터넷 검색 1위를 차지했다. 또 궁린나는 산둥(山東) 위성TV 새해맞이 프로그램에도 참가했으며, 중앙 TV (CCTV) 설 특집 프로그램 '춘완(春晚)'에 참가하여 '백인 합창판(百人合唱版)'과 '꿈판(夢中版)'의 <탄터>를 기획했고, 이어서 본격적인 전국 순회공연에 들어갔다. 특히 2011년 후난위성 TV에서의 공연은 관객들이 가장 인상 깊은 공연으로 꼽는 것으로, 일부 언론에서는 레이디 가가의 과장된 의상과 비교하며 공연의 파격을 언급하기도 했다. 여기에서 언급되는 CCTV '춘완(春晚)'프로그램은 1983년부터 매년 섣달그믐 CCTV가 주최하는 대규모 설맞이 오락 프로그램으로, 중국인이라면 으레 이 프로그램을 시청하는 것이 당연시 될 정도로 중국에서 가장 격조 있고 시청률도 가장 높은 독점적인 명절 프로그램이다. 사실상 이 프로그램은 국가의 이데올로기를 대중문예 형식으로 포장하여 인민들에게 전달해주는 것에 다름 아니라 할 수 있다. CCTV의 한 책임자가 CCTV '춘완'의 성격에 대해서 "이 프로그램은 CCTV의 주류문화 의지를 표명해 주는 것이지 전국적으로 인기 있는 프로그램을 이것저것 끌어 모아 보여주는 것이 아니다."라고 언급했듯이 거의 매년 CCTV '춘완'에서 선보이는 공연들은 주류문화의 의지를 담고 있다고 할 수 있다. 여기에서 언급하는 주류문화라는 표현이 다소 애매모호한데, 이것은 '주선율'로 바꾸어 표현 할 수 있을 것이다. 여기에서 '주선율' 이라함은 국가나 정부의 이데올로기를 선전하는 것을 의미하는 것인데, 90년대 이후로 '주선율'의 의미는 사회적 변화와 시대적 요구에 따라 점차 확대되어, 중국 정부의 국정요구에 부합하는 계층 간, 민족 간의 화합, 애국심 고취, 인간의 보편적 가치 고양, 전통문화 발양과 관련된 소재 등에 이르기까지 모두 주선율의 범주에 포함되었다. CCTV '춘완'은 바로 위의 내용들을 담고 있는 대표적인 주선율 프로그램이라고 할 수 있다. 이러한 프로그램에 궁린나가 초대되어 <탄터>를 불렀다는 것은 이미 주류문화의 한 가운데에 깊숙이 진입했음을 보여주는 것이다.

<탄터>를 중심으로 조성된 담론이 갈수록 새롭고 독특한 풍격을 즐기는 차원을 넘어서, 중국을 대표하는 새로운 형태의 민족음악의 시대적 가치에 대해서 논하는 차원으로 변화되고 있다. <탄터>가 일반 대중음악이라는 인식을 넘어 새로운 형식의 민족음악이라는 이름표를 달고서 중국의 전통문화가 새 시대의 장을 여는데 있어서 유익한 시각을 제공해 준 우수한 작품으로 평가되는 것이다. 갈수록 그녀의 행보는 외부에서 만들어준 민족주의적 열기에 호응하고 있는 듯 보인다. 2014년 궁린나는 블로그를 이용해 각지로부터 30명의 음악애호가(그 속에는 전문음악인도 포함된다)를 선발하여, 창청(萬里長城)에 가서 민가를 불렀는데, 그녀는 이를 '소리행동(聲音行動)'이라고 명명하였다. 궁린나는 자신의 블로그에 '소리행동'의 목적, 내용을 구체적으로 명시하고 있는데, 이 행동은 일종의 중국 성악의 뿌리 찾기라고 할 수 있다. 이러한 활동은 최근까지도 이어지고 있다.

## 3. 맺음말

현대 중국에서 만연하고 있는 탄터증후군을 중화인민공화국 수립을 기점으로 역사적 맥락에서 살펴보자면, 두 가지 힘의 불균형에서 비롯된 것으로 보인다. 중화인민공화국 수립의 기쁨과 자긍심, 이와 동시에 찾아든 극좌(極左)적 이데올로기 폐해로 드러난 우울감, 1956년 대약진 운동에 건 희망과 과도한 목표설정으로 인한 처참한 실패, 문화대혁명을 통한 유토피아 실현의 꿈과 전제주의에 치우친 나머지 문명파괴의 수준으로까지 치닫게 되면서 야기된 상호 불신, 개혁개방을 맞이하여 자본주의 도입에 많은 사람들이 희망에 부풀었지만, 일부 계층만이 혜택을 받아 상상도 못할 부를 축적한 반면 오히려 일부 계층은 사회주의 체제하에서는 기본적으로 보장받았던 생존권조차 박탈당한 것에 대한 절망감. 이렇듯 각각의 시기마다 솟아오르는 희망과 곤두박질치는 절망이란 불균형한 두 가지 심리 체험을 바탕에 두고 중국은 지난 30년간 엄청나게 빠른 속도의 경제성장 및 사회 현대화 과정에서 광범위하고 근본적인 사회적 변화를 겪었다. 가난에서 빨리 벗어나기 위해 성장을 절대우선시하는 선부론(先富論)에 입각해 부를 축적해 왔고, 양과 규모와 속도를 중시하는 수십 년간의 습성으로 인해 부실공사, 산업재해, 환경파괴, 불량식품, 짝퉁 등의 폐해가 잇달아 나타나면서, 중국인들은 불안감에 휩싸였다. 이를 반영이나 하듯이 신문과 잡지, 인터넷에는 탄터(忐忑)를 제목으로 한 뉴스가 시도 때도 없이 등장하고, 최근에는 『우울한 중국인(憂鬱的中國人)』, 『불안한 중국인(忐忑的中國人)』이라는 책이 출판되어 세간의 주목을 받고 있는 상황이다.

앞서 살펴보았듯이 중국인의 일상적 불안감은 대중문화현상으로도 표출되었다. 바로 <忐忑>라는 제목의 궁린나(龔琳娜) 노래가 전국적으로 열풍을 불러일으켰던 사건이 그것이다. <탄터>는 인터넷 매체와 스마트 폰을 통해서 순식간에 확산되었고, 콘텐츠 소비자들도 유포된 콘텐츠에 대한 단순 소비에만 그치지 않고 다양한 매체를 이용한 재창작, 편집에 직간접적으로 참여함으로써 다양한 형태의 콘텐츠를 제작하였고 또 각종 트랜스미디어 소비에도 적극적으로 참여하였다. 이로 인해 '忐忑'는 이 단어가 사용된 지 수 세기만에 대중들로부터 주목받게 되었고, 2010년에는 한 해 최고의 유행어 가운데 하나로 선정되었다. 그럼에도 불구하고 신곡(神曲) <탄터>는 음악적 측면에서 상호성과 보편성의 측면에서는 다소 부족함이 있었던 관계로 사실상 싸이의 <강남스타일>만큼의 세계적 확산으로 까지는 미치지 못했다.

재미있게도 이 두 곡은 모두 인터넷을 통해서 확산되었다는 것과 민족주의 또는 애국주의적 이데올로기가 부여되어 담론화 되었다는 공통점이 있다. 음악에 대한 관심이 개인적 소비 차원을 넘어서 국민적, 국가적 차원으로 확대되었음을 의미하는 것이다. 이를 반영하듯이 <탄터>에 관한 비평은 독특한 풍격의 콘텐츠로써 중국인들의 불안감을 잘 반영하고 있다는 것에서 점차 중국음악 발전에 지대한 업적을 남기는 새로운 형식의 민족음악이라는 쪽으로 기울었다. 궁린나 자신도 스스로의 위치에 대해서 대중예술가라기보다는 '인민음악가'라고 명시하고 함으로써 이를 흔쾌히 받아들였다.

본래 궁린나의 <탄터>라는 텍스트 자체는 기존 음악에 대한 극복의 차원에서 만들어낸 곡으로써 가수인 궁린나가 시창(視唱)하는 과정에서의 불안감을 개성 있게 표현해 내었을 뿐이었지만, 공교롭게도 이는 당시 중국사회에 팽배했던 시대적 불안감과 맞물려서 중국사회에 <탄터> 열풍을 불러 일으켰다. 다시 말해서 개인적 불안감을 담은 텍스트가 마치 현 중국의 시대적 감성을 반영하여 창작된 것처럼 다수 수용자들에게는 받아들여졌고, 급기야 능동적인 수용자들이 사회 문화적 맥락과 접목시켜 의미를 확대 재생산시켰던 것이다. 이에 궁린나도 갖가지 새로운 표현형식을 만들어 냄으로써 이에 호응하였다. 의미의 생산자와 수용자는 분리 또는 고정된 존재가 아님을 다시금 확인할 수 있는 부분이다.

사실상 <탄터>는 궁린나가 만들어낸 중국사회에 대한 불안한 심리의 시뮬라크르에 불과하다. 그럼에도 대중들은 기괴하게 비틀어낸 궁린나식 불안에 열광하고 있다. 재미있고, 특이하기 때문이다. 스트레스가 풀린다는 것이다. <탄터>를 통해 오히려 불안감이 조장될 수 있다는 논리는 그야말로 괜한 걱정일 듯싶다.

## 〈추천도서〉

량샤오성 저 · 고상희 역, 『우울한 중국인』, 가치창조, 2012
멍판화 저 · 김태만 외 역, 『중국 축제인가 혼돈인가』, 예담, 2002
샤오메이 천 저 · 정진배, 김정아 역, 『옥시덴탈리즘』, 강, 2001
슬라보예 지젝 저 · 이진홍 역, 『나쁜 장르의 B급 문화』, 르몽드디플로마티크, 2015
월터 리프먼 저 · 이충훈 역, 『여론(Public Opinion)』, 까치, 2012
헨리 젠킨스 저, 김정희원, 김동신 역, 『컨버전스 컬쳐』, 비즈앤비즈, 2008

## 〈추천영화〉

천커신 감독 <아메리칸 드림 인 차이나 American Dreams in China>, 2013 제작

# 4. 중국어 생성문법을 위한 몇 가지 생각

김종호

이 글은 생성문법의 최소주의(Minimalist Program) 문법관에 기초한다.[1] 이를 통해 중국어 문법현상에 대한 새로운 이해를 위한 몇 가지 관점과 방안들에 대해 생각해보고자 한다. '최소주의'는 두 가지 중요한 연구목표를 갖는다. 첫째는 언어학 이론의 간략화이고, 둘째는 인간의 언어가 어떻게 간단한 조작방식으로 운용되는가를 탐구하는 것이다. 이 두 가지 목표는 모두 언어의 '경제성(economy)'이라는 사상에 근거한다. 우리는 언어의 '경제성'이라는 관점에 따라, '언어는 간단하고 명료하다'는 명제를 인정하며, 중국어 문법체계의 기술 역시 간략함을 추구해야 한다고 본다.

---

1) 이 글은 Chomsky(1957, 1995, 2000, 2004)를 바탕으로 한 宁春岩(2011)의 생성문법학 철학과 관련된 1,3,4,8,10,11,12 등의 내용을 상당 부분 인용하여 필자의 재해석을 가하고 있음을 미리 밝히며, 본문에서 따로 적시하지는 않는다.

## 1. 언어란

'언어란 무엇인가?'라고 질문을 받는다면 뭐라고 말할 것인가? '언어는 인간이 생각을 교류하는 도구이다.'라는 답은 어떤가? 일단 '긍정적'이다. 그러나 곰곰이 생각해 보면 이런 정의에는 확실히 문제가 있어 보인다. 그 이유는 이 정의가 언어기능 차원에서 출발했기 때문이다. 즉, 사물에 대한 기능적 정의는 종종 그것의 본질적 속성을 드러내지 못할 때가 많다. 예를 들어, 자전거는 기능적 측면에서 정의를 내리면 '교통수단'이라 할 수 있으나, 어떤 땐 무엇이 자전거이고 무엇이 자동차인지 구분해내기가 쉽지 않은 경우도 있다. 특히 자연계에서 사물을 기능적으로 정의하는 것은 문제가 많아 보인다. 자연물은 특정한 기능에 따라 생겨나고 존재하는 것이 아니기 때문이다. 예를 들어 산 속의 나무를 보자. 그것들이 기능적으로 토양을 보호하거나 건축자재로 쓰이기 위해 존재한다고 말할 수 있는가? 또한 쥐를 보자. 그것이 고양이의 먹이로서 존재한다고 말할 수 있는가? 이상에서 보듯, 자연물에 대한 기능적 정의는 그 본질을 설명하는데 충분하지 않다. 언어도 그렇다. 기능적 측면에서만 언어를 정의하면 위와 같은 오류를 벗어날 수 없다. 언어 자체의 구조, 성질 등 본질적인 측면에서 정의해야 한다.

설령 기능적 측면을 강조한다 하더라도 언어기능을 어떻게 인식할 것인가의 문제가 있다. 이는 언어가 여러 기능을 갖고 있기 때문이다. 그렇다면 다시 자문해보자. 언어는 교류의 도구인가 아니면 사유의 도구인가? 무엇이 언어의 첫 번째로 주요한 기능일까? 먼저 다음 질문에 답해보자.

첫째, 언어는 인간의 유일한 교류수단인가? 아니다. 언어 외에도 우리는 눈빛, 신체언어 등의 수단으로 생각과 감정을 교류할 수 있다. 둘째, 언어를 통한 소통은 항상 쌍방향으로 화자와 청자 간 이루어지는가? 아니다. 우리가 어떤 문제를 생각하거나 결정을 내리는 것과 같은 사고활동은 단방향이며, 꼭 언어라는 음성형식으로 나타나는 것도 아니다. 즉, 우리가 깨어있는 시간에는 사고활동이 시시각각 진행되고 있다. 그렇다면 언어는 인간이 사고하는데 있어 유일한 도구가 아닐까? 사실 언어가 가지는 교류수단 기능은 완전하지 못하다. 즉, 교류수단으로써의 언어는 완전하지 못하나, 사유도구로써의 언어가 오히려 더 완전한 것 같다. 이런 점에서 촘스키의 생성문법은 언어의 첫 번째 기능을 사유수단으로 본다. 하지만 이것 역시 기능적 측면에서의 정의이다. 기능적 측면에서 언어를 정의하고 연구하는 것과 언어의 본질적 측면에서 언어를 정의하고 연구하는 것은 완전히 다른 두 가지 관점이다. 즉, 언어가 무엇을 할 수 있는지 연구하는 것과 언어란 무엇인지 연구하는 것은 완전히 다른 일이며, 서로 다른 방법론을 요구한다. 생성문법은 '언어란 무엇인가'라는 문제에 집중한다.

언어란 도대체 무엇인가? 언어는 일종의 부수현상(epiphenomenon)이다. 즉, '뜨겁다'란 것은 물리현상이고, '아프다'라는 것은 생리현상이다. 여기서 '뜨겁다'란 물리현상 이면에는 분자운동이라는 본질이 담겨있고, '아프다'란 생리현상 이면에는 신경활동이란 본질이 있다. 이처럼 언어현상의 이면에는 인간의 뇌 활동이 존재한다. 그렇다면 언어의 본질이란 인간의 뇌 활동 중의 하나라 하겠다.

결국, 생성문법이 관심을 가지는 것은 언어의 본질에 대한 것이다. 즉, 언어연구를 통해 인간의 뇌 속에 존재한다고 믿어지는 언어시스템을 밝혀보고자 하는 것이다.

## 2. 언어습득장치와 언어능력

인간에게 언어습득장치가 있어서 언어능력을 가지게 되는 것일까? 아니면 언어능력이 있어서 언어습득장치가 존재하게 되는 것일까? 이는 '마치 닭이 먼저인가 계란이 먼저인가'를 질문하는 것과 같다. 우리는 생물학적 차원에서 언어습득장치를 먼저 이야기한다.

## 언어습득장치

인간의 머릿속에 하나의 장치로서 존재한다고 믿어지는 '언어습득장치(LAD)'를 말하기 전에 생성문법학에서 이러한 가상의 존재를 설정하게 된 배경에 대해 먼저 살펴보자.

생성문법은 현대 언어학 이론에 있어 중요한 학파의 하나로 1950년대 말 미국에서 탄생했다. 당시 블룸필드(L. Bloomfiled)를 대표로 하는 구조주의(structuralism) 언어학파는 미국 언어학계에서 주도적인 지위를 가지고 있었고, 구조주의 언어학(Structural Linguistics)과 밀접한 관계가 있는 스키너(B. F. Skinner)를 대표로 하는 행동주의(behaviorism)는 미국의 심리학계를 지배하고 있었다. 그러나 행동주의이론의 가장 큰 결점은 무엇인가? 그것은 조건반사[2]학설을 학습이론의 기초로 삼아 동물의 모든 행동은 조건반사학설에 따라 이루어진다고 보는 기계주의에 있다. 즉, 사람의 학습과 동물의 학습을 동일하게 보아 간단하게 조작적 조건반사로 귀결시킴으로써 학습 중에 미치는 인간의 의식과 생각을 무시하는 점이다. 가령 어린아이가 어떻게 말하기를 배우는지 대답하라면, 행동주의자는 파블로프의 실험 가운데 그 개처럼 아빠 엄마가 말하는 '자극-반응' 그리고 끊임없는 강화를 통해 말을 배우는 것이라고 말할 것이다. 그러나 이것이 인간 언어습득습의 본질을 반영해낼 수 있을까?

촘스키는 유명한 '심성주의(Mentalism)'[3]학설을 제창한다. 이 학설의 기본 관점

---

2) 조건반사는 무조건반사와 대비되는 단어이다. 1900년경에 파블로프(I.P. Pavlov)의 연구에 의해 만들어진 개념이며 처음에는 정신반사라는 용어가 사용되기도 했다. 특정한 자극에 대해서 무의식적으로 반응하는 반사현상 중에서, 학습을 통해 반사작용이 일어나는 경우를 조건반사라고 한다. 대표적인 예로는 사람이 신 것을 봤을 때 입안에 침이 고이는 현상을 들 수 있다. 신 것을 입에 넣었을 때 침이 나오는 것은 무조건반사에 속한다. 하지만 이러한 자극을 경험한 사람은 신 것을 보기만 해도 입안에 침이 고이게 되는데 여기서 시각적으로 신 것을 보는 것과 침이 나오는 것은 선천적으로 아무런 연관관계가 없기 때문에 이런 식의 반사작용을 조건반사라고 한다. www.doopedia.co.kr : 두산백과

3) Mentalism을 『언어학 사전』(이정민 · 배영남 공저, 1987)에서는 정신주의라 하였으나, 본서는 심성주의라 하겠다. 언어학에서의 심성주의란 언어사실의 연구가 문장 생성에 있어서의 정신작용의 연구와 불가분의 관계에 있다고 하는 언어관을 가리킨다. Chomshy(1965 등)에서 언어이론이 인간의 언어행동을 지배하는 기저의 원리를 찾는 데에 관심을 갖기 때문에 심성주의적이라는 것이다. 이는 정신과 육체라는 이원론적인 의미의 정신을 뜻하지 않는다.

은 인간의 뇌는 태어날 때 결코 백지 상태가 아니라 선천적으로 '언어습득장치(Language Acquisition Device[LAD])'[4)]를 가진다는 것이다. 어린아이는 이 '언어습득장치'가 성숙해짐에 따라 각기 주어진 언어 환경에 따라 자신의 모국어를 습득하게 된다. 그러나 개와 고양이에게는 이런 선천적인 장치가 없다. 따라서 인간과 똑같이 언어 환경이 주어진다 하더라도 '언어'를 배울 수 없다. 이 장치가 무엇인지, 또 어떻게 작동을 하는지 연구하는 것이 언어학이 풀어야할 숙제라는 것이다. 이 언어습득장치'는 인류만이 가지는 것이며, 이로 인해 인류는 언어능력(linguistic competence)을 갖게 되었고, 언어행위를 운용하게 된다. 또한 이 언어습득장치가 있음으로 해서 인류 언어행위는 뚜렷한 창조성(creativity)을 가지며, 이는 경험에 근거한 동물행위의 기계적인 모사와 명백히 다르다.

## 언어능력

인간의 '언어능력'이란 무엇이며, 어디서 어떻게 실현되는가? 다음 예를 보자.

(1) 张三会游泳。장삼은 수영할 줄 안다.

만약에 장삼이 현재 강물에서 수영을 하고 있다면, 우리는 장삼이 수영행위를 수행하고 있는 중이라고 말하며 '수영하다'로 표현한다. 그런데 만약에 장삼

---

결국, 언어학이 인간의 정신(mind)구조를 밝히는 인지심리학(cognitive psychology)의 분야라는 관점이다. 『언어학 사전』, 이정민 · 배영남 공저, 박영사, 1987:551 참조

4) 촘스키가 인간의 선천적인 언어발달 능력의 경이로움을 설명하려고 고안한 언어 습득과 관련된 가상의 장치이다. 그에 따르면 인간의 뇌에는 태어날 때부터 선천적으로 언어를 습득할 수 있도록 하는 보편적 문법지식이 언어습득장치에 미리 프로그램화되어 있어서 아동이 언어 입력 시 별다른 노력을 기울이지 않고도 자동적으로 언어를 습득할 수 있다는 것이다. 촘스키는 언어습득장치를 통해 선천적으로 언어가 습득되고 언어습득능력은 0세부터 13세까지 가장 활발하게 진행되며, 언어능력은 일반적인 지적 능력과는 다르고 인간의 언어습득장치에는 모든 언어의 공통된 보편문법이 선천적으로 갖추어져 있다며, 말은 배우는 것(learning)이 아니라 습득하는 것(acquisition)이라고 본다. http://terms.naver.com : 특수교육학용어사전 참조

이 지금 침대에서 잠을 자고 있다면 장삼은 수영행위와 상관이 없다. 그러나 그의 수영하는 행위가 잠자는 동안 정지했다하여 그의 수영능력이 상실되었다고 말할 수는 없다. 깨어난 후에 그는 강물에 뛰어 들어 여전히 수영을 할 수 있을 것이다. 이는 수영행위와 수영능력 간에 차이가 있음을 말한다. 그러면 장삼의 수영능력은 언제 상실되는가? 장삼이 불행하게도 뇌에 중풍을 맞았을 경우, 비록 기타 근육부분이 어떠한 손상을 입지 않았을지라도 그의 수영능력 반드시 상실될 것이다. 또 장삼의 대뇌는 건강하나 사지가 매우 심각한 손상을 받게 된 경우, 그의 수영능력 역시 상실될 것이다. 바꾸어 말해 장삼의 수영능력은 대뇌와 사지 등 인체부위의 유기적 작동에 근거하여 실현된 것이다. 이 비유를 언어적으로 옮겨본다면 우리는 무엇이 언어능력이고 무엇이 언어수행(linguistic performance)인지 이해할 수 있다. 사람이 말을 한다는 것은 언어를 사용하고 있는 것이다. 그리고 언어를 사용한다는 것은 언어를 사용하는 능력을 갖추고 있다는 것을 전제로 한다. 그가 잠잘 때 비록 언어의 사용이 없을 지라도 그의 언어능력은 여전하다. 다만 그가 잠자고 있을 때 심한 중풍을 만나 뇌신경에 손상을 입어 언어능력이 상실되는 경우가 아니라면 말이다. 만약에 손상된 곳이 단지 팔다리라면 언어능력은 여전히 상실되지 않는다. 이러한 사실은 언어능력의 구현 매개체는 최소한 대뇌의 어떤 부분을 포함하고 있다는 것을 말한다.[5)]

인간의 언어능력은 종종 잠재의식적이고 직감적이다. 이는 방금 출생한 영아가 향후 어떤 인간의 언어를 할 줄 아는 가능성을 갖추고 있다거나, 선천적으로 사람의 언어소리와 비언어소리를 식별하는 능력이 있다거나, 말로 표현할 수 없는 직감적 판단 능력을 가진다는 것 등으로 나타난다. 즉 자신의 모어(母語)를 습득한 아이는 부모나 선생님으로부터 어떤 문법수업이나 강의를 듣지 않아도 문법성에 대한 일종의 직관력이 있다. 다음 예를 보자.

---

5) 브로카 영역(Broca's area): 1865년에 피에르 폴 브로카(pierre paul broca)는 언어장애가 있는 대뇌의 해부를 통해 인간 뇌의 핵심 언어중추를 발견하고 그 부분을 브로카 영역이라고 하였다. (http://terms.naver.com : 심리학용어사전) 참조
베르니케 영역(Wernicke's area): 1874년 독일학자 베르니케가 발견한 것으로 대뇌 좌반구에 위치하며 이 영역의 주요기능은 음운을 구별하고, 단어에 의미를 연결시켜 언어를 받아들이는 것과 밀접한 관계가 있다. (http://terms.naver.com : 심리학용어사전) 참조

(2) a. 宝宝在喝奶。宝宝는 우유를 마시고 있다.

b. * 宝宝喝在奶。

중국어가 모어인 아이들은 누구든지 a는 중국어이고, b는 중국어가 아니라고 판단할 수 있다. 즉, 그들은 '宝宝喝在奶'라는 문장이 성립될 수 없다는 것을 직관적으로 안다. 아무도 이러한 사실은 아이에게 알려주지 않더라도 말이다. 또 다음 예를 보자.

(3) a. 宝宝喜欢他。宝宝는 그를 좋아한다.

b. 宝宝喜欢自己。宝宝는 자신을 좋아한다.

아이들은 a에서 말하는 대상은 두 명이고, b에서는 한 명임을 안다. 또 다음 예를 보자.

(4) a. 所有的人都会觉得二姑娘不会喜欢这种人。

모든 사람들은 둘째 아가씨가 이런 사람을 좋아하지 않을 거라고 생각한다.

b. 这种人，所有的人都会觉得二姑娘不会喜欢。

이런 사람은, 모든 사람들이 둘째 아가씨가 좋아하지 않을 거라고 생각한다.

c. 所有的人都会觉得，这种人，二姑娘不会喜欢。

모든 사람들은 생각할거야, 이런 사람은, 둘째 아가씨가 좋아하지 않을 거라고.

아이들은 또한 위 세 문장에서 '这种人(이런 사람)'의 위치가 서로 다를지라도 그것들은 모두 동사 '喜欢(좋아하다)'의 대상임을 안다.

결국, 생성문법학은 인간의 언어능력이란 태어나면서부터 가지게 되는 일종의 능력이라고 본다. 또, 우리의 팔다리처럼, 인간의 언어능력도 그 장치가 일정하게 성숙된 후에야 완전한 기능을 할 수 있다고 본다.

## 3. 언어의 완전성과 실질적 최소주의

### 완전성

촘스키의 생성문법은 줄곧 인간의 언어는 일종의 생물현상이며, 언어시스템은 기타 생물시스템과 마찬가지로 일종의 자연물이라고 여긴다. 또 언어가 자연물이라면 그 본질은 반드시 완전할 것이라고 가정한다. 그러나 인간의 자연언어는 완전하지 않은 면이 많아 보인다. 다음 예를 보자.

(5) John likes Mary.

(5)에서 동사 끝부분에 현재 시제와 단수 제3인칭을 나타내는 's'를 붙여야 하는데, 이는 문장이 나타내려고 하는 의미에 대해서는 어떤 작용을 하지 못한다. 즉, 중국어에서는 같은 말을 할 때 '喜欢(/like)'에 아무런 추가 성분도 없다.

(6) 约翰喜欢玛丽。John은 Mary를 좋아한다.

따라서 어떤 프로그래머에게 단순히 사유수단으로서의 영어를 만들어 달라고 부탁한다면, 그는 아마 경제성의 원칙에 입각하여 이 's'를 사용하지 않을 것이다. 'John like Mary'로만 말해도 의미가 성립하기 때문이다. 이런 점에서 자연언어로서의 영어에서 단어의 형태변화는 완전하지 않은 표현이다. 즉 영어와 같은 언어에서 '인칭, 수, 격의 일치성'은 언어에서의 불완전한 표현이라 할 수 있다. 영어에서 명사 단수, 복수의 형태 차이(예를 들면 book 과 books)도 불완전한 표현이다. 한편, 영어 의문문에서 보이는 '전위(dislocation, 순서 바꾸기)' 현상도 불완전한 표현이다. 다음 예문을 보자.

(7) What do you think John likes?

(7)에서 문두에 위치한 'what'은 그와 멀리 떨어져 있는 동사 'likes'의 목적어이다. 그렇지만 아래 (8)에서 보듯 같은 'likes'의 목적어인 'Chinese kung fu'는 이동할 수 없다.

(8) I think John likes Chinese kung fu.

그렇다면 (7)처럼 목적어가 술어동사와 멀리 떨어져 있는 전위현상도 (8)처럼 힘들이지 않고 단순하게 표현할 수 있다는 점에서 볼 때 불완전한 것이다. 중국어의 예를 보자.

(9) 你认为约翰喜欢什么? 당신은 존이 무엇을 좋아한다고 생각합니까?

예(8)에 대응하는 (9)의 중국어 표현형식도 전위현상이 없지만 같은 의미를 표현할 수 있다. 따라서 어느 한 언어 프로그래머에게 의문문을 설계하라고 부탁한다면, 그의 프로그램은 경제성의 원칙에 입각하여 전위를 가진 의문문을 설계하지 않으려 할 것이다. 결국, 교류수단으로서의 언어는 완전하지 않을 수 있다.

그러나 만약 모든 자연물은 다 완전하다고 믿는다면, 그리고 언어가 자연물이라고 인정한다면, 설사 언어에서 불완전한 면이 있다하더라도 우리는 그것이 여전히 완전하다고 본다. 그렇다면 어떻게 자연언어의 불완전함을 '완전하다'고 해석할 것인가? 인체 척추의 예를 생각해 보자. 척추 구성재료의 불완전함은 불완전함을 가장한 '완전함 추구'가 아닐까? 즉, 척추가 기타 생체기관 시스템과 완전한 조화를 이루기 위해서 그런 모습을 띨 것이다. 강철로 된 척추를 상상해 보자. 금속 척추는 비록 강하지만 기타 인체기관과 조화를 이룰 수 없다. 언어도 그러하다. 일치성 형태표지, 단수 복수의 형태표지, 전위 등 불완전하다고 여겨지는 것들에 대하여 영어에서는 그것들을 처리할 수 있는 '자질점검(Feature Checking)'이라는 방법이 있다. 이런 점에서, 언어도 인간의 뇌 기관과의 조화를 이루는 각도에서 본다면 완전한 것이 아니겠는가?

언어연구에서 촘스키의 자연과학관을 지지한다면, 우리는 다음과 같은 문제에 직면하게 된다. '언어는 자연물인가?', '언어는 완전한가?', '언어는 어떻게 불완전한 점을 완전하게 만드는가?' 중국어에 적용한다면, '중국어는 완전한가? 불완전한 곳이 있다면 무엇이며, 그러한 불완전성을 어떻게 처리하여 최종적으로 다른 자연물처럼 완전성을 갖추는가?'

## 실질적 최소주의

'실질적 최소주의' 자연과학관이란 무엇인가?

먼저 자연계에서 볼 수 있는 눈송이를 생각해보자. 눈송이는 자연물이지만 모양과 크기가 각각 다르다. 그러나 모양과 크기의 차이에 상관없이 그것들은 모두 눈송이이다. 그것들이 눈송이라면 반드시 어떤 공통점이 있으며, 이 공통점은 동일한 자연법칙을 준수하여 형성된다. 우리는 그것들이 공통적으로 준수하는 자연의 법칙을 '눈송이의 보편문법'이라 할 수 있겠다. 눈송이의 보편문법은 무엇인가? 케플러(J. Kepler)[6]에 의하면, 모든 눈송이의 구성성분은 물 분자의 결정체이며, 기본 모양은 육각형이다. 그러나 이런 눈송이의 보편문법만으로는 눈송이가 왜 서로 다른 모양과 종류를 가지고 있는지를 설명하기에 부족하다. 이에 케플러는 눈송이의 보편문법에 '온도와 습도라는 매개변인'을 더한 공식을 만들었다. 즉, 물 분자 결정체는 온도 X와 습도 Y의 조건하에 형성된 눈송이 A, 온도 Z와 습도 W의 조건하에 형성된 눈송이 B 등이 있다고 본다. 눈송이 형성원인의 여러 설명 중에 케플러의 설명이 가장 간단하다. 그러므로 이는 과학계에서 말하는 '방법론적 최소주의(Methodological Minimalism)' 혹은 '오컴의 면도날(Occam's Razor)'원칙에 부합한다.

촘스키는 '방법론적 최소주의'를 추구해야할 뿐 아니라 또한 '눈송이는 완전한가?'에 대해서 끊임없이 의문을 던져야 한다고 여겼다. 한편, 과학자들도 눈

---

6) 요하네스 케플러(Johannes Kepler, 1571-1630) 독일의 천문학자. 1611년 《육각형 눈송이에 관하여》(Strena Seu de Nive Sexangula)라는 소논문을 지음.(http://ko.wikipedia.org/wiki:위키백과)

송이를 포함한 자연만물 앞에서 공통적인 의문점을 가졌는데, 그것 역시 자연만물을 완전한 것으로 봐야하는지의 문제이다. 만약 자연만물이 완전하다면 과학연구는 마땅히 '자연만물은 왜 완전한가?'에 대해 밝혀야 한다는 것이다. 이처럼 '자연만물은 완전하다'는 신념에 근거하여 왜 완전한지 연구하는 과학관을 '실질적 최소주의'라고 부른다. 생성문법도 '실질적 최소주의'를 추구한다.

이제 서로 다른 눈송이를 다양한 인간의 언어로 상정해 보자. 첫 번째 눈송이는 중국어이고, 두 번째 눈송이는 영어이며, 세 번째 눈송이는 한국어라고 하자. 여기서 중국어와 영어 사이의 차이는 첫 번째 눈송이와 두 번째 눈송이만큼의 차이일 뿐이다. 즉, 중국어도 인간 언어의 한 종류이고, 영어 역시 또 다른 인간 언어의 하나이다. 이들이 모두 언어라면 언어 간에는 반드시 공통점이 존재한다. 만약 서로 다른 언어 간의 공통점으로 인해 언어의 보편문법이 존재한다면, 언어학자들의 임무는 우선 케플러가 눈송이의 보편문법을 찾아낸 것처럼 언어의 보편문법을 찾아내야 한다. 또, 케플러가 상이한 눈송이를 결정하는 '온도와 습도'라는 매개변인을 찾아낸 것처럼 서로 다른 언어를 결정하는 매개변인을 찾아내야 한다.

아울러 언어학자는 '언어가 자연의 산물인가?'라는 문제에 대해 답해야 한다. 만약 자연의 산물이라면 그것은 완전할 것이고, 언어연구의 최종 임무는 역시 '왜 언어도 다른 자연물과 같이 완전한가?'에 대해 설명해야 할 것이다. 이에 대해 다시 인체의 척추를 예로 생각해보자. '실질적 최소주의'에 의거하여 인체의 척추를 연구할 때, 우리는 먼저 '인체의 척추는 완전한가?'라는 질문을 해야 한다. 만약 모든 자연물이 완전하다면, 인체의 척추는 자연물이므로 완전하다고 대답할 수 있다. 척추는 완전하다는 과학적 신념에 근거하여 척추가 왜 완전한지에 대하여 설명을 하여야 한다. 척추를 구성하는 재료는 콜라겐 섬유다발, 무코다당단백(Mucopolysaccharide-protein), 알칼리성 인산칼슘 등의 유기물과 무기물이다. 그러나 하중을 지탱하는 기능차원에서 보면 이런 것들은 가장 좋은 재료는 아니다. 왜냐하면 자연계에는 이런 재료들보다 더욱 튼튼한 금속이 많기 때문이다. 이렇게 보면 자연물로서 인체의 척추는 완전해보이지 않는다. 그러나 만약 우리가 자연물이 예외 없이 모두 완전하다고 믿는다면, 설사 척추가 금속으로 이루어지지 않았다 하더라도 완전해지는 다른 원인이 반드시 있다고 상정할 수 있다. 그 원인은 다른 방면, 즉 인체의 척추와 다른 기관의 상호 관계(Interface Condition)에서 찾을 수 있다. 이런 점에서 인산칼슘 등으로 구성된 척추는 인공 금속척추보다 좋다. 왜냐하면 이런 인체의 척추는 다른 기타 근육, 신경, 조혈기관 등과 더욱 조화롭기 때문이다. 그러므로 자연물인 척추는 그 자체만으로는 완전해보이지 않지만, 그것과 기타 관련 기관을 연결시켜 살펴보면 더할 나위 없이 완전한 것이다.

결국, '실질적 최소주의'의 자연과학관은 '자연물은 모두 완전하다'는 과학적인 신념에서 출발하여 그 자체와 관련된 물건, 계통 간 상호관계 속에서 '완전한 원인'을 탐구한다. 이런 관점은 촘스키의 언어연구, 특히 최소주의이론 모형에서 잘 발휘된다. 따라서 우리는 '중국어가 완전한가?' 질문한다. 최소주의 관점이라면 '완전하다'이다. 그럼에도 불구하고 완전해 보이지 않는 점이 있는가? 그렇다면 이는 바로 우리의 연구거리이다. 즉, '중국어가 어떻게 완전하게 구현되는가?'라는 문제를 해결해야 한다.

## 4. 언어의 창조성과 순환성

### 창조성

문장은 언어의 기본단위이다. 어떤 언어에서든지 문장의 수량은 자연수와 마찬가지로 무한히 많다. 한 언어에서 문장의 수량이 무한하다는 것은 가장 긴 문장을 찾을 수 없거나 구사할 수 없다는 것을 의미한다. 다음 예를 보자.

(10) a. 这个男孩遇见了那个遇见过一个老头的女孩。
이 남자아이는 한 할아버지를 만났던 그 여자아이를 만났다.
b. 这个男孩遇见了遇见过那个遇见过一个老太太遇见过的老头的女孩。
이 남자아이는 한 할머니가 만났던 그 할아버지를 만난 여자아이를 만났다.

c. 这个男孩遇见了遇见过那个遇见过一个老太太在警察追小偷的道口上遇见过的老头的女孩。

이 남자아이는 경찰이 도둑을 쫓던 길가에서 할머니가 만났던 할아버지를 만났던 여자아이를 만났다.

위 예a-c에서 '女孩(여자아이)'를 수식하는 관형어는 점점 길어진다. 이론상으로는 무한히 길어질 수 있다.

언어에서 문장의 수량은 무한히 많지만, 사람이 후천적 경험에서 귀로 들은 문장은 어느 정도 한정되어 있다. 그러나 일정한 연령대에 이른 어린이는 자기가 전혀 들어본 적이 없는 문장을 구사할 수 있다. 이때 들은 적 있는 문장을 행동주의 이론에서 말하는 자극이라고 친다면, '자극-반응'이라는 학습이론으로는 그가 어떻게 자극이 없었던 문장을 구사(반응)할 수 있는지 설명할 수 없다. 사람들이 말 할 수 있거나 알아듣는 문장은 그가 이전에 들은 적 있는 언어의 입력양보다 훨씬 많고 다양하다. 이것이 바로 '언어의 창조성'이다. 인간은 언어자극이 부족하더라도 창조성이 있는 무한한 문장을 사용할 줄 아는 능력이 있다. 이는 행동주의의 학습이론으로 설명하기 어렵다. 생성문법은 인간의 언어적 창조성 즉, 다른 동물에게는 없는 일종의 특별한 능력이 있음을 말하며, 그것을 설명하려고 노력한다.

## 순환성

인간 언어의 창조성은 '순환성(recursion)'에 의하여 드러난다. 다음 예를 보자.

(11) 我知道他知道妈妈知道爸爸知道……这个秘密。

나는 아빠가 이 비밀을( …… )알고 있다는 것을 엄마가 알고 있다는 것을 그가 알고 있다는 것을 안다.

(11)은 내포구조인 목적어절이 무한하게 순환될 수 있음을 말한다. 인간은 이러한 '순환성'을 이용해 끝없이 긴 문장을 구사할 수 있다. 촘스키 언어학 관점에 따르며 순환성은 인류 언어만이 가지고 있는 독특한 속성적 특징이다.

언어의 순환성 문제를 토론하려면, 언어 기호 시스템의 속성에 대해 이해해야 한다. 동물과 인간은 자신들의 사회내부 소식을 교환하거나 교류할 수 있다. 이때 동물이 사용하는 매개체는 '신호(signals)'이지만, 인간이 사용하는 것은 '기호(symbols)'이다. 이런 점에서 어떤 사람들은 '인간은 기호를 사용하는 유일무이한 종(symbolic species)'라고 말한다. 동물의 교류 시스템인 '신호'와 인간의 교류시스템인 '기호'의 차이는 무엇인가? 먼저 그 수량에서 차이를 보인다. 동물의 '신호'는 인간 언어의 '기호'에 비해 그 수가 한정적이다. 또, 매개체에서도 차이를 보이는데 어떤 동물은 몸짓을 사용하여 나타내고, 어떤 동물은 냄새를 사용하기도 하며 혹은 초음파를 사용하기도 한다. 소수의 어떤 동물들은 인간과 같이 음성을 사용하지만 역시 본질적으로 차이가 있다. 그 차이는 순환성의 유무이다.

인간이 사용하는 교류 매개체인 '기호'가 보이는 순환성의 규칙을 보자.

(12) 언어기호의 순환성

(i) S → NP + VP

(ii) VP → V + S

(iii) NP → NP + S

(i)에서 화살표 좌측은 S의 입력을 나타내며, NP와 VP로 출력된다. (ii)에서도 마찬가지로 입력된 VP는 V와 S로 출력된다. 또, (iii)에서도 마찬가지로 입력된 NP는 다시 NP와 S로 출력된다. 여기서 동일하게 S로 출력되는 부분에 주목하자. 결국 (ii)와 (iii)의 출력에서 보이는 S는 다시 입력되어 (i)과 같은 출력을 나타내며, (i)은 (ii)와 (iii)으로 순환된다. 이렇듯 인간의 언어기호는 끊임없이 순환될 수 있다. 다음 구체적인 예를 보자.

(13) a. 黑猫觉得有些老鼠不怕猫。

검은 고양이는 어떤 쥐들이 고양이를 무서워하지 않는다고 생각한다.

b. 黑猫觉得白猫以为有些老鼠不怕猫。

검은 고양이는 어떤 쥐들이 고양이를 무서워하지 않는다고 흰 고양이가 여긴다고 생각한다.

c. 黑猫觉得白猫以为小猫知道有些老鼠不怕猫。

검은 고양이는 어떤 쥐들이 고양이를 무서워하지 않는다고 작은 고양이가 알고 있다고 흰 고양이가 여긴다고 생각한다.

d. 黑猫觉得白猫以为小猫知道大猫记得有些老鼠不怕猫。

검은 고양이는 어떤 쥐들이 고양이를 무서워하지 않는다고 큰 고양이가 기억하는 것을 작은 고양이가 알고 있다고 흰 고양이가 여긴다고 생각한다.

위의 예 a-d는 동사 뒤 목적어 종속절이 무한히 확장될 수 있음을 보여준다. 또 아래의 예는 관형어 종속절이 무한히 확장될 수 있음을 보여준다.

(14) a. 黑猫捉到了那只老鼠。

검은 고양이는 그 쥐를 잡았다.

b. 白猫喜欢的黑猫捉到了那只老鼠。

흰 고양이가 좋아하는 검은 고양이는 그 쥐를 잡았다.

c. 白猫喜欢的黑猫捉到了小猫喜欢的那只老鼠。

흰 고양이가 좋아하는 검은 고양이는 작은 고양이가 좋아하는 그 쥐를 잡았다.

d. 那只害怕老鼠的白猫喜欢的黑猫捉到了小猫喜欢的那只老鼠。

쥐를 무서워하는 그 흰 고양이가 좋아하는 검은 고양이는 작은 고양이가 좋아하는 그 쥐를 잡았다.

이처럼 문장이 무한하게 확장이 가능한 이유는 무엇인가? 바로 언어의 순환성 때문이다. 즉, 입력에서 출력으로의 순환적 방식을 사용하기 때문이다.

동물교류 시스템의 신호는 순환적 발생이 불가능하다. 왜냐하면 동물의 신호

(새 울음소리, 늑대 울음소리, 개의 울음소리)의 수량이나 길이에 관계없이 각 신호는 내부구조를 설정할 수 없기 때문이다. 즉, 하나의 신호체계를 더 작은 성분으로 분석하여 다른 신호에서 자유롭게 운용할 수 없다. 그러므로 새 울음소리를 하나의 문장으로 본다면, 새의 문장에는 단지 하나의 '단어'만이 존재하는 것 같다. 이는 하나의 문장이 다른 문장을 내포할 수 없다는 것을 의미한다.

결국, 생성문법학은 인류언어의 기호성과 그 순환성을 인지하고, 그것을 언어능력과 인간의 뇌신경 시스템 및 유전속성과 연결시키는데 관심을 가진다. 이를 통해 인간 언어의 가장 본질적인 속성에 접근하고자 하는 것이다.

## 5. 보편문법과 매개변인

### 보편문법

'보편문법'[7]이란 무엇인가? 이는 어느 언어나 관통하는 기능적으로 신통한 문법이란 의미가 아니다. '보편문법'에 대한 가장 명쾌한 정의는 일종의 '유전적으로 타고난 자질(genetically endowed properties)'이라는 것이다. 이는 '인간 뇌의 초기상태(initial state)' 또는 '언어습득장치' 등과 본질적으로 같은 말이다. 인류의 유전자(DNA)는 인류 종(種) 특유의 속성을 결정한다. 생성문법은 언어란 인류의 고유한 속성적 자질이고, 이 자질은 인류의 유전자에 의해 결정된다고 본다. 그렇다면, '사람의 유전자가 사람이 말을 할 수 있게 결정한다.'는 이 말을 어떻게 이해해야할까? 이는 어떤 유전자는 중국어를 말할 수 있게 하고 어떤 유전자는 영어를 말할 수 있게 하며, 또 다른 유전자는 한국어를 말하도록 결정한다

7) 보편문법은 촘스키의 생성문법에서 매우 중요한 전문용어이다. 그러나 이 용어를 글자 그대로 이해해서는 안 된다. 왜냐하면 '보편문법'은 일반적인 의미의 '문법'이 아니기 때문이다. 보편문법에 근거해서는 단어를 구성하고 문장을 만들 수 없을 뿐만 아니라 보편문법을 공부한다고 해서 외국어를 익히는데 도움을 주는 것도 아니다.

는 뜻이 결코 아니다. 또, 아이들이 태어나자마자 말을 할 수 있다는 의미도 아니다. 태어난 후 어떤 언어를 말할 수 있게 되는가는 후천적으로 경험하는 언어 환경에 달려있다. 즉, 어린 아이가 중국어를 사용하는 언어 환경에 노출되면 중국어 언어능력을 획득하게 되고, 영어를 사용하는 언어 환경에 노출되면 영어 언어능력을 획득하게 된다. 선천적으로 유전된 보편문법과 후천적으로 경험한 언어 환경의 상호작용을 통해서 인간의 구체적인 언어 습득이 이루어진다. 이것은 마치 어린 아이가 태어날 때 유전적으로 팔과 다리가 자라도록 정해졌으며, 태어나서 자라는 동안 균형적인 영양공급과 운동을 통해 그것이 정상적으로 성숙되고 작동되는 것과 같다. 즉, 인간이 선천적인 언어능력을 가지고 있다해도 유전적 요소에만 기대서는 정상적으로 작동될 수 없음을 의미한다.

## 매개변인

생성문법에서는 선천적인 유전 요소로 규정된 보편문법 원리와 후천적인 경험의 상호 작용 관계를 '원리-매개변인'으로 설명한다. 이 원리는 아래의 표처럼 나타낼 수 있다.

(15) 원리와 매개변인의 작용과 개별문법 관계도

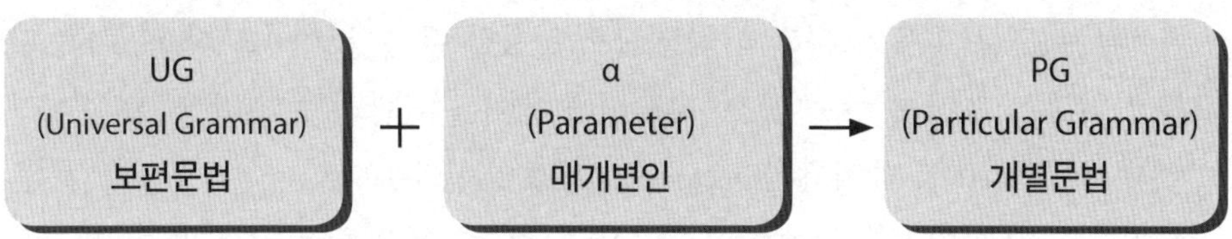


그림에서 보듯 보편문법과 매개변인의 상호작용에 따라 개별문법이 형성된다. 여기서 선천적인 보편문법 원리는 내적요인이고, 후천적인 언어 환경은 외적요인에 해당한다. 내적요인인 보편문법은 외적요인인 후천적 조건의 작용 하에서 개별언어(Particular Languages)에 상응하는 언어능력을 갖추게 된다.

선천적인 보편문법은 아이가 어떤 종류의 언어라도 배울 수 있다는 가능성을 말한다. 한편, 매개변인에 해당하는 후천적인 경험의 작용은 보편문법의 언어 습득능력을 활성화시키고 개별언어의 능력을 실현하는 조건을 제공한다. 이에 대해 촘스키는 "보편문법이란 마치 여러 채널의 버튼을 가진 텔레비전과 같고, 어떤 언어의 채널을 누르면 그 언어에 해당하는 프로그램이 방영되는 것"이라는 비유를 든다. 여기서 텔레비전은 보편문법이고, 채널의 버튼을 누르는 동작이 바로 매개변인이다. 그러나 언어 습득 과정에서 매개변인에 해당하는 버튼을 누르는 동작의 완성은 채널을 바꾸는 것처럼 그렇게 간단하고 신속하게 이루어지지 않는다. 오히려 3-4년의 시간을 몰입하여 투자해야만 기본이 완성된다.

결국, 보편문법은 사람이 언어를 습득할 수 있는 가능성과 어떠한 언어를 배우더라도 공통적으로 따르게 되는 원리를 규정한다. 이에 반해 매개변인은 습득하는 언어의 구체적 형태와 다양성을 규정한다.

## 6. 병합과 논항구조

### 병합

통사부는 구를 만들기 위해 어휘부에서 필요한 단어를 가져온 다음, 이들 단어를 결합하는 조작을 하는 장소이다. 이때 단어를 결합하는 조작을 '병합'이라고 하며, 이런 일련의 과정을 '도출(derivation, 推导)'이라한다.

병합(merge, 合并)이란 '합친다'는 의미이다. 즉, 두 개체를 하나로 묶어 새로운 개체를 생성하는 조작(operation)이다. 이때 합쳐서 이루어진 '새로운 개체'는 합치기 전의 두 개체 중 어느 하나의 속성을 그대로 간직한다. 다음 예를 보면,

(16) a. We are trying to <u>help</u>.

b. We are trying to <u>help you</u>.

a의 'help'는 b의 'help you'로 대체(substitution)할 수 있다. 이를 통해 동사구(Verb Phrase) 'Help you'는 'help'와 동일한 성질, 즉 동사성이라는 것을 알 수 있다. 결국, 'help you'는 핵 'help'를 중심으로 하는 병합의 결과물이며, 다음과 같이 수형도로 나타낼 수 있다.

(17) 'help you'의 수형도와 표지 붙은 괄호

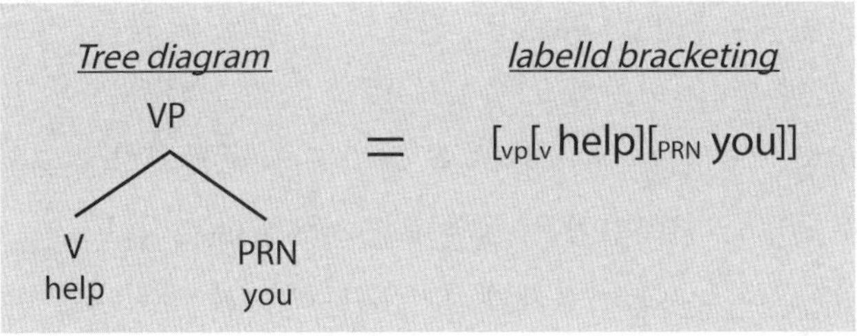


이 수형도는 핵인 V가 자신 보충어(complement)와 병합한 후 여전히 자신의 문법적 속성을 가지고 상위의 구(VP)로 투사되었음을 의미한다. 위의 좌측 그림을 수형도(Tree Diagram)라 하고, 우측을 표찰붙은괄호(Labelled Bracketing, 加标括法)라고 한다. 구에 대한 이 두 표현방식은 같은 의미이며 모두 VP(help you)가 동사(help)의 투사체임을 표현한다. 다시 다음 그림을 보자.

(18) 'help you'의 수형도 설명

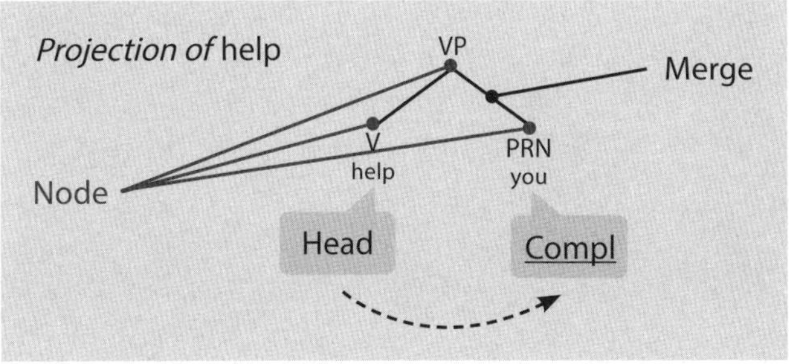


위 수형도는 세 개의 절점(node)를 가지는데, 각 절점에 위치하는 요소들에 대

한 명칭을 살펴보자. 좌하의 절점에 위치하는 'help(V)'를 핵(head)이라 하고, 우하의 절점에 위치하는 'you'는 보충어라 하며, 두 절점을 연결하는 선은 이 둘이 병합(merge)되었음을 의미한다. 상위의 이분지 절점은 VP라 하며, 이는 핵(V)의 최대 투사체(maximal projection)임을 의미한다.

'병합'은 통사부에서 사용하는 가장 중요한 조작으로, 통사구조를 형성하는데 필수적인 수단이다. 어휘부(Lexicon, 词库)에는 한 무더기 단어나 단어를 구성하는 자질[8]들만 있다. 통사부의 임무는 어휘로 구를 구성하는 것이다. 통사부에서 구성된 이 구조체는 다른 부분(LF나 PF)으로 전송되고, 일부 가공을 거쳐 최종적으로 입 밖으로 나오게 된다. 이러한 역할을 구체적으로 실행하는 방법이 바로 병합이다. 결국, 병합은 어휘부에서 뽑아온 어휘들을 이분지적(binary)으로 결합시켜 계층적인 구조로 축적해나가는 일종의 조작(operation)이다.

통사부에서 병합되는 대상은 인간의 기호체계이기 때문에, 이는 두 개의 블록을 함께 쌓는 기계적 병합과는 다르며, 원자와 전자를 하나로 묶는 화학적 병합과도 다르다. 물리세계의 기계적이거나 화학적 병합은 물체가 하나가 되는 것이지만, 언어기호 간의 병합은 시간차를 둔 음성기호의 신경 물리적인 사건이므로 시간적 선후순서와 계층적 구조를 갖는 구조체이기 때문이다. 다음 중국어의 예를 보자.

(19) 我很爱妈妈。(나는 엄마를 정말 사랑해.)의 수형도

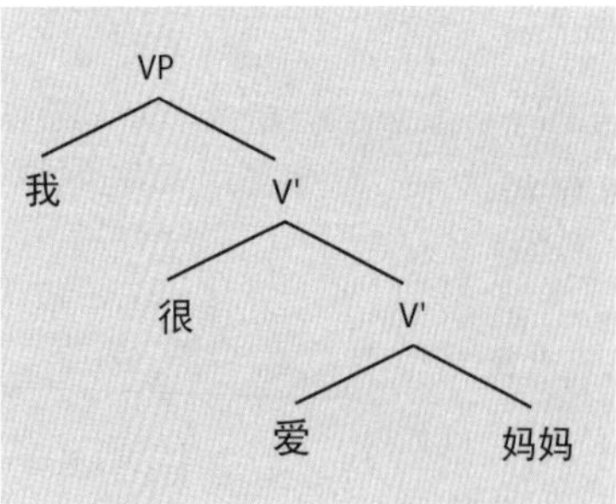


8) 눈에 보이고 발음되는 단어뿐만 아니라 눈에 보이지도 않고 발음되지도 않지만 문법자질(/형식자질)을 가지는 것들도 모두 포함된다.

위의 문장은 선형적으로 '我(나)'로 시작해서 '妈妈(엄마)'에서 끝나며, 계층적으로는 '爱'와 '妈妈'가 제일 아래에, '很'이 그 다음에, '我'가 최상위에 위치하는 구조이다. 한편, 위 예는 '我, 很, 爱, 妈妈'라는 4개의 음성(/문자)기호를 포함하는데, 아동은 선천적으로 이 네 가지 음성기호(/단어)를 통사구조 규칙에 의해 두 개씩 두개씩 계속적으로 병합해내어 위와 같은 완전한 문장 구조를 구성할 줄 안다. 따라서 그들은 '我'와 '很'을 병합시키지 않을 뿐만 아니라, '我很'과 '爱'를 병합시켜 '[[我很]爱](나 정말)사랑하다)'라고 하지도 않는다. 또 '很'과 '妈妈'를 병합시키지도 않는다. 아동들의 이러한 언어 음성기호 병합능력은 부모의 부양환경에 따라 후천적으로 학습된 것일까? 병합이라는 조작에 있어 언어적 매개변인이 있을 수는 있다. 그러나 적어도 '병합'이라는 조작을 통해 의미체계를 완성해나가는 능력은 인간이면 누구나 가지고 태어나는 일종의 천부적 능력이라는 것이다.

'아동은 선천적으로 기호를 병합시킬 줄 안다'는 이론적 가설을 인정한다면, 아동은 언어발달 단계마다 각기 수준이 다른 표현을 할 것이라고 가정할 수 있다. 부모는 자신의 아기가 어른의 몇 가지 말들을 알아들을 수 있다고 생각한다. 이 시기 아기들은 선천적인 문장구조의 병합능력을 운용한다고 할 수 있다. 즉, '爸爸回来了(아빠가 돌아왔다)'라는 문장에 대해 '[爸爸[回来了]]'라고 이해할 뿐 '[爸爸回][来了]'라고 이해하지 않는다. 이처럼 아동은 병합이라는 통사적 운용능력에 의해 부모의 말을 알아듣고, 또한 완전하지 못할지라도 그것에 의존하여 말을 할 것이다. 생성문법은 이러한 통사구조의 병합능력이 선천적인 것이라고 본다.

## 논항구조

'논항(argument)'[9]이란 '술어(predicate)'와의 관계성 속에서 설정되는 개념이다. 따라서 각기 다른 술어는 그에 맞는 성질의 논항을 필요로 한다. 즉, 1가 술어(one place predicate)는 하나의 논항을, 2가 술어(two place predicate)는 두 개의 논항을, 3가 술어(three place predicate)는 세 개의 논항을 필요로 한다.

동사의 논항구조(argument structure, 题元结构)란 술어동사가 자신의 논항과 가지는 관계의 총체를 말한다. 다음 예를 보자.

(20) 笑, V <행위자(施事)>
笑, V <행위자(施事),대상자(客事)>
笑, V <행위자(施事),대상자(客事),설명(述题)>

예(20)은 동사 '笑'의 논항구조를 표현한 것이다.[10] 이 논항관계에 따른 아래 예문을 보자.

(21) a. 张三笑。장싼이 웃는다.
b. 张三笑李四。장싼이 리쓰를 비웃는다.
c. 张三笑[李四][不修边幅]。
c.장싼은 리쓰가 외모에 신경을 쓰지 않는다고 비웃는다.

---

9) '논항' 혹은 '논항구조'에 대한 이홍배(1991:273)의 용어해설은 다음과 같다.
① 논항은 술어와 술어의 행위·동작과 관련된 참여자나 대상을 나타내는데, 명사나 절이 될 수 있다. 동사의 목적어는 'V-bar' 내에 위치하기 때문에 내부논항이라고 부르고, 주어는 'V-bar' 밖에 위치하므로 외부논항이라고 부른다.
② 논항구조는 술어와 관련된 논항의 집합과 술어와 관련하여 수행하는 논항들의 의미역을 명시해 준다.

10) 예문처럼 먼저 동사 "笑"를 쓰고 쉼표로 분리한 다음, 동사를 나타내는 부호인 'V'를 쓴다. 그리고 첨괄호(< >)를 그리고, 그 안에 순서대로 문장에 출현하는 명사성 성분인 논항을 쓰되, 쉼표로 사이를 띈다.

각 예에서 술어동사 '笑'가 가지는 논항을 보자. a에서는 '张三'은 행위자 논항이다. b에서 '张三'은 행위자 논항이고, '李四'는 대상자 논항이다. c에서 '张三'은 행위자 논항이고, '李四'는 대상자 논항이며, '不修边幅'는 설명 논항이다. 여기서 보듯 '笑'가 가지는 논항에 따라 '笑'의 의미가 달라질 수 있다.

이미 언급한 바 있듯, 아동은 어떤 술어 동사를 들으면 그에 합당한 논항구조를 설정하는 선천적인 능력이 있는 것 같다. 다음 예를 보자.

(22) a. [ ] 睡了。 [ ]가 잠자다.
b. [ ] 喜欢 [ ] 。 [ ]가 [ ]를 좋아하다.
c. [ ] 给 [ ] [ ]。 [ ]가 [ ]에게 [ ]을 주다.

아동은 a에서는 빈칸에 1개의 명사논항을 넣고, b에서는 두 개의 빈칸에는 두 개의 명사논항을, c에서는 세 개의 빈칸에는 세 개의 명사논항을 넣을 줄 안다. 그들은 성장함에 따라 이러한 추상적 구성에 기대어 그 구조물의 의미를 습득할 것이다. 이러한 추상적인 구조화에 있어 이해해야 할 것은 각 논항에게 주어지는 '의미역'이다.

Chomsky(1981:29)에 의하면 의미역 기준(Θ-Criterion)이란, 일정한 구조에서 동사와 관련된 명사성 성분이 하나의 의미역(Θ-role)으로만 충당되고 하나의 의미역만 가질 수 있다는 것이다. 먼저 허웬젠(2011:47-52)의 예를 들어 중국어에서 주어 위치에 오는 논항에게 할당되는 의미역의 예를 보자.

(23) 주어 위치에 오는 논항에 대한 의미역 할당의 예

a. 행위자(Agent ,施事): 张三打李四。장싼이 리쓰를 때린다.
b. 경험자(Experiencer ,当事): 张三丢了眼镜。장싼이 안경을 잃어버렸다.
c. 원인자(Causer ,致事): 张三令李四伤心。장싼은 리쓰가 상심하게 했다.
d. 대상자(Patient ,客事): 张三被李四打了。장싼은 리쓰에게 맞았다.
e. 도구(Instrument ,工具): 钥匙开了门。열쇠로는 문을 열었다.
f. 장소(Locative ,处所): 一张床睡十个人。침대 하나에서는 열 사람이 잔다.

g. 관련자(Relative ,系事): 张三是我老师。장싼이 나의 선생님이다.

h. 소유자(Genitive ,领事): 张三有四个孩子。장싼은 아이가 넷이 있다.

위의 예에서 보듯 술어동사는 주어로 쓰이는 논항에게 다양한 의미역을 할당할 수 있다.[11]

또, 술어동사가 목적어 위치에 오는 논항에게 할당하는 의미역의 예를 보자. 직접목적어 위치에 오는 논항은 '대상자' 의미역을 할당받는다.

(24) a. 张三打了李四。장싼은 리쓰를 때렸다.

b. 张三丢了眼镜。장싼은 안경을 잃어버렸다.

엄격하게 말해서 a처럼 동사의 주어가 행위자(Agent)이면 목적어를 대상자(theme, 客事)라고 하고, b처럼 동사의 주어가 경험자(Experiencer)이면 목적어를 피험자(Patient, 受事)라고도 한다. 그러나 보통 '대상자'라는 말로 두 가지 의미역을 대표한다.

한편, 동사의 간접목적어로 쓰이는 논항은 수혜자(Beneficiary) 의미역을 할당받을 수 있다.

(25) a. 张三送李四一本书。장싼은 리쓰에게 책 한 권을 보냈다.

b. 张三借给李四块钱。장싼은 리쓰에게 4위안을 빌려줬다.

c. 张三借钱给李四。장싼은 돈을 리쓰에게 빌려줬다.

위의 예a-c에서 간접목적어 '李四'는 각각 동사 '送', '借给', '给'로부터 수혜자

11) 여기서 말하는 '의미역'은 메타언어(Metalanguage, 元语言)적 의미이다. 즉, <행위자>는 '동사가 표현하는 동작의 발생자'를 대표하고, <대상자>는 '동사가 표현하는 동작을 받는 사람'을 대표할 뿐이다. 이런 의미역이 통사부에서 가지는 본질적인 문제는 바로 동사와 관련된 명사성 성분(의미역)이 구조상 동사와 상대적 위치에 출현한다는 것이다. 즉, <행위자>는 동사의 지정어 자리에 놓이고, <대상자>는 동사의 보충어 자리에 놓이게 된다. 요점은 이러한 위치가 '선형(線形)적 위치'가 아닌 '계층(階層)적 위치'라는 점이다.

의미역을 할당받는다. 또 다른 의미역 할당의 예를 보자.

(26) a. 张三借李四(的)钱。장싼은 리쓰의 돈을 빌렸다.
b. 张三向李四借钱。장싼은 리쓰에게서 돈을 빌렸다.

위의 예a-b에서 '李四'는 각각 동사 '借' 혹은 전치사 '向'으로 부터 '출발점/기원(Source)'의 의미역을 할당받는다.

논항과 관련하여 또 하나 생각할 점은 소위 '격(Case)' 문제이다. 우리는 영어의 대명사에는 격변화가 있다는 것을 알고 있다. 다음 표를 보자.

(27) 영어, 중국어, 한국어 대명사의 격변화 양상

| | 주격 | 목적격 | 소유격 |
|---|---|---|---|
| 영 | I | me | my |
| 중 | 我 | 我 | 我的 |
| 한 | 내가 | 나를 | 나의/내 |
| 영 | we | us | our |
| 중 | 我们 | 我们 | 我们的 |
| 한 | 우리가 | 우리를 | 우리의 |

표에서 보듯 영어의 대명사는 수나 격에 따른 형태변화를 보이나, 중국어는 아무런 변화가 없다. 한국어는 대명사의 형태변화는 없지만 일정한 조사가 부가된다. 우리는 중국어의 대명사가 일정한 문장에서 형태변화나 조사의 부가가 없다하더라도 격을 부여받는 것으로 본다. 격을 받아야할 자리에 있는 논항이 적절한 격을 부여받지 못하면 그 문장은 깨어지기 때문이다. 이론상 영어에서 격이 다른 대명사는 반드시 자신의 격에 부합하는 통사위치에 출현해야 한다. 예를 들면, 주격 대명사는 주어의 위치에 출현하고, 목적격 대명사는 목적어의 위치에 출현해야 한다. 주격과 목적격을 소위 구조격이라 하는데, 어떤 언어

에서든지 동사의 주어와 목적어 위치는 모두 반드시 해당 격을 가져야 한다. 중국어만 예외일 수 없기에, 우리는 중국어에서는 보이지 않는(covert/null/non-spell-out) 격 표지가 있다고 가정한다. 목적격을 예로 해보자.[12]

술어동사는 후속하는 자신의 보충어(complement)에게 목적격(Objective)을 부여한다. 즉, 술어동사는 이미 의미역을 받은 논항에게 목적격을 부여한다.

(28) a. 张三打了**李四**。장싼은 리쓰를 때렸다.
　　b. 张三丢了**眼镜**。장싼은 안경을 잃어버렸다.

예에서 보듯, 동사는 대상자(Theme) 의미역을 가지는 자신의 보충어 '李四'나 '眼镜'에게 (직접)목적격을 부여한다.

또, 동사는 자신의 보충어에게 (간접)목적격을 부여할 수 있다.

(29) a. 张三送**李四**一本书。장싼은 리쓰에게 책 한 권을 보냈다.
　　b. 张三借给**李四**十块钱。장싼은 리쓰에게 10위안을 빌려줬다.
　　c. 张三借钱给**李四**。장싼은 돈을 리쓰에게 빌려줬다.

위의 예a-c에서서 보듯, 각 동사의 보충어 '李四'는 각각의 동사로부터 (간접)목적격을 부여받는다. 이때 이들은 이미 수혜자(Beneficiary) 의미역을 할당받은 논항이기도 하다.

12) 우리는 Chomsky(1981.1986a.1986b)의 견해에 따라 주격이 시제사(Tense)에 의해 부여받는다고 보기 때문에 여기서는 주격부여 문제에 대해서는 언급하지 않는다.

## 7. 맺음말

이상 생성문법학의 최소주의를 근거로 어떻게 중국어문법을 공부할 것인가에 대해 그 철학적 관점 및 연구방법론 등에 대해 기술하였다. 우리는 이 글을 통해 어떤 '도구'로, '어떻게' 중국어 문법현상을 해석할 것인가를 이야기하고 싶었다. 여기서 '도구'는 소위 '이론'이며, '어떻게'는 '방법'이다. 좋은 이론과 방법론적 관점은 인간의 '언어' 뿐만 아니라, 인문, 자연, 의학, 공학, 예술, 체육을 망라하는 모든 것에 적용될 수 있는 것이어야 하리라. 우리는 우리에게 주어진 학문영역인 중국어문법에서 좋은 '이론과 관점'을 찾고 또 확인하고 싶다. 이제껏 수십 년간 해 온 눈에 보이는 통사현상에 대한 끝없는 분석과 귀납만으로는 '해갈(解渴)'이 어려울 것 같기 때문이다.

## 〈추천도서〉

김진우, 『언어와 뇌 –생물언어학의 전망-』, 한국문화사, 2011
김진우, 『언어와 언어이론 –소쉬르에서 촘스키까지-』, 한국문화사, 2014
오토 예스퍼슨 저 · 전상범 역, 『문법의 철학』, 한국문화사, 2014
이정민, 배영남, 『언어학 사전』, 박영사, 1987

宁春岩 저 · 김종호외 역, 『생성문법이란 무엇인가』, 한국문화사, 2015
宁春岩, 『什么是生成语法』, 上海外语教育出版社, 2011
何元建, 『现代汉语生成语法』, 北京大学出版社, 2011
邓思颖, 『形式汉语句法学』, 上海教育出版社, 2010

Andrew, Radford 저 · 이홍배 역, 『최소주의 통사론』, 한신문화사, 1999
Andrew, Radford, 『Minimalist Syntax: Exploring the structure of English』, Cambridge, Cambridge University Press, 5th edn, 2004/2012
C.-T.James Huang, Y.-H Audrey Li, Yafei Li 저 · 张和友 역, 『汉语句法学』,世界图书出版公司, 2013
Chomsky, N. 저 · 박명관, 장영준 공역, 『최소주의 언어이론』, 한국문화사, 2001
Chomsky, N., 『The Minimalist Program』, Cambridge. MA., 1995

# 5. 시진핑 시대 '실크로드 비전'에 대한 역사적 해석과 제언

정광훈

『강남은 어디인가』(何處是江南)라는 책이 2015년 말에 우리말로 번역되었다.[1] 전문적인 내용과 달리 매우 문학적인 제목을 쓰고 있는 이 책은 역사적으로 중국의 강남이 단순한 지리적 개념이 아니었다는 것, 중국의 한족 지식인들 사이에서 강남은 문화적 이상과 상상이 실현되는 공간이었다는 것, 그리고 북방에서 발원한 이민족 정권들에게 강남은 쉽게 손에 넣을 수 없는 전통의 공간이었음을 명청 교체기라는 시대적 배경과 함께 보여준다. 이 아득한 느낌의 책 제목은 백거이가 강남에서의 호시절을 그리워하며 지은 시 「강남을 기억하며(憶江南)」, 그리고 장이모우가 이 시의 한 구절을 가져와 연출한 「가장 기억나는 것은 항저우(最憶是杭州)」라는 수상 공연까지 연상시킨다. 2016년 9월의 G20정상회의에서 항저우 서호(西湖)를 배경으로 선보인 이 공연은 중국이 정치와 경제 중심의 국가를 넘어서 문화 국가의 면모를 회복할 것이라고 세계에 선포하는 의미로 받아들여진다. 우아함과 고요함이 넘치는 이 공연은 중국 스스로가 개혁개방 이후 숨 가쁘게 달려온 지난 40년을 돌아보고 위로하면서 중국이 이제는 새롭고도 한 차원 높은 가치의 단계로 들어갈 것이라고 말하는 듯하다. "강남은 어디인가?"라는 단순한 질문은 오히려 단순하지 않은 해답과 생각거리를 우리에게 던져주고 있는 것이다.

---

1) 『강남은 어디인가』, 양녠췬 지음, 명청문화연구회 옮김, 글항아리, 2015.12.

그렇다면 "실크로드는 어디인가?" 중국 동남부의 강남에서 대각선으로 가장 먼 곳인 서북부의 '실크로드'에도 우리는 같은 질문을 던질 수 있다. 강남이 한족 중심의 문화적 이상이라면, 실크로드는 중원을 벗어난 문화 교류의 이상으로 다가온다. '실크로드'는 최근 국제뉴스에서 가장 자주 등장하는 용어 중 하나이지만 막상 "실크로드는 어디인가?"라는 질문에는 역사, 지리, 문화, 종교, 정치, 경제의 측면들이 한꺼번에 머리에 떠오른다. 각종 담론과 미디어를 통해 언급되는 실크로드의 범위는 시간적으로도 공간적으로도 계속 확장 중이고, 그 의미는 그 용어를 쓰는 사람들에 의해 새롭게 정의되고 있다. 그래서 '옥의 길', '차의 길', '면의 길', '종이의 길'처럼 '비단의 길'에서 파생되었음이 분명한 여러 길들이 문명 교류의 또 다른 대명사로서 여러 연구 자료나 미디어에 소개되기도 했다. 이렇듯 손에 잘 잡히지 않는 아득한 공간, 그리고 원래의 구체적 의미에서 추상적 개념으로 점차 확장되어가는 공간이라는 측면에서 중국의 강남과 실크로드는 서로 닮아있다. 계획된 것인지 공교로운 것인지 확언할 순 없으나, 경제수준으로도 거리상으로도 가장 멀리 떨어져 있는 두 인문지리학적 공간을 중국 정부가 같은 시기에 부각시키고 있는 점은 결코 우연으로 보이지 않는다. 중원과 변방, 한족과 소수민족, 도시와 농촌, 먼저 개발된 지역과 곧 개발될 지역 모두가 '하나의 중국'을 위한 동등의 전제임을 호소하고 있는 것이다. 자국에서 열린 세계정상회의에서 문화 중심으로서의 강남을 부각시키고, 여러 국가의 이해관계가 얽혀 있는 실크로드 담론에서 주도권을 잃지 않으려는 중국 정부의 노력들이 이러한 호소를 대변해준다.

실크로드와 관련하여 중국 정부가 밟아온 최근 몇 년의 행보는 매우 계획적이고 원칙적으로 짜인 각본처럼 느껴지고, 그 계획에 따른 행동들이 때로는 집착으로 보이기까지 한다. 2016년 여름, 막고굴로 유명한 간쑤(甘肅) 성의 둔황(敦煌)은 사막의 모래바람과 직사하는 태양열 아래에서 곧 개최될 대규모 국제행사 준비에 여념이 없었다. 거리마다 촘촘히 늘어선 깃발들은 행사의 임박을 알려주었고, 아직 제대로 모습을 갖추지 못한 대형 공연장은 무슨 공연을 할까라는 기대감보다는 개최 당일까지 과연 완공할 수 있을까라는 의구심을 먼저 던져주었다. 그해 9월 20일, 둔황에서는 실크로드 관련 첫 국제문화박람회가 열렸다. 강남에서 개최된 세계정상회의 이후 보름 만에 중국 정반대쪽의 또 다른 문화도시에서 실크로드 국제행사가 열린 것이다. 경제나 무역을 중심으로 한 실크로드 박람회는 이전에도 다른 도시에서 개최된 적이 있으나 실크로드의 '문화'를 중심테마로 정한 대규모 국제박람회는 그때가 처음이었다. 역사적으로 둔황은 서역으로 통하는 실크로드의 '목구멍'으로 불리며 막중한 역할을 해왔기 때문에 이곳이 실크로드 국제문화박람회의 첫 개최지가 된 것은 매우 자연스러운 일이다. 행사를 준비한 간쑤 성의 선전부장은 "시진핑 국가주석이 2013년 일대일로(一帶一路)를 주창한 이래 중국에서 열리는 문화 교류를 주제로 한 유일한 국가 차원의 국제 행사"(연합뉴스, 2016.9.19.)라고 의미를 부여했으며, 실제로 이 행사에는 중앙아시아 실크로드 연선 국가와 해상실크로드의 동남아시아, 그리고 프랑스, 한국 등을 포함한 85개국 500여명의 인사들이 참여하여 명실상부 중국이 주도한 첫 실크로드 국제문화박람회의 위상을 확인해주었다.

그보다 두 달 앞선 7월 26일에는 '2016 일대일로 미디어 협력 포럼'이 베이징에서 열렸다. 인민일보사가 주관한 이 포럼의 주제는 "운명공동체, 새로운 협력방안"(命運共同體, 合作新格局)이었다. 다양성이나 독립성 같은, 미디어가 응당 추구해야할 가치와는 거리가 먼 주제가 미디어 국제포럼의 전체 주제로 선택된 것은 고개를 갸우뚱하게 만든다. 인민일보사가 발행하는 반월간 잡지 『(국가)인문역사』 8월 호에 따르면 이 회의에는 101개 국가 212개 미디어가 참석했다. 이 잡

둔황 막고굴 북구의 석굴들

지는 관련 보도를 머리기사로 실어 주요 참석인사의 발언을 요약 인용하기까지 했다. 시진핑은 축하메시지에서 이 포럼이 "각국 미디어의 대화와 교류, 실무적 협력을 위한 플랫폼을 제공해줄 것"이라고 했다. 그러나 200개가 넘는 미디어를 하나의 '운명공동체'로 만들어 새로운 협력 방식을 고민하자는 건 애초에 이 미디어포럼의 주인공이 미디어가 아니었음을 반증한다. 실제로 이 기사에서 인용한 참석인사 43인의 발언 중 미디어와 직접 관련된 인물은 주관 매체인 인민일보사 3인을 포함하여 다섯 명 정도이며 나머지는 대부분 고위 관료와 기업가들이다. 2016년 중반, 중국의 수도와 실크로드의 '목구멍'에서 개최된 실크로드 관련 두 국제행사는 중국에서 장기적으로 계획해 온 실크로드 담론이 어디까지 와 있는지, 그리고 이를 위해 중국 측이 어떤 홍보와 여론 작업을 진행하고 있는지 충분히 보여준다.

## 1. '실크로드 비전'과 '실크로드 정신'

2014년 6월, 중국은 유네스코 제38차 세계유산위원회로부터 실크로드 상의 유적, 불교사원, 사막 등의 세계문화유산 등재를 승인받는다. 이는 90년대 말부터 이미 서부개발을 위한 실크로드에 관심을 가지기 시작했던 중국이 실크로드의 역사와 문화를 세계적으로 공인받았다는 점에서 상당한 의미가 있다. 중국은 이 사건을 실크로드에 집중했던 과거 10여년 역사의 첫 결실이자 미래 정책을 위한 단초로 평가하고, 실제로 시진핑 주석은 그해 여름 마치 이미 공인받은 실크로드를 재차 확인하듯 중앙아시아 주요 국가들을 순방하며 정치와 경제상의 교류를 이어간다. 그러나 중국의 입장에서 볼 때 이 세계문화유산의 등재 과정은 실크로드 계획을 수행하면서 맞닥뜨린 한계의 확인이자 앞으로 닥칠 또 다른 장애들의 전조이기도 했다. 원래는 중국 내륙에서 중앙아시아, 서아시아를 거쳐 유럽에까지 이르는 실크로드 전체 구간의 유적에 대한 세계문화유산 등재를 계획했으나, 결과적으로는 중국 외에 중앙아시아의 타지키스탄과 키르기스스탄 두 국가만 이 등재 프로젝트에 공식 참여했기 때문이다.

시계의 추를 한 해 앞당겨보자. 2013년 3월, 시진핑은 중국 국가주석으로 공식 취임한 후 곧바로 주변국에 대한 외교행보를 시작한다. 3월에는 러시아를 방문하고, 9월에는 카자흐스탄, 우즈베키스탄, 키르기스스탄, 투르크메니스탄 등 중앙아시아 4개국을, 10월에는 인도네시아와 말레이시아 등을 방문한다. 이때 시진핑은 카자흐스탄 나자르바예프 대학교에서 중국을 기점으로 하여 중앙아시아와 유럽을 잇는 '실크로드 경제벨트'의 구상을 제시하고, 인도네시아 국회 연설에서는 중국, 동남아시아, 탄자니아, 지중해까지 이어지는 '해상 실크로드'의 구상을 제시한다. 그리고 다음해 2014년 6월과 8월에는 각각 한국과 몽골을 방문하고, 9월에는 타지키스탄, 몰디브, 스리랑카, 인도 등을 방문한다.[2] 시진핑이 방문한 이 나라들은 역사적으로 보더라도 실크로드와 매우 관련이 깊다. 특히 취임 직후 방문한 러시아는 남쪽으로 중앙아시아와 실크로드 초원로를 접하고 있는데다, 19세기부터 20세기 초까지 중앙아시아 지역을 차지하기 위해 영국과 벌인 그레이트 게임의 당사국이다. 그리고 2013년 9월에 방문한 중앙아시아 국가들은 '실크로드'라는 명칭이 학술적으로 처음 사용되었을 때 가리키던 지역, 즉 실크로드를 가장 좁은 의미로 쓸 때 포함되는 곳들이다.[3] 육상 실크로드의 중심이라고 볼 수 있는 지역들인 것이다. 이처럼 명백한 목적을 가지고 의도된 해외 순방을 통해 정치적·경제적 근거를 마련한 후, 시진핑 정부는 2015년 3월 5일 제12차 전국인민대표대회 제3차 회의 석상의 '정부업무보고'에서 '실크로드 경제벨트'와 '21세기 해상실크로드', 즉 일대일로의 건설을 강조하고, 그 구체적 내용을 양회(兩會)가 끝난 3월 28일에 국가발전개혁위원회, 외교

---

2) 시진핑 해외 순방 일정과 실크로드 구상 제안에 대한 정보는 박병인, 「시진핑 정부의 대중앙아시아 안보·경제 병진전략 탐구: 상하이협력기구(SCO)와 '신 실크로드 구상'을 중심으로」, 서울대학교 아시아연구소 중앙아시아센터 편, 『중국의 부상과 중앙아시아』, 진인진, 2015.10, 51쪽과 62쪽을 참고.

3) '실크로드'는 독일 지리학자 리히트호펜이 19세기 말에 편찬한 저서 『중국』(China) 제1권에서 '자이덴슈트라세'라는 독일어로 처음 사용한 용어이다. 여기서 그가 말한 실크로드의 범위는 원래 중국에서 중앙아시아 경내의 오아시스로만 해당되는데, 이후 실크로드 자체가 동서문화 교류의 대명사가 되면서 서쪽으로 유럽까지 범위가 확장되었으며, 논란의 여지가 있지만 동쪽으로도 한국과 일본을 포함한 동아시아 동단까지 그 연장선이 이이지게 된 것이다.

부, 상무부가 연합하여 <실크로드 경제벨트와 21세기 해상실크로드 공동 건설의 추진을 위한 비전과 행동(推動共建絲綢之路經濟帶和21世紀海上絲綢之路的願景與行動)>(이하 <실크로드 비전>으로 약칭)이라는 제목으로 공식 선포한다. 이 <실크로드 비전>은 시진핑 정부 수립 이후 지속적으로 추진해 온 '신 실크로드' 프로젝트에 대한 공식 선언이자 향후 정책 추진을 위한 근거가 된다는 점에서 중요한 의의를 지닌다.

<실크로드 비전>은 "2천여 년 전 아시아유럽 대륙의 근면하고 용감한 인민들이 아시아, 유럽, 아프리카 문명을 잇는 몇 갈래의 무역과 인문 교통로를 찾았고 후대 사람들은 이를 '실크로드'라고 통칭하였다"라는 문장으로 시작한다. 그런 다음 수천 년 동안 이어 온 평화와 협력, 개방과 포용, 상호 학습과 호혜의 실크로드 정신이 인류 문명의 진보를 앞당겼다는 내용을 보여준다. 정부 정책이나 방침을 뒷받침하기 위해 역사적 근거와 배경을 제시하는 것은 비단 중국에만 해당되지 않는 일종의 정치적 수사라고 볼 수도 있으나, 정부의 공식 회의를 정리하는 선언의 첫머리를 실크로드의 역사적 배경으로 장식하면서 '실크로드 정신'이라는 새로운 용어까지 각인시키는 모습은 단순한 수사로만 보이지 않는다. 향후 중국의 외교 정책과 국가 간 교류의 기본 원칙으로서 '실크로드 정신'을 제시했다는 것이다. 앞서 언급한 <실크로드 비전> 공동건설의 첫 번째 원칙은 연합국 헌장의 뜻과 정신을 엄격하게 준수한다는 것이다. 즉, 각국의 주권과 영토를 존중하고, 서로 침범하지 않고, 내정에 간섭하지 않고, 평화적으로 공존하고, 평등한 호혜의 관계를 유지한다는 원칙이다. 이 첫 번째 원칙에 이어서 개방, 포용, 상호 이익 등의 기본 원칙이 차례로 등장한다.

이른바 고대의 '실크로드 정신'이 갖고 있는 개방과 포용의 측면에 앞서 불가침, 불간섭의 원칙을 가장 먼저 제시한 점은 오히려 중국 정부가 신 실크로드 프로젝트가 불러올 수 있는 또 다른 우려를 깊이 의식하고 있음을 보여주는 듯하다. 1757년 청 제국은 대륙 주변의 마지막 유목국가 준가르를 점령하고 지금의 신장(新疆) 지역을 최종 복속한다. 그로부터 100여년 후에는 러시아가 서투르키스탄, 즉 지금의 중앙아시아 지역으로 진출하여 적극적인 남진 정책을 시작한다. 이후 19세기부터 20세기 초까지 러시아와 영국은 중앙아시아를 사이에 두고 강대국 간의 패권 다툼을 벌인다. 부동항과 지하자원을 찾아 나선 러시아

와 인도를 거점으로 그들의 남하를 막으려 한 영국 사이에서 전장이 형성될 곳은 당연히 아프가니스탄을 포함한 중아아시아 지역이었다. 이 그레이트 게임은 그로부터 한 세기가 흘러 1990년대 이후의 미국, 그리고 21세기 들어 중국까지 가세한 '신 그레이트 게임'으로 겉모습만 바꾸어 등장한다. 과거의 제국들이 원주민의 땅을 마치 주인이 없는 것처럼 강제로 점유하고 거칠게 나눠먹었다면, 경제와 정치와 문화의 힘을 무기로 한 지금의 강대국들은 더욱 정교한 외교 정책과 미디어를 동원해서 무주의 공산을 찾아 나서고 있다. 이런 상황에서 고대에는 최강의 영향력을 구가하다가 현대에 와서는 해당 지역의 주도권을 상실할 수밖에 없었던 중국이 이 새로운 게임을 다시 주도하기 위해 게임의 공간 배경을 대폭 확장하고 이를 뒷받침할 정치경제와 역사적 근거로서 '신 실크로드' 구상을 제시했다고 판단해도 무리가 아닐 것이다. 의식은 실재가 강요하고, 현재의 우려는 과거의 경험에서 비롯되기 마련이다. '실크로드 비전'의 제 1항에서 강조한 불가침, 불간섭의 원칙 그리고 이를 근거로 한 '실크로드 정신'의 제시는 곧 이러한 의식과 우려를 사전에 불식시키고자 하는 중국 정부의 노력으로 보인다.

## 2. 실크로드는 누구의 길이었는가?

시계의 추를 더욱 앞당겨 14세기 후반 명나라 초까지 거슬러 올라가보자. 이민족 몽골의 폭압적이고 비상식적인 지배에서 벗어난 명나라는 건국하자마자 정치적으로는 황제권을 강화하고, 사상적으로는 전통적인 유가 이념에 근거하고, 외교적으로는 이민족의 침략을 사전에 봉쇄하는 쇄국 정책을 시행한다. 태조 주원장은 새로운 왕조를 건립하고 몽골을 만리장성 북쪽까지 내쫓은 후에도 어느 황제보다 이민족에 대해 민감할 수밖에 없었고, 그것이 해상에서는 엄격한 해금(海禁) 정책으로 나타난다. 당시 중국 동남해안은 원나라 때부터 왜구의 잦은 침략이 있었고, 명 태조는 바로 동남 해안의 민간무역으로 인해 이민족의 침입을 부추기고 국가의 막대한 부까지 해외로 빠져나간다고 보았다. 이 해금 정책은 연안에 거주하던 주민들을 내륙 안쪽으로 이주시키거나 근해의 섬들을 완전히 비워버리는 방식으로 진행되었으며, 이와 함께 바다를 통한 민간무역은 전면 금지하고 국가 간의 조공 무역만 허용하는 조치가 취해졌다. 이처럼 강력한 해금정책은 15세기 초 성조 영락제에 의해 완화되지만, 그때도 민간무역은 여전히 허용하지 않고 국가에 의한 관리 무역만을 허락한다. 그리고 16세기 중후반 목종 장황제 때 와서는 해금정책을 폐지하여 해외무역을 허용하면서도 일본과의 민간무역은 계속 불허한다.

영락제는 해금정책을 완화한 것과 함께 환관 정화(鄭和)가 이끄는 대규모 함대를 바다로 내보낸다. 근 30년 동안 7차에 걸쳐 행해진 정화의 원정은 중국 동남해안, 동남아시아, 인도, 페르시아, 아라비아 반도, 아프리카까지 이어지는 대항로였으며, 이를 통해 명은 서로 다른 문화권의 각 나라에 명 제국의 존재를 각인시키고 30여개 국가로부터 조공을 받는다. 정화는 영락제가 조카 건문제를 폐위시키고 스스로 황위에 오른 '정난(靖難)의 변'(1399) 때 공을 세워 황제의 총애를 받은 인물이다. 일설에 의하면, 영락제가 정화를 먼 바다로 내보낸 첫 번째 이유는 건문제를 잡아들이기 위함이었다고 전해진다. 영락제가 정변의 과정에서 궁궐을 모두 태워버리고도 끝내 건문제의 행방을 찾지 못하게 되자 대규모 원정대를 꾸려 추적과 체포의 임무를 부여했다는 것이다. 하지만 영락제 사후 6년이 지나 마지막 7차 원정이 행해졌음을 고려하면 정화 원정의 최종 목표가 특정 인물의 추적이라고 보기는 힘들 것이며, 실제 원정의 과정에서 얻은 뜻밖의 수확으로 인해 후기 원정은 그 성격과 목표가 달려졌을 가능성도 충분하다. 그리고 정화 이후에는 그와 비견되는 대규모 항해가 전혀 없었다는 점을 감안하면, 당시 명 왕조는 항해를 통해 최대한 닿을 수 있는 곳까지 진출하여 제국의 힘을 충분히 보여주었다고 판단한 것으로 보인다.

이른 바 '서쪽 바다로 배를 띄운'(下西洋) 정화의 원정이 영락제 개인의 집요함과 반역의 우려에서 비롯되었다 하더라도, 결과적으로 그것이 15세기 후반 서양의 대항해보다 50년 이상 앞서 원양과 심해를 통해 공식적으로 대륙을 오가며 이룩한 외교적 성과이자 세계 항해사에 있어서도 가장 큰 업적이 되었음은 부인할 수 없다. 그러나 이런 항해사적 의미와는 별도로 정화의 함대가 과연 평화와 문화 사절의 모습이었는지 아니면 잘 조직된 군사의 성격이었는지는 여전히 논란이 되고 있다. 기본적으로는 평화적인 모습을 보였다고 인식되지만 적지 않은 곳에서 폭력적 행동을 취한 것 또한 사실이기 때문이다. 견해에 따라서는 이를 방어적 수준의 군사 행동으로 볼 수도 있으나, 당시 세계 최대의 함대가 제국의 힘을 과시하며 바다를 오갔고 그 과정에서 군사적 충돌이 발생했다면 이를 강한 자의 자기방어 정도로 쉽게 치부할 수 있을지는 의문이다. 정화의 함대가 이국의 동물이나 희귀한 물건들을 황제에게 바치는 문화교류의 전도사 역할 정도에 머물렀던 것은 결코 아니다. 거대 제국의 존재를 풍문으로만 들어왔던 당시의 여러 국가나 지역들에게 이 대규모 함대가 실질적인 위협으로 다가왔을 수도 있기 때문이다.

이제 시간을 당나라가 막 건립된 7세기 초반으로 옮겨 보자. 신 실크로드 정책을 기반으로 중앙아시아에 적극 진출하려는 중국의 모습은 중원의 왕조로서 서쪽으로 가장 먼 곳까지 영향력을 행사한 당 제국을 연상시킨다. 당대 초에 지금의 중앙아시아는 돌궐 제국이 차지하고 있었다. 수당 이전 중국 북방이 혼란한 틈을 타 몽골 초원의 새로운 패자로 등장한 돌궐은 그전에 흉노가 차지했던 지역보다도 더 서쪽으로 터키 부근까지 분포하였으며, 실질적 지배 영역도 중앙아시아 끝 카스피 해 연안까지 이르렀다. 중원의 왕조이면서도 누구보다도 이민족의 습성에 익숙했던 당은 파미르고원 서쪽 서투르키스탄 지역에 22개의 도호부(都護府)를 설치하고 기미(羈縻) 정책을 통해 서역 변경 지역을 지배한다. '기미'는 가축을 다룰 때 쓰는 굴레와 고삐를 말한다. 외양간처럼 가두진 않고, 풀어주긴 풀어주되 굴레와 고삐를 씌워놓겠다는 것이다. 묶어둔 상태에서는 어떤 행동을 취해도 되지만 결국은 굴레에 예속되어 있는 방식이다. '도호부'라는 이름에서 알 수 있듯이 이 정책은 해당 지역을 전체적으로 '보호'한다는 명목으로 실현되었으며, 반대로 해당 지역은 조공의 형태로 관계를 유지했다. 이 기미 정책은 당 이후에도 중앙아시아와 동아시아를 포함한 중국과 주변 지역의 외교관계에서 기본 원칙으로 활용된다. 7세기 말부터 티베트와 아랍 이슬람 세력이 강대해지면서 당나라는 서투르키스탄 지역의 지배권을 점차 상실하게 되지만, 당대 초 광활했던 서쪽의 영토와 그에 대한 지배력은 그 이후에도 당대 문화의 다양성을 위한 바탕이 된다. 당대의 문화가 종교, 음악, 미술, 문학 등 모든 분야

서역으로 통하는 관문 옥문관

에서 마치 외국 문화를 방치해버린 느낌마저 주는 것은 이민족과 가까웠던 당 황실의 본질적 특징, 기미 정책을 통한 서역 각국과의 소통, 페르시아와의 지속적 유대와 교류, 전쟁과 교역을 통한 이슬람 세력과의 상호 영향 등에 그 주된 이유가 있을 것이다.

당대는 매우 개방적인만큼 여러 곳에서 다양한 목적으로 방문객들이 찾아왔으며, 이러한 방문객들의 주요 집단 중 하나는 바로 상인이었다. 육로와 해로 모두를 통했던 그들은 순수하게 물건을 교역할 목적으로 오기도 했고, 종교적 요소를 중국으로 들여와 전파하기도 했으며, 중국의 문물을 본국으로 가져가 유통하기도 했다. 당대 시인 원진(元稹)이 『백씨장경집(白氏長慶集)』에 붙인 서문을 보면, 계림(鷄林) 즉 신라국의 사절이 본국에서 인기가 많은 백거이의 풍자시를 애써 구입하려 했다는 기록이 나온다. 이는 중국 내에서도 유행한 문학작품이 일종의 문화 상품으로서 외국 사절의 구매 물목에 들어있었음을 직접적으로 보여준다. 당대의 소설 중에는 '호상' 즉 서역의 상인에 관한 내용이 적지 않다. 이야기 속에서 이들은 매우 전형적인 특징을 보인다. 원래는 서역에 있었던 어떤 특정한 보물을 중국 사람들은 그 값어치도 모른 채 소유하고 있는데, 호인이나 호상이 우연히 이를 발견하여 그 가치를 알아보고 거액을 주고 구입한다는 내용이다. 이처럼 당대 중국인들에게 호상은 특별한 집단임에 분명했지만, 그러면서도 한편으로는 자유롭게 저자 거리를 오가며 매매 활동을 벌인 외국 상인이기도 했던 것이다.

당대 이전 중국 고대사에서 '호(胡)'는 일반적으로 흉노를 비롯한 북방의 유목민족을 범칭하나, 당대 이후에 '호'는 고대 소그디아나 지역, 그중에서도 지금의 우즈베키스탄 사마르칸트를 중심으로 활동했던 소그드인으로 특정하는 경우가 많다. 중국에서 중앙아시아로 이어지는 실크로드의 중심에 위치한 사마르칸트는 동서 교역의 핵심기지로서 일종의 물류 창고 역할을 했다. 최근 들어 중앙아시아가 동아시아와 유럽을 잇는 핵심 통로이자 제품의 물류창고 역할로 다시 주목 받는 상황과 다를 바가 없다. 고대에 이곳의 소그드인들은 장사를 잘하는 민족으로 유명했기 때문에 당대 소설 속에 상인으로 등장하는 '호인' 역시 대체로 이들을 가리킨다고 봐도 무방하다. 당대 소설 속 호상들은 수도인 장안의 시장, 상업이 발달한 광릉(지금의 양주)의 거리 등에서 자유롭게 활동하였으며, 실제로 그들은 소규모 인원으로도 활동할 수 있을 만큼 신분과 안전이 보장되었다. 실크로드에 대해 지속적 연구를 해 온 밸러리 핸슨은 당대 이전의 사료에서는 수백 명으로 이루어진 실크로드 대상(隊商) 집단이 보이나, 당대에는 그보다 훨씬 적은 수십 명 정도의 대상들이 한 집단으로 활동했음에 주목하였다. 그 이유에 대해 핸슨은 당나라가 이전에 실크로드를 장악했던 집단들보다 실크로드의 주요 도로를 더 확실히 통제하여 상인들이 아주 소규모의 호송대로도 안전함을 느꼈기 때문이라고 분석하였다.[4] 당 조정의 보호와 관리를 받으며 비교적 안전한 상업 환경에서 활동했던 것이다. 당대의 예술이나 문학 작품 속에 흔히 등장하는 서역 사람들과 호상의 모습은 지금보다 오히려 더 자유롭고 활발했던 당시 실크로드의 모습을 보여준다.

중국 역사에서 실크로드가 공식 개통된 것으로 인식되는 시대는 한대(漢代)이다. 기원전 1~2세기 즈음에 비단을 처음 접한 로마인들은 동방의 이 신비로운 옷감을 '세르(Ser)', 그것을 만드는 사람들을 '세레스(Seres)', 그것이 생산되는 지역을 '세리카(Serica)'라고 불렀다. 로마인들이 비단을 수입하고 이 비단이 점차

---

4) 밸러리 핸슨(Valerie Hansen), 「실크로드 무역이 한 지역사회에 미친 영향: 500~800년 투르판 오아시스」, 『실크로드의 삶과 종교』(중앙아시아학회 편), 서울, 사계절, 2006, 42쪽.

로마의 사치품으로 소비되는 시기 역시 실크로드가 개통된 한대와 겹친다. 한나라 때 비단이 로마에 직접 전해졌다는 기록은 없기 때문에, 흔히 비단은 당시 중국 북방의 최대 유목민 세력인 흉노와 서쪽 유목민족의 빈번한 거래를 통해 단계적으로 유럽까지 전해졌을 것으로 추정되며, 한편으로는 인도, 페르시아 연해의 바닷길과 육로를 차례로 거쳐 지중해와 로마까지 전해졌을 가능성도 제기되고 있다. 흉노가 약탈로 빼앗거나 한나라의 회유책으로 조공 받은 비단이 여러 지역을 거쳐 유럽까지 전해진 것이다. 즉, 실크로드에서는 수세기 동안 군사적 대립이 지속되면서도 그 이면에서는 문물의 실질적 교류가 이루어지고 있었던 것이다.

강력한 유목세력 흉노는 중국에게는 그야말로 가공할 존재였다. 흉노는 한나라 뿐 아니라 진나라 통일 훨씬 이전부터 중국의 북방을 휘젓고 다니며 필요할 때마다 중원 지역을 넘나들었다. 한의 황제들은 귀한 선물을 바치고 공주까지 시집보내면서까지 그들을 회유하기도 했지만, 중국의 옛 문헌들 속에서 흉노는 항상 '누런 수염의 미친 오랑캐'(黃髭狂胡)일 뿐이었다. 한 무제는 당시 가장 큰 위협이었던 흉노를 몰아내기 위해 지금의 사마르칸트와 아프가니스탄 동북 지역으로 추정되는 서역의 대월지로 장건(張騫)을 파견한다. 더 먼 곳에 있는 세력과의 연대를 통해 흉노에 대한 포위와 협공 작전을 펼치려 한 것이다. 장건은 당시 급변하던 서역의 상황 때문에 원래의 목적을 완수하진 못하지만, 3차에 걸

한 박망후 장건의 묘비와 무덤

친 사행(使行)을 통해 서역에 대한 풍부한 지식과 정보를 한 무제에게 제공해준다. 그리고 이러한 지식과 정보는 한나라의 외교 자산으로서 또 다른 외교 활동을 위한 바탕이 된다. 한 무제에게 호의적일 수 없었던 사마천도 오히려 이 국가적 사행에 대해서는 "장건이 새로 길을 뚫었다"(張騫鑿空)고 높이 평가하였다. 사마천은 흉노에게 투항한 명장 이릉을 변호하다가 무제에 의해 궁형을 당한 인물이다. 그런 수모를 감내하며 『사기』를 완성했기 때문에, 따지고 보면 오랑캐 흉노와 황제인 한 무제 모두가 그에게는 "발분저서(發憤著書)"의 이유가 되었을 것이다. 그로부터 수백 년이 지난 당대 초의 둔황 석굴벽화에서도 한 무제와 장건 출사(出使)의 장면이 드라마틱하게 묘사되어 있는 점을 보면, 장건의 서역 사행이 역사적인 쾌거로서 후대에까지 전해져왔음은 분명한 것 같다. 이렇듯 기본적으로 중국에게는 증오와 전쟁의 대상이었던 흉노가 비단의 서방 전파에 결정적 역할을 하고, 이러한 과정을 통해 정착된 실크로드가 현대에 들어와서는 불가침, 불간섭, 평화, 문명 교류의 상징이 된 것은 역사의 역설이다.

유목민족의 침입을 막기 위한 한대의 토성 흔적

## 3. 과거의 길과 지금의 길

2016년 2월 15일, 중국 저장(浙江)성 이우(義烏)시에서 출발한 고속 화물열차가 17일 만에 이란 테헤란에 도착했다. 중국 동남해안에서 출발하여 중국 내륙을 관통한 후 중앙아시아 카자흐스탄, 우즈베키스탄, 투르크메니스탄을 거쳐 이란까지 직통으로 연결되는 명실상부 첫 '실크로드 고속열차'였다. 이 고속열차의 개통이 시진핑 신 실크로드 구상의 일부임은 물론이다. 이우에서 화물열차가 떠나기 6일 전인 1월 23일, 시진핑 주석은 로하니 이란 대통령과 하메네이 최고지도자를 차례로 만난다. 이 자리에서 시진핑은 "중국과 이란은 고대의 문명국이며 양국은 2천여 년 전 실크로드로 왕래하면서 정을 두텁게 했고 역사적 갈등 없이 오랫동안 교류·협력해왔다"며 실크로드를 통한 양국의 오랜 인연을 강조했다. 지난 2006년부터 시작되어 10여 년간 지속된 이란 경제제재 상황에서도 두 나라의 우호 관계는 지속되었으며, 이에 대해 하메네이는 "국제사회의 제재 기간 중 중국의 협력을 잊지 않을 것"[5)]이라는 말로 고마움을 표시했다.

실제로 이란의 고대 제국인 페르시아와 중국 역대 왕조는 큰 갈등 없이 좋은 관계를 유지했다. 페르시아는 중국의 비단이 유럽으로 전해질 때 일종의 중개지가 되었다. 페르시아는 이러한 중개무역 방식으로 부를 축적하고, 수많은 페르시아 상인들이 중국을 오가면서 물자 뿐 아니라 문화의 교류에도 중요한 역할을 맡았다. 페르시아에서 발생한 조로아스터교와 마니교는 중국과 페르시아를 오갔던 사람들, 그중에서도 주로 상인들에 의해 중국으로 전파되었으며, 당나라 장안에는 이들 종교의 사당이 지어지고 이들을 관리하는 관직도 있었다. 북위(北魏) 때 중국으로 들어온 조로아스터교는 수당 대가 되어 본격적으로 유행한다. 당대의 외국문화에 대해 연구해 온 이시다 미키노스케는 이 종교가 주로 중국을 오가는 서역인 사이에서만 신봉되었던 듯하며, 중국의 신도는 극히

---

5) 이상 시진핑과 하메네이의 말은, 경향신문, 2016년 1월 24일 기사 <이란 방문한 시진핑 '2000년 실크로드 인연' 되살리기>에서 인용.

소수였을 것이라고 말한다.[6] 불교처럼 국가적으로 장려하거나 도교처럼 황실과 민간에서 널리 퍼진 건 아니지만, 원래 그 종교를 믿는 외국인들이 당나라 경내에서도 자유롭게 종교 활동이 가능토록 한 것이다. 역시 페르시아에서 발생한 마니교도 주로 서역의 상인들을 통해 중국으로 전파되었다. 마니교는 조로아스터교와 달리 다종교적, 포용적 성격을 갖고 있었기 때문에 더욱 많은 신자들이 믿는 종교가 되었다. 그래서 당나라 조정에서는 비록 중국인의 신봉은 공식적으로 금지했지만, 그 종교를 원래 믿어왔던 서역인들은 당나라 경내에서 안정적으로 종교 활동에 참여할 수 있도록 허용했다. 1900년 중국 둔황에서 발견된 당대의 사본들 중에 고대 위구르어, 투르크어, 소그드어 등으로 쓴 마니교 참회문과 경전이 다수 포함되어 있다는 점은 중국 경내에서 이 종교가 다양한 지역 출신의 서역인들에 의해 신봉되었음을 증명한다.

이처럼 중국이 역대 왕조에서 실크로드를 통해 활발히 교류했던 지역이나 국가들을 적극 찾아나서는 모습은 과거 중국의 실크로드를 통한 문화교류가 현대 중국의 실크로드 복원 프로젝트에 중요한 근거가 되고 있음을 보여준다. 물론 시진핑 정부의 신 실크로드 정책이 과거 중국의 어느 시대를 모델로 하고 있는지는 확언하기 힘들다. 현재의 정책과 과거의 특정 시대를 직접 연결하는 것 자체가 관련 국가의 오해를 불러오고 오히려 정책 추진에 있어 제한 요소로 작용할 수 있기 때문에 앞으로도 중국 정부가 공식적으로 이런 시도를 할 것으로 보이진 않는다. 그러나 동서 문명 교류의 핵심 루트로서 실크로드의 의미를 강조하고 그 정신을 계승한다고 공언한 만큼, 실크로드가 내용적으로 가장 풍부하고 지역적으로도 가장 멀리까지 미쳤던 시대가 곧 루트의 복원을 위한 모델이 될 것임은 충분히 짐작할 수 있다. 앞서 언급한 명대 초반에는 전반적인 해금 정책에도 불구하고 국가적으로 대규모 해외 원정 사업을 추진하여 서양보다 앞서 대항해시대를 열었다. 정화의 원정군이 거쳐 간 항로는 현재 복원 중인 해상 실크로드의 항로와 크게 다를 바가 없다. 당대는 어느 시대보다도 실크로드가 발달하였고, 이 길을 통해 물질적, 정신적 측면 모두에서 서쪽의 문화가 물밀 듯 흘러들어왔다. 한나라 때 장건이 서역을 처음 '착공'하고, 당대 초에 기미

6) 이시다 미키노스케, 『장안의 봄』, 이동철·박은희 옮김, 이산, 2004, 317쪽.

정책을 통해 중앙아시아를 지배하고, 명대 초반 정화의 대규모 함대가 바다로 진출하고, 현재 시진핑 정부가 신 실크로드 정책을 추진하는 이 네 시기는 공교롭게도 각각 700년 전후의 시간차를 둔다. 그리고 이 네 가지 역사적 사건 모두 국가에 의해서 적극 추진되었거나 추진되고 있다. 아울러 한, 당, 명 세 왕조가 한족과 유가 중심의 통일 왕조였다는 점도 주목할 필요가 있을 것이다. 역사적으로 실크로드는 교역이 이루어지는 곳이기도 했지만 대립과 갈등, 전쟁이 빈번한 곳이기도 했다. 특히 국가나 왕조에 의한 실크로드의 이용은 정치적, 군사적 목적이 주가 되었다는 것도 부인할 수 없다. 과거 가장 강했을 때의 중국이 주변국들에 대한 실질적 지배를 위해 힘을 기울여온 것은 분명한 사실이며, 지금의 중국은 과거 그 어느 때보다 강한 중국을 향해 가고 있다. 그렇기 때문에 중국 정부의 실크로드 복원에 대한 희망을 다른 곳에서는 복속에 대한 우려로 느끼면서 또 다른 제국의 부활 혹은 제국주의적 종속관계의 부활을 걱정할지 모른다.

다소 거친 비유일 수도 있으나, 어떤 세력이 특정 지역에서 장사하는 사람들에게 강제로 자릿세를 요구하면서 이를 상권과 개별 상인들의 보호라는 명목으로 치장한다면 그건 제국의 원리라고 말할 수 있을 것이다. 이때 이 특정 지역의 범위는 해당 세력의 힘에 따라 한 없이 확장될 수도 있다. 그와 달리 어떤 세력이 직접 수익사업을 시작하거나 이권에 개입해서 소위 합법적 거래의 형태로 장사하는 사람의 이익을 상당 부분 가져간다면 그건 제국주의적 방식이라고 볼 수 있을 것이다. 제국은 군사적, 폭력적, 정치적 수단이 최종적인 문제 해결의 방식이 된다는 점에서 전근대적이며, 제국주의는 관세나 무역 규제 같은 경제적 수단을 기본적으로 활용하면서 그 도구가 정신적, 문화적 측면까지 확장된다는 점에서 자본주의적이고 근대적이다. 제국의 정신적 근거인 제도와 사상 역시 제국의 운영에 있어서 불가결하지만, 그것이 제국을 구성하는 최종 단계의 결정적 요소는 아닐 것이다. '상인들을 보호한다.'는 구실은 강요된 평화가 유지될 때만 가능하며, 이 평화가 깨어지는 순간 그 보호의 논리는 거짓 이데올로기에 불과했음이 드러난다. 제국의 원리는 단속(斷續)적으로 진행되지만 제국주의의 작동 방식은 일상적이고 지속적이다. 각종 국제 규약과 협정, 세계 기구와 블록들로 촘촘히 구성된 현대의 세계시스템에서 실질적 정복 혹은 복속이 전제되는 제국의 원리가 작동하기는 힘들다. 반면 제국주의적 작동 방식은 매우 일상적으로 교묘하게 진행되어 그것이 실제로 존재하는지도 느끼지 못하고, 어쩌면 우리는 이론적으로만 그 존재를 확인할 수 있을지 모른다. 결국 전혀 다른 차원에서 제국과 제국주의는 '이미 사라졌을' 수도 있다는 것이다. 그러나 합리적이고 이성적인 줄만 알았던 근대적인 것들의 이면에 세련된 비이성과 폭력의 기재가 숨어 있었다는 반성은 오랜 기간 이어져왔고, 실제로 이러한 비이성과 폭력은 현대에도 정당성과 질서라는 가면을 쓰고 노골적으로 모습을 드러내곤 한다. 사람들이 중국의 비약적 굴기에 대해 찬탄하면서도 한편으로는 그들의 제국주의적 측면을 우려하는 이유는 역사적으로 그러한 경험을 인지해왔기 때문이다. 따라서 중국 정부는 역사에 대한 취사(取捨)가 아닌 자기 성찰적 수용으로 포용력 있게 이러한 의견을 받아들일 필요가 있다. 중국 정부가 실크로드에 대한 희망과 비전을 수천 년의 역사 속에서 찾고 있듯이, 그에 대한 우려를 불식시키는 방법 또한 역사적 사실과 교훈을 통해 찾을 수 있어야 할 것이다.

## 4. 맺음말 : 병마용과 그리스 조각상

2016년 10월 12일자 영국 BBC뉴스는 "중국과 서양은 마르코 폴로보다 훨씬 이전에 접촉했다"는 기사를 인터넷에 띄운다. 마르코 폴로가 중국 땅에 도착하기 1,500여 년 전에 이미 서양과 중국의 직접적 접촉이 있었다는 것이다. 이 도전적 기사는 최근 BBC에서 제작한 병마용 관련 다큐멘터리의 프리뷰 프로그램에서 중국 전문가와 영국 고고학자에게 진행했던 인터뷰 내용을 근거로 작성한 것이다. 이 인터뷰에서 중국 진시황릉박물관의 리시우전 연구원은 "실크로드가 공식적으로 개통되기 전에 진시황 시대 중국과 서양이 밀접하게 접촉했음을 보여주는 증거가 있다"고 말한다. 아울러 기사에서는 또 다른 연구에 근거하여 신장 지역의 무덤에서 유럽인의 미토콘드리아 DNA가 발견되었고, 이는 진시황 시대 이전부터 서양인들이 그 지역에서 정착하고, 살고, 죽었음을 보여주는 증거라고 말한다. 나아가 리시우전은 "진시황릉의 병마용, 곡예사, 청동 조각상이 고대 그리스 조각예술로부터 영감을 받았다고 생각한다."는 의견을 밝힌다. 그리고 기사는 기원전 323년에 알렉산더대왕이 사망하고 1세기가 지나지 않아 그리스 조각상들이 중앙아시아로 들어왔고 이것이 병마용에도 영향을 미쳤을 것이라는 빈 대학 루카스 니켈 교수의 의견을 바로 이어서 소개한다. 심지어 그는 "그리스의 조각가가 작업 현장에서 직접 중국 사람들에게 소조의 기법을 전수했을 수도 있다."고 말한다. 소조 기법의 전수나 예술적 특징에 대한 문제는 매우 전문적인 부분이라 함부로 말할 순 없다. 그러나 실제로 중국의 소조 예술에서 불상이나 보살상 등의 종교적인 상을 제외하면 등신(等身)의 상을 찾기 힘들고 또 그 기법 역시 병마용이나 그리스 조각만큼 세밀하지 않다는 점을 고려하면, 문화와 예술 교류의 시각에서 둘 사이의 직접적인 관계는 충분히 제기할 수 있는 가설로 보인다.

흥미로운 내용과 BBC의 신뢰도 때문인지 기사가 송출된 후 각국의 여러 매체들은 줄지어 이 기사를 인용해 보도했다. 바로 다음날 중국 언론은 <참고소식(參考消息)>을 통해 "BBC가 진시황릉의 병마용이 고대 그리스에서 영감을 받았을 것이라고 보도했다."는 매우 건조한 헤드라인으로 기사를 처음 소개하고, 중국 내 다른 매체들도 이를 그대로 전재하거나 간략히 정리하는 방식으로 관련 내용을 전한다. 한국의 일부 매체들 역시 "중국학자들도 인정했다."는 내용

복원 작업 중인 진시황릉 병마용

을 강조하면서 BBC 기사를 주로 인용하여 관심을 표명했다. 즉, 대부분의 매체들이 BBC의 기사를 의미 있는 내용으로 판단하고 별다른 문제제기 없이 그대로 보도한 것이다. 그런데 최초 보도가 나가고 대략 3~4일 후부터 중국 측의 보도에서 이전과 다른 분위기가 감지되기 시작한다. BBC 기사의 취재방식 자체에 대한 문제제기와 함께 기존의 내용을 뒤집는 기사가 연이어 나온 것이다. 이러한 반박 기사는 11월 초까지 계속된다. 골자는 BBC뉴스가 중국 측 전문가의 인터뷰를 단장취의하여 왜곡 보도했다는 것이다. 중국 연구원의 원래 말은, 병마용이 서양의 영향을 받았을 수도 있지만 그래도 중국의 기술자가 중국의 토양에서 중국의 장례문화에 따라 제작한 것으로 봐야 한다는 주장이었는데, 이 말은 언급하지 않고 서양의 영향을 인정한 부분만 서양 전문가의 주장 바로 앞에 억지로 가져다 붙임으로써 마치 중국의 전문가와 서양 전문가가 똑같은 의견을 보인 것처럼 교묘하게 인터뷰를 구성했다는 것이다. 중국의 매체들은 매우 억울해하는 리시우전 연구원의 말을 직접 인용하며 BBC 기사의 신빙성을 의심하고 보도 방식에 대해 근본적인 문제를 제기하였다.

병마용과 그리스 조각상을 둘러싼 위의 보도들은 최초 기사와 그에 대한 반박이라는 흔한 해프닝으로 간주할 수도 있지만, 한편으로 이 일련의 보도 과정을 보면 중국이 실크로드나 문명 교류 담론에 대해 지나치게 민감하게 반응한다는 생각을 지울 수 없다. 앞에서도 언급했듯이 BBC의 보도에 대한 중국의 첫 반응은 매우 객관적이고 건조하기까지 했다. BBC가 병마용을 주제로 다큐멘터리를 제작하였고 그와 관련하여 실크로드를 통한 문명 교류의 관점에서 기사를 작성했다는 정도이다. 그러나 며칠이 지나면서 이 보도는 인터뷰의 일부만을 떼어 "억지로 가져다붙인(嫁接)" 날조 기사가 되었다. 병마용이 그리스 조각 기법에서 직접적 영향을 받았는지의 여부는 해당 분야의 전문가들이 앞으로 연구해야 할 과제라 여기서 전문적으로 다룰 수는 없을 것이다. 다만 제기하고 싶은 문제는 굳이 병마용은 중국인이 중국 재료로 중국에서 만들었다는 주장을 원래 인터뷰이의 입을 통해 반박기사까지 내면서 역설할 필요가 있느냐는 것이다. 중국 기사의 논조가 바뀌는 과정을 보면 그 며칠 동안 중국 매체나 관련 기관, 전문가들 사이에 어떤 논의가 이루어졌을지는 어렵지 않게 짐작할 수 있다. 기사의 왜곡을 짚고 넘어가는 것은 물론 정당하나 그 반박을 자국중심주의적인 심지어 국수주의적인 내용으로 채우는 것은 문제가 있어 보인다. 최근의 연구 성과와 고고학적 발견들이 병마용과 그리스 조각과의 연관성을 더욱 밀접하게 보여주고 있다면 자문화중심주의보다는 오히려 문명 교류라는 개방적 관점에서 이를 해석하는 것이 옳을 것이다. 자국의 문화를 자기 고유의 것으로 한정하려는 경향은 비단 중국에만 해당되지는 않지만, 중국이 실크로드를 통한 수천 년 전 인류 문명의 교류를 근거로 지금의 실크로드 비전과 실크로드 정신을 설계한 이상, 자문화중심주의보다는 서로 다른 문화의 교류와 전파를 포용력 있게 받아들이는 태도가 요구되며, 이것이 명실상부 실크로드 비전과 정신에 더욱 어울리는 태도일 것이다.

최근 몇 년 사이 실크로드 담론에 대한 중국 측의 대응이나 매체의 보도 성향을 보면, 나무로 따지면 '줄기'에서 '가지'로 담론의 흐름이 바뀌고 있는 것이 감지된다. 실크로드 관련 보도는 2013년 후반 시진핑 주석이 해외순방에서 '일대일로'라는 용어를 직접 언급했을 때부터 2014년 중반 실크로드 유적이 중국 중심으로 세계문화유산에 등재될 때까지 1년 정도가 가장 많았고, 2015년 초에 '실크로드 비전'을 중국 정부에서 공식 발표할 때 역시 국내외의 관련 보도가 급증했다. 기사가 많다는 건 그만큼 민감한 문제라는 의미이기도 하다. '줄기'에서 '가지'로 담론이 넘어왔다는 건, 중심에서 주변으로 이동했다는, 즉 그 담론이 덜 중요하게 되었다는 의미보다는 일종의 '단계의 전환'이라는 의미로 보아야 할 것이다. 중국은 시진핑 주석이 취임 초기부터 2년 이상 실크로드 관련국들을 연이어 순방하고, 국가적 차원에서 실크로드 담론을 주도하고, 그런 다음 '실크로드 비전'을 공식 선포했다. 이 기간 동안 중국은 한국을 포함하여 다른 지역에서 진행된 실크로드 관련 국제행사나 담론 형성에 상당히 민감한 반응을 보였다. 그때는 아직 중국 중심의 실크로드 비전을 굳건한 하나의 줄기로 세우기 위한 과정에 있었기 때문이다. 이런 일련의 과정을 통해 중국 중심의 실크로드 구상을 이미 공표하고 확인했기 때문에 최근에는 이를 홍보할 수 있는 미디어의 역할이나 관련 국제행사 등에 힘을 쏟고 있다. 서두에서 중국의 실크로드에 대한 최근 몇 년의 움직임이 잘 짜인 한 편의 각본 같다고 말한 것은 바로 이 때문이다. 그런데 중국은 이 각본에서 자신이 주인공임을 지나치게 강조하는 듯하다. 앞서 소개한 병마용과 그리스 조각상을 둘러싼 보도 해프

닝, 국가 주도의 홍보로 인한 매체의 편향성, 타국 실크로드 담론에 대한 민감한 반응 등이 이를 뒷받침해준다. '실크로드'라는 용어 자체가 증명하듯이 이 문명 교류의 길에서 중국이 가장 중요한 국가임은 누구도 부정하지 않을 것이다. 그러나 이러한 인식이 어느 정도 공유된 상황에서도 중국이 계속 자신이 주인공인 것만을 강조한다면 오히려 실크로드 정신이 추구하는 포용성이나 개방성과는 갈수록 거리가 멀어질 것이다. 최근 중국은 정부의 공식 석상 뿐 아니라 각종 국제포럼이나 매체의 보도, 학술발표, 전문가 인터뷰 등에서 '실크로드 정신' 혹은 '일대일로 정신'의 포용적 가치를 강조하고 있다. 그러나 배제를 감추어 놓은 포용은 자연스러운 '받아들임'이 아닌 강제적, 선별적 '끌어들임'으로 귀결될 수밖에 없다.

역사적으로 '실크로드'는 그 낭만적 이름과는 달리 매우 험난하고 고생스러운 길이었다. 이 길을 통해 사람들은 저편 마을에는 없는 곡식 한 자루를 지고 설산을 넘어 이쪽 마을에 없는 물건과 교환했고, 길 위의 종교인들은 내면의 깨달음과 그것의 전파를 위해 사막에서의 죽음을 마다하지 않았다. 지금도 실크로드 어느 자락에서 비슷한 삶을 살고 있는 사람들을 보면 척박함과 안타까움보다는 생명에 대한 신성함과 소중함이 먼저 느껴진다. 실크로드는 교류의 길이었다. 사람들이 죽음을 각오하고 험난한 길을 택한 것은 교류를 통해 내가 갖지 못한 것을 채울 수 있다는 기대와 희망 때문이었다. 다른 한편 이 길은 교전의 길이기도 했다. 서로 다른 민족, 서로 다른 문명 간의 싸움이 실크로드의 붉은 먼지 속에서 펼쳐졌다. "교환은 평화적으로 해결된 전쟁이고, 전쟁은 거래가 잘 이루어지지 않은 결과"라는 어느 인류학자의 말처럼, 지난 역사에서 교류와 교전은 동전의 양면처럼 존재해왔으며, 앞서 언급한 몇몇 시대의 실크로드는 이 양면의 모습을 함께 지니고 있다. 그러나 역설적이게도 소위 '질서'가 만들어졌다고 하는 현대에 들어와서는 실크로드가 오히려 '교류'보다는 '교전'의 장소로 더 활용된 것 같다. 실크로드 담론이 중요한 이유는 실패로 향해가는 국제적 질서를 반성하고 새로운 문명 담론을 논해야할 시점이 바로 지금이기 때문이다. 새로운 문명 담론 속에서 실크로드는 당연히 '교전'이 아닌 '교류'의 길이 되어야 할 것이고, 그러기 위해서는 실크로드 본연이 가지는 가치를 되새김하면서 역사 속 실크로드의 모습과 그것의 현대적 의미를 함께 고민해야 할 것이다.

〈추천도서〉

김호동, 『아틀라스 중앙유라시아사』, 사계절, 2016
수잔 휫필드 저 · 김석희 역, 『실크로드 이야기』, 이산, 2001
정수일 편저, 『실크로드 사전』, 창비, 2013
정수일, 『씰크로드학』, 창작과비평사, 2001
프랜시스 우드 저 · 박세욱 역, 『실크로드: 문명의 중심』, 연암서가, 2013
피터 홉커크 저 · 김영종 역, 『실크로드의 악마들』, 사계절, 2000
피터 프랭코판 저 · 이재황 역, 『실크로드 세계사--고대 제국에서 G2 시대까지』, 책과함께, 2017

# II

# 사회과학을 통해 보는 중국

# 1. 중국 정치개혁의 추진과정과 현주소

강수정

중국의 부상은 지난 40년 가까운 기간 동안의 고도 경제성장을 바탕으로 이루어진 것이며, 향후 중국의 강대국화도 지속적인 경제성장과 국가발전의 동력을 어떻게 유지하는가에 달려 있다고 해도 과언이 아니다. 이러한 지속가능한 발전은 정치사회적 안정의 유지와 지속적인 정치체제의 합리화 없이는 불가능하다. 국가의 통치구조와 방식을 변화된 대내외적 환경에 조응시키고, 고조되고 있는 사회적 불만과 갈등을 조정함으로써 안정적이고 지속적인 국가발전을 도모할 수 있는 방향으로 정치체제의 합리화를 모색하는 것이야 말로 중국정치가 당면한 중대한 과제라고 할 수 있다. 따라서 중국의 미래를 논하고 향후 중국 정치체제의 안정성을 평가하고 전망하는 데 있어서 중국 정치개혁에 대한 고찰은 중요한 의의를 가진다. 이 글은 이러한 문제의식으로부터 출발해서 개혁개방 이후 중국정치의 변화 과정과 그 내용 및 특징을 살펴보고, 2012년 등장한 시진핑 지도부의 정치개혁 추진방향을 검토함으로써 향후 중국정치를 전망하는 데 유용한 시작점이 될 수 있기를 기대한다.

## 1. 중국의 정치개혁은 왜 중요한가?

중국은 1978년 12월 개혁개방을 추진하기 위한 역사적인 노선 전환을 선언한 이후 지난 40년간 경제와 사회 전반에서 커다란 변화를 겪어 왔다. 개혁개방을 지속적으로 확대 추진하면서 중국은 비약적인 경제성장을 통해 낙후된 사회주의 빈국에서 세계 2위의 경제대국으로 부상했으며, 이를 기반으로 중국의 국제적 영향력도 급속히 확대되었다. 경제체제의 개혁에 있어서 계획경제체제에서 시장경제체제로의 전환은 생산과 분배 방식에서의 변화뿐만 아니라 농업국가에서 공업국가로, 폐쇄적 자립경제에서 세계경제에 적극적으로 참여하는 개방경제로의 전환을 동반했다. 개혁개방 이후 이러한 중국 경제의 구조적 변화와 더불어 사유화·도시화·산업화·세계화가 가속화되면서 농촌과 도시에서 계획경제 시기에 사회관리의 기본 틀이었던 인민공사와 단위(單位)체제가 해체되고 인구의 유동성 증대와 함께 중국 사회구조의 분화도 촉진되었다. 그 과정에서 중국 사회도 사회구성원들의 가치관 및 사회적 계층구조 등에서 총체적인 변화를 경험했다.

중국은 이렇듯 개혁개방을 통해 비약적인 경제발전을 이루었지만 이러한 성공은 아무런 대가와 부작용 없이 이루어진 것은 아니었다. 고도의 경제성장이라는 성공의 이면에는 사회적 불평등, 부정부패, 환경파괴 등의 부작용이 축적되고 있었다. 덩샤오핑(鄧小平)과 쟝쩌민(江澤民) 시대의 경제발전 제일주의와 선부론(先富論)에 기반한 불균형 발전 전략은 중국경제의 압축적 고도성장을 가능하게 했지만, 다른 한편에서는 사회적 이익구조의 다원화와 사회구성원들 간 소득분배의 불균형을 초래하면서 사회적 불만과 갈등 또한 증폭되었다. 고도성장의 과정에서 소외되거나 배제된 계층들의 불만이 폭발적으로 표출되면서 중국사회에서 물리력을 동반한 시위가 빈번하게 발생하는 등 사회적 긴장과 불안정이 증대되는 현상이 나타났다. 이러한 상황에서 중국 경제와 사회의 급격한 변화에 조응하는 정치체제의 개혁은 중국정치가 당면한 중대한 과제가 되었다.

그러나 중국의 개혁개방정책이 추진되는 과정에서 정치와 경제 분야의 개혁 정도를 비교해보면, 정치개혁과 경제개혁이 동일한 수준에서 상호조화를 이루면서 진행되었다기보다는 각 영역에 따라 개혁의 폭과 깊이도 상당한 차이를 보였다. 경제 영역에서의 개혁개방은 계획경제체제에서 시장경제체제로, 폐쇄적 자립경제에서 개방경제로의 획기적인 변화를 가져왔지만, 정치 영역에서의 개혁은 경제 분야의 개혁 속도와 수준에 비해 상대적으로 느리고 그 변화의 폭도 좁게 나타났다. 중국의 정치체제가 개혁개방 이전과 마찬가지로 공산당 일당체제와 사회주의 당국가체제를 유지하고 있다는 점에서 중국 정치개혁의 성과에 회의적인 시각이 적지 않은 것이 사실이다. 하지만 지난 40년간 경제 영역에서와 같은 과감하고 근본적인 개혁은 아닐지라도, 급격한 경제사회적 변화에도 불구하고 비교적 안정적으로 정치개혁을 추진하면서 중국정치에서도 어느 정도 변화를 이루어 왔다는 점을 굳이 평가 절하할 필요는 없다고 생각된다. 오히려 개혁개방 이후 진행된 중국의 정치개혁의 추진과정과 그에 따른 정치적 변화의 내용과 특징을 살펴봄으로써 향후 중국정치를 전망하는 데 하나의 출발점으로 삼을 필요가 있다. 현 시점에서 중국 정치개혁에 대한 분석은 지난 40년 가까운 기간 동안의 중국정치의 변화 과정을 이해하고 향후 중국정치의 변화 가능성을 예측해 보는 데도 의미 있는 시사점을 제공해 줄 수 있을 것이다.

## 2. 개혁개방 이후 중국 정치개혁의 추진과정

중국공산당은 1978년 12월에 개최된 제11기 중앙위원회 제3차 전체회의에서 마오쩌둥(毛澤東) 시기의 계급투쟁 노선을 폐기하고 사상해방, 체제개혁, 문호개방으로 요약되는 개혁개방 노선으로 '역사적인 노선 전환'을 선언했다. 개혁개방 노선은 '하나의 중심과 두 개의 기본점', 즉 경제발전을 중심 목표로 하고 개혁개방 정책과 4가지 기본원칙을 견지한다는 것을 기본 전제로 하는 것이다. 여기에서 '4가지 기본원칙'의 견지는 사회주의 노선의 견지, 프롤레타리아 독재의 견지, 공산당 영도(領導)의 견지, 마르크스·레닌주의와 마오쩌둥 사상의 견지를 의미하는 것이다. 이는 중국 내부의 개혁과 대외적 개방이 이러한 4가지 기본원칙을 견지하는 범주 안에서 이루어져야 한다는 원칙을 분명히 함으로써, 경제발전이라는 중심적 목표를 실현하기 위해 개혁개방 정책을 적극 추진하면서도 중국공산당의 영도권이 관철되는 사회주의 정치체제를 유지하겠다는 의지를 표명한 것이라 할 수 있다.

이러한 상황에서 개혁개방 시기에 중국정치가 당면한 최대의 과제는 사회주의 정치체제를 유지하면서 안정적이고 지속적으로 경제발전과 현대화를 추진할 수 있도록 정치체제의 합리화를 모색하는 것이었다. "경제발전은 당면한 최대의 정치적 과제이며, 경제문제는 모든 정치문제에 우선한다"는 덩샤오핑의 언술에서 드러나듯이, 당시 중국공산당과 정부는 현대화와 경제발전을 추진하는 것을 당과 국가의 최우선 과제로 규정하고 있었고, 개혁개방 노선 자체도 현대화와 경제발전을 목표로 구상된 것이었다. 따라서 중국의 개혁개방은 경제체제의 개혁과 대외 경제개방을 중심으로 진행되었으며, 개혁개방 노선을 천명한 이후 중국에서의 정치개혁 논의는 계획경제체제에서 시장경제체제로의 전환이라는 변화 속에서 경제체제 개혁을 뒷받침하기 위해 필요한 정치체제의 변화에 초점이 맞추어졌다.

이에 따라 중국에서 정치체제 개혁 문제가 본격적으로 논의되기 시작한 것은 1987년에 개최된 중국공산당 제13차 전국대표대회(이하 당대회)에서 <정치체제 개혁에 관한 총체적 구상>이라는 정치문건이 공식적으로 채택되면서부터였다. 이 문건은 덩샤오핑의 지도하에 당시 중국공산당 총서기였던 자오쯔양(趙紫陽) 등 5인으로 구성된 '당 중앙의 정치체제 개혁에 관한 연구 소조(黨中央政治體制改革硏討小組)'가 작성한 것으로, 당국가체제에서 당과 중앙으로 과도한 권력이 집중되는 현상을 중대한 문제로 인식하고 이 문제를 해결하기 위해 당정분리(黨政分開)와 권력분산(勸力下方)을 정치개혁의 주요한 방향으로 제시했다. 이후 중국공산당과 정부는 당정기구의 직능 조정, 중복 설치된 당정기구의 폐지, 입법·행정·사법기구의 완비, 국가기구들의 적극적인 역할 확립, 공무원제도의 수립 등 일련의 개혁조치를 단행함으로써 당정분리와 권력분산을 위한 정치체제 개혁의 돌파구를 마련하고자 했다. 이 시기 정치개혁은 그 추진과정에서 다당제와 삼권분립, 직접선거를 통한 정치지도자 선출 등을 핵심내용으로 하는 서구식 민주화에 대한 반대 입장을 명확히 했다. 그럼에도 불구하고, 이 시기의 정치개혁은 당국가체제가 가지고 있는 근본적인 문제인 당과 중앙으로의 과도한 권력 집중 문제를 완화하고 당정분리를 이끌어내고자 했던 시도들을 통해 당정 간부제도의 개혁이나 국가기구 및 제도의 조정과 완비가 이루어졌다는 점에서 의의가 있었다.

그러나 이러한 노력들에도 불구하고 1989년 천안문사건의 발발과 1990년대 초 소련 및 동구 사회주의 체제의 붕괴 등으로 중국공산당이 대내외적인 정치적 위기 상황에 직면하면서 정치개혁과 관련된 논의는 중단되었다. 이후 중국의 정치개혁은 1990년대 중반까지 침체기에 접어들었다가, 1997년에 개최된 중국공산당 제15차 당대회에서 정치체제 개혁의 필요성과 중요성이 다시 제기되면서 정치개혁에 관련된 논의도 다시 활성화되기 시작했다. 따라서 중국 정치개혁의 추진과정을 살펴보면, 1989년 천안문 사건을 기점으로 그 내용과 특성에서 뚜렷한 차이가 나타나는 것을 확인할 수 있다. 천안문 사건 이전 시기에는 당과 중앙으로의 과도한 권력집중을 해소하기 위한 당정분리가 정치개혁의 핵심 과제로 추진되었던 반면에, 1989년 천안문 사건을 거치면서 당정분리를 중심으로 한 정치개혁 시도들은 중단되었고 공산당의 영도적 지위와 국가 전반에 대한 통제가 다시 강조되었다.

이처럼 천안문사건 이후 중국에서 정치개혁 논의가 보수화되기 시작하면서, 이 시기 정치개혁의 추진과정에서 가장 중요한 변화 중에 하나는 공산당의 과도한 권력집중 문제 해결을 위한 당정분리의 추진과 같은 정치체제의 근본적인 문제점에 대한 지적이 사라지고, 대신 중국의 실정(國情)에 부합하는 소위 '중국특색의 민주주의'가 강조되기 시작했다는 점이다. 중국적 사회주의 민주를 실현하기 위한 구체적인 정치개혁의 과제로 한국의 의회에 해당하는 인민대표대회 제도의 개선과 공산당 영도 하의 다당합작제 발전, 법치의 확립, 기층민주의 강화, 등이 제시되었다. 그 중에서도 경제체제 개혁에 조응하는 법제 완비와 법치의 구현이 정치개혁의 기본 방향으로 자리하게 되었다. 장쩌민은 "중국적 사회주의의 건설은 중국공산당의 영도 하에 법에 의한 통치를 통해 인민이 주인이 되는 토대 위에서 사회주의 민주정치를 발전시키는 것이라고 지적하면서 중국 특색의 사회주의 민주정치의 핵심으로 '법치'를 강조하였다. '법에 의한 통치(依法治國)'는 법으로 국가를 다스린다는 말로, 헌법과 법률 규정에 따라 각종 국가사업을 관리함으로써 국가의 모든 사업이 법에 의거해 진행된다는 것을 의미한다. 즉, 법치의 확립을 통해 사회주의 민주의 제도화와 법률화를 점차 실현하고자 했다고 볼 수 있다.

따라서 쟝쩌민시대에 중국의 정치개혁은 계획경제체제에서 시장경제체제로의 전환에 따른 정치·사회적 변화에 걸맞게 법과 제도를 정비하고 법치를 구현하는 데 초점이 맞춰져 있었다. 이러한 특징은 1992년 개최된 중국공산당 제14차 당대회와 1997년 개최된 제15차 당대회에서 발표된 정치보고의 정치개혁과 관련한 언급에서 명확히 드러난다. 구체적으로 1992년 제14차 당대회는 사회주의 시장경제와 사회주의 민주주의 건설을 위한 법제 완비를 정치개혁의 중요 내용으로 제기했다면, 1997년 제15차 당대회에서는 그동안 법제 완비에 주력했던 정치개혁에서 더 나아가 법에 의한 통치와 이를 위한 정치제도 완비를 강조했다.

2002년 제16차 당대회 이후 등장한 제4세대 후진타오(胡錦濤) 지도부는 그 이전 쟝쩌민 시기의 주요한 정치개혁의 내용을 계승하여, 법치국가 건설을 위한 법에 의한 통치의 확립과 사회주의 정치제도의 완비를 핵심내용으로 하는 정치체제 개혁을 추진하였다. 이와 더불어, 이 시기의 정치개혁과 관련하여 주목할 만한 사안은 공산당의 통치능력 강화를 위해 당내 민주주의의 확대가 추진되었다는 것이다. 당내 민주주의의 확대를 위한 방안으로 당대회의 연례화, 당원 직접선거를 통한 당 지도부 선출, 당내 표결을 통한 중요사안 결정, 당 간부 인사제도 개혁 등이 제기되었다. 2002년 개최된 중국공산당 제16차 당대회에서는 "당내 민주주의는 당의 생명이며, 당내 민주를 통하여 인민민주주의를 추진해야 한다"는 입장을 발표하면서, 공산당의 통치능력 강화를 위한 당내 민주화의 문제가 강조되었다. 이 같은 입장은 2007년 중국공산당 제17차 당대회에서 "당내 민주주의는 당의 창조적 활력과 당의 통일단결을 공고화하는 중요한 보증이며, 당내 민주화를 통해 인민민주주의를 발전시켜야 한다"고 언급함으로써 재차 확인되었다. 비록 후진타오 지도부가 당내 민주주의를 통한 인민 민주주의의 실현을 주장한 것은 사실이지만, 공산당 영도하의 정치개혁 추진을 강조하면서 서구식 민주화에 대한 반대 입장을 분명히 함으로써, 정치개혁의 범위를 법치에 기초한 사회주의 정치제도 완비와 그 발전으로 제한했다.

개혁개방 이후 중국공산당은 현대화와 경제발전을 당의 최우선 과제로 규정하고 경제개혁에 중점을 두면서 지속적인 경제성장을 통치정당성을 확보하기 위한 중요한 기반으로 삼아왔다. 따라서 지난 40년간 중국의 정치개혁은 지속적인 경제성장에 필요한 정치·사회적 안정성 유지에 가장 역점을 두면서 경제발전을 가로막는 정치적 요소를 개혁하는 데 초점을 맞추어 왔다고 볼 수 있다. 그 핵심은 시장경제체제로의 전환과 고속성장에 따른 정치·사회적 변화에 발맞춰 통치구조와 방식의 지속적인 변화를 추구함으로써 정치체제의 안정성을 유지하고 중국공산당의 통치능력을 강화하는 것이었다. 그 과정에서 중국공산당은 서구식 자유민주주의에 대한 반대 입장을 분명히 하면서 서구식 민주화가 아닌 법치와 법제 개선을 중심으로 정치개혁을 추진해왔다. 이러한 노력은 권위주의 통치의 합리화라는 방향으로 국가 통치 구조와 방식의 변화를 이끌어왔다.

## 3. 중국 정치개혁의 주요한 특징과 내용

앞서 살펴본 바와 같이 개혁개방 이후 중국의 정치개혁은 지속적인 경제성장에 필요한 정치·사회적 안정을 유지하기 위해 정치체제의 합리화 및 중국공산당의 통치능력 강화를 도모하는 방향으로 국가 통치 구조와 방식의 개선을 추진해왔다. 따라서 중국의 정치개혁은 정치적 민주화보다는 정치적 제도화에 초점을 맞추어 왔다고 볼 수 있다. 이러한 정치 제도화 중심의 정치개혁은 공산당의 영도 하에 법에 의한 통치와 법치의 구현을 위한 정치제도의 완비를 강조해왔지만 이와 관련된 내용은 다른 장에서 보다 구체적으로 다루어질 것이다. 따라서 이 장에서는 당과 정부의 관계, 당내 민주주의의 확대, 인민대표대회의 위상 강화, 정치엘리트 충원구조의 개선, 중국 특색의 민주주의 강조, 제한적인 정치참여의 확대와 기층민주주의의 강화 등을 중심으로 지난 40년간 추진되어온 중국 정치개혁의 주요 내용들을 개괄적으로 살펴보고, 그 특징을 정리해보고자 한다.

## 공산당 영도방식과 당정관계의 변화

1949년 중화인민공화국 성립 이후 중국공산당은 사회주의체제 건설을 선언하고 사회주의 정치체제로써 당의 일원화된 영도에 기초한 당국가체제를 수립하였다. 이에 따라 당정불분(黨政不分)을 기본 방침으로 모든 국가권력을 당위원회로 집중시켜 당 중심의 일원화된 지도체제인 공산당 일당지배체제를 완성하게 된다. 중국은 현재까지도 여전히 공산당 일당체제와 당국가체제를 유지하고 있으며, 이러한 정치체제 하에서 중국공산당은 중국정치를 이끌고 있는 핵심세력으로써 입법·행정·사법·군사·언론 및 사회단체 등 정치사회 전반에 걸쳐 거의 절대적인 영향력은 행사해 왔다.

그러나 정치권력이 당에 과도하게 집중되고 그러한 권력이 카리스마적 최고 지도자에게 독점되는 경우에 나타나는 폐해는 마오쩌둥의 대약진운동과 문화대혁명의 실패에서 드러났듯이 오히려 공산당의 통치정당성을 위협하는 심각한 위기를 초래하기도 했다. 대약진운동과 문화대혁명 시기의 대재앙과 장기적 경제침체를 극복하고 사회주의 현대화 건설을 추진하기 위해 1978년 중국공산당은 개혁개방 노선으로의 역사적인 노선 전환을 선언했다. 이에 따라 중국은 현대화와 경제발전을 당과 국가의 최우선 과제로 설정하고 본격적으로 개혁개방을 추진하기 위해 국가의 통치 구조 및 방식을 전면적으로 재정비할 필요가 있었다. 특히, 개혁개방 초기 중국공산당은 당과 정부의 역할이 적절히 분리되지 못한 상황에서 권력이 당에 과도하게 집중되는 문제점을 인식하고 당의 영도방식과 당과 정부의 관계를 조정함으로써 공산당의 국가에 대한 영도체계를 개선하는 데 주안점을 두기 시작했다.

중국의 정치체제는 당이 국가와 사회 전체를 지배하는 당국가체제를 기본으로 하고 있다. 중국의 당국가체제에서 당의 영도권은 이데올로기와 법률, 당 조직을 통한 국가 및 사회 전반에 대한 조직적 침투, 주요 국가기관 및 사회단체의 인사권 장악, 당 간부들의 국가기관 및 군, 기업, 사회단체의 주요 간부직 겸직을 통해 관철되고 있다. 이와 같이 당국가체제에서 중국공산당은 정치, 경제, 사회 등 거의 모든 분야를 장악하고 중요 업무를 관장하고 있기 때문에 당에 과도하게 권력이 집중되는 현상과 당이 정부의 역할까지 수행하는 부작용이 나타난다.

1978년 개혁개방 정책이 채택되면서 중국에서는 공산당의 일원적 영도와 권력집중 문제를 개선하기 위한 정치체제의 개혁이 논의되기 시작했다. 1978년 12월에 덩샤오핑은 중앙공작회의에서 "당의 영도력을 강화해야 하며, 이를 위해 당이 모든 것에 간섭하는 과정을 개선해야 하고, 당과 정부의 역할이 분리되어 있지 않은 당정불분(黨政不分)의 상황을 변화시켜야 한다. 또한 제도화와 법률화를 실시해야 하며, 이러한 법률과 제도는 지도자 개인이 바꿀 수 없는 것이어야 한다"고 주장했다. 이에 따라 1982년에 개최된 제5기 전국인민대표대회 제5차 전체회의에서 헌법에 대한 전면 수정이 진행되었다. 1982년 개정된 헌법은 서언에서 "모든 국가기관, 군, 정당과 사회단체, 기업 등은 반드시 헌법과 법률을 준수해야 하며, 어떤 조직이나 개인도 헌법과 법률을 초월하는 특권을 가질 수 없다"고 규정한다. 이는 공산당의 영도권이 헌법을 초월하는 것이 아니라는 점을 명백히 하는 것이었다. 1982년 개정 헌법에는 과거의 헌법 조항 가운데 공산당의 영도를 지나치게 강조한 부분들도 삭제되었다. 또한, 1982년 헌법에서 국가주석제의 부활과 국가중앙군사위원회 설치를 규정한 것은, 국무원총리책임제의 실시와 함께 당정분리를 위한 중요한 조치들이었다. 이와 더불어, 1982년 제12차 당대회에서 통과된 당헌(黨章)에도 "당은 반드시 헌법과 법률의 테두리 안에서 활동해야 하며 국가의 입법, 행정, 사법, 문화 조직 및 단체들이 주동적인 책임 하에 활동하도록 보장해야 하고 공산당 영도의 주안점은 정치, 사상, 조직에 대한 영도에 있음"을 명시한 규정이 포함되었다. 이처럼 중국공산당은 당의 영도체계와 방식의 개선을 위해 법치주의를 강조하고 당정분리라는 측면에서 당정관계의 변화를 모색하게 되었다.

1987년의 제13차 당대회에서 정치개혁의 핵심 화두로 당정분리와 권력분산이 본격적으로 논의되기 시작했다. 당시 '당 중앙의 정치체제 개혁에 관한 연구소조'에 의해 작성된 <정치체제 개혁에 관한 총체적 구상>이라는 정치문건이 공식적으로 채택되었는데, 이 문건은 당국가체제에서 당과 중앙으로 권력이 과도하게 집중되는 현상을 중대한 문제로 인식하고 이 문제를 해결하기 위해 당정분리와 권력분산을 정치개혁의 주요한 방향으로 제시했다. 이후 중국공산당과 정부는 당정기구의 직능 조정, 중복 설치된 당정기구의 폐지, 입법·행정·사법기구의 완비, 국가기구들의 적극적인 역할 확립, 공무원제도의 수립 등 일련의 개혁조치를 단행함으로써 당과 중앙으로의 과도한 권력집중 문제를 완화하고 당과 정부의 직능상의 분리를 이끌어내기 위한 정치체제 개혁의 돌파구를 마련하고자 했다.

이처럼 개혁개방 초기 중국에서 추진된 정치체제의 개혁에서 '당정분리'가 강조되었지만, 이것은 중국공산당과 정부를 조직적 차원에서 완전히 분리하여 당의 영도권을 약화시키려는 것이 아니라 '당의 국가에 대한 영도'라는 전제 하에 당과 정부 간 직능상의 역할 구분을 통해 당이 효율적으로 국가를 통치할 수 있는 새로운 당정관계를 구축하고자 하는 것이었다. 즉, 당과 정부 간 권한과 직무의 구분은 필요하지만 이것이 당의 영도를 약화시켜서는 안 된다는 것이다. 앞서 살펴보았듯이 덩샤오핑의 개혁개방노선은 '한 개의 중심과 두 개의 기본점', 즉 경제발전이라는 중심적인 목표를 실현하기 위해 개혁개방 정책을 추진하는 데 있어서 '4가지의 기본원칙'을 견지해야 한다는 것을 전제로 하는 것이었다. 중국의 개혁개방 정책은 애초부터 '4가지의 기본원칙'을 전제로 하는 경제발전전략이었기 때문에, 공산당의 영도적 지위를 약화시키지 않으면서도 개혁개방의 성공적 추진을 뒷받침할 수 있는 정치체제의 개혁이 필요했다. 이런 관점에서 볼 때, 당정분리의 목적은 당의 영도권을 제한하는 데 있었다기보다는 오히려 당의 영도체계와 방식을 개선하고 당과 정부의 관계를 조정하여 개혁개방 정책을 추진하는 데 있어서 행정적 차원에서 효율성을 증대시키면서 더 나아가 중국공산당의 영도력과 집정능력을 강화하는데 궁극적 목적이 있었다고 볼 수 있다.

그러나 1989년 천안문사건의 발발과 1990년대 초 소련 및 동구 사회주의권의 붕괴로 중국공산당이 대내외적인 정치적 위기에 봉착하면서 정치개혁과 관련된 논의가 보수화되기 시작했고 당정분리를 중심으로 한 정치체제 개혁 시도들은 중단되었다. 당정분리를 추진할 경우 공산당의 영도적 지위가 약화되고 더 나아가 공산당과 정부의 분열이 초래될 수 있다는 위기의식이 형성되면서, 공산당의 권력독점을 강화하기 위해 정치체제 개혁에 있어서 당정분리 방침은 폐기되었다. 1990년대 들어서는 정치체제 개혁의 논의가 침체기에 접어들었고 오히려 정부 내의 당 건설과 당의 국가 전반에 대한 영도가 다시 강조되었다. 이에 따라 중국공산당은 1992년 제14차 당대회에서 통과된 당헌에서 정부기관,

경제조직 및 문화조직에 당조(黨組) 설치 규정을 회복시킴으로써 당의 국가기관 및 사회 전반에 대한 영도를 강화했다. 이와 동시에 1997년 제15차 당대회에서는 법에 의한 통치(依法治國)를 공산당의 기본방침으로 공식화하면서 제도와 법률에 의해 당의 영도와 집정이 보장되었다. 그리고 1990년대 말부터는 당내 민주주의가 정치체제 개혁의 중요한 이슈로 제기되었다. 2002년 개최된 제16차 당대회에서는 당정분리에 대한 언급은 사라지고 '당내 민주주의의 확대'를 정치체제 개혁의 핵심 과제로 제시하게 된다. 따라서 이후 중국의 정치개혁은 공산당으로 일원화된 중앙집권적 통치체제가 가지는 근본적인 문제점이라고 할 수 있는 당과 중앙으로의 과도한 권력집중 문제라는 측면에서 볼 때, 중앙-지방 관계와 관료조직 내의 권력분산은 비교적 적극적으로 추진되었으나 당으로 일원화된 권력집중 현상은 크게 개선되지 못한 것으로 평가된다.

## 공산당 개혁과 당내 민주주의의 확대

1921년 50여명의 당원으로 시작한 중국공산당은 현재 8천여 만 명의 당원을 보유하고 4백여 만 개의 기층조직을 거느린 거대정당으로 성장했다. 중국공산당 당 조직은 정부, 의회, 법원, 경찰, 군 등 국가기관뿐만 아니라, 기업, 학교, 사회단체, 연구소, 병원 등 사회 전체에 포진하고 있으며, 중국은 이러한 당이 국가와 사회를 지배하는 당국가체제라는 특징을 가지고 있다. 따라서 중국의 정치개혁에 있어서 공산당 개혁은 중요한 한 축을 이루어 왔으며, 이런 이유로 중국의 정치개혁에 대한 논의는 반드시 공산당 개혁에 대한 이해를 필요로 한다. 공산당 개혁은 크게 당내 개혁과 당정관계(黨政關係) 개혁으로 나눌 수 있다. 앞서 살펴본 '당정관계' 개혁이 공산당과 국가기관 간의 관계를 합리화하는 것이라면, 당내 개혁은 당 내부의 조직·구성·운영의 문제점을 해결하고 개선하는 것이다.

1978년 개혁개방으로의 역사적 노선 전환이 선언된 이후 당시 공산당이 해결해야하는 최대 정치적 과제는 문화대혁명 시기에 파괴된 당 조직을 복원하고 당 운영을 정상화하는 것이었다. 따라서 1980년대 초부터 공산당은 당 조직의 복원과 정비, 당 운영의 제도화를 위한 다양한 개혁을 추진했다. 1982년 제12차 당대회에서 문화대혁명 시기에 나타났던 개인숭배와 당내 비정상적 상황을 개선하고 당 운영을 정상화하기 위해 민주집중제(民主集中制)의 회복 및 강화를 당의 방침으로 채택했다. 문화대혁명 시기에 발생한 마오쩌둥에 대한 개인숭배 등 권력집중의 문제와 인치(人治)의 문제에 대한 반성과 함께 집단지도 원칙과 개인숭배 반대 방침이 정해지면서 민주집중제의 회복이 당이 당면한 핵심 과제로 인식된 것이다. 이에 따라 당 중앙으로의 과도한 권력집중과 개인 혹은 소수의 권력독점을 막고 민주집중제의 회복을 위해 당내 민주와 당내 기율 강화가 제기되었다. 하지만 이 시기 공산당 당내 개혁에서 당내민주의 확대를 위한 구체적인 방안은 제시되지 않았으며 오히려 당내 규율 강화의 차원만 강조되었다. 이 시기 공산당 개혁의 핵심 과제는 민주집중제의 발전이었고 이를 위한 정책으로 당내민주가 제기되었던 것이지, 당내 민주주의의 확대가 하나의 독자적인 정치개혁의 과제로 인식된 것은 아니었다.

당내 민주화가 공산당이 추진하는 당내 개혁의 핵심 정책 중 하나가 된 것은 1987년 제13차 당대회에서 "당내민주로 인민민주를 추동하는 것은 사회주의 민주정치를 발전시키는 실행가능하고 효과적인 경로"라는 방침이 발표되면서부터였다. 당정분리과 함께 당내민주가 공산당 개혁의 핵심 과제로 제기되면서 집단지도체제의 제도화, 당 간부에 대한 감독 강화, 당내 선거의 민주적 요소 강화, 당대회의 정비 및 역할 강화의 측면에서 당내민주를 강화하기 위한 세부 조치들이 제시되었다. 첫째, 중앙정치국과 중앙정치국 상무위원회의 정기적 업무보고 등 당규 제정을 통해 당 중앙 기구의 업무 규칙과 운영 방식을 규정함으로써 집단지도체제가 점차 제도화되었고, 중앙위원회 회의 개최 횟수의 증대를 통한 중앙위원회의 집단적 의사결정 기능을 강화하고자 했다. 둘째, 당내 감독의 강화 차원에서 기율검사위원회 설치가 결정되었고 당 간부에 대한 민주감독 및 공개감독의 원칙이 제시되었다. 이후 지방 각급 당위원회에서는 이에 따라 당업무 공개 확대, 고발센터의 설립, 당원의 민주적 의견교환 제도 수립 등의 일련의 정책들이 추진되었다. 또한 1990년에는 당내 순시제도(巡視制度)의 도입이 제기되었고, 1996년 이후 중앙 및 지방 당정기관에 대한 감독이 본격적으로 실시되었다. 셋째, 선거제도의 개혁을 통해 당내 선거에서 후보지명 절차와 차액선거(差額選擧: 정원보다 후보자를 일정 비율 이상 많게 하는 제한적 경쟁 선거) 제도를 도입했다. 제13차 당대회 중앙위원회 선거에서 처음으로 차액선거가 적용되었으며, 당헌에도 차액선거 방법을 채택하여 당내 선거를 진행한다는 규정이 신설되었다. 넷째, 당대회가 정례화되어 5년에 한 번 정기적으로 개최되었고 당대회의 의사결정 기능이 강화되었다. 또한, 중요한 문제는 표결로 결정한다는 원칙이 도입되어 당내 의사결정 절차가 좀 더 명확해졌다.

그러나 1989년 천안문사건과 1990년대 초 소련과 동유럽 사회주의권 국가들의 붕괴로 중국공산당이 심각한 체제 위기에 직면하면서 1987년 제13차 당대회에서 제기되었던 당정분리와 당내민주를 핵심으로 하는 정치개혁은 중단되었고 기존의 정치개혁에 대한 재검토와 조정이 이루어졌다. 정치개혁이 침체기에 접어들었다가 당내민주가 다시 본격적으로 추진된 것은 2002년 제16차 당대회 이후 공산당의 집정능력 강화와 함께 당내 민주주의의 확대가 공산당 개혁의 핵심 과제로 제기되면서였다. 더 나아가 제16차 당대회 이후 등장한 후진타오 지도부는 "당내민주를 발전시켜 인민민주를 견인한다"는 방침을 일관되게 유지하면서, 당내 민주화가 공산당의 당내 개혁 차원뿐만 아니라 기층 사회의 민주주의 발전을 견인하는 정치체제 개혁의 일환으로 추진되었다. 제17차 당대회에서도 당내 민주화가 정치체제 개혁과 사회 민주화 추진의 돌파구가 되어야 한다는 정치개혁의 방침이 재차 강조되었다.

이처럼 공산당 내부의 민주주의 확대를 통한 사회 민주화의 추진이 중국의 정치개혁에서 주류 담론으로 자리할 수 있었던 것은 중국공산당이 중국의 정치권력을 장악하고 있는 유일한 집권당이자 최대의 엘리트 조직이기 때문에 중국의 정치개혁과 민주화는 공산당 내부로부터의 개혁 없이는 불가능하며 다른 영역의 민주화에 비해 당내 민주화는 공산당이 개혁과정을 주도하면서 상대적으로 추진이 용이할 뿐만 아니라 안정적으로 정치체제 개혁을 추진할 수 있다는 판단에 근거한 것으로 보인다. 또한 당과 중앙으로의 과도한 권력집중에 따른 당간부들의 권력남용과 부패의 문제가 날로 심각해지면서 당의 통치정당성을 약화시키고 있다는 인식에 따라 공산당 내부의 민주적인 개혁을 통하여 당의 집정능력을 강화하고 당의 리더쉽을 개선하고자 하는 의지를 반영한 것이라고도 볼 수 있다.

이와 같이 당내 민주주의 확대의 문제는 후진타오 시기의 당내 개혁뿐만 아니라 중국 정치체제 개혁의 핵심적 이슈가 되었다. 이에 따라 제16차 당대회와 제17차 당대회에서 당내 민주주의를 실현하기 위한 구체적인 정책들이 제시되었으며, 이러한 중앙의 결정과 지방의 자발적 실천이 결합되어 전국적으로 다양한 당내 민주 정책이 시험적으로 실시되었다. 중국공산당은 당내 민주화를 통해 당원의 주체적 지위를 존중하고 민주적 권리를 보장한다는 점을 강조하면서, 당내 감독제도·선거제도·정책결정제도·당대표대회제도 등의 개혁을 중심으로 한 제도적 완비를 추진하였다. 제16차 당대회 이후 중국공산당이 추진해 온 당내 민주화를 위한 정책적 시도들을 좀 더 구체적으로 살펴보자면, (1)지방당 조직과 당정간부를 감독하기 위한 당업무 공개 및 순시제도(巡視制度)의 상시적 운영, (2)기층 당 대표와 지도부 선출을 위한 직접선거의 범위 확대를 포함한 당내 선거제도의 후보자 지명 및 선거방식의 개혁, (3)당서기의 권한을 축소하고 집단지도체제를 강화하기 위한 당 지방위원회의 권한 강화와 당위원회 표결제도의 도입을 포함한 당내 의사결정구조의 개선, (4)5년에 한 번 개최되던 당대회를 매년 개최하도록 하는 당대회의 연례화와 당대회 폐회 기간에 당원대표 활동의 일상화를 위한 당원대표의 상임제도 도입을 포함한 당대표대회제도의 완비 등이 가장 대표적이었다. 당원대표의 상임제도, 당업무공개제도 및 순시제도의 정례화와 같이 이러한 시험실시를 통해 검증된 몇 가지 정책은 이후 당 규정으로 공식 채택되어 현재까지 추진되고 있다.

## 인민대표대회의 위상 강화와 정치엘리트 충원구조의 개선

중국의 정치개혁에서 전국인민대표대회(이하, 전국인대)와 각급 지방인민대표대회(이하, 지방인대)의 역할 강화 및 공무원과 간부 인사제도의 개혁은 대의기구의 위상 강화와 정치엘리트 충원구조의 개선이라는 차원에서 주목할 만하다. 먼저, 대의기구의 위상 강화의 측면에서 한국의 의회에 해당하는 인민대표대회의 역할 강화를 살펴보고자 한다. 1997년 제15차 당대회에서 '사회주의 법치국가 건설'을 위한 '법에 의한 통치(依法治國)'의 확립과 이를 위한 법제의 완비가 당의 핵심 정책으로 공식화되고, 1999년 헌법 개정을 통해 국가 방침으로 명시되었다. 이에 따라 법제화 및 법치의 구현을 뒷받침하기 위해 의회의 역할을 하는 인민대표대회의 입법과 감독의 기능이 강화되었다. 이에 따라 1980년대 중반까지 공산당과 정부의 거수기 역할을 하던 인민대표대회가 매우 중요한 몇 가지 법률을 제외한 나머지 법률에 대해 자율적 입법권을 보장받을 수 있게 되었고 중앙 정부와 지방 정부에 대한 감독 활동도 활발해졌다.

중국의 헌법에 규정된 인민대표대회의 권한을 살펴보면, 전국인대와 성급 지방인대는 입법권, 정책결정권, 인사임명권, 감독권을 행사하며, 현급 및 향급 지방인대는 이 중에서 입법권을 제외한 나머지 세 가지 권한을 가지고 있다. 중국 인민대표대회의 역할 강화와 관련하여 전국인대는 입법권을 중심으로, 지방인대는 감독권을 중심으로 역할이 강화되는 특징이 나타났다. 1991년 당 중앙의 공식결정에 의해, 전국인대는 헌법, 정치 법률, 매우 중요한 경제 및 행정 법률 등을 제외한 나머지 법률에 대해 공산당의 사전 승인 없이 독자적으로 법안을 입안하고 심의할 수 있는 권한을 갖게 됨으로써 입법 자율성이 크게 신장되었고, 이에 따라 인대의 입법 건수가 급격히 증가하기도 했다. 지방인대의 경우에는 정부의 법률집행을 감독하고 문제점을 시정하도록 하는 법률 집행 감독과 정부 및 고위 공직자의 업무를 평가하고 감독하는 '직무평가'의 시행 등 다양한 방식으로 정부에 대한 감독의 기능을 강화해왔다.

중국은 1949년 이후 현재까지 당국가체제를 유지하고 있어서 중국공산당은 정치적 권력을 독점하며 국가기관뿐만 아니라 사회조직도 당의 통제와 지도하에 운영된다. 이와 같은 당국가체제를 움직이는 세력이 바로 당정 간부(幹部)들이며, 이들이 중국의 정치엘리트라고 할 수 있다. 당국가체제에서 국가 권력은 당으로, 다시 소수의 정치엘리트에게로 집중되고 주요 정책 결정과정과 국가 및 사회의 변화과정에 있어서 이들의 주도성이 매우 높기 때문에 권력남용과 부패의 문제가 발생할 가능성이 높아지게 된다. 이러한 문제를 개선하기 위해 권력의 분산화와 함께 정치엘리트의 충원과 검증의 제도화는 중국의 정치개혁에 있어서 중요한 쟁점이 되어 왔다.

개혁개방 이후 중국은 시장경제체제로의 전환과 함께 세계경제로의 편입이 가속화되면서 국가 운영이 더욱 복잡해짐에 따라 전문화된 관료집단의 필요성이 부각되기 시작했다. 이에 따라 1980년 덩샤오핑은 <당과 국가 영도제도의 개혁>이라는 글을 통해 정치개혁의 필요성과 함께 새로운 시대에 걸맞게 4가지 조건을 구비한 인재의 발탁, 즉 당에 대한 높은 충성심(革命化)과 더불어 더 젊고(年輕化), 더 전문화되어 있고(專業化), 더 학력이 높은(知識化) 이들을 간부로 집중 육성한다는 방침을 발표했다. 이는 현재까지 당정 인재 발탁과 등용의 기본원칙이자 간부 인사제도 개혁의 대전제로 작용하고 있다. 이에 따라 중국공산당 주요 간부의 구성에도 변화가 나타났는데, 우선 개혁개방 이후 제12기 중앙위원회부터 자연과학·응용과학 등을 전공한 소위 '기술관료(technocrat)'들이 급속하게 증가하게 되었으며, 제16기 중앙위원회부터는 인문학이나 사회과학 등을 포함한 다양한 분야 전공자들의 중국 정치엘리트 진출이 가속화되는 추세를 보이고 있다. 또한 1949년 이후 중국정치에서의 정권교체가 대부분 심각한 정치적 혼란과 권력투쟁을 동반하였던 것에 비해, 장쩌민에서 후진타오로의 권력승계 과정과 후진타오에서 시진핑으로의 권력승계 과정은 비교적 안정적이고 평화적으로 이루어짐으로써 중국정치의 정권교체 과정이 제도화되어가고 있다는 점도 주목할 필요가 있다.

또한, 정치엘리트 충원구조의 개선이라는 차원에서 국가공무원제도와 당정간부제도를 골자로 하는 인사제도의 개혁도 추진되었다. 1993년에는 <공무원임시조례>가 제정됨으로써 1994년부터 국가공무원제도가 공식 실시되었다. 이 시기의 국가공무원의 범위는 중앙의 국무원과 지방의 향, 진 등 각급 인민정부에서 사무직으로 근무하는 이들만을 포함했다. 따라서 중앙과 지방의 당 간부와 국가행정기관이 아닌 의회, 법원, 검찰, 군부 등의 국가기관과 사회단체 및 사업단위의 간부 및 종사자들은 제외가 되었다. 선출방식과 인사제도의 측면에서도 이들을 다시 영도직(領導職務) 공무원과 비(非)영도직 공무원으로 구분하여 영도직무를 부여받은 고위급 관료들은 인민대표대회에서 선거 혹은 임면하는 방식을 유지했고 후자는 공개경쟁 혹은 시험을 통해 선발하고 근무평점에 따른 승진과 승급 제도를 적용하도록 했다는 점에서 반쪽짜리 개혁에 머물렀다. 하지만 당정 간부 인사제도에 있어서는 당 중앙이 직접 관여하는 범위를 축소함으로써 각 지방의 인사권이 대폭 확대되었고, 많은 사회단체와 사업단위가 당으로부터 독립적인 인사권을 갖게 되었다. 또한, 고위급 간부의 선발에 있어서도 공채 범위를 확대하고 제한적인 경쟁선거제도(差額選擧)를 도입하려는 시도들이 나타나기도 했다.

그렇지만, 2005년 <국가공무원법>이 제정되면서 중국의 당정 간부들에 대한 당의 관리가 오히려 강화되었다. 먼저, 공무원의 개념이 확대되어 "법에 의거 공직을 수행하고 국가행정편제에 들어가며 정부에서 임금과 복지를 수령하는 이들"이라고 규정함으로써 당과 국가기관들 뿐만 아니라 사회단체와 사업단위의 간부들까지도 거의 포괄하게 되었다. 또한 <국가공무원법>은 공무원의 '정치성·사상성 견지'와 '당의 간부(공무원) 관리' 원칙을 명시함으로써 당의 간부노선과 방침을 관철시킨다고 규정하고 있다. 이는 당정 간부를 포함하는 거의 모든 간부들을 공무원 인사관리체제에 통합시킴으로써 이들에 대한 당의 직접적 관리와 통제의 의지를 보여준 것이라 할 수 있다. 또한 간부 인사제도의 개혁에 있어서 당에 의한 정치성 및 사상성 검증이 강화되었다. 특히 영도직 공무원의 경우 당에 의한 강한 정치적 통제가 이루어지고 정치적 충성도와 당성에 의해 선발과 승진이 되고, 시험이나 공개채용으로 선발되는 비영도직 공무원의 경우에도 인사가 관할 당위원회나 상급 당위원회의 영향을 받게 된다. 이런 점에서 볼 때, 중국공산당은 공무원과 간부 인사에 대한 관리와 통제의 강화를 통해 당의 집정능력을 강화하고 있다고 볼 수 있다.

## 중국 특색의 민주주의와 중국의 기층선거 개혁

중국은 정치개혁에 있어서 다당제와 삼권분립, 직접선거를 통한 정치지도자 선출 등을 핵심 요소로 하는 서구식 자유민주주의로의 전환을 추구하지 않는 것을 기본방침으로 해왔다. 시진핑 정부가 들어선 이후에도 이러한 기본방침에는 변화가 없으며, 18기 중앙위원회 제3차 전체회의에서 "개혁개방은 흔들림 없이 추진하면서도 깃발은 바꿔달지 않겠다"고 밝혀 향후 개혁과정에서도 서구식 민주주의를 수용하지 않을 것임을 분명히 했다. 하지만 중국 정치개혁의 방향에서 서구식 민주화에 대한 반대가 민주주의 자체에 대한 부정을 의미하는 것은 아니다. 2005년 발표된 <중국의 민주정치건설>이란 정부백서는 민주주의가 인류 문명 발전의 성과로서 세계 각국 인민의 보편적 요구이지만, 각국은 자국의 특수한 역사적 조건과 현실에 맞는 민주주의의 발전을 추구해야하며 다른 나라의 정치제도를 모방해서는 안 된다고 주장한다. 이와 같은 논리로, 중국은 서구식 자유민주주의가 중국의 현실에는 맞지 않음을 지적하면서 중국의 실정(國情)에 적합한 소위 '중국 특색의 민주주의'를 강조하기 시작했다.

그러나 현재 중국이 '중국 특색의 민주주의'를 내세우면서 사용하고 있는 '민주'의 의미는 서구식 자유민주주의에서의 '민주'의 개념과는 그 내용상 분명한 차이가 있다. 서구식 자유민주주의는 다당제에 기초한 자유경쟁선거와 삼권분립 등을 핵심 요소로 하는 데 반해, 중국은 이러한 요소들에 대한 반대 입장을 분명히 밝혀왔다. 중국이 주장하는 '중국 특색의 민주주의'는 중국공산당의 영도 하에 '사회주의적 민주주의'의 실현을 통해 단일정당이 우세한 민주적 사회주의로의 변화를 목표로 한다. 즉 공산당 일당체제 하에서 당국가체제를 유지하면서 체제 내 개혁을 통해 사회주의 원리에 입각하여 인민민주주의를 실현할 수 있다는 논리에 기반을 둔다. 중국은 중국공산당의 일당지배체제가 중국의 독특한 역사적 경험 속에서 중국의 현실과 국정(國情)에 맞게 선택된 것임을 강조함으로써 당국가체제의 유지를 정당화한다. 따라서 중국공산당 일당체제를 유지하면서 당의 영도 하에 중국적 사회주의 민주를 실현하기 위한 구체적인 정치개혁의 내용으로 공산당 영도 하의 다당합작제 및 민족구역자치제도의 발전, 인민대표대회 제도의 개선, 법치의 확립, 당내 민주주의의 확대, 협상정치(협치)와 기층민주의 강화 등이 제시되었다.

2007년 제17차 당대회의 정치보고를 살펴보면, 중국공산당은 중국 특색의 민주주의를 실현하기 위한 주요한 방식 중의 하나로 기층자치제도와 기층선거제도를 기반으로 기층민주주의의 확대를 추진해왔다. 중국은 정치개혁에 있어서 다당제에 기초한 자유경쟁선거의 도입에 대한 반대 입장을 분명히 밝혀왔지만 이것이 중국에 선거제도 자체가 부재하거나 선거를 통한 국민들의 정치참여가 불가능하다는 것을 의미하지는 않는다. 중국은 일당체제 하에서도 사회구성원들의 정치참여가 가능하며, 개혁개방 이후 정치개혁의 일환으로 추진된 기층자치제도와 기층선거제도의 도입과 개선은 사회구성원들의 정치참여 폭을 확대하기 위한 조치들이었다고 주장한다. 특히, 기층선거제도는 '사회주의 민주'라는 중국 특색의 민주주의를 실현하는 데 있어서 중요한 정치참여 제도의 상징으로 여겨져 왔다. 중국의 행정조직은 중앙-성급(省級)-현·시급(縣市級)-향·진·구급(鄉鎭區級)으로 구성되어 있으며, 현·시급 이하의 행정조직을 기층행정조직이라 부른다. 그리고 향·진·구급 행정조직 하에는 공식적 행정조직은 아니지만 소위 기층자치조직이라 할 수 있는 농촌의 촌민위원회와 도시의 사구주민위원회(社區居民委員會)가 존재한다. 일반적으로 중국에서 '기층(基層)'은 현·시급 이하의 지방정부와 지방인민대표대회, 당 조직 그리고 주민자치조직을 두루 포괄하며, 중국의 '기층선거'는 현·시급 이하의 '기층'에서 주민의 직접투표를 통해 대표를 선출하는 일련의 선거제도를 의미한다.

중국 특색의 사회주의 민주를 실현하기 위한 정치개혁의 일환으로 이루어진 선거제도의 개혁을 통해 '기층선거' 개혁의 성과와 한계를 되짚어볼 필요가 있다. 개혁개방 이후 중국의 기층선거에서 직선제의 도입은 한국의 지방의회 의원에 해당하는 지방인민대표 선거로부터, 농촌의 주민자치조직인 촌민위원회 간부 선거, 도시의 주민자치조직인 사구주민위원회 간부 선거, 한국의 면장·읍장

중국 정부가 대대적인 캠페인을 통해 '사회주의 핵심가치관' 중 하나로 교육 선전하고 있는 '민주(民主)'

에 해당하는 향진(鄉鎭)장 선거, 기층 당 조직 간부 선거로 점차 확대되어 왔다. 우선 개혁개방 이후 추진된 중국의 선거제도 개혁에 있어서 주목할 만한 성과 중에 하나는 1979년 재정된 '전국인민대표대회와 각급 지방인민대표대회 선거법'을 통해 인민대표대회 대표 선출 방식에 있어서 직접선거의 실시 범위를 현(縣)급까지 확대함으로써 현재 향진급과 현급 인민대표대회는 5년마다 직접선거를 통해 대표를 선출하고 있다는 것이다. 또한 이후 여러 차례에 걸친 선거법 개정을 통해 비공산당원이나 여성, 소수민족 대표의 비중을 일정수준 이상으로 규정하는 '대표 할당제'와 제한적인 경쟁선거인 '차액선거' 제도를 도입하고 유권자의 후보추천권을 보장하기 위한 제도적 개선이 이루어졌다. 하지만 이와 같은 제도 개선에도 불구하고 정식 입후보자 선정이 여전히 당의 통제 하에 있으며 공개적인 선거운동에도 상당한 제약이 있다는 점에서 여전히 한계가 있다. 또한 성급 이상의 인민대표대회의 대표는 한 급 아래의 인민대표대회에서 간접선거 방식을 통해 선출하도록 한 규정을 유지하고 있다. 기층선거제도에 있어서 또 하나의 큰 변화는 1988년 <촌민자치조직법시행령>이 통과되면서 농촌지역의 기층자치조직인 촌민위원회 간부 선출 방식에 있어서 주민 참여를 통한 직접선거가 전국적으로 확산되기 시작하였다는 것이다. 이러한 변화의 배경을 살펴보자면, 개혁개방 초기 인민공사 체제가 해체되면서 발생한 농촌사회의 통치 공백을 메우고 지방 관료들의 부패와 전횡을 방지하기 위한 방편으로 촌민자치제를 실시하고 직선제를 통해 촌민위원회 간부를 선출하게 된 것이라고 볼 수 있다. 그 후 촌민위원회 직접선거 제도가 전국적 차원에서 실시되기 시작한지 10년이 지난 1998년에 <촌민위원회조직법>이 정식 반포되었고, 주민의 후보자 추천권 보장, 차액선거, 무기명 투표, 공개 개표, 선거결과의 현장 공포 등 선거 과정에서 주민의 참여를 확대하고 공정성과 경쟁성을 강화하기 위한 규정들이 추가되었다. 직선제에 기초한 정치참여는 1998년을 전후로 하여 도시지역 기층자치조직인 사구주민위원회로 확대되어 실시되기 시작하였다. 하지만 2000년 이후 촌민위원회 직접선거 제도가 전국의 거의 모든 농촌지역으로 확대 실시된데 반해, 도시지역의 사구주민위원회 직접선거 제도는 전국적 차원에서 일률적으로 진행되지 못하고 있으며 촌민위원회에 비해 주민의 참여도, 자치조직의 기능과 활성화 정도도 더 약한 것으로 평가된다.

1998년부터 일부 지역에서 기층행정조직인 향진정부의 기관장(향장과 진장) 선출에도 직선제가 실시되기 시작하였다. 중국에서 전통적인 향진장 선출방식은 당이 추천한 후보를 향진급 인민대표대회에서 선출하는 간접선거 방식으로, 사실상 당의 추천인사를 지방인대에서 형식적으로 추인하는 절차에 불과했다. 따라서 공식적 기층행정조직인 향진정부의 수장을 주민의 직접선거로 선출한다는 것은 당의 권력독점을 견제한다는 점에서 중요한 의미가 있다. 하지만 몇몇 지역에서 실험적으로 실시된 향진장 직선제는 다른 선거와 달리 상당한 논란과 저항을 가져왔고, 결국 2004년 이후 더 이상 확대되지 못하고 사실상 중단되었다. 이는 근본적으로 기층 지방정부에까지 직선제를 도입하는 것이 당과 중앙의 권위를 약화시키고 권력구조의 혼란을 초래할 수 있다는 우려에 따른 것으로 보인다. 한편, 2004년을 전후로 하여서는 당내민주의 확대를 위한 조치로 일부 지역에서 향진 당 조직과 기층 당 지부조직의 간부 선출에도 직선제를 도입하기 시작하였다. 중국공산당은 제16기 중앙위원회 제4차 전체회의에서 <당의 집정능력 건설강화를 위한 결정>을 통해 기층 당 조직의 간부 선출 방식에서 당원들의 직접선거 실시 범위를 점진적으로 확대하는 방침을 공식화하였다. 하지만 당 간부 직선제의 실시 범위가 촌민위원회 당 지부에서부터 현급 당위원회, 그리고 지방 각종 사업단위의 당지부로까지 광범위하게 확산되는 추세에도 불구하고, 성급 및 중앙으로까지 직접선거의 적용 범위를 확대하는 문제는 아직 충분한 합의가 형성되지 못한 채 논쟁중이다.

## 4. 시진핑 시기 중국의 정치개혁

2012년 제18차 당대회이후 등장한 제5세대 시진핑 지도부는 그 어느 때보다 강력한 권력 기반을 갖추고 출범하면서 정치개혁 추진에 있어서도 공산당의 집정능력을 강화하고 이를 통해 권위주의적인 통치를 강화하는 방향으로 움직이고 있다. 가장 주목할 만한 점은 공산당의 통치능력과 통치정당성을 강화하기 위해 당정관료들에 대한 대대적인 정풍운동(整風運動)과 반부패운동을 전개하고 있다는 것이다. 정풍운동은 당정관료들의 특권 의식, 사치 풍조, 형식주의, 관료주의를 타파함으로써 업무 태도를 개선하고 대중들과의 긴밀한 연계를 강조함으로써 공산당에 대한 국민들의 신뢰를 회복하고자 하는 것이다. 또한 시진핑은 집권 이후 중앙기율검사위원회를 중심으로 강력한 부패 척결 정책을 추진하고 있으며, 중앙에서 결정한 부패 척결 정책을 지방과 각 부서가 철저히 실행할 것을 명령했다. 동시에 전 국민과 전 당원이 나서서 당정 간부를 감독하고 고위 간부들에 대해서도 성역 없이 철저한 감독이 이루어져야 한다고 주장하면서, 실제로도 2012년 말부터 상당수의 국장급 이상 고위 간부들을 부패 혐의로 처벌했다.

이와 더불어, 사회통제를 강화하는 일련의 조치도 단행함으로써 권위주의적 통치를 강화하고 있다. 대학 교육기관 및 현급 행정기관에 '공개적으로 언급하지 말아야 할 7개 항목'(보편가치, 언론자유, 시민사회, 시민권리, 중국공산당의 역사적 과오, 특권자산계급, 사법독립)을 통지함으로써 표현의 자유를 제한 것이 그 대표적인 예라고 할 수 있다. 또한, 언론과 인터넷에 대한 통제도 더욱 강력하게 추진하고 있다.

시진핑 시대의 정치개혁의 방향과 내용을 규정하는 중요한 '지침' 역할을 하는 제18차 당대회의 '정치보고'를 살펴보면, 후진타오 정부가 추진한 방침과 정책이 재차 강조되고 있으며, 이전 시기의 정치개혁과 분명하게 구분되는 새로운 정치개혁의 방침과 정책이 제시되지 않고 있음을 확인할 수 있다. 사실 이러한 문제는 천안문사건 이후 중국에서 정치개혁 논의가 보수화되고 1997년 15차 당대회 이후 법치의 구현이 정치개혁의 기본방향으로 자리 잡게 되면서 계속되는 현상이다.

시진핑 정부가 들어선 이후에도 다당제, 권력분립, 직선제를 핵심 요소로 하는 서구식 자유민주주의 제도를 도입하지 않는다는 중국공산당의 기본방침에는 변화가 없는 것으로 보인다. 18기 중앙위원회 제3차 전체회의(18기3중전회)에서 "개혁개방은 흔들림 없이 추진하면서도 깃발은 바꿔달지 않겠다"고 밝혀 정치개혁에서 있어서 서구식 자유민주주의로의 전환을 추구하지 않을 것임을 분명히 했다. 시진핑 정부는 정치개혁 추진에 있어서 '중국 특색의 사회주의(중국 특색의 사회주의 이론 체계, 제도, 발전경로)'의 견지를 강조하면서, 중국의 개혁 및 발전 방향과 관련된 이데올로기적인 혼란을 막고 단결을 꾀하고자 애쓰고 있다. 제18차 당대회의 정치보고에 의하면, 시진핑 시대의 중국은 '폐쇄적이고 경직된 옛길'과 '깃발을 바꾸는 잘못된 길'을 결코 가지 않을 것이라는 입장을 분명히 밝히고 있다. 이는 과거 마오쩌둥 시대의 좌파 노선으로의 회귀나 서구식 발전모델과 자유민주주의 제도의 도입이 아닌 중국 특색의 발전경로를 통해 중국 특색의 사회주의에 기반을 둔 현대화 국가를 수립하겠다는 의지를 드러낸 것이다.

시기적으로 시진핑 정부의 정치개혁을 평가하기에는 아직 조금 이르다고 할 수 있으나, 시진핑 정부가 들어선 이후에도 정치체제의 개혁에 있어서 정치적 민주화에 대한 의지가 분명히 드러나지 않는 것은 사실이다. 정치적 민주화는 다당제, 권력분립, 직접선거를 통한 지도자 선출, 법에 의한 통치, 국민의 정치적·시민적 권리 보장, 등을 핵심 요소로 한다. 따라서 정치적 민주화는 국민들의 정치참여를 확대하고 정치권력의 과도한 집중과 남용을 방지하는 데 기여한다. 정치개혁과 관련해서 시진핑 정부는 정치적 민주화에 중점을 두기 보다는 부패척결과 당내 민주주의 확대, 법치의 구현을 통한 공산당의 집정능력 강화를 핵심 정책으로 추진하고 있다.

시진핑 정부는 대대적인 반부패운동을 통해 부패척결을 강조하지만 당정 간부들의 권력남용과 부정부패를 초래하는 근본적인 원인이라고 할 수 있는 '권력집중'의 문제를 해결할 수 있는 구체적인 대안은 아직까지 제시하지 않고 있다. 중국의 정치엘리트들 사이에서는 보수적인 정치개혁 방침이 여전히 주류 견해로 자리 잡고 있어서, 공산당 일당지배체제와 당국가체제를 위협하는 어떤 정치개혁도 추진될 수 없으며 중국의 정치개혁은 공산당의 영도권을 공고히 하는 데 기여해야 한다는 방침을 유지하고 있다. 또한, 당내 민주주의의 확대 정책으로 당내 민주화를 위해 당의 입법과정 제도화를 추진하고 공산당 운영의 제도화·규범화·절차화에 노력을 기울이고 있지만, 당 제도와 절차의 완비에 초점을 둘 뿐 당내 다원성에 기초한 경쟁과 참여의 보장과 같은 실질적인 민주화에 대한 논의는 크게 눈에 띄지 않는다. 이처럼 시진핑 시기 중국의 정치개혁은 정치적 민주화에 초점을 둔 개혁이 아니라 여전히 공산당 영도하의 당내 민주주의와 법치, 그리고 이를 위한 정치제도 개혁에 초점을 맞추고 있는 것으로 보인다.

## 5. 맺음말 : 중국 정치개혁의 한계와 향후 과제

중국의 이러한 제도화 중심의 정치개혁은 공산당의 집정능력 강화에는 기여할 수 있지만, 권력집중과 국민의 정치참여 제한이라는 중국의 정치체제가 가진 근본적인 문제를 해결하지 못하는 한계를 가진다. 정치 제도화 중심의 개혁은 공산당 일당체제와 당국가체제를 유지하면서 당이 국가와 사회에 대한 통제력을 공고히 하는 가운데 효율적으로 국가를 통치할 수 있도록 국가 통치 기구와 제도를 정비하는 데 초점을 맞추고 있다. 중국의 당국가체제는 '당정 결합(黨政不分)'을 전제로 하며, 정치권력이 당과 중앙으로 과도하게 집중되는 현상이 나타난다. 당과 중앙으로 집중된 권력은 다시 소수의 당정 간부와 지도부에게로 집중되면서 매우 심각한 부작용들을 초래한다.

중국공산당은 다원적인 이익주체들의 정치참여를 통제하면서 정치권력을 독점해 왔고, 권력에 대한 감독이 부재한 상황에서 공산당의 권위주의적인 정치가 유지되자 부패 문제가 심각한 사회적인 문제로 부각되었다. 소수의 당정 간부와 지도부에 권력이 집중되면서 이들이 국가권력을 사유화하고 그 권력을 이용하여 이권과 재물을 챙기는 현상이 발생했다. 특히, 인사 청탁과 각종 사업의 인허가를 둘러싼 뇌물수수와 정경유착, 약탈적인 지역개발정책 추진 등 인사(人事)와 정책 결정 과정에서 권력 남용과 부정부패가 발생했다. 2012년 중국을 뒤흔든 보시라이(薄熙來) 사건이 이러한 문제를 상징적으로 보여주는 사건이라고 할 수 있다. 더 나아가 권력집중으로 인해 광범위한 자원 낭비와 정책 실패가 발생할 수도 있다. 권력을 손에 쥔 당정 간부는 개인의 정치 업적을 쌓거나 부정축재의 기회를 만들기 위해 타당하지 않은 정책을 무리하게 추진하여 심각한 국가 자원의 낭비와 정책 실패를 초래할 수 있다. 이러한 관점에서 볼 때, 정치 제도화 중심의 개혁은 공산당의 집정능력 강화를 통해 공산당 일당지배체제를 더욱 공고히 하는 데 기여함으로써 이러한 권력집중의 문제를 근본적으로 해결하는 데에는 분명한 한계를 노정하고 있다.

그뿐만 아니라, 공산당 일당지배체제를 유지하기 위해서는 국민의 정치참여를 제한할 필요가 있기 때문에, 중국의 정치 제도화 중심의 개혁은 국민의 정치참여를 확대하는 방안을 모색하는 데에도 소극적일 수밖에 없다. 개혁개방 이후 계획경제체제에서 시장경제체제로의 전환과 함께 시장화에 기초한 경제성장은 필연적으로 사회구성원 간의 이익분배 불균형을 초래했고, 사회적 이익과 가치의 다원화에 따른 이익주체 간 갈등을 심화시켰다. 사회적 계층구조의 분화와 사회적 이익구조의 다원화, 사회구성원들 간 소득격차의 확대로 사회적 불만과 갈등은 증폭되었고 국민들의 정치참여 요구는 높아졌지만, 중국공산당은 다원적인 이익주체들의 정치참여를 통제하면서 정치권력을 독점해 왔다. 공산당 일당지배체제에서 국민이 정부의 정책 결정에 합법적이고 효과적으로 참여할 수 있는 길은 매우 제한적이다. 기층선거와 일종의 청원제도라고 할 수 있는 신방제도(信訪)가 있지만 실제로 이를 통한 정책결정 참여의 효과는 매우 미미하다. 공산당으로 일원화된 중앙집권적인 통치는 대중들에게 적절한 정치참여와 의사표출 기회 및 통로를 제공해주지 못했기 때문에, 사회적 불만이 폭발적으로 표출되면서 시위와 폭동과 같은 집단소요사건(群體性事件)이 빈번하게 발생하는 등 사회적 불안정성이 증대되는 현상이 나타났다. 2000년대 들어 이러한 현상이 급격히 증가하면서, 최근 중국에서는 매년 수십만 건의 집단소요사건이 발생하고 있는 것으로 알려져 있다.

이렇듯 정치적 민주화가 배제된 제도화 중심의 정치개혁은 개혁개방 이후 중국 사회에 나타난 근본적인 구조적 모순을 해결하는 데 근본적인 한계를 드러냈다. 권력집중과 국민의 정치참여 제한이라는 중국 정치체제의 근본적인 문제가 해결되지 않으면 중국 사회에서 정치·사회적 안정을 담보할 수 없을 뿐 아니라 중국공산당은 심각한 신뢰와 통치정당성의 위기에 직면할 수 있다. 현재 중국 사회가 안고 있는 구조적인 문제는 정치사회 영역 전반에 걸친 포괄적인 개혁을 필요로 한다. 중국의 현 지도부가 보다 적극적으로 정치개혁을 추진하지 못한다면 각종 모순과 문제가 갈수록 증폭되어 집권의 비용을 감당하기 어려워지고 공산당의 통치정당성은 빠른 속도로 쇠락할 것이라는 우려가 제기되고 있다. 시진핑 지도부가 한층 더 과감한 개혁정책을 통해 동적인 체제 안정성을 추구해가지 않는다면 더 큰 변화에 대한 아래로부터의 요구에 직면할 수도 있다. 시진핑 시대의 중국은 사회적 불평등의 해소, 사회복지의 확대, 정치적 권리와 정치참여에 대한 대중적 요구가 증대됨에 따라 더 이상 경제성장만으로 이를 해결할 수 없기 때문에, 경제발전뿐 아니라 사회발전과 정치발전도 함께 이룩해야 하는 과제를 안고 있다. 따라서 중단기적으로 볼 때 중국공산당이 어떻게 내부적인 통합력을 유지하면서 권력집중 문제를 해결하고 다양한 사회구성원들의 정치참여 요구를 수렴하여 동적인 체제 안정성을 유지해 가는가가 향후 정치변화에 있어서 결정적으로 중요한 변수가 될 것으로 보인다.

## 〈추천 도서〉

로드릭 맥파커, 『중국 현대정치사: 건국에서 세계화의 수용까지』, 푸른길, 2012
서진영, 『21세기 중국 정치』, 폴리테이아, 2011
이정남, 『민주주의와 중국』, 아연출판부, 2012
이희옥, 장윤미, 『중국의 민주주의는 어떻게 가능한가』, 성균관대학교출판부, 2013
조영남, 안치영, 구자선, 『중국의 민주주의: 공산당 당내민주 연구』, 나남, 2011

# 2. 시진핑 시대 중국경제 어디로 가나

오승렬

인구 14억의 거대한 중국이 거의 40년 가까운 동안 거의 기적에 가까운 고성장 경제를 실현했다는 사실은 이제 더 이상 신기한 일이 아니다. 적어도 2000년대에 들어서면서 우리는 끊임없이 '중국의 부상(浮上)'이나 '중국 위협론'에 익숙해져 왔다. 중국이 미국의 경제 총량을 넘어서는 것은 시간문제일 뿐이며, 이미 구매력(PPP) 기준으로는 미국 경제 규모를 넘어섰다는 것이 일반적인 관점이다. 한국과 중국은 2014년 말 한중자유무역협정을 발효시켰고, 2014년 이후 한국은 중국 제1의 수입 대상국이 됐다. 단지 외형적 측면만 본다면, 중국은 20세기 말에 개혁과 개방 정책을 추진하면서 큰 위기나 충격 없이 성공적으로 성장해 왔다. 그러나 성공적이었던 중국의 경제 성장은 '지속 가능한 발전'과 중국 주민의 '행복 GDP', 그리고 '정치와 경제의 균형발전'과 같은 삶의 질을 보장해 줄 수 있는 경제체제의 구축이라는 맥락으로 논의를 확장할 경우에는 초라한 성적표를 받게 된다.

# 1. 중국의 변신과 세계화

## 중국 경제의 현주소

물론 중국보다 적은 인구와 상대적으로 풍요로운 자원을 가진 많은 개발도상국이 먹는 문제와 기본적인 사회 안정을 이루지 못했다는 사실을 감안하면, 중국의 성과는 높이 평가할 만하다. 그러나 중국은 다른 제3세계 국가나 지역과 다르다. 19세기 초엽 이미 당시 세계 GDP의 30퍼센트를 상회했다. 고대 인류 문명 발상지의 하나로서 종이와 화약, 나침반과 인쇄술 등 인류 문명을 이끌어왔던 핵심 기술의 원형을 발명했고, 유가(儒家)와 한자 문명으로 동아시아 역사에 지대한 영향을 미쳤던 중국이다. 이와 같은 중국의 과거를 생각해 보면, 단지 최근 수십 년의 경제 성장 수치로만 그 성과를 평가한다는 것은 공정하지 않다. GDP 성장 추이와 경기 순환의 형태, 그리고 세계시장에 침투해 있는 '메이드 인 차이나(made in China)'의 물결만으로 중국 경제의 실체를 파악하기는 매우 어렵다. '위대한 중국 문명의 부흥'이나 '중국의 꿈'을 앞세우면서 강력한 중국, 즉 강력한 국가를 지향하는 시진핑의 중국이 어떤 모습으로 변화해 갈 것인지는 중국의 문제일 뿐 아니라 한국을 포함한 동북아시아의 미래를 여는 열쇠라고 할 수 있다.

흔히 중국 경제의 성장을 '중국 위협론'과 연결시킨다. 이는 1980년대 일본의 급성장을 위협적으로 바라봤던 서구 지식계의 행태가 되풀이 된 것으로 이해할 수 있다. 경제-힘-위협이라는 논리적 연결고리는 중국이라는 나라의 거대한 인구와 경제 규모로 인해 더욱 확실해 보이고, 또 중국이 아직도 중국공산당 일당 독재의 사회주의 국가라는 점에서 그 부정적 인식이 힘을 얻는다. 이와 같은 단순한 논리가 설득력을 가지려면 중국의 경제력을 단순한 GDP 크기로 평가해서는 곤란하다. 중국에서 14억 인구가 외자와 결합해서 생산해 내는 막대한 GDP와 상품 수출 규모는 어찌 보면 당연한 통계적 현상이다. 중국의 경제력이 세계질서에 대한 '위협'으로 작용할 수 있다는 관점이 힘을 얻기 위해서는 중국의 경제 구조와 세계경제와의 관계에 대한 이해가 선행돼야 한다. 또 중국이라는 국가의 '의지'가 경제력과 연결돼 어떤 발전 모델을 수용할 것이며, 현실적으로 중국이 새로운 발전 모델을 어느 정도 실천할 수 있을 것인가의 문제에 대한 이해가 먼저 이루어져야 할 것이다.

시진핑 시대에 들어 중국 관찰자들을 더욱 혼란스럽게 하는 것은 중국 정부의 정책이나 제도 변화의 실질적 내용과 겉으로 포장하는 설명이 서로 다르다는 점이다. 가장 뚜렷한 예는 '당중앙 전면적 개혁 심화 영도소조(中央全面深化改革领导小组)'와 같은 정부 조직과 명칭, 그리고 실질적인 권한 행사자의 관계이다.[1] '전면적 개혁심화 영도 소조'의 경우, 명칭에 '전면적 개혁'이라는 표현 때문에 많은 사람들에게 시진핑의 중국은 시장지향적 개혁을 심화시킬 것이라는 착시 현상을 불러일으킨다. 또 13차 5년 규획과 각종 정부업무보고에는 '시장이 자원 배분에 있어 결정적 작용'을 해야 한다고 강조해 왔다. 그러나 현실은 오히려 반대 방향으로 움직였다. 산업구조 개선이나 '공급개혁'이라는 명분으로 거대 국유기업이 통폐합 돼 독점적 지위가 강화됐다. '정책금융'이나 '금융 억압'의 제도적 환경이 개선될 조짐은 보이지 않고 있으며, 시진핑은 기회가 있을 때마다. 소위 '시장실패'의 폐단에 대해 경각심을 내 비쳤다. 후진타오와 원자바오 시대에 국가수반이며 중국공산당 총서기 및 당과 국가 군사위원회 주석으로서 후진타오의 역할과 국무원 총리로서 일상적 정부 업무와 경제정책을 총괄했던 원자바오의 '균형 잡힌' 역할 분담은 시진핑 시대에 찾아보기 힘들다. 중국공산당 서열 1,2위인 시진핑과 리커창의 관계는 수직 질서에 가깝고 경제정책 역시 시진핑이 중심이 돼 결정한다. 정치와 경제 정책 모든 것이 '시진핑으로 통하는' 형국이다.

이제 중국경제의 제도적 변신 없이 지속적인 성장과 발전은 한계에 봉착할 수 밖에 없는 상황이다. 중국이 개혁개방 착수 이래 40년 가까운 기간 동안 연평

---

1) 이 조직은 2013.12.30. 출범했으며, 중국 국가주석 시진핑이 '조장'을 맡고, 정치국상무위원인 리커창, 류윈산, 장가오리 등 3인이 '부조장'을 맡고 있다. 이 조직의 역할은 경제 개혁의 전반적 설계, 문화와 법제도, 사회체제, 당의 건설 및 제도 개혁 방향의 설계, 기율과 감독 등 국가 운영의 전반적 영역을 망라하고 있다. 이와 같은 상황은 과거 국가를 대표하고, 군사 및 외교 영역을 총괄하는 국가 주석과 일상적 경제정책 추진과 사회 관리 등의 실무영역은 국무원 총리가 관장하던 것과는 확연히 다르게 국가권력이 시진핑 1인에 집중되고 있는 양상을 대표적으로 보여준다.

균 9퍼센트를 넘는 고성장을 통해 절대적인 빈곤 인구를 극적으로 줄이고, 세계경제에 중요한 영향력을 행사하는 거대 경제로 전환한 것은 분명히 괄목할 만한 성과다. 그러나 개혁개방은 일종의 수단이며, 최종 목표로 보기는 어렵다. 중국이라는 거대한 국가가 지향하는 '사회주의 시장경제'는 아직 구체적인 목적지의 모습을 보여주지 못하고 있다. 중국경제의 미래와 관련하여 경제 성장률 변화나 거품경제의 붕괴 가능성, 그리고 한국경제와의 관계에 한정하여 관심을 보이는 것은 지나치게 근시안적이다. 이런 관심은 지나치게 서구 시장경제로부터 파생된 관념에 의존하는 것이다. 시진핑 시대 중국경제는 어디까지 와 있으며, 어떤 모델을 향해 나가고 있는가. 이 장에서 다루는 중국경제의 현주소와 관련한 핵심 질문이다.

상하이 구시가에서 바라본 푸둥 지역

평범한 베이징의 주택가 골목

## 중국 개혁의 출발선에 서다

일반적으로 한 경제의 생산요소로는 노동과 자본을 든다. 하지만 현실세계에서 경제 성장 속도와 지속 가능성을 판단하기 위해서는 이들 생산요소의 양적 증가와 기술 진보, 그리고 생산 효율성에 영향을 미치는 제도 및 체제 요인을 종합적으로 평가해야 할 것이다. 1970년대 말 경제운영 기제로서 시장 기제를 도입하기 시작했던 중국의 경우, 풍부한 노동력을 보유하고 있었다. 과도한 인구 압력을 완화하기 위해 1958년부터 시행된 호구제도는 농촌인구의 도시 진입을 제한했다. 중국은 1953년부터 1차5년 계획을 추진하고, 구소련의 지원에 의존하여 중공업 기반을 구축했으며, 중국식의 계획경제를 건설했다. 1958년 농촌을 인민공사로 재편하고, 농촌 지역의 공업 건설을 위해 급진적인 '대약진운동'을 추진했으나 중국 정부의 보수적 추정에 따르더라도 2,000만 명 이상의 막대한 인명이 희생되는 등 대실패를 경험했다. 1966년부터 전개된 문화대혁명 기간 동안은 정치적 혼란이 극심했으나, 경제적으로는 '자력갱생' 체제의 구축을 통한 농촌 공업화의 기본 틀이 마련됐다. 낮은 수준의 기술에 의존하여 지방의 자원을 스스로 동원하는 방식으로 추진된 농촌공업화의 기본 방향은 현(縣)급 행정단위를 중심으로 자급자족 전략을 통한 공업화를 목표로 했다. 결과적으로 지역별 비교우위에 의한 산업구조 형성이 아니라 마오쩌둥 이념에 따른 자급자족형 공업화가 이뤄졌다. 이렇게 형성된 공업은 자원 사용이나 규모의 경제 측면의 효율성을 갖추지 못했고, 낙후된 기술수준에 머물렀다. 그러나 문화대혁명 기간 동안에 이루어진 지역경제의 자급자족형 공업화는 후에 개혁개방 기간 동안 농촌 경제 개혁 및 농촌 공업 성장의 토대가 됐고, 특히 방대한 인구의 대도시 유입을 통제하면서 공업화를 추진했다는 점에서 중국식 현대화 모델이라고 할 수 있다.

1978년 이전 중국 농촌에 형성된 자급자족형 공업은 1980년대에 중국이 '시장'을 받아들이는 과정에서 경제성장의 토대가 됐다. '농가책임생산제'의 도입과 시장 수요와 공급에 의한 가격 형성, 그리고 상업 거래의 확산으로 인해 농촌 지역의 공장들은 곧바로 중국인이 희망하는 상품을 시장에 공급할 수 있었던 것이다.[2] 문화대혁명 기간 동안 농촌으로 쫓겨났던 지식 청년들이 도시로 돌아오자 중국은 이들에게 일자리를 제공해야하는 압력 하에 놓이게 됐다. 개혁 초기에 중국 정부는 이들에게 택시 운전이나 길거리의 노점 운영 등을 허용했다. 농촌과 도시 경제에 시장이 접목되기 시작한 것이다.

2) '농가책임생산제(家庭联产承包责任制)'란 중국의 개혁개방 초기에 토지 소유권은 여전히 국가가 보유하는 상황에서 농민은 토지경영관리권(경작권)을 가지고 국가와 토지 관리 책임과 권리, 이익 등에 관해 도급 계약을 맺고 각종 영농 활동을 자율적으로 수행한 후, 생산물에서 농업세와 부담금을 제외한 나머지 부분에 대한 소유권(처분권)을 가지는 인센티브 제도를 지칭한다.

## 중국을 국제무대로 이끈 외자(外資)

흔히 중국 경제개혁 과정 초기에 일부 지역에서 위험을 무릅쓰고 시도한 후 전국으로 확산됐던 '농가책임생산제'를 중국이 사회주의 계획경제와 작별을 고했던 결정적 조치로 설명한다. 그러나 농업 부문의 상업적 거래 허용과 가족 단위 인센티브 제공은 개혁시기와 그 이전 시기를 구분하는 상징적 정책이었으며, 중국인이 개혁이 시작됐음을 현실로 느끼고 적응하게 만든 배경적 요인이었을 뿐이다. 실질적으로 중국 경제의 현대화를 이끌었던 것은 공업 기업 개혁과 외자의 유입, 그리고 그에 뒤따랐던 기술의 도입이었다. 외국 자본의 직접투자(FDI)와 수출로 인한 외환의 확보는 중국과 세계경제의 접목을 가능하게 했던 촉진제라고 할 수 있다. 2000년대 들어 중국의 세계무역기구 가입이후 대외무역이 폭발적으로 증가하자, 중국을 '세계의 공장'으로 묘사하고, 막대한 외환보유고는 곧 중국의 힘으로 통했다. 2008년 세계금융위기가 발발하자 미국과 유럽은 중국의 '흑기사' 역할을 요청하기도 했다. 중국경제는 이중구조를 가지고 있다. 농촌과 내륙지역의 일반 공업기업은 아직 세계시장 수요를 충족시킬 수준의 상품을 생산하지 못하며, 수출이나 국내의 고급 상품 수요를 위한 생산은 연안지역이나 경제개발구의 외자기업의 몫이다. 2016년 현재 다국적 기업을 포함한 외자기업은 여전히 중국 공업 수출품 중 70퍼센트 수준을 차지한다. 순수한 중국 자본의 국내기업이 담당하는 수출 제품의 경우에도 상당수는 외자기업으로부터 부품과 원자재를 구입한다. 오늘날 우리가 인식하고 있는 '중국의 힘'은 중국에 진입한 외자(外資)와 따로 분리해서 생각하기 어렵다.

개혁개방 초기에 중국에 유입된 외자는 대부분 홍콩과 대만, 그리고 동남아 화인 자본이었다. 1980년대 중국의 변신에 대해 회의적이었던 서구사회는 1989년 천안문 사태가 발생하자 중국의 개혁개방 노선이 다시 퇴보할 것으로 판단했다. 이와 같은 세계인의 추측을 과감하게 깨뜨렸던 것은 1992년 중국 남부지역을 방문했던 덩샤오핑에 의한 개혁개방의 가속화 선언이었다. 문화대혁명의 선명한 기억과 동유럽의 경험과는 다르게 정치체제의 변화 없이 경제 개혁을 '점진적'으로 추진했던 당시 중국 지도부의 정책으로 인해 서구 자본은 아직 중국 투자를 망설이는 상황이었다. 1989년 6월 천안문 사태의 폭력적 진압 이후,

중국은 정치와 경제의 명확한 분리를 앞세우게 된다. 1992년 초 개혁노선의 불가피성을 강조했던 덩샤오핑의 '남순강화'를 계기로 중국은 단순히 정책적 실험에 의존한 개혁이 아니라 법제도의 변화를 수반하는 '제도적 개혁'의 시기에 접어들었다. 정치 영역에서 '서구적 자유화'는 허용할 수 없으나, 시장을 통한 경제성장은 반드시 필요하다고 했다. 1993년에 개정된 헌법에서는 중국을 '사회주의 시장경제' 체제로 확정했다. 인터넷 혁명과 함께 1990년대에 폭발적으로 성장했던 세계 지식기반 IT산업과 금융자본은 다국적 기업으로 하여금 새로운 시장과 투자 대상을 물색하게 했다. 중국은 세계 최대의 인구가 형성하는 잠재적 시장 규모와 1980대부터 추진됐던 대외개방 경험이나 홍콩의 매개 기능 등으로 인해 다국적기업과 국제 금융 자본에게 새로운 기회의 땅이 됐다. 이 무렵 유행처럼 번졌던 '브릭스(BRICs)' 열풍은 자원과 잠재 시장 규모로 인해 브라질, 러시아, 인디아, 중국이 기회의 땅으로 여겨졌던 4개의 거대 국가의 매력을 설명하고 있다. 과거 1970-1980년대에 한국을 포함한 아시아 '네 마리 작은 용' 경제가 수출과 경제의 효율성에 의존해 성장했다면, 1990년대 중국이 마주한 세계경제는 '기회'만 제공한다면 더 이상 허리띠 졸라매는 방식의 성장전략은 불필요한 상황에 놓였다. 중국의 고성장에 알맞은 환경이 조성된 것이다.

## 세계화의 그림자

2001년 중국의 세계무역기구(WTO) 가입을 통해 중국은 세계 경제 질서에 편입됐다. 이제 대다수의 대규모 다국적 기업은 모두 중국에 진출했다. 중국은 적어도 세관통계 수치로는 세계 최대의 수출국이다. 우리가 소비하는 대다수의 공산품은 메이드 인 차이나로 생산지를 표기하고 있다. 중국의 이런 모습에 익숙해 진 우리는 수출에 힘입어 경제성장을 일군 한국경제가 행여 중국에 추월당하지 않을까 걱정이다. 한국의 대기업은 중국의 추격이 심상치 않다는 경고를 입에 달고 산다. 미국은 중국이 누리는 막대한 무역 흑자로 인해 미국 노동자들이 일자리를 잃었다고 불만이다. 이들은 보호무역의 필요성을 역설했던 도날드 트럼프가 승산 없을 것으로 보이던 미국 제45대 대통령 선거에서 승리할 수 있게 지원했던 후원군이 됐다. 과연 세계 최대 무역국이자 외환보유고를 가진, 각종 소비재에서부터 생산재에 이르기까지 세계 제조업의 공급사슬에서 큰 비중을 차지하고 있는 중국의 의미는 무엇일까. 미국의 대학 교수 스타인펠트는 그의 책에서 중국의 역량을 폄하했다.[3] 중국은 기껏해야 미국이 구축한 세계 정치경제 질서의 틀에 편입돼 그저 값싼 임금에 의존한 분업 역할을 담당할 뿐, 스스로의 새로운 질서로 미국 주도의 세계질서를 대체할 가능성은 없다는 것이다. 지나치게 중국의 역할이나 역량을 단순화 했으며, 미국 지식계의 이 같은 관점은 '21세기형 오리엔탈리즘'에 다름 아니라고 볼 수 있으나, 중국의 한계성을 설명 하는 데는 유용하다.

세계 제조업은 흔히 '4차 혁명'의 시대에 진입하고 있다고들 한다. 인공지능과 새로운 형태의 기술적 속성을 지닌 지식 및 기술 기반 상품 중심으로 생산구조가 재편된다는 이야기다. 좀 과장해서 말한다면, 이제 노동력은 더 이상 경제학의 생산 함수에 포함되지 않을 수도 있다. 중국경제의 개혁개방 과정에서 노동력을 포함한 중국의 저비용 구조를 이용해 외자기업은 대부분 중국을 생산 공정 담당의 생산기지로 활용한다. 수출통계에 중국이 수출하고 중국에 비교우위가 있는 것으로 기록되는 많은 상품이 실질적으로는 서울이나 미국의 실리콘벨리, 홍콩이나 동경, 심지어는 타이베이에 본거지를 둔 기업이 중국 본토에 생산기지를 운영해 생산한 것이다. 이러한 생산 구조로부터 중국이 얻는 것은 초라하다. 물론 일부 부품이나 원자재 등을 공급하고 있으나, 중국이 부담해야 할 토지, 환경 등의 대가에 비해 이와 같은 생산방식이 중국경제의 발전을 위해 기여할 수 있는 영역은 제한적이다. 특히 지식재산권에 대한 엄격한 관리와 기술이전 영역이 제한돼 있는 상황에서 중국은 '미소 곡선'의 최 하단 영역에 위치한다. 중국경제가 미소 곡선의 좌우 상층부로 이동할 수 있는지, 아니면 미소 곡선 자체의 모양이 보다 평평한 고부가가치 영역의 제조업 부문으로 산업고도화가 이뤄질 수 있는지 여부가 세계경제와 중국의 관계를 결정하게 될 것이다.

---

3) Steinfeld, Edward S., Playing Our Game: Why China's Economic Rise Doesn't Threaten the West (New York, U.S.; Oxford University Press, 2012)

## 21세기 '중체서용'의 한계성

중국은 과연 세계 다국적 기업의 생산기지로서 일굴 수 있었던 '무역 대국'의 위상으로부터 세계 제조업을 주도해 갈 수 있는 '무역 강국'으로 발돋움 할 수 있을까. 시진핑 정부이후 중국 지도부가 어떤 경제 제도와 정책을 추진하는가에 달렸다. 2016년 말까지의 중국 상황을 보면 그리 쉬울 것으로 볼 수는 없다. 비록 중국이 미국에 맞선 군사 기술 체계 개발에 주력하고, 우주 기술과 무기 영역에서의 성과가 자주 매체에 등장하고 있으나, 전략적 기술이 민간 경제와 접목되기에는 한계성을 지닌다. 중국은 전통적으로 외국으로부터 도래한 문화를 자국의 것으로 흡수 융합하는데 매우 뛰어난 역사를 가지고 있다. 이는 중국이 민족국가의 성격보다는 문화 집단으로서의 정체성이 강하게 드러난다는 특징의 형성과 유지와도 관련이 있을 것이다.

중국은 아편전쟁 이전에는 북방의 유목 문화권 이민족들과의 관계에서 이들의 침략에 극단적이고 전면적인 전쟁으로 맞서기보다는 이들의 문화가 '우월'했던 중원의 문명-중국 문명에 제풀에 흡수될 수 있도록 이들의 힘에 '부드러움'과 '방치(그대로 내버려 둠)'로 대응했다. 그리고 19세기 서구 제국의 침략 이후에는 패전 결과로 연안지역에 대한 이들의 이권과 조계 지역의 치외법권(治外法權)을 인정하게 된다. 서구 열강의 침략과정에서도 중국은 '기능적 측면에서 서구의 군사력이나 물질적 문명을 배워 활용하더라도 정신적인 본질에 있어서는 중국의 것이 중심이 돼야한다'는 중국 중심적 사고를 버리지 않았다. 어찌 보면 1980년대 이후 중국이 정치체제를 유지하면서도 경제적 대외개방을 거부감 없이 광범위하게 추진할 수 있었던 배경에는 이와 같은 '중체서용(中體西用)'의 정서가 여전히 작동하고 있었다고 볼 수 있다. '중체서용'은 얼핏 중국에 정신적 중심을 둔 주체적 사고 같지만, 역설적이게도 서양의 기술과 문물이 중국의 것에 비해 우월하고 이를 무비판적으로 수용할 수 있다는 피동적 의식을 의미한다고도 볼 수 있다.

이러한 맥락에서 본다면, 중국이 2001년 말 세계무역기구에 가입한 이후 급증했던 다국적 기업의 중국 투자로 인해 빠르게 바뀌었던 중국의 비교우위가(세관통계에 잡힌 수출 우위 산업과 상품 구조) 반드시 중국경제의 산업기술 발전 결과로 나타난 것만은 아니다. 중국 지도부가 낙후된 중국경제를 개선하기 위해 채택했던 일종의 '중체서용'식 정책의 결과로 볼 수 있다. 이제 중국은 기로에 서있다. 계속해서 세계 다국적 기업과 자본의 제조업 기지로 '미소 곡선'의 중간에서 낮은 부가가치 영역을 담당할 것인지, 아니면 중국 나름대로의 경제모델을 발전시켜 세계 경제 질서를 주도해 나갈 것인지는 바로 현재의 중국이 어떤 방향으로 진행할 것인가에 달려있다고 보겠다.

선전을 위해 동양화로 묘사한 마오쩌둥 시대 인민공사

인민공사에서의 집단 식사 메뉴

적어도 아직까지는 중국이 세계경제와 새로운 관계를 형성함으로써 스스로의 경제 발전 모델을 향해 나가고 있다고 보기는 어렵다. 대외경제 관계에서 중국의 발전을 가로막는 장애 요인은 스스로의 기술을 개발하고 확산시키기 어려운 중국 시장의 구조와 세계금융위기 이후 대두되고 있는 보호주의라고 할 수 있다. 중국 기업들의 지식재산권 보호에 대한 개념은 아직 미흡한 까닭에 흔히 이야기하는 '짝퉁' 문화가 광범위하게 퍼져있다.

정부의존 기업이나 폐쇄적인 가족 기업의 경영 방식으로 인한 경영권의 불안정성 등으로 인해 긴 안목으로 추진하는 장기 기술 투자보다는 외부로부터 사들인 기술에 의존하는 짧은 시간 지평의 경영 풍토가 지배적이므로 긴 호흡을 가진 기술 개발도 어렵다. 한편 지방정부의 관할 지역 내 기업에 대한 보호로 인한 신규기업 또는 타 지역 기업의 지역 시장 진입의 어려움 등은 기업의 기술의 확산이나 전파를 어렵게 하는 시장 구조를 가지고 있다. 무엇보다 중국경제 전반의 보편적 기술 진보를 가로막는 환경은 경제의 2중구조라고 할 수 있다. 연안 및 내륙 거점도시에 진출해 있는 외자기업을 중심으로 구성된 제1경제권과 내륙 농촌이나 소도시, 그리고 연안지역 대도시의 내부와 외곽에 혼재한 전통경제가 구성하는 제2경제권이 서로 분리된 양상이다. 제1경제권은 대규모 국유기업과 금융권, 외자기업 등이 형성하고 있으며, 이들은 자금력과 도입된 기술, 국제경제와의 연계성 등에서 의심할 나위 없이 중국이 국제사회의 '큰 손'임을 보여준다. 그러나 이들과는 유리된 제2경제권은 소위 '세계의 공장'과는 거리가 멀다. 전통적인 행동 양식과 관리체제, 빈약한 자본과 기술 등으로 인해 현대 중국인 중 대부분이 속한 제2경제권은 아직 세계시장에 비교우위를 보여주는 중국의 외형과는 다른, 별 연관성이 없는 세계다.

중국의 미래에 영향을 미칠 중요한 환경 변화는 세계경제의 보호주의 강화 흐름과 국가 간 전략적 갈등 구조의 격화다. 1995년 WTO의 출범과 함께 세계는 자유무역과 투자, 경제통합의 물결로 넘쳤고, 전통적인 신자유주의 경제이론은 드디어 현실에서 꽃을 피우는 듯 보였다. 1990년대에 신자유주의적 국제질서가 확산된 배경으로는 금융자본의 증가와 다국적기업의 확산, 그리고 인터넷 혁명과 운임 및 통신비용 하락 등의 경제적 요인을 들 수 있다. 이들 경제적 요인이 현실에서 의미를 가지게 된 정치경제적 환경으로는 구소련과 동유럽 사회주의체제의 전환과 중국의 경제적 변신으로 인해 미국과 서유럽의 시장 자본주의가 세계 경제 질서의 주도적 지위를 장악하게 된 점을 생각해 볼 수 있다. 적어도 2008년 세계금융위기 이전 시기에 전 세계는 새로운 투자기회를 찾아 막대한 자본을 이동시켜 생산설비를 증가시켰고, 이는 곧 금융위기 이후 세계경제가 앓고 있는 공급 과잉으로 연결됐다. 세계경제의 과잉공급, 즉 수요 부족 현상으로 인해 미국과 유럽연합, 일본 등 세계 주요경제의 통화 공급 확대는 정당화 됐다. '양적 완화'라는 새로운 용어를 사용하면서까지 전통적인 거시경제 정책으로는 금기시돼 왔던 적극적인 통화 정책으로 경기를 부양하려 했다. 중국의 경우, 이미 GDP 규모에 비해 이미 상대적으로 과도하게 존재했던 화폐(M2)량이나 통화정책 효과의 한계성으로 인해 정부나 국유기업이 앞장선 각종 인프라(사회간접자본) 투자를 통해 경제성장률을 유지할 수밖에 없었다. 근래에 중국을 방문하면 관찰할 수 있는 고속철도 노선의 빠른 증가나 지방 도시에서 동시다발적으로 추진하고 있는 지하철 건설 등이 투자주도형 경제성장의 현장이다. 중국이 국내 인프라 투자를 통한 성장률 유지를 위해 노력했지만, 세계경제는 여전히 회복 조짐을 보이지 않았다.

## 미국과의 갈등

시진핑 시대 중국의 대외경제 관계는 과거 40년 가까운 기간 동안의 확장 패턴과는 다른 양상으로 변화할 것으로 전망된다. 세계경제의 지속적인 공급과잉과 투자 기회의 축소가 단 기간에 해소되기 어렵다. 또 미국의 도널드 트럼프 정부는 공화당이 지배하는 의회 분위기에 의지하여 미국 내의 '일자리 창출'을 위한 새로운 양상의 보후주의를 강화할 것이다. 미국 트럼프 행정부의 대외경제 정책은 단순한 고립주의나 보호주의에 그치는 것이 아니다. 미국은 이미 확보한 다른 나라 시장에서 미국 기업의 경영 및 무역환경을 유리하게 변환시키는 동시에 미국의 수입을 줄여 자국의 일자리를 증가시키려 한다. 즉 '네 시장은 내 시장이고, 내 시장도 내 시장'이라는 공급 과잉 시대의 이기적 정책을 구사하겠다는 것이다.

이와 같은 변화로 인해 그 동안 대외경제 관계 확대 과정에서 외자기업에 의존하여 '세계의 공장'과 '메이드 인 차이나'의 신화를 일궜던 중국의 정책도 변화할 것이다. 특히 미국 시장에 수출해 왔던 한국과 일본 등의 전자 및 자동차 제조 기업과 해외를 생산기지로 삼았던 미국 기업의 미국 내 공장 건설을 독려하고 있는 미국 새 행정부의 정책은 중국의 대외경제 정책 변화를 촉진하고 있다. 중국의 변화는 우선 국내 시장 보호와 자국 기업에 의한 수입대체 산업 육성, 중국 경내의 외자 기업에 대한 관리 및 통제 강화 등으로 나타날 것이다. 중국은 다른 지역이나 국가와의 자유무역협정 체결 과정에서 정치적 요소를 활용하고, 다양한 자국의 비관세 및 무형의 무역 장벽을 활용해 왔다. 환태평양동반자 구상(TPP)이나 기존의 자유무역협정에 대해 미국의 국익을 좀 더 강하게 반영하려는 미국의 새로운 정책 방향에 대응하여 중국 역시 아시아지역에서 중국의 영향력과 국익을 강화할 수 있는 중국 중심의 새로운 질서를 추구할 가능성이 큰 것이다.

이 경우, 앞에서 설명한 것과 같이 중국경제의 이중구조는 큰 변화를 수반하게 될 것이며, 세계 제조업 기지로서 중국의 역할도 내수시장 중심으로 재편될 것이다. 한국은 2014년 이후 중국 제1의 수입대상 국가이다. 중국에 대한 한국의 수출이 훨씬 경제 규모가 큰 일본보다도 더 많을 수 있었던 이유는 중국에 진입한 한국 기업의 중간재 수입 수요와 중국경제의 발전 수준에 알맞은 단계의 표준화된 기술을 보유한 한국 제조업의 특징 때문이다. 그 동안 중국에 진입한 한국의 제조업 기업들은 한국 중간재를 활용하여 중국에서 최종 생산단계를 거친 상품을 제3국이나 지역에 수출해 왔다. 이제 중국이 내수 중심의 경제 구조로 전환할 경우, 한국경제는 중국의 내수시장 진입이나 중국경제와 한국경제의 상호 보완적 측면을 강화해야 할 것이다.

## 2. 사회주의 시장경제의 고민

### 사회주의 초급단계의 시장

중국경제를 이해하려는 사람들을 곤혹스럽게 하는 것 중의 하나가 '중국은 과연 시장경제인가'라는 물음이다. 중국은 뭐니 뭐니 해도 지난 40년 가까운 긴 시간 동안 사회주의 국가이면서도 시장경제를 도입해서 오늘날의 경제 대국을 일궜다. 여기에서 관측할 수 있는 착시 현상은 중국이 '점진적'이며, 돌다리도 두들겨 보고 건너는 '실험적' 정책을 통해 지속적으로 '시장'을 확대시켰고, 정부나 기업, 가계의 경제 주체들도 시장에 적응해 왔다는 상식이다. 즉 시간이 지날수록 중국의 시장경제적 속성이 확대 심화된다는 것이다. 과연 그럴까? 이 문제는 중국의 미래를 가늠 하는데 결정적이다.

1978년 말 중국이 사회주의 경제의 개혁을 시도한 이후, 시장(market)이라는 개념이 중국에서 바로 받아들여진 것은 아니다. 1980년대 초, 덩샤오핑을 중심으로 한 중국 지도부는 곧바로 적극적인 시장화의 길로 들어섰던 것이 아니다. 여전히 당시 사회주의 계획경제와 마르크스 레닌주의의 틀을 벗어나지 못했던 상황에서 '경제개혁'은 체제전환을 의미하는 것이 아니었다. 천윈(陳云) 등 1949년 이후 중국경제를 관리해 왔던 관료나 학자들은 문화대혁명의 종료와 마오쩌둥 시대의 종언은 인민 생활수준의 개선과 낙후된 농촌경제의 개선, 그리고 중공업 건설 중심으로 달려왔던 경제의 불균형을 바로잡을 수 있는 기회로 받아들였다. '시장경제'란 당시에 아직 명확한 개념이 아니었으며, 기껏해야 중국이 직면했던 과제를 해결하기 위해 부분적으로 활용할 수 있는 '수단'이었을 뿐이다.

1980년대 개혁초기에는 '시장'이라는 어휘는 아직 금기였다. 덩샤오핑이 파란만장했던 정치생애에서 항상 견지했던 '실사구시(實事求是)'라는 현실에 뿌리를 둔 실용주의 노선은 위기와 갈등을 해결하기 위한 만병통치약이었다. 개혁초기의 중국에서 논쟁의 핵심은 '가치 법칙'의 적용 범주와 '상품경제'의 허용 범위, 생산수단 소유제도의 변화 여부와 투자의 주체, 경제정책의 우선순위 등이었다. 여기에서 경제 정책의 우선순위를 농촌과 경공업에 둠으로써 주민 생활수준의 개선을 도모한다거나 일부 소비재 및 농업용품에 대한 시장가격 적용(가격자유화) 등의 문제에 대해서는 이견이 거의 없었다고 할 수 있다. 부분적인 가격자유화나 상품 거래 행위는 수요와 공급의 균형을 회복할 수 있는 효율적 도구였으며, 농민이나 노동자들이 생활수준의 향상을 보장할 수 있는 계기로 활용할 수 있었던 것이다.

당시 중국 지도부에게 '상품'이나 '시장 가격'은 중국 사회주의가 아직 '초급단계'에 머물고 있어서 제대로 된 '고급단계'의 사회주의를 실현하기 위해 불가피하게 활용할 수밖에 없는 '보조적'인 역할에 국한돼야 하는 것이었다. 중국의 경제관료 출신 원로 정치인이었던 천윈의 '새장 경제론'은 이와 같은 견해를 설명하는 대표적 비유다. 즉 상품경제와 시장 가격의 도입이나 농촌 영농 인센티브 개선은 일정 한도 내에서 중국경제에 활력을 불어넣어 줄 수 있다는 점에서 긍정적으로 볼 수 있으나, 도가 지나치면 마치 새장의 문을 열어 새가 날아가 버리는 것처럼 사회주의 국가로서 중국경제의 정체성이 흔들릴 수 있다는 보수적 관점이다. 중국경제의 변신에 대한 이런 종류의 보수적 관점은 당시 개혁을 이끌었던 덩샤오핑이나 후야오방과 그들의 지지 세력들에게는 성에 차지 않는 것이었다. 덩샤오핑은 비록 돌다리를 두드려가며 건너듯이 현실의 성과를 검증해 가면서 개혁을 착실하게 진행하더라도, 이를 뒷받침하는 '생각'과 '행동'은 과거의 고정된 틀에서 벗어나 과감하게 새로운 시도를 해야 한다는 것이었다.

덩샤오핑은 '계획'이 사회주의체제의 전유물이 아닌 것처럼 '시장'이 자본주의 경제체제의 전유물이 아니며, 사회주의 중국도 경제발전을 위해서는 '시장'을 충분히 활용해야 한다는 입장이었다. 자칫 정치적 분열과 노선투쟁으로 비화할 수 있는 일종의 '이념' 갈등 구조 속에서 덩샤오핑은 '먼저 쉬운 것(의견이 일치되는 부분)부터 실행하고, 어려운 것(의견 차이가 뚜렷한 부분)은 나중에'라는 현실적 접근법과, '진리의 유일한 척도는 실천(현실적 성과)'라는 누구도 부인하기 어려운 실용의 논리 구조로 위기를 개혁의 동력으로 전환시키는 출중한 수완을 발휘했다. '시장'을 목표로 삼을 수 없었던 당시 중국 상황으로 인해 개혁의 목적지는 항상 흐릿한 상태로 남았다. 개혁지향적 지도부의 생각은 현실에 대한 다양한 수식어로 가려졌다. 중국경제와 시장의 접목은 1980년대 초중반의 '사회주의 초급단계론'으로부터 1980년대 후반의 '중국특색의 사회주의', 그리고 1990년대 초 헌법 개정으로 확정된 '사회주의 시장경제'의 개념으로 정당화됐다. 1990년대 하반기에 접어들어 중국 국내 경제의 성장률 하락으로 인해 국유기업의 유지가 재정 부담으로 작용하게 되자 중국은 국유기업 소유제도의 개혁을 추진했고, 적어도 등록된 기업의 소유형식만 봐서는 '비국유기업'이 절대 다수를 차지하게 됐다. 기업 소유형식의 변화와 함께 중국에 보편적인 상업문화의 확산, 외자기업의 중국내 활동 영역 증대 등으로 인해 우리는 중국경제의 '시장화'가 시간이 흐를수록 심화된 것으로 인식하는 경향을 지니게 된다.

## 사회주의 시장경제

시진핑 시대 겉보기에는 중국경제의 자원배분이나 경제활동의 축을 이루는 '시장'을 어떻게 이해해야 할까. 여기에서 다루는 '시장'이란 단순히 자유롭게 물건을 사고 파는 거래 장소나 모습과 같은 단순한 형식의 문제가 아니다. 궁극적으로 시장기제가 제공하는 자원배분의 효율성과 경제적 자율성을 보장할 수 있는 아담 스미스(Adam Smith)의 '보이지 않는 손'이 과연 중국에서 작용하는가의 문제다. 중국 시장의 특징을 이해하기 위한 세 가지 코드는 중국 전통의 사회적 지속성, 사회주의 잔재, 그리고 개혁과정을 통해 수용된 '시장'의 속성이다. 물론 현대 중국 시장의 속성은 중국 전통 사회의 구조적 특징과 사회주의 중국의 경제구조가 영향을 미치고 있으므로, 이들 세 가지 코드(code)가 독립적으로 존재하는 것은 아니다. 중화인민공화국은 1949년 사회주의 혁명의 성공으로 탄생했다. 그러나 혁명을 이끌었던 마오쩌둥이 강조했던 것처럼 중국의 사회주의 혁명은 마르크스의 역사 발전단계에 따라 자본주의에서 계급혁명을 통해 사회주의로 넘어간 것이 아니라 '반(反)봉건'과 '반(反)제국주의'를 기치로 내세웠던 일종의 '계몽(啓蒙)'과 '부국강병(富國强兵)론'이 결합된 근대화의 과정이었다. 어찌 보면 20세기 초엽까지도 낙후되고 서구 열강의 침략 대상으로 전락했던 '아시아의 병자(病者)' 중국을 근대화의 궤도에 진입시키는 것이 계급투쟁보다 급선무였을 수도 있다.

1949년 이후 농촌경제 중심의 중국경제는 사회주의 혁명의 완결보다 생산력의 증강이 더 큰 과제였다. 마오쩌둥이 직면했던 과제는 사회주의의 완성과 경제건설의 양면적인 것이었다. 1950년대 마오쩌둥의 조급증이 대약진운동의 참담한 정책 실패를 수반했고, 1960년대의 문화대혁명으로 연결됐다. 칼 마르크스의 역사발전 단계와는 달랐던 중국의 생산력과 생산관계로 인해 사회주의 중국의 정부, 기업, 가계의 행위양식은 전통 중국의 사회경제적 틀을 벗어나지 못했다. 전통 중국의 사회경제적 틀에서 핵심적인 요소는 황제를 정점으로 하는 관료주의와 가족 및 지연에 의해 연결된 지역사회 네트워크, 유가와 종법(宗法)사회의 문화집단적 행위 및 계층 질서 등을 들 수 있다. 우리가 중국인의 경제행위를 설명할 때 흔히 떠올리는 '꽌시(關係)'와 '관료주의', 그리고 지식재산권을 너무도 쉽게 위반하는 '짝퉁' 상품의 만연, 지방 정부와 기업의 밀착관계, 근래에 확산되는 폐쇄적 가족기업 등이 바로 문화집단으로서 전통적 행위 양식이 반영된 중국 시장의 모습이다.

한편 1949년부터 1978년까지 중국이 지향하던 마르크스 레닌주의에 근거한 스탈린식 사회주의 계획경제의 경제 관리 방식이 남긴 잔재 역시 중국의 시장구조에 여전히 영향을 미치고 있다. 비록 시장지향적 개혁과 세계경제 질서와의 접목을 추진해 온 중국이라고는 하나, 여전히 금융 자본을 포함한 자원 배분의 우선순위를 둔 거시경제 집행의 중심축으로 국유기업을 활용하고 있다. 비록 기업의 수에 있어서 '비국유기업'이나 아직 소유권을 모호하게 정의내리고 있는 '민영기업'이 절대 다수를 차지하고 있으나, 중국 GDP에서 '정부의존형 기업'이 차지하는 비중은 아직 50퍼센트를 상회한다.

중국경제의 성장률이나 투자구조, 그리고 지역경제 개발, 화폐 및 대출 재원의 조정 등 주요 경제정책은 여전히 중앙정부나 지방정부의 행정수단을 통해 집행되는 것이 현실이다. 기준 금리나 공개시장 조작 등의 통화정책이나 세금구조 변화 등의 재정정책은 중국 경제체제의 특성상 아직은 보조적인 수단이자 경제체질을 개혁 개선하기 위한 제도 확충 방법으로 활용된다. 중국 경제 주체들의 행위 양식은 아직도 '계획'과 정부 방침에 의해 좌우되는 사회주의적 속성을 보여준다. 예를 들면, 중국 정부가 소비 촉진을 통해 경제성장률을 끌어올리기 위해 기준 금리를 하향 조정하거나, 은행 예금 지급준비율을 낮추는 경우에도 소비자들의 소비나 민간기업의 투자는 크게 영향을 받지 않는다. 이는 중국 주민의 저축이 금융소득이나 금융자산의 기회비용 보다는 양로나 의료, 그리고 교육 등의 미래 자금 수요에 대비한 성격을 가지므로 금리변동에 반응이 민감하지 않기 때문이다. 민간 기업 역시 중국의 국유기업 중심의 정책금융 제도로 인해 평소에 높은 금리의 '그림자 금융'에 의존하게 되므로 제1금융권에서의 화폐정책 변화에 민감하게 반응하지 않는다.

적어도 겉보기로는 중국경제에서 사회주의적 요소를 찾기란 쉽지 않다. 이제 명령형 계획경제는 이미 '시장의 힘'에 자리를 내준 것으로 보이기도 한다. 개혁 착수 이래 중국경제의 변화 과정에서 '시장'은 변화 양상을 설명하는 핵심 어휘였다. 덩샤오핑을 중심으로 한 당시 개혁지도부는 중국이 직면했던 생활수준 정체와 거시경제의 불균형, 그리고 서방세계에 비해 현저하게 뒤 떨어졌던 국가 역량 등의 문제를 해결하기 위한 유일한 방안은 '시장'의 도입과 대외 개방이었다. 더 이상 사회주의 계획경제를 통해 동원할 수 있는 자원이 고갈됐을 뿐 아니라, 비약적으로 발전하고 있었던 한국과 일본, 심지어 대만과 동남아시아 국가들에 비해 중국경제의 현실은 암담한 상황이었다. 중국 지도부는 중국경제 현대화의 핵심 고리가 '시장'에 있다고 보고, 개혁개방을 통해 사회주의 정치체제와 시장기구의 접목시키고, 세계경제 질서에 참여함으로써 기술과 자본을 확보한다는 전략을 선택한 것이다. 어찌 보면, 마오쩌둥식 경제모델이었던 대약진운동과 문화대혁명 시기의 동원(動員)식 전략이 실패하고, 구소련과의 관계가 파열됐던 당시로서 중국의 개혁개방은 다른 대안이 존재하지 않았던 가운데 필연적 변화였다고 할 수 있다.

## 시장실패와 정부실패

서구 사회에서 진화를 거듭했던 아담 스미스의 '보이지 않는 손'이 시장으로 작동하기 위해서는 생산수단의 사유제도와 수요 공급에 의한 가격 조절 기제, 그리고 시장경제의 틀을 보장할 수 있는 법과 제도의 유효성, 그리고 이와 같은 경제적 삶을 수용할 수 있는 문화적 속성 등을 들 수 있다. 시장경제의 조건이 충족될 경우, 시장의 작동은 자원배분의 효율성과 경제행위의 자유를 보장하게 되는 것이다. 물론 시장이 만능은 아니다. 보이지 않는 손이 작동하더라도, 시장이 해결할 수 없는 영역이 존재하는데, 바로 '시장실패'가 그 것이다. 시장이 효율적으로 작동하더라도 해결할 수 없는 문제는 바로 사회정의를 고려한 소득의 재분배, 독점 기업의 형성, 환경오염 등 외부성 문제, 그리고 공공재의 적정한 제공 등이다. 이들은 구성원들의 공감대 형성과 민주적 절차를 통한 사회선의 구현을 위해 정치가 해결할 수 있는 영역이다. 경제학 이론의 틀에서 본다면, '시장실패' 문제 이전에 우선 자원배분 및 사용의 효율성을 위해서는 소위 '일반균형'이 이뤄질 수 있는 사유제도와 시장경제의 작동이 필수적이다. 오늘날 중국은 어떠한가?

중국에서 아직 토지의 사적 소유는 법으로 금지돼 있다. 어찌 보면 가장 중요한 생산 요소 중의 하나인 토지의 소유권이 모호한 것이다. 농민의 경우, 단지 토지 사용권을 가질 뿐이며, 바로 택지나 공업용지 또는 도시개발로 농민이 토지 사용권을 매각해야 할 경우 합당한 보상액을 둘러싼 분규가 그치지 않고 있다. 중국경제의 심각한 문제로 거론되는 빈부격차와 국유기업의 독점 지위, 그리고 환경파괴와 사회복지 등 공공재(公共財)의 부족은 전형적인 '시장실패'에 속하는 현상과 착시현상을 불러일으킨다. 중국경제에서 '시장'의 기능이 아직 사회 곳곳에 그 본연의 모습으로 정착됐다고 판단하기에 이르다. 어찌 보면 1970년대 말부터 시장이 중국 사회에 접목되면서 중국의 고유한 특성과 화학 반응을 일으키면서 많은 문제가 나타났다.

그러나 이를 손쉽게 '시장실패'의 개념으로 설명하고 있는 중국 지도부와 학자, 그리고 언론매체의 입장은 무지 속의 무책임이나 변화와 사회 진보를 도외시하는 기득권 보호의 동기가 작용한 결과다. '시장실패'와 '정부실패'로 인한 결과적 현상은 유사할 수도 있다. 즉 빈부격차와 지방정부나 조직의 이기주의에 기인한 환경 파괴 등의 '외부성', 관주도형 경제의 독점 기업과 경제조직 비대로 인한 비효율성이나 지대추구행위 등이 그 것이다. '시장실패'와 '정부실패'로 인한 결과적 현상이 비슷하더라도, 근본적 차이는 제도의 틀 속에서 사회 구성원이 투명한 제도의 변화를 통해 문제를 완화할 수 있을 것인가에 있다. 당연히 '정부실패'는 그것이 기득권 세력이나 국가 권력 또는 해당 사회 전반에 퍼져있는 관습과 전통의 이름에 의지해 은밀하게 유지되고 있다는 점에서 투명한 제도적 개선을 기대하기 어려운 것이다.

중국경제의 문제들은 사실상 '시장실패'보다는 '정부실패'에 의한 현상으로 이해하는 것이 적합하다. 중국의 빈부격차가 가장 두드러지는 영역은 도시와 농촌, 국유 독점기업과 일반 기업 간에 존재하고, 개혁개방 과정에서 정부의 인허가 제도에 의한 기회의 불균등과 정부의 기업 보호적 정책, 호구제도로 묶어둔 인구 이동의 제한 등이 그 배경 요인이다. 또 중국의 독점 기업이나 은행은 자연 발생적인 것이 아니라 국유 및 국가가 지배적인 형태의 자본 소유제도로 인해 정책적으로 형성된 것이라는 점에서 자본주의 시장경제에서 기술과 자본 축적에 의해 독점적 형태로 발전한 기업들과는 성격이 다르다. 마찬가지로 심각한 환경파괴는 사회주의 공업화와 그에 따른 에너지 사용구조의 문제를 해결할 수 없었던 정부 역할의 문제점으로 볼 수 있다. 사회복지 제도의 미비와 공공재 공급 부족 역시 제도적 한계성과 인구 압력 문제, 그리고 지역 간에 존재하는 발전 수준의 격차라는 점에서 볼 때, 이는 정부의 재원 부족이나 우선순위의 문제로 인한 관련 정책이 아직 미비하기 때문으로 볼 수 있다. 이 또한 '정부실패'의 영역이다.

2000년대 이후 중국경제에서 '시장기구'의 확대 및 심화 수준과 그 역할, 그리고 '정부실패' 문제의 해결 정도 등을 평가해 보면, 앞에서 지적한대로 중국의 시장기제가 지속적으로 발전한 것으로만 이해하기 어렵다. 국유기업 소유권을 개혁해서 민간 영역의 시장기제가 더욱 효율적으로 움직이게 한다는 취지의 기업 소유제도 개혁은 표면적으로는 비국유기업이나 민영기업의 비중을 높인 것으로 보인다. 그러나 중국경제 전반에 있어서의 '국진민퇴(國進民退)-국유기업이 확대 발전하고, 민영기업이 약화된다는 의미' 현상은 외형적인 민영기업 비중의 증가를 무색하게 했다. 중국의 비국유기업이나 민영기업은 다양한 주식 지분 배분 구조로 인해 사실상 정부 또는 다른 국유기업이 기업 경영 과정에서 중요한 역할을 차지하는 경우가 많다. 특히 지방정부는 재정수입 확보 차원에서 관할 기업을 보호하는 양상을 보인다. 이와 같은 상황은 경쟁기업의 시장 진입을 제한하고, 정부와 기업 간의 밀착 관계를 보여준다. 사실상 정부의 기업 간여 현상은 중국경제에서 광범위하게 나타나고 있어서, '정부의 지지(支持)' 없이 기업 경영, 외자 유치, 대외 무역을 순조롭게 추진하기 어렵다. 이런 현상은 단순히 중국경제의 체제전환 과정에서 '아직 덜 개혁된' 영역에서 나타나는 과도기적 현상이 아니라, 중국의 전통적 관료주의와 위계질서, 그리고 사회주의 시절의 계획경제 틀과 중국공산당 지배 체제가 뒤섞인 구조적 특징이라고 할 수 있다. 문제는 정부나 정부와 관련된 국유기업 및 조직과 이를 구성하는 인적 요소가 과도한 영향력을 행사하는 '관주도형' 중국경제의 특징이 시간의 흐름에 따라 완화되지 않고 있다는데 있다.

## 시진핑 시대 국가주의와 시장

시진핑 시대의 중국경제에서 '시장'은 미묘한 위상을 지닌다. 중국공산당 및 국무원(행정부)의 기본 정책 방향은 '전면적 개혁심화'라는 모호한 내용이다. '개혁'이라는 개념은 얼핏 보면 우리가 이해하는 전통적인 사회주의 계획경제의 체제전환과 맞물려 시장화나 사유제도 도입 및 대외개방 등을 의미하는 것으로 받아들이게 된다. 그러나 시진핑은 기회 있을 때마다 '시장을 도입하되 시장의 힘이 제멋대로 작용해서는 안 된다'라고 하면서 시장이 진정한 '보이지 않는 손'으로 확대되는 것에 대해 경각심을 보였다. 시진핑은 전통적으로 국가 주석이자 중국공산당 총비서로서 관장했던 국가수반과 군사 외교, 당무뿐 아니라 일상 경제정책까지도 관리하는 유일한 최고위 지도자로서의 모습을 조성해왔다. 이에 비해 국무원 총리 리커창의 경우, '관료 조직이 경제 관리에 있어서 제멋대로 하지 말아야 한다'는 관점과 특히 금융 영역의 개혁을 심화해야 한다는 경제정책 성향을 보여 왔다. 그러나 시진핑 시대에 광범위하게 전개됐던 반부패 조치들과 시진핑에 집중되고 있는 정치권력이나 경제정책에 대한 시진핑의 영향력 확대 등으로 인해 리커창의 정치적 위상이나 정책적 역할은 위축됐다. 시진핑 시대 중국 경제의 변화는 '전면적 개혁 심화'라는 포장을 통해 '시장'을 확대 심화시킨 것이 아니다. 오히려 개혁 과정에서 나타난 문제해결이라는 명분하에, '개혁의 심화'라는 포장 속에서 실질적으로는 국가와 중국공산당, 그리고 정부의 역할을 강화하는 방향으로 진행된 것이다.

여기에서 핵심은 과연 중국경제에서 관측되는 부정적 현상--소득격차 확대, 환경파괴, 부정부패, 독점 기업, 공공재 부족--등이 과연 시장화 과정에서 (시장이 확산됨으로 인해) 나타난 문제인지, 아니면 중국 특유의 경제 환경과 제도적 특징으로 인해 나타난 '정부실패'의 결과인가에 있다. 중국의 시장에서 여전히 관측할 수 있는 지방정부의 보호주의와 정부-기업 밀착관계, 법치의 취약함으로 인한 지대추구행위(rent-seeking activities)의 만연, 국유기업의 제도적 독점 등의 특징을 감안할 때, 중국 시장의 한계는 과도한 시장화가 아니라 과도한 국가의 경제개입과 관료주의에 의한 '정부 실패'의 측면이 강하다. 특히 시진핑 시대의 중국이 다시금 과도한 권력집중과 국가중심의 경제체제로 복귀하고 있는 양상으로 인해 과도기에 있는 중국의 시장이 지니는 취약성이 드러났다. 지난 40년 동안 중국은 '시장'과 '계획', 그리고 역사와 사회의 지속성이 뒤섞인 '사회주의 시장경제'를 만들어 왔다. 중국의 '사회주의 시장경제'는 아직 미완의 과제다. 중국 나름대로의 시장 기제를 만들어 가려는 노력이 성공하려면, '정부 실패' 문제를 해소하고, 시장이 제대로 작동하여 자원 배분의 효율성을 높이면서도 '시장 실패'를 보완할 수 있는 제도적 장치를 갖출 수 있어야 할 것이다.

## 3. 중국의 새로운 성장 전략

### 성장에 목마른 중국경제

2016년 중국의 경제성장률은 6.7%로 기록됐다. 2015년의 6.9%에도 미치지 못했다. 1989년 천안문사태 이후 최저치다. 2017년 1-3월 경제성장률이 6.9%로 상승했으나, 중국경제가 직면하고 있는 구조적 문제들이 개선되는 조짐은 찾아보기 어렵다. 물론 중국의 경제통계 작성 방식 변화나 통계 오차, 그리고 지방정부의 다양한 통계 조작 동기 등으로 인해 6.7%의 경제성장률을 다른 나라의 수치와 직접 비교하기는 어렵다. 그러나 중국 정부의 통계 자료에 근거하여 중국경제의 체감 경기나 시장 상황 변화, 지역별 거시경제 환경의 차이 등을 파악하기에는 큰 문제가 없다. 많은 매체나 중국 전문가들은 중국경제 성장률의 하락세를 두고 이제 중국경제의 성장 신화는 끝났다고 본다. 심지어 중국발 디플레이션, 즉 세계경제 침체 요인으로 중국을 지목하는 경향도 나타나고 있다. 소비 부진이나 부동산 거품, 그림자 금융과 지방정부의 과도한 채무 등이 중국경제에 심각한 충격을 줄 수 있다는 견해다.

중국 지도부도 중국경제의 성장률 둔화 가능성을 굳이 외면하지는 않는다. 세계금융위기로 인한 공급과잉 상황에서 중국경제의 저성장과 경기 후퇴 현상이 일시적인 것이 아니라, '일상적 현상' 즉 '신창타이(新常態)'로 자리 잡았다는 점을 강조해 왔다. 중국 정부는 2016-2020년의 제13차 5년 계획 기간 동안 중국경제 연평균 성장률을 6.5-7%로 낮춰 잡았다. 이는 세계금융위기 전후, 중국 정부가 생각했던 성장률의 마지노선인 8%에 비해 상대적으로 낮은 수준인데, 중국 정부 역시 중국경제의 성장률을 마냥 높게 유지하기 어렵다는 인식을 가지고 있음을 보여준다. 중국과 같이 거대한 인구와 경제규모를 가지는 국가에서 연평균 성장률이 6%를 상회한다는 것은 그 자체만 하더라고 상당히 괜찮은 수준이다.

미국 대통령 도널드 트럼프는 자신의 임기 중에 경제성장 목표치를 4%로 제시했다. 그러나 이 역시 달성하기에 쉽지 않은 수준이고, 설사 미국경제가 연평균 성장률 4%에 도달하는 경우에도, 또 다른 고민, 즉 인플레이션이나 금리 인상 등이 미칠 거시경제적 파장을 우려해야 할 것이다. 그렇다면, 중국은 왜 6%를 상회하는 경제성장률에도 불구하고 경기침체를 걱정하는가. 물론 앞에서 이야기 한 대로 중국 경제통계의 특징과 오차 요인도 어느정도 영향을 미쳤을 것으로 보이지만, 중국이 정책 우선순위를 경제성장에 두는 것은 경제구조가 고성장을 필요로 하기 때문이다.

중국도 고령화 사회에 진입하고 있고, 1979년부터 강력하게 시행됐던 산아제한 정책으로 인해 연령별 인구 구조가 불균형하다고는 하나 여전히 법정 노동가능 연령대 인구(중국의 경우 남성은 16-60세, 여성은 16-55세)가 약 9억 명에 달한다. 이들 중 절반 이상의 인구가 농촌지역에 살고 있으며, 순수한 농업 인구를 제외하고는 일자리가 불안정하고, 잠재적인 실업인구인 경우가 많다. 일부 전문가들은 현재의 중국 농업생산 규모는 약 6천만 명의 농민만 있으면 충분히 생산할 수 있다고 본다. 중국의 농촌으로부터 도시로 임시 이주한 단순 노동력이라고 볼 수 있는 농민공의 수가 약 2억 8천만 명에 달한다는 점을 감안하면, 농촌 지역의 유휴 노동력 수까지 합할 경우, 약 4억-5억 명의 중국 노동가능 연령대 인구는 여전히 안정적인 일자리가 필요하다고 볼 수 있다. 이들에게 안정적인 일자리를 공급하려면 중국경제는 고성장이 필요하며, 중국 정부는 최소한 연평균 6.5-7%이상의 경제성장률이 일자리 창출과 이로 인한 소비 증가를 유도할 수 있는 필수적 요소로 인식하고 있다.

당연히 경제의 고성장을 위해서는 거시경제 유효수요를 구성하는 투자와 소비, 그리고 수출의 안정적인 성장이 뒷받침돼야 한다. 가장 바람직한 것은 효율성에 초점을 맞춘 민간 기업 영역의 적극적인 투자, 그리고 안정적인 취업 및 복지 환경을 기반으로 형성되는 소비, 그리고 경쟁력에 힘입은 고부가가치 상품 및 서비스의 수출에 의한 경제 성장이다. 중국의 경우, 세계금융위기 발발이후 경제성장률 하락을 만회하기 위해 정부 주도의 인프라 투자에 적극 나섰다. 또 대형 국유기업에 대한 대출 조건 완화와 은행 지급준비율 및 기준 금리 하향 조정 등과 같은 확장성 재정정책과 통화정책을 추진했다. 이와 같은 적극적 거시경제 정책에도 불구하고, 중국의 거시경제 환경은 그림자를 드리우고 있다. 이는 여전히 중국경제가 정부 주도로 관리되고 있으며, 정작 투자 재원이 필요한 효율적인 민간 기업들의 자금 조달은 고금리의 '그림자 금융'에 의존해야 하는 상황과도 연관성이 있다.

한편 소비의 촉진은 매우 중요한 요소이지만, 중국의 심각한 소득격차와 노동시장의 분할로 인해 소비가 국내총생산에서 차지하는 비중은 다른 나라에 비해 낮은 것으로 나타난다. 예를 들면, 한국이나 미국, 그리고 일본 등 국가의 국내총생산(GDP)에서 소비가 차지하는 비중이 60-70% 이상인데 비해, 중국의 경우, 대체로 40-50%대에 머물고 있다. 이는 중국경제의 부가가치(GDP) 배분 구조에서 가계의 근로소득이 정부나 기업이 가져가는 몫에 비해 낮은 상황도 소비 부진에 한 몫을 한다. 또 대형 독점 국유기업과 민간 기업 노동자 간의 현격한 임금 격차, 그리고 소득계층 간의 심각한 소득격차 등의 경제 환경도 영향을 미친다. 상황을 더욱 심각하게 만드는 것은 거대한 인구와 도농 경제력 격차로 인해 중국의 사회복지 제도나 교육 제도가 개인의 경제력에 대한 의존도가 높다는 점이다.

개혁개방 과정에서 사회 구성원 간의 소득격차와 경제적 계층 분화가 심화됐으며, 제도나 정책이 이를 보완하지 못하고 있는 상황에서 소득 수준이 높지 않은 일반 중국인은 미래의 불안에 대비하여 소비를 줄이면서도 저축을 해야 하는 것이다. 중국 거시경제는 일종의 악순환 구조를 가지게 됐다. 필요한 경제 성장률을 유지하기 위해서는 정부 주도형 투자위주의 성장 정책에 의존할 수밖에 없고, 이들 정부주도의 투자는 결국 독점 국유기업이나 정부의 지지를 받는 대형 비국유기업을 통해 이뤄지게 된다. 이 상황에서 정작 자금을 필요로 하는 경쟁력 갖춘 민간기업은 높은 금리 수준을 유지하는 '그림자 금융'에 의존할 수밖에 없다. 또한 심각한 소득격차로 인해 평균 소득의 주민이 소비 촉진에 기여할 수 있는 공간은 그리 크지 않은 것이다.

정부 주도의 인프라 투자는 자본회임 기간이 길고, 대체로 철강과 시멘트를 포함하는 기간산업 쪽으로 자본의 흐름을 유도하는 경향이 강하므로 소비 촉진 효과는 제한적이다. 또 극심한 소득격차로 인해 소수의 고소득층과 일반 주민들의 소비 구조는 현저한 차이를 보인다. 예를 들면, 중국의 고소득층의 소비 구조에서는 해외 명품, 해외여행, 고급 요식업에 대한 수요가 중요한 비중을 차지하게 되고, 중국의 일반적 소비나 서비스 소비는 큰 비중을 차지하지 않는다.

아직 중산층이 광범위하게 형성돼 있다고 보기 어려운 중국에서 일반 주민들의 미래 대비 저축 성향이 높게 나타나므로 안정적인 소비의 증가가 어려운 것이다. 정부주도의 투자재원 배분이 야기하는 비효율성 역시 중국 거시경제의 고성장을 어렵게 하는 이유다. 이에 더해 세계경제의 공급과잉 현상에 따라 '세계의 공장'으로서 중국의 역할이 퇴색하고 있는 현상도 경제성장에 부정적인 영향을 미치고 있다.

## 새로운 성장 전략 '도시화'

중국 내수시장이 수출 부문의 약화를 보완해야 하지만, 내수 시장 역시 소비 부진과 공급과잉 현상을 극복하지 못하고 있으며, 중국 산업의 발전단계가 스스로의 기술 혁신에 의해 새로운 소비생태계 형성 주도할 수 있는 수준에 도달하지 못하고 있다. 결국 중국이 불리한 환경과 경제 구조 속에서 성장 동력을 유지하기 위해 추진하고 있는 전략, 즉 중국경제 성장의 프론티어는 국가 전략으로 추구하고 있는 도시화와 산업구조 재편, 그리고 '일대일로' 등이다.

도시화는 중국사회가 역사적 전환점을 맞이하고 있음을 의미한다. 단순히 중국의 도시인구 비중을 높여 소비를 진작한다는 차원의 정책이 아니다. 중국은 역사적으로 인구 이동이 빈번하게 이루어졌으나, 적어도 1949년 중화인민공화국 건국 이전의 역사를 경제구조의 측면에서 본다면 소규모 자영농 중심의 농업국가였다. 상하이나 광둥 지역 등 연안지역은 서구 열강의 중국 침략이 시작된 1839년 아편전쟁 이후 일정부분의 민족자본과 서구 침략 자본이 섞여 산업화되는 모습을 보였으나, 거대한 중국은 사회와 정치, 경제구조에서 여전히 농업을 기반으로 한 국가였다. 중화인민공화국 건국이후 중국은 구소련 스탈린 모델을 본받아 중공업 중심의 경제건설을 도모했다. 그러나 아직 사회주의 계획경제를 시행할 수 있는 공업 생산력의 토대가 형성되지 않았던 중국이 성급하게 추진한 '대약진운동'이나 문화대혁명 기간 동안의 농촌 자급자족 경제의 건설은 정책 실패와 비효율성을 야기했다. 공업기반을 건설했던 랴오닝성이나 일부 내륙도시와 상하이, 그리고 남부 일부지역을 제외하면 중국은 전반적으로 낙후된 사회주의 농업경제로 남아있었다. 더욱이 1958년 이후 호구(호적) 제도를 통해 농촌인구의 도시진입은 엄격하게 통제했고, 농촌 역시 인민공사와 생산대 같은 집단 조직을 통해 관리했다.

1978년 이후 개혁개방 추진과정에서 중국경제가 급격히 성장하는 가운데서도 기본적으로 호구제도와 인구 이동 제한은 유지됐다. 한 가정 당 한 아이의 출산만을 허용하는 강력한 인구통제 정책이 새로 도입됐다. 중국은 2000년대 들어 후진타오와 원자바오 시대에 실험적인 도시화 정책을 추진했으며, 산아제한 정책도 완화했다. 도시화 정책의 기본 취지는 세계 어떤 나라도 절반의 인구를 농촌인구로 두고 현대 국가로 발 돋음 했던 사례가 없으므로 중국도 도시중심의 경제구조를 형성해야 한다는 것이다. 또한 중국경제 성장률의 둔화 요인이 소비 부진에 있다고 보고, 도시 주민 비율을 높여 소비를 증가 시킬 수 있다는 논리이다. 도시화에 수반되는 투자 수요 역시 중국경제의 성장 동력을 유지하는데 기여할 수 있으리라 본다. 도시화 전략은 시진핑 시대에 변화하는 양상을 보이고 있다. 후진타오시대에는 전국적으로 200여개 이상의 중소도시를 새로 건설하여 지역 발전의 거점으로 삼고 농촌 주민들을 이주시킨다는 구상을 실천에 옮기려 했으나, 현실은 그리 단순한 것이 아니었다.

삼협댐 건설 이주민을 위해 건설된 양자강 유역의 전형적인 베드 타운

도시화를 위한 도시 건설은 단순히 '베드타운(bed-town)'의 건설을 의미하지 않는다. 일자리 창출과 도시민의 기본적인 사회복지 제공과 교육 환경 마련 등의 조건이 충족돼야 한다. 무엇보다도 중국 농촌 주민의 자발적 도시 이주를 위해서는 토지소유제도의 불명확성이 해소돼야 한다. 예를 들면, 중국 농촌에서 토지사용권을 가진 농민에게 토지의 시장 가치보다 훨씬 낮은 보상금을 주고, 도시로 이주하라고 할 경우, 많은 농민들은 이와 같은 정책을 따르지 않는다. 도시 생활에 필요한 주거나 생활비의 보장 없이 일시불로 받는 적은 보상만으로 도시에서의 미래를 보장할 수 없기 때문이다. 중국 내륙 지역에 단순히 도시화를 위해 건설된 중소도시에서 지속적인 수입을 보장할 수 있는 일자리를 구하기란 쉽지 않은 것도 농촌 주민들이 새로운 중소도시로의 이주를 꺼리는 이유다. 이들이 자발적으로 이주하기를 원하는 지역은 연안이나 내륙의 대도시로서 일자리를 구하기 용이하고, 교육을 포함한 주거 '인프라'가 갖춰진 곳이다. 즉 자발적인 인구 이동을 허용할 경우, 경제가 발달한 기존의 대도시로 인구가 집중될 가능성이 있는 것이다. 더욱이 중국의 취약한 재정이나 기존의 토지 개발 모델을 감안할 때, 도시로 이주하는 농촌주민들이 최소한의 생활을 보장할 수 있는 합리적 토지사용권 보상 역시 기대하기 어렵다.

바로 이와 같은 정책과 현실의 괴리가 언론매체에 흔히 등장하는 중국 내륙의 유령도시-가 존재하는 이유다.[4] 시진핑 정부는 중소도시 건설을 통한 도시화의 이러한 문제점을 감안하여 새로운 도시화 전략을 추진하고 있다. 즉 농촌인구의 도시 이주보다는 권역경제의 통합을 통해 생산인구의 지역 내 이동을 원활하게 하고, 기존의 대도시를 중심도시로 하는 광역화된 '도시권'을 형성한다는 것이다. 베이징-톈진-허베이 지역을 하나의 경제권역으로 통합하고, 기존의 지역 내 8개 대도시를 거점으로 하는 교통 네트워크 구축과 관세 및 통관 등의 제도통합과 산업 재배치를 중점 정책으로 하는 새로운 도시화 모델인 것이다.

---

4) 정부의 도시화 정책에 의해 건설했으나 입주 희망자가 거의 없는 신규 건설 도시를 의미한다.

## 산업고도화 정책과 금융산업

시진핑 시대 중국경제 구조의 한 축인 산업구조 조정 정책은 논란이 많은 영역이다. 산업구조 조정은 중국경제의 지속적인 성장과 발전에 반드시 필요한 자원 배분의 효율성을 보장하기 위한 전제 조건이다. 시장 진출입의 문턱을 제거하고, 효율적인 금융 시스템으로 자본 형성과 투자를 보장하며, 미시적 기업 경영과 관리의 선진화 및 제도화가 이뤄져야 한다. 중국 정부의 산업정책은 이와 같은 변화를 뒷받침할 수 있어야 한다는 점에서 산업구조 고도화의 중심축이다. 시진핑 정부의 산업정책은 중국경제 관찰자로 하여금 다소 고개를 갸웃하게 한다. 2016년만 하더라도 중국 정부는 세계최대의 철도 차량회사를 병합했고, 원자력공사와 전력망 공사를 병합하여 세계 최대의 전력회사를 출범시켰다. 국유기업의 대형화 독점화를 추진한 것이다. 금융자본을 독점하다시피 하는 중국의 4대 국유상업은행인 공상, 중국, 건설, 농업 은행 역시 아직 혁신적인 소유제도나 관리제도의 변화 없이 중국의 금융산업을 지배하고 있다.

여기에서 발생하는 문제가 바로 최근에 많이 거론되고 있는 '그림자 금융'의 리스크다. 중국의 그림자 금융은 세계금융위기 이후 제기됐던 서구 시장의 '그림자 금융(shadow banking)'보다 광범위한 중국경제 구조의 특징을 반영하는 개념이다. 중국의 금융 자본이 정부와 국유은행의 '정책 금융' 수단으로 사용되는 '금융 억압'의 구조적 특징으로 인해, 민간 영역의 자금 수요는 은행권의 공식 자금 공급 통로보다는 은행권이 수익 확보를 목적으로 설립한 금융기업이나 심지어 비공식 사(私)금융을 활용하게 되는 상황까지도 포함하는 것이다. 이에 비해 서구 경제에서 '그림자 금융'이라는 개념은 소위 '금융 공학'에 의해 금융 파생상품을 다양하게 제공하고, 이것이 2007년 미국의 '서브프라임 몰기지' 사태처럼 연쇄적인 신용 붕괴로 이어질 수 있다는 점에서 거론 된 것이다. 중국의 '그림자 금융'은 같은 어휘를 사용하지만, 그 생성 배경이나 거시경제적 역할은 다분히 중국 현실을 반영한다. 간단히 말하면, 중국의 그림자 금융은 금융시장이 고도로 발전하면서 나타난 '자본주의적 현상'이라기보다는 중국의 금융 산업이 아직 정부와 국유은행의 관리 하에 있음으로 인해 발생하는 과도기적 현상으로 볼 수 있다. 금융 산업을 포함한 대규모 국유기업 중심의 정책적 산업구조 재편이 중국경제의 자원배분 효율성과 지속적인 발전에 미칠 궁극적인 파급 효과에 대해서는 좀 더 면밀한 검토와 분석이 필요하다.

## 성장전략으로서의 일대일로

시진핑 시대 중국경제 정책의 또 다른 프론티어는 바로 '일대일로'를 포함한 대외경제 관계의 변화다. '일대일로' 2013년 말부터 제기된 중국의 새로운 국제정치적 맥락과 중국 역사의 영광을 재현한다는 정책 배경을 가지고 있으며, 대내적으로는 경기 침체에 대응하기 위한 지역개발 정책으로서 의미를 지닌다. 중국 정부는 중국 역사에서 동서양 문물을 육로로 이어준 통로로서의 '비단길(Silk Road)'을 다시 잇고, 송대(宋代)이후 활발히 전개돼 명대 초기 7차례에 걸친 정허(鄭和)의 원양 항해로 정점에 도달했었던 해양 세력으로서의 중국의 영광을 되살린다는 취지로 '일대일로' 정책을 추진한다는 것이다. 현대 국제정치의 맥락에서 본다면, 중국은 일대일로 정책 추진을 통해 유라시아 대륙을 육로 해로로 연결하는 수송망을 구축한다는 것이다. 이는 그 동안 미국이 주도해 왔던 세계질서가 주로 해양 연결 루트를 통해 이뤄졌고, 유라시아 대륙을 관통하는 수송로는 러시아 쪽의 시베리아 횡단 철도를 제외하고는 없었다는 판단에서 중국이 유라시아 연결을 주도함으로써 미국 중심의 세계질서에서 중국의 위상을 확보하고자 함이다.

육로이든 해로이든 중국의 '일대일로' 정책과 연관된 지역은 중동과 중앙아시아, 그리고 남중국해 등과 같은 분쟁지역을 포함하고 있으며, 연도 통과 국가나 지역 역시 다양하게 이루어져 물류나 수송 효율의 비용-편익 구조에 영향을 미친다. 중국은 거창하게 추진해 온 '일대일로' 정책을 지원하기 위해 아시아인프라투자은행(AIIB)를 출범시켰으나, 과연 AIIB가 중국의 국제적 위상을 제고하기 위한 상징적 의미 외에 얼마나 아시아 지역의 인프라 구축에 기여할 수 있을지는 아직 미지수이다. '일대일로' 정책은 오히려 중국경제의 성장률 유지를 위한 투자 전략으로서 그 의미가 크다. 중국경제의 개혁개방 이후 외자 유입이나 국내 투자는 그 대상지역이 주로 연안지역으로 집중됐다. 중국에 유입된 외자의 90%이상이 연안지역에 투자됐다.

중국 정부는 불균형한 국토 발전 상황을 개선하고, 경제적으로 낙후된 지역의 발전을 가속화하며, 중국의 주요 주변국과 인프라 네트워크를 구축함으로써 경제 성장 동력을 끌어올린다는 의미에서 '일대일로'의 경제적 의미를 부여하고 있다. 즉 서북부지역의 신장위구르 지역을 중앙아시아와 연결하고, 서남지역은 인도차이나 반도, 그리고 동남지역은 푸젠성(福建省)을 기점으로 하여 '일대일로'의 해로 연결망을 구축하며, 동북지역은 러시아 동부지역과 연결한다는 취지로 해당 지역에 대한 철도와 도로망 구축 및 관련 기반시설 건설에 초점을 맞추고 있다. 이는 중국을 중심으로 하는 주변국과의 인프라 연결망을 구축하여 중국의 영향력을 확대한다는 국제정치적 의미도 동시에 가진다.

1980년대 이후 중국의 개혁개방의 과정에서 중국의 대외경제 관계, 특히 무역과 외자 유입은 경제성장을 이끌어 왔던 중요한 축이다. 여전히 '메이드 인 차이나'는 세계 상품 수출과 수입에서 중요한 역할을 담당하고 있으며, 주요 다국적 기업의 상품 공급을 위한 생산기지로서 중국의 비중은 매우 크다. 시진핑 시대 중국의 대외경제 관계는 전환기에 놓여있다. 세계금융위기 이후의 세계 경제에서 상품공급 과잉과 다양한 정치경제적 불확실성, 과도한 금융자본의 이동 등은 중국이 더 이상 안정적인 국제경제 환경 속에서 '생산기지'로서의 기능함으로써 지속적인 성장을 보장할 수 없음을 보여준다. 더욱이 미국의 도널드 트럼프 대통령은 새로운 형태의 미국 우선주의와 보호주의를 앞세운 일종의 '폐쇄적 미국'을 실험하고 있다. 이와 같은 세계질서의 새로운 전개는 근본적으로 세계경제의 유효수요가 제한적인데 비해, 공급 능력과 금융자본의 과다 등이 야기한 필연적 결과라고 할 수 있다. 중국과 미국은 경제적 보호주의로 인한 갈등과 군비경쟁의 시대로 접어들고 있으며, 적어도 세계경제가 새로운 성장의 패러다임을 찾지 못하고 있다. 미국과 중국, 유럽의 국가주의가 팽배한 상황에서 중국의 대외경제는 현상유지의 기능은 담당할지언정 중국의 문제를 근본적으로 해결할 수 있는 방안은 될 수 없다.

## 4. 맺음말 : 중국 시장경제 어디로 가나?

### 중국 특색의 시장을 찾아서

중국경제는 전환점에 서있다. 덩샤오핑이 시작했던 개혁개방 과정에서 국가의 경제운용 범주와 수단을 '시장'과 결합하고, 해외 자본과 기술을 적극 유입해서 뒷받침했던 거대한 중국의 고성장 신화는 도전에 직면하고 있는 것이다. 국내 경제의 성장 동력은 약해졌고, 세계경제의 구조 변화와 공급 능력 과잉에 따라 중국이라는 제조업 기지의 매력도 감소했다. 미국과 유럽 등 거대 시장은 다양한 유형무형의 보호 장벽을 강화하고 있으며, 1990년대 이후 세계적인 투자 열풍의 주역이었던 다국적기업의 투자 활동도 침체한 상황이다. 오히려 신흥경제에서 축적된 자본이 미국과 유럽으로 다시 유입되는 상황까지도 나타나고 있다. 시진핑 시대의 중국은 성장 동력 및 수출 증가율 둔화에 따른 경기 하강을 상쇄하고 지속적인 경제 성장 뿐 아니라 사회발전을 위한 새로운 모델을 필요로 하고 있다. 중국경제 성장의 새로운 프론티어라고 할 수 있는 인구이동에 의한 도시화, 일대일로 추진을 위한 동북, 동남, 서남, 서북 지역의 개발, 산업구조의 재편 등 외형적 변화와 개발 추진은 본질적으로 국가가 주도하는 투자 중심의 하드웨어 성장 전략이다.

앞에서 살펴본 대로 개혁개방 이후 중국의 성장과 사회적 변화, 그리고 성장 동력의 약화를 보여주는 현 상황이 과연 '시장'의 작용에 따른 불가피한 과도기적 현상인지는 따져 볼 문제다. 중국이 40년 가까운 기간 동안 시장의 도입과 대외경제 개발을 통해 빠른 속도의 경제성장을 경험한 것은 사실이지만, 앞에서 설명한 것처럼 중국 사회구조의 역사적 지속성과 사회주의 계획경제의 잔재로 인한 관료주의의 존재 등으로 인한 '관주도형 경제'의 폐단으로 인한 자원배분의 왜곡 현상은 어찌 보면 더욱 심각한 문제다. 21세기 초엽, 중국이 직면하고 있는 문제이자 지정학적으로 중국과 밀접한 관계에 놓여있는 한국의 미래에 직접적인 영향을 미칠 수 있는 것은 과연 중국이 체제전환 과도기에 나타나고 있는 문제점들을 극복하고 지속가능한 발전 궤도에 진입할 수 있을 것인가의 물음이다.

이 물음에 답하기 위해서는 중국경제가 겪고 있는 경기 하강 압력이나 빈부격차, 도시화와 환경 파괴, 지역 간 발전 불균형이나 부정부패, 그리고 중국공산당이 지배적인 정치권력인 상황에서 표출되는 권위주의와 국가주의 강화 등의 구조적 문제를 해결할 수 있는가를 고려해 봐야 할 것이다. 앞에서 설명한 것처럼 중국이 직면하고 있는 문제들이 '시장 실패'에 기인한다는 설명은 지나치게 문제를 단순화하는 것이다. 경제문제는 물론 중국이 안고 있는 정치 사회 문제는 역사적으로 형성된 중국 문화와 제도적 요소들이 체제전환의 과도기에 놓인 중국의 경제, 정치, 사회에 작용함으로써 발생한 '중국적 현상'이다. 이와 같은 현상을 '시장'에 책임을 묻거나, 그와는 달리 중국의 사회주의적 잔재와 전통 문화의 영향으로 치부하는 것은 공정하지 않다. 중국 외부의 중국 관찰자나 중국 내부의 지도자들의 문제는 중국이 지향하는 새로운 모델의 성격에 관한 것이 아니라, '시장'이 옳은 것인지 혹은 '베이징 컨센서스'로 요약되는 현재 중국이 가고 있는 길 자체가 바람직한 것인지에 대한 논쟁에 탐닉하고 있다는 점이다.

서구의 시장 숭배자들은 중국에서 시장기구가 '완전히' 정착하게 되면, 지금 존재하는 많은 구조적 문제들이 해소될 수 있다고 본다. 즉 중국은 아직 제도적으로 낙후돼 있다는 것이다. 반면 중국 지도부는 개인에 따라 '시장'에 따른 인식이 다소 다르게 나타나기는 하나 서구식 제도에 대한 부정적 인식을 가지고 있다. 중국의 개혁을 초기 단계에 이끌었던 덩샤오핑의 경우, 소위 '흑묘백묘(黑猫白猫)'론을 피력하기는 했지만, 시장은 '싫어도' 중국의 발전을 위해서는 일종의 수단으로 활용해야 될 '필요악'으로 받아들였다. 덩샤오핑의 이와 같은 모순된 사고는 그가 끝까지 견지했던 '마르크스 레닌주의'를 포함하는 4가지 기본원칙에서 드러난다. 장쩌민의 경우, '3개 대표론'을 통해 중국공산당이 '(프롤레타리아 무산 계급 뿐 아니라) 기업인의 이익도 대표 한다'라는 '획기적'인 인식 변화를 시도했다.

장쩌민 시대에 중국은 1980년대의 실험적이며 정책적이었던 경제개혁 과정을 넘어서 중국이 '사회주의 시장경제' 체제를 지향하고 있음을 헌법에 못 박았다. 개혁방향의 공고화에 따라 장쩌민 시대에 중국은 세계무역기구(WTO) 가입을 추진했으며, 각종 법규를 시장경제와 대외개방 체제에 적용하기 위해 신설 또는 변화시킴으로써 '제도적 경제개혁'의 시대에 접어들었다. 쟝쩌민 시대의 개혁 방향은 후진타오와 원자바오 시대에도 대체로 변화 없이 승계되는 모습을 보였다. 수사적 차원에서 후진타오 시대에는 '과학적 발전'과 '화해 사회'의 건설을 강조했으나, 아직 시장화 되지 못했던 중국의 경제 제도를 보다 시장에 가깝게 변화시키는 것이 곧 '사회주의 시장경제'를 공고히 하는 것이라는 기본 취지를 바꾸지는 않았다.

## 시진핑 시대의 변화와 중국 모델

이와 같은 분위기는 시진핑이 권력의 정점에 안착한 2013년 이후 변화하기 시작했다. 앞에서 설명한 것처럼 시진핑은 '전면적 개혁 심화 영도소조'나 '국가안전위원회'와 같이 정치와 경제를 포괄적으로 아우르는 새로운 조직을 만들고, 그 정점에 자신을 둠으로써 정책 및 전략 결정권을 개인에 집중시켰다. 한편 중국공산당 중앙위원회 상무위원의 수도 후진타오시대의 9명으로부터 7명으로 축소시키고, 국무원 총리 리커창의 일상적 정무 관리 권한을 사실상 위축시킴으로써 시진핑 개인의 역할을 증대했다. 또한 시진핑 시대에는 '시장'의 필요성을 부인하지는 않으면서도, '시장'의 기능보다 국가의 역할을 앞세우는 미묘한 상황이 전개됐다. 중국의 효율적 '시장'은 불변의 목표가 아니라 중국이 처한 정치 경제적 상황에 따라 그 범주와 심도가 변화하는 과정에 놓여있다.

중국은 과연 새로운 경제 발전 모델을 찾아낼 수 있을 것인가. 왜 중국은 '시장경제'에 대한 확신을 갖지 못하는가. 서구에서 진화한 21세기의 '시장경제 모델'이 중국의 문제 해결에 적합한 틀인가. 사실 중국경제의 성장률이 올라갈 것인가, 아니면 계속 저조해 지는 모습을 보일 것인가의 문제보다 더욱 중요한 것은 바로 중국경제의 '발전 모델'이 어떤 것이 돼야 할 것인가의 문제다. 시장의 효율성 제고, 즉 워싱턴 컨센서스가 중국의 지속가능한 발전에 적합한 것인가? 아니면 '중국의 길', 즉 베이징 컨센서스가 적합한가? 워싱턴 컨센서스를 그대로 수용하기에 중국이 맞닥뜨린 세계는 너무 복잡하고, 중국적 환경과 현상은 단순하고 추상적인 경제학 모델로 파악하기 어렵다. 베이징 컨센서스는 발전 모델을 제시하고 있다기보다는 중국이 개혁 착수 이래 기록했던 고성장과 '세계의 공장'화에 대한 미화와 합리화에 불과하다. '경제학적 시장'이건 중국이 거쳐 온 개혁의 길이건 중국이 직면한 현상적 고민을 해결하기에는 역부족이다. 역사적으로 축적된 중국의 제도적 환경과 문화, 그리고 관료 중심의 사회 구조는 아직도 유지되고 있다. 정보의 비대칭성과 정치권력의 경제 관여 현상이 일반적이며, 기업 역시 그 소유제도의 특징으로 인해 공정한 시장 경쟁 환경에 놓여있지 않다.

경제학적 시장이 중국에서 효율적 자원 배분 기제로 정착하지 못하고 있는 것이다. 그렇다면, 개혁이후 중국이 거둔 고성장의 신화는 어찌 설명해야 할 것인가. 중국경제 성장 신화는 1970년대 말 개혁개방에 착수한 이래 중국의 안정됐던 정치경제 환경과 국제경제 질서의 변화, 그리고 정책 변화로 인한 농촌경제와 기업의 경제활동 공간 확대로 설명할 수 있다. 보통 중국경제의 고성장에 대한 설명으로는 '시장지향적 개혁 개방'에 따른 성공이라는 관점이 일반적이다. 물론 1978년 이전 중국경제는 '사회주의 계획경제'라는 틀 속에서 가계와 기업 등 경제 주체의 자율적 결정이나 선택이 거의 불가능한 상명하달식 틀 속에서 운용됐다. 또한 세계적 냉전의 갈등 구조 속에서 해외시장 수출을 통한 경제성장도 불가능했으며, 외자의 유입도 차단됐다. 1950년대 말 구소련과의 관계 악화로 인해 공업부문에 대한 기술이나 설비 공급도 감소했으며, 중국 스스로는 이를 대체할 자원과 기술을 갖추지 못하고 있었다. 이와 같은 상황에 놓였던 중국이 1978년 말 경제구조 조정과 정책 방향의 변화를 통해 '시장'의 공간과 해외 시장 진출, 그리고 외자와 기술의 도입을 허용한 이후 경제 성장률이 상승한 것은 어찌 보면 당연한 결과였다. 여기에서 주목할 것은 단순히 '개혁개방이 중국경제의 성장을 가능하게 했다'라는 교과서식 해석은 중국적 현상을 제대로 설명할 수 없다는 것이다.

1980년대 이후 중국경제의 고속 성장은 20세기 초 청조 몰락 후, 혼란에 빠졌던 중국 현대사에서 나타났던 중국사회의 '비정상의 정상화'로 인한 성장 활력과 성장 공간 증대에 의한 것이다. 역사적으로 보더라도 중국은 새로운 왕조의 등장으로 인한 정치사회적 안정기에 경제 및 정치적 역량이 강화됐으며, 통치 영역 역시 확장되는 모습을 보였다. 또 중국경제는 일찍이 역사의 앞부분에서 이질적 문명이 결합함으로써 나타났던 문명적 조숙성을 보였다. 19세기 아편전쟁 직전 중국은 세계 GDP의 30퍼센트 이상을 차지했으며, 16세기 말부터 17세기에 걸쳐 활발하게 전개됐던 중국 남부 푸젠과 스페인 식민지였던 필리핀 지역 및 일본과의 활발한 교역 등을 통해 전 세계 무역량의 60퍼센트 이상이 중국 물품이 차지했다. 이와 같은 문명의 '기억'이 1970년대 말 이후 '시장'과 접목됨으로써 중국경제의 활력이 복구된 것이다.

한편 1980년대 이후 인터넷 기술의 확산과 지식기반 산업의 발전, 그리고 세계 금융시장의 통합과 금융자본의 급증은 다국적 기업을 매개로 하여 중국에 대한 외국자본 유입과 기술제공을 가능하게 했다. 1990년대 개혁개방이 확대 심화되면서 중국의 제도 개혁과 WTO 가입을 위한 법규 정비가 본격적으로 이뤄졌다. 쟝쩌민 시대의 중요한 의의는 제도적 개혁이 시도됐다는 점이다. 이와 같은 중국 대외경제 관계의 변화와 WTO 출범에 따른 세계 무역 및 투자 장벽의 축소, 다국적기업과 금융자본에 의한 세계화의 조류는 중국경제 고성장을 가져온 환경적 요인이다. 물론 덩샤오핑 시대의 개혁개방이 시도되지 않았다면, 세계경제의 변화나 중국의 역사적 '기억' 회복이 중국의 경제성장과 연결될 수 있는 공간조차 마련되지 못했을 것이라는 점에서 개혁개방은 중국경제의 부상에 분명히 결정적인 계기가 됐다고고 할 수 있다. 그렇지만 20세기 말에서 21세기 초에 걸친 중국경제의 고성장을 단순히 중국이 사회주의 계획경제 시대를 벗어나 '시장'을 받아들임으로써 가능했던 '성공 스토리'로 단정해버리는 것은 지나치게 서구 경제학적인 추상화된 논리다.

이와 같은 논리는 현대 중국이 직면한 다양한 구조적 문제에 대한 처방 역시 현실과 괴리되는 결과를 낳는다. 즉 시진핑 시대의 중국이 해결해야 할 빈부격차나 지역 간 발전 불균형, 경제 행위의 전반에 걸친 정부의 간여, 독점적 기업구조, 환경 문제, 심지어는 사회 전반에 만연해 있는 부정부패까지도 아직 중국의 '시장경제'가 본연의 효율성을 갖추지 못했기 때문에 발생하는 것이며, 중국이 개혁을 가속화하고 시장 규범에 충실함으로써 해결될 수 있을 것이라는 논리가 그 것이다. 이 논리는 경제적 환경과 제도가 중국 경제 주체의 의사결정과 행위와 어떻게 상호 작용을 할 것인가의 문제를 간과하고 있다. 또 과연 경제학 교과서의 추상적이며 단순화된 시장의 법칙을 중국인의 행위를 파악하기 위해 그대로 적용할 수 있을 것으로 보고 있다. 또 이와 같은 추론과는 달리, 중국 경제의 모든 현상을 중국 고유의 특징이 반영된 '중국의 길'에 수반되는 것으로 간주하고, 지난 40년 가까운 시간 동안의 성공적인 경제성장이 '중국의 국가 상황을 감안한 중국 지도부의 실용적 정책'에 의존했던 결과라는 것이다.

중국 중심의 사고방식을 정당화하기 위해 '베이징 컨센서스', '사회주의 초급 단계론', '중국 특색의 사회주의', '사회주의 시장경제' 등의 다양한 개념이 제시됐다. 그러나 이들 개념의 공통점은 그 내용이 모호하고 '정치적 필요성'에 따른 주관적 관점을 내포하고 있다는 것이다. 베이징 컨센서스는 도대체 무엇에 대한 컨센서스인지 모호하며, 중국이 지나왔던 길을 단지 경제성장의 결과에 의존해 지나치게 미화하고 있다. 또 사회주의 초급단계론에서 '초급단계'란 고급단계나 궁극적인 도착 목표를 설정하고 있다는 것인데, 이는 바로 사회주의의 고급단계로 이행하기 위해서는 싫더라도 어쩔 수 없이 칼 마르크스가 분석했던 대로 생산력 향상에 가장 효과적인 시장경제를 당분간 '활용'할 수밖에 없다는 정서가 배어있다. '중국 특색의 사회주의'에서는 어떤 속성들이 중국 특색인지 모호하다.

이는 1980년대 '시장'에 대해 여전히 반감을 가지고 있던 중국 정치무대에서 '시장'지향적 경제개혁에 대한 비난을 피하고자 채택했던 수사였다. 오늘날 중

베이징의 오염된 공기

국 헌법에 규정하고 있는 대로 '사회주의 시장경제'를 중국의 경제체제로 수용하기 위해서는 사회주의와 시장경제가 각각 어떤 의미를 지니고 있는지 명확하게 밝힐 수 있어야 할 것이나, 중국의 사회주의가 무엇을 어떻게 해야 할 것이며, 또 시장경제는 어떻게 작용할 수 있을 것인지에 대한 논의는 아직 충분하지 못하다. 단순히 논의가 불충분한 것이 아니라, 중국적 현상의 한가운데에서 우리는 아직 '중국 모델'을 모색하는 과정에 있는 것이다.

## 새로운 중국 모델의 미래

어찌 보면 중국모델은 중국에만 해당되는 것은 아닐 것이다. 중국이 직면하고 있는 빈부격차나 환경오염, 그리고 관료 및 독점적 기업 조직을 중심으로 뿌리내리고 있는 '관주도형 경제'와 수직적 위계질서의 사회구조, 그리고 연안지역의 거대도시화에 수반되는 '인간성 상실'과 '인간 가치'의 훼손 등은 현대사회가 겪고 있는 공통의 병태(病態)이다. 서구 경제학 체계에서 인간의 행동 목표인 '경제적 효용'과 '이익' 추구의 틀로서 경제체제는 '성장'의 틀로서는 성과를 거뒀으나, 중국과 같이 인구 과밀 지역의 사회발전의 관점에서는 불안정하며 미래를 보장할 수 없는 무한대의 경쟁을 요구하는 괴물이다. 적어도 아직까지 '중국의 길'이나 '시장의 효율성'은 중국의 문제를 해결하기 위한 '모델'로 작용하지 못하고 있다. 시진핑 시대의 중국은 새로운 모델보다는 권력의 집중과 국가주의, 그리고 여전히 수직적 통제 기제를 통해 중국사회를 관리하고자 한다.

동아시아의 미래를 위해서도 중국은 보편적이며 합리적인 가치를 지향하는 효율적이며, 동시에 인간적인 모델을 반드시 찾아야 할 시점에 이르렀다. 여기에서 한 걸음 더 나아가 생각해 볼 문제는 한국과 중국은 어떤 관계로 발전할 것인가이다. 2016년 여름 한국과 미국이 북한 핵무기에 대응하기 위해 고고도미사일방어체계(THAAD)를 한국에 배치하기로 한 이후, 한중관계는 1992년 수교 이후 가장 심각한 관계 악화의 위기에 놓이게 됐다. 중국은 금한령을 포함하여 단체관광의 중단 등의 경제 수단을 통해 한국의 정책을 되돌리려 시도했다. 한국과 중국은 2015년 자유무역협정을 발효시켰으나, 정치와 경제가 혼합된 중국의 대외정책으로 인해 오히려 경제가 정치의 하위 개념으로 인식되는 불확실한 관계에 놓이게 됐다.

한국입장에서 본다면, 중국경제는 마치 다중적인 '양파 경제'와도 같다. 국제적 협정과 규범의 영향 하에 중국 중앙정부 차원에서 지향하는 정책이 있다고 하더라도 자기 지역 경제에 대한 이해관계에 민감한 지방 정부와 현지 기업들은 중앙 정부 차원의 정책을 회피할 수 있는 다양한 '우회로'를 쉽게 찾을 수 있다. 더욱이 사드 문제와 연계된 '금한령'의 예와 같이 중국 중앙정부 차원에서 공식적으로 채택하기 어려운 미묘한 대응 방안은 주체가 모호한 상황 속에서 확산되는 것이 일반적이다. 중국 사회의 복잡성과 북한이라는 비정상적 체제의 존재로부터 파생하는 한반도와 중국의 전략적 이해관계로 인해 우리는 더욱더 중국이 보편적 가치를 존중하는, 그리고 중국의 새로운 모델을 찾아낼 수 있는 '훌륭한 국가'가 될 수 있기를 기대하는 것이다.

## 〈추천도서〉

로이드 E. 이스트만 저 · 이승휘 역, 『중국사회의 지속과 변화: 중국 사회경제사 1550-1949』, 돌베게, 1999

오승렬, 『중국의 발전과 거시경제 정책: 성장과 불확실성의 딜레마』, 폴리테이아, 2007

조너선 D. 스펜서 저 · 김희선 역, 『현대중국을 찾아서』 1,2권, 이산, 1998

Steinfeld, Edward S., 『Playing Our Game: Why China's Economic Rise Doesn't Threaten the West』, Oxford University Press, 2012

# 3. 현대 중국 사회의 지식인 '공간'

정보은

"백 년도 못다 살면서, 항상 천 년의 근심을 품고 사는구나(生年不滿百, 常懷千歲憂)" 라는 말은 중국 사회에서 지식인을 말할 때 흔히 대표적으로 표현되는 말이다. 어느 시대이건 지식인들은 걱정이 많다. 걱정이 많은 이유는 자신의 지식을 바탕으로 타인보다 더 빠르고 더 깊게 사회 문제를 볼 수 있는 통찰력을 가지고 있기 때문이다. 그리고 그들은 항상 이상과 현실 사이의 충돌에 놓여있고, 진리와 권력 사이에서 갈등하는 사회 계층으로 존재한다.

지식인이란? 행정 권력과 자본의 지배 권력을 장악하고 있지 않으며, 전문적으로 지식적 혁신과 문화적 가치를 바탕으로 문화상품을 창조하고, 지식문화를 전파하는 사람들이다. 지식이 바로 그들 생존의 핵심이며 근본이 된다고 할 수 있다. 그들의 지식은 '사회'를 위해서 봉사하는 수단이 되며, 사회의 핵심 두뇌가 되어 과학기술과 인류 번영의 주도자이면서 선구자적 역할을 감당한다. 지식인의 지적 활동이 없으면 사회는 무지의 어둠에 처하고, 중심이 없는 혼돈의 세상이 된다. 또 지식인의 지식 창조가 없으면 사회를 진보하게 하는 사회 생산력이 정체된다. 따라서 쎄용(謝勇)은 지식인은 공기, 태양, 물이라고 했다. "사회에서의 지식분자 역할은 반드시 가장 기본적인 제도 보장을 획득하는 것을 귀결점으로 삼아야 하는데, 그렇지 않으면 그들의 노력은 사회에 대한 원대한 영향을 만들어 낼 수 없을 것"이라고 말하고 있다.

현대 중국 사회에서는 행정 관료가 '지식화'되는 경우가 많은데, 그들은 지식인 출신이라고 할 수는 있지만 지식인이라고는 하지 않는다. 만약 행정 관료의 자리에서 물러난다면 지식인의 모습으로 변할 가능성은 있다. 지식인과 행정 관료는 서로 다른 두 종류의 사람이다. 이들은 각자 다른 분업의 형태를 띠며, 일의 방식과 사유 방식이 서로 다르다. 즉, 행정 관료는 사회를 관리하고, 지식인은 사회를 연구하고 또 사회를 비판하며, 진보의 길로 안내한다.

중국에서 '지식인'은 외래어이다. 이 단어의 의미는 대체로 중국 고대의 "선비(士)"와 비슷하지만, 두 단어가 동일한 것은 아니다. 지식인은 "선비"이지, "벼슬아치(仕)"는 아니다. "사(士)"는 행정 권력이 없고, "사(仕)"는 행정 권력을 가지고 있다.

> 서양에서 "지식이 있다"는 것은 단지 지식인의 필요조건이고 충분한 조건은 되지 못한다. 서양인은 지식인을 "사회의 양심"이라고 한다. 왜냐면 이성, 자유, 평등, 정의 등의 인류의 기본적 가치를 보호하는 사람으로 이러한 기본 가치에 근거하여 사회의 모든 불평등, 불공정, 불합리를 비판하기 때문이고, 또한 이러한 가치를 사회적으로 실현하는 자들이기 때문이다.[1]

현대의 중국 지식인은 상부구조의 기능수행자, 전문적 지식인, 비판적 지식인, 그리고 공공지식인 등으로 나누어 볼 수 있다. 상부구조의 기능수행자로서의 지식인은 안토니오 그람시(Antonio Gramsci)의 유기적 지식인 개념의 한 부분으로 지배계급의 이데올로기 창조자로서 중국 관방에 기생하며, 지배력을 견고하게 하는 역할이며 소외된 계급을 대변하는 유기적 지식인으로 중에서도 상부구조의 기능수행자로서의 기능인이다. 전문적 지식인은 과학기술 등의 전문성을 가지고 전문적 직업분야에서 활동하는 전문가(엘리트)이다. 비판적 지식인은 현대 중국의 체제 밖에서 중국의 정치 사회 전반적 모순을 비판하는 지식인으로 그들의 활동무대(공간)는 대부분 중국 내부가 아니라 해외에 있다. 그리고 공공지식인은 현대의 중국 지식인을 대표하는 집단이다. 매체와 인터넷의 발달에 의해 사이버 공간에서 국가의 제도와 사회적 모순점을 비판하는 집단으로

---

1) 양지성, 『현대중국의 사회계층』, 연암서가, 2015.

주로 사이버 공간이 그들의 활동무대가 된다. 대략 이 네 가지 형태의 지식인상이 현대 중국사회에서 공존하고 있다.

## 1. 중국지식인 역사의 뿌리

역사는 지식분자에 의해 쓰여 진다. 그러나 정작 지식분자에 대해 쓰여 진 역사는 없다. 중국사회에서 지식분자 역사에 대해 고민하기 시작한 것은 대략 1980년대 문화열(文化熱)[2]에 의해서라고 하는데, '지식분자 독립적 인격'에 대한 고민이 그 핵심이 된다. 그러나 현재까지 아무도 그 고민에 대한 명확한 답변을 주지는 못했지만 중국지식인의 역사를 정리해 보면서 이해를 돕고자 한다.

중국의 오랜 역사의 기간 동안 지식인에게는 대서특필할 만한 '대(大)시대'가 있다. 대시대란 루쉰(魯迅)의 말에 의하면, "죽기 아니면, 살기"의 지식인에게 그야말로 절체절명의 시대였다. 중국 지식인에게 이러한 대시대는 대략 4개의 시대로 구분 된다. 선진(先秦), 위진(魏晉), 명말청초(明末淸初), 그리고 20세기이다.

> 수 천 년 동안 중국은 최고 권력인 왕권이 모든 것을 지배하는 사회였다. 지식인은 단지 왕권의 노예일 뿐이었다. 그러나 이 왕권의 합법성을 설명하고 왕권의 호소력을 높이기 위해 항상 "도(道)"를 가지고 "성(聖)"을 보호하는 역할로 왕권에 이용되어져 왔다. 그리고 사대부의 사회적 지위와 왕권의 유지는 상호 보호적인 입장으로 작용하여 비록 왕조의 교체가 있을지라도 수 천 년의 '초안정적 사회구조'는 그대로 유지 되어 왔다.

2) 1978년 12월 개혁개방 선언이후, 서구의 사상과 문화, 선진기술 등의 유입에 따른 중국 사회의 변화와 혼란에 대해 1980년대 중국의 지식계 전반에서 이를 어떻게 해석, 대응할 것인가에 대한 연구와 논의가 일어남

## 선진(先秦)시대

춘추전국시대에 이르러 중국 사회는 큰 변혁을 일으켰다. 주(周)나라 왕실이 쇠약해짐으로써 중앙집권체제는 무너지고, 각지에서 군웅이 할거했다. 사회는 극도의 혼란 속에 빠졌다. 봉건체제를 파괴하는 요인으로 인구의 증가, 민족의 대이동, 정전제도(井田制度)의 붕괴가 나타나고 제후(諸侯)들의 세력신장은 전쟁을 발발케 하는 계기를 만들어 주었다. 따라서 전통문화는 지배력을 상실하게 되었고, 새로운 사상의 태동을 요구하는 환경이 만들어지게 되었다.

특히, 지식과 교육을 독점했던 귀족계급의 몰락은 관학의 붕괴를 초래하여, 사학의 발흥을 촉진시켰다. 몰락한 귀족들은 민간사회에 흩어져 교육을 생업으로 삼게 되었다. 또한, 제후들은 자기 세력의 확대를 위해 유능한 지식인을 절실히 요구하게 되었고, 이러한 요구는 사학의 발전을 자극하였다. 더욱이 부국강병을 추구하는 군웅들에 의해 변방지역이 개척됨에 따라 한족(漢族)은 이민족(異民族)의 문화와 접촉하게 되고 새로운 경험을 축적했다. 따라서 한문화권은 점차 확대되어 나가게 되었고, 사회의 의식수준도 높아졌다. 이러한 상황 속에서 새로운 지식인들이 배출되어 당시 사회의 혼란을 타개하기 위해 자기들의 사상을 적극적으로 표현해 내기 시작했다. 제자백가는 이들 지식인의 대표자들이며, 유가(儒家)·도가(道家)·묵가(墨家)는 그중 가장 뛰어난 3대학파가 되었다.

고대 중국의 선비는 "도"로써 위엄 있게 행동했다. 그들은 "도"로써 정치를 비평했고, "도"에 따라 정치사회 질서를 건립하려 했다. 그래서 중국 지식인은 처음부터 정치권력과 면대면의 관계가 발생한다. 춘추 전국시대에 각 나라가 패권 다툼을 하는 국면에서 폭력에만 의지하여 세워진 권력은 사람들에게 선망을 얻기 힘들었다. 따라서 "도"가 권력에 합법성과 호소력을 부여했고, 왕들은 지식인을 비교적 존중했다. 당시 왕과 지식인의 관계는 스승(師), 친구(友), 신하(臣)의 세 종류로 나누어진다. 제(濟)나라는 '직하학파'를 설립하여, '직무를 맡지 않았지만, 정무를 의논했다' 그들은 관직이 없었지만, "도"로써 정치에 대해 의논했고, 그들은 왕을 가르치는 스승이 될 수 있었다. 따라서 선진(先秦)시기의 지식인들은 모두 각 나라 왕에게 각자 자신의 능력을 유세하여, 능력이 뛰어난 사람은 왕에게 발탁되어 높은 벼슬을 얻고, 그렇지 못한 사람도 의식주는 해결할 수 있었다.

## 위진(魏晉)시대 (물과 기름이 대치하던 시대)

사마(司馬)씨가 조(曹)씨의 위(魏)나라를 빼앗으면서 진(晉)나라가 성립하지만, 얼마 지나지 않아 황족 여덟 명이 가담한 8왕의 난이 일어나 진나라는 공중 분해되고 만다. 그리고 난을 일으킨 사람들이 저마다 군사력을 확보하기 위해 흉노나 선비 등의 이민족들을 끌어들인다. 그리고 이들 용병들은 화북으로 들어오자 서서히 독자 세력을 구축하여 이른바 '5호16국 시대'라는 대 혼란기를 연출했다. 진나라는 망했지만, 진의 일족들 일부가 남쪽으로 내려가 손권이 예전에 차지하고 있던 땅에 동진(東晉)을 세운다(317년). 따라서 남쪽에는 한족의 정권, 북쪽은 호족(胡族)의 정권이 들어서 서로 대치하는 상황이 연출되었다.

그런데 북방의 호족 정권, 즉 이민족들이 세운 열여섯 나라들은 평균 수명이 30년도 되지 않는다. 결국 선비족인 북위(北魏)가 혼란기를 마감하며 북방을 장악하고 남쪽의 한족 왕조들과 대치하여 이른바 '남북조시대'라는 비교적 안정된 시기가 시작되었다.

지식인 인재를 살펴볼 때 이 시기는 매우 중요한 의미가 있다. 인재들의 종족에 변화가 있기 때문인데, 5호16국 시절 화북(華北) 각 나라의 인사는 상당히 포악했다. 군인들의 안목은 대개 보통이었고, 권력을 얻은 이들은 인사를 자의적으로 행했다. 따라서 하나의 왕조가 십 수 년 만에 망하는 것은 당연지사였다. 그리고 북방의 유목민족이 농경민족인 한족을 다스리는 것은 매우 어려운 일이었다. 인구의 다수를 차지하는 한족 인재를 제대로 쓸 준비는 되어있지 않았고, 호족의 군대로 한족을 강압적으로 다스리는 것은 결코 만만한 일이 아니었기 때문이다. 그나마 이 문제를 해결하면서 북방을 평정한 나라가 선비족의 북위 정권이었다.

한편, 남쪽으로 내려온 한족 문사들은 북쪽으로 돌아갈 힘이 없었다. 동진 조정의 파행과 실패는 이후 금나라에 밀려 남쪽으로 쫓겨난 송나라의 모습을 사전에 보여 주었다.

이 시기에는 손권의 동오 때부터 남방에 자리를 잡은 거족들과 북방에서 이주한 거족들의 싸움도 치열해진다. 박힌 돌과 고인 돌의 싸움은 유능한 인재를 등용하는 데 커다란 장애로 작용했다. 이들은 문벌끼리 추천하고 자기들끼리 요직을 차지하는 이익 싸움에서 나눠 먹기식 해법을 고안해 내었다. 흔히 위진남북조시대의 남조를 문벌 귀족 사회라고 부르는데, 이 문벌들은 대토지를 소유하고 농민들을 소작농으로 전락시켰다. 그러니 큰 뜻을 품은 선비들은 등용의 길이 막혀 버린 것이다.

이렇게 인재의 풀(pool)이 작아지자 자신이 좋아하는 사람, 자신과 비슷한 부류에게 자리를 주는 것은 당연지사였다. 남북이 모두 이런 상황이었다. 《인물지》에서 말한 자기와 유사한 인재들만 등용하면서 생기는 문제들이 나타났고, 또 인재가 아닌 사람이 인사권자(군주)가 되면 어떤 일이 벌어지는지도 적나라하게 목도할 수 있었다. 난세에 한자리를 차지한 사람들은 자신과 다른 사람은 무조건 배척하는 경향이 있다. 이들의 인사는 전형적인 편재들의 잔치였다. 여기에 민족 간의 갈등, 토착민과 이주민의 갈등이 더해져서 그야말로 전국시대보다 더 무서운 시절이 도래했다.

## 명말청초(明末淸初)시대

중국의 이 시대는 만력-천개-숭정으로 이어지는 폭정과 내란, 외침의 시기였다. 청초 양명학 좌파의 자유주의적 사상가 탁오 이지(卓吾 李贄·1527~1602)는 "나이 오십 이전의 나는 한 마리 개에 불과했다. 앞에 있는 개가 자기 그림자를 보고 짖으면 같이 따라 짖었던 것이다"라며 공자와 맹자에 대한 맹목적 추종을 비판하고 나섰던 지식인이다. 경전의 해석보다 마음속 깨달음을 중시하는 양명학자 중에서도 급진적 좌파로 꼽히는 그는 중국 역사상 정치적 이유와 무관하게 사상 때문에 옥에 갇힌 최초의 사상범으로 불린다. 감옥에서 자결한 그는 자기 책을 불태워 없앨 책이라며 스스로 '분서'라고 제목을 붙였고, 책은 제목대로 불태워지고 그의 사상은 묻혔다. 공자와 맹자, 주자의 지적 권위에 거침없이 도전하면서 주체적이고 내면적 이해를 강조했다. 또 국가이데올로기가 된 유교에

반기를 들면서 유불선(儒佛仙)의 통합을 꿈꿨기 때문이다. 비록 현실에서는 좌절했지만, 그들의 치열했던 삶 속에서 새로운 시대정신을 발견해 낼 수 있다. 명말 청초 지식인들은 사상과 문학, 시대적 상황을 불문하고 모든 방면에서 더 이상 출로가 보이지 않는 시대를 살았던 것이다.

명나라 말 왕조의 교체라는 측면에서 보면 유민들의 비정상적 행위는 단순히 만주족에 대한 반역행위로 보일 수 있지만, 사실은 시대의 단절에 대한 상징적인 표현일 수 있다. 그리고 자기반성적 입장에서 보면 이 행위는 자신이 속한 명말 문화에 대한 자기 검토와 비판적 행위로도 해석되어 질 수 있다. 이런 태도는 청나라 사람들이 일관되게 주장한 '질박(質朴)'한 북방의 생활태도의 영향을 받았다. 왜냐면 청초(淸初)의 제왕들이 근검, 붕당의 폐해, 예의 중요성을 들어 명대 문화를 비판할 때 명말 유민들 역시 '문질(文質)' 관계, 강학의 폐해, 예의의 재건 등을 통해 명대 문화를 비판했는데, 바로 적대적인 쌍방이 잠재적인 동맹 관계로 변할 수 있음을 보여준다. 만주족 침입에 대한 청초 사인들의 적대적 태도와 명나라 문화를 거부하는 반성적 태도는 기묘하게 상쇄되고, 이로부터 청 정권 자체의 합법성에 대한 비판적 태도도 약화되었다.

결국, 명대 문화에 대한 반성과 이민족에 대한 반항적 행위는 청초의 특수한 환경과 겹치면서 청의 제왕들은 '도통(道統)'의 권력을 장악할 기회를 얻게 된다. 이런 저항적 자세와 사치를 반대하는 '질박'한 풍조가 결합된 뒤, 질박함을 생활 규범으로 삼았던 만주족은 한족 사인들의 전통적 가치관에 공동체 의식을 느끼게 된다. 그리고 명대 문화에 대한 반성적 태도는 만주족 문화가 우뚝 설 수 있는 새로운 출발점이 되게 하였다.

그러나 남명(南明)-청초(淸初)의 대치정권에 놓여 있던 사인들의 사상적 논리는 더욱 복잡해 졌다. '문文에서 질質로'는 명말 청초의 사인이 '출사와 은거(出處)' 사이에서 선택할 때 처했던 윤리적 어려움에 처하게 되었다. 그들의 괴벽한 언어와 행동은 왕조 교체기에 당했던 참혹한 경험에서 나온 것이다. 따라서 이들은 과거의 사치스러운 생활을 부끄러워하며, '황폐해진 산수(잔산잉수殘山剩水)'를 회복시키고 기층으로부터의 '예'를 회복하는 일에 높은 열정을 갖게 됐다. 이는 명대 양명학이 남긴 '사회화(社會化)'의 노선을 따르면서 야만족의 남침을 막으려는 목표와도 관계가 있다. 강학에서 빠져나오고, 사치를 억제하고, 도시문명을 반대하고, 시골의 순수함을 노래하고, 삼대를 제창하는 것, 그리고 여론에서 성행한 '문에서 질로의 회귀' 주장 등은 이런 시대적 배경과 밀접하게 관련되어져 있다.

동시에 이것은 당시 사인들로 하여금 논리적 모순에 빠지게 했다. 사인들에게 '제세(濟世)'와 '경세(經世)' 등의 실용적 기능을 강화하는 데 그 목적을 두었지만, 다른 한편으로는 사인의 풍격을 세속의 평범한 가치관과 동일시하는 방향으로 흘러가게 만들었다. 나아가 정신세계는 점차 평범해지고 '문(文)에서 질(質)로'라는 구호 아래 청초 제왕들이 주장했던 질박한 풍격의 북방 이념과 일치되어갔다. 양자 간의 무의식적인 합류로 인해 제왕들은 보이지 않게 사인들의 정신을 지배하게 되었다. '경연회강(經筵會講)' 중에 사인과 제왕은 각자가 이해한 경전에 대해 반복적으로 토론하고 제어하면서 서로 역할이 바뀌게 된다. 이런 과정에서 '상질(尙質)'을 핵심으로 한 청초 사인들의 재건 노력이 청초 통치자들의 정책과 의외로 일치함으로써 상황은 더욱 복잡해졌다. 조정에서의 경전 해독은 갈수록 제왕들의 현실적 목표에 굴복하게 된 반면, 남송 이래의 사인들이 강조했던 초월적 정신은 결핍되어갔다. 제왕들의 경전 해석에 대한 점유와 권위적인 지배방식은 결국 사인들을 '치통(治統)'의 노예로 만들었다.[3] 이것은 중국 지식인의 사상적 독립의 공간을 말살시키고 국가의 통치와 지배의 세계로 지식인의 '자발적 복종'을 끌어내는 수단이 되었다.

지식인은 "도"로써 위엄 있게 행동한 만큼, 성인의 말은 바로 그들의 근거였다. 순자(荀子)는 성인과 왕을 대등하게 두었다. 명(明)나라 말기의 학자는 "세력은 제왕의 권력이고, 이치는 성인의 권력이다(勢者,帝王之權也, 理者, 聖人之權也)"라 하여, "이치"가 "세력"의 지위보다 더 높다고 생각했다. 그래서 "도"로써 "세(勢)"를 비평하는 것은 지식인의 본분이다. "천하가 흥하고 망하는 데는 한낱 필부에게도 책임이 있다(天下興亡, 匹夫有責)"와 "천하를 다스리는 일을 자기의 책임으로 여긴다(以天下爲己任)"의 전통은 춘추전국시대에서 근대까지 줄곧 지식인의 몸에 유지되고 있다.

그러나 권력자의 입장에서는 지식인이 정치에 참여하는 것은 결코 유쾌한 일은 아니다. 당시의 정치상황을 사사건건 비판하는 지식인은 권력을 핵심 원심력

3) 양넨췬, 홍영림, 『강남은 어디인가』, 글항아리, 2015.

으로 집중하고 통일하는데 결코 도움이 되지 않았다. 열국이 경쟁할 때는 권력자들이 필요에 의해 지식인을 이용하고 그들의 모략에 끌려 다니기도 했지만, 통일정권을 수립하기 시작한 이후부터는 권력자가 지식인이 마음대로 정치 상황을 비판하는 것을 용납할 수 없는 것이다. 진한(秦漢)이후, "도"를 권력체계 속에 포함시키고, 도세합일이 되면서 권력의 의지에 따라 "도"를 해석하게 되었다. 진대(秦代) 이사(李斯)의 "사학폐지"로부터 한대(漢代) 동중서(董仲舒)의 "백가를 폐지하고 유가만을 중시"에 이르기까지 언론의 자유가 통제를 받고, 지식인이 자유롭게 각 나라로 이동하는 것은 금지된다. 지식인의 처지는 춘추전국시대에 비해 자유를 상실했다. 진시황의 "분서갱유(焚書坑儒)는 바로 지식인의 지위가 바뀌는 중요한 사건이었다. 이후로 생존을 위해 다수의 지식인은 권력의 하수인이 된다.

재산이 없는 지식인은 그의 지식에 의지해서 생계를 도모한다. 그러나 생존이 쉽지 않다. 선진시대에 그들의 생존도 어려웠지만 통일시대 이후에 생존에 대한 압력은 더욱 커졌다. 따라서 "일정한 재산은 없지만, 항상심을 가지는" 사람은 단지 지적 능력이 출중한 소수 뿐 이다. 또 일부는 "수단과 방법을 가리지 않고 세력을 따르거나", "학문을 왜곡하여 세상 사람들의 환심을 사려고" 했다. 다수의 사람들은 중간 정도의 상태라고 할 수 있다. 그래서 그들은 "통달하면 천하를 구제하고, 궁하면 자기 자신의 수양에만 힘쓴다(達字兼濟天下,窮則獨善其身)"는 인생철학을 가지고 있는데, 생존의 압력 하에서 오로지 자기 자신만 돌보는 것도 쉬운 일은 아니었다.

춘추전국시대 이후 약 2천년 동안 중국 문화의 주류는 줄곧 통치자의 합리성과 합법성을 설명하는 도구로 간주되었을 뿐, 백성을 계몽하는 역할을 하지 못했고 이것은 지속적인 민중의 정신적 구속의 형태로 나타난다. 또한 전제 군주는 사상을 독단적으로 움직이며 군주와 다른 사상을 가진 지식인을 극도로 견제하며 잔혹한 박해를 가한다. 수당(隋唐)시대부터 시행된 과거제는 통치를 유지하는 유가사상을 출세의 표준으로 삼았다. 통치자의 생각에 순순히 따르는 것은 안전과 부귀영화를 보장 받는 것이었다. 2천 년간 이러한 종속의 관계는 중국 문인을 권력에 자발적으로 순종하게 하는 '기능적 지식인'으로 만들어 놓았다.

엄격하게 말하자면, 봉건사회의 중국에서의 독서인은 서양의 지식인과는 정치권력과의 독립적 성격에 있어서 상당한 차이가 있기는하지만, 중국 봉건 사회에서도 권력에 굴하지 않고 정치상황을 비판한 "사(士)"는 가장 암울했던 시기에도 나타났다. 예를 들면, 명대(明代)의 동림당(東林黨)이나 청말(淸末)의 청나라 광서 21년(1895) 캉유웨이(康有爲)가 량치차오(梁啓超)등과 함께 베이징에 과거를 응시하러 올라온 선비 1,300여 명이 연명으로 광서제(光緖帝)에게 상서를 올려, 시모노세키 조약 체결을 반대하고, 천도하여 일본에 항거할 것을 제기 하는 등, 변법(變法)을 요구한 "공거상서(公車上書)"사건처럼 지식인의 비판적 기질을 드러낸 인물과 사건도 지속적으로 일어났다.

그러나 예로부터 "배우고 남은 힘이 있으면 벼슬을 하고(學而優則仕)", "학문을 하여 벼슬을 하다(讀書做官)"의 입사(入仕)는 단지 부위영화를 누리기 위해서가 아니다. 중국의 봉건사회에서 지식인이 사회에 영향을 미칠 다른 여론 도구가 없는 상황에서 어느 정도의 권력은 자신의 존재감을 드러내고 이상을 실현할 수 있는 중요한 수단이 되었던 것이다.

## 서구와 중국의 20세기 지식인

20세기의 지식인은 어떻게 만들어 지는가. 쉬지린(许纪霖)에 의하면, 1905년의 과거제도의 폐지는 전통지식인을 해체 시키고 새로운 20세기 지식인이 탄생하는 계기를 만들었다고 한다. 이들은 마침내 수 천 년 동안 묶여있었던 전통의 굴레를 벗어버리고 새로운 시대에 다양한 형태의 지식인 공간을 각종 역사적 사건들과 함께 하며 만들어 내게 되었다. 그리고 20세기의 지식인들의 사상과 활동에 의해 현대 중국 사회의 지식인의 공간이 형성되게 된다. 또한 이 시기는 중국 뿐 아니라 서구에서도 서구사회의 지식인 공간을 형성하는 중요한 시기가 된다. 그리고 무엇보다 20세기는 서구와 중국의 지식인 공간의 형성에서 극명하게 차이를 나타내는 시기가 되기도 한다. 중국의 20세기 지식인 공간 형성의 특징을 이해하려면 먼저는 동일한 시기 서구 사회에서 형성된 지식인의 정의, 특징과 그 역할을 살펴볼 필요가 있다. 20세기 서구의 지식인에 대한 정의와 내용을 학자별로 정리해 보면 다음 표와 같다.

<표 1> 서구 지식인 정의와 역할

| | 지식인 명칭 | 지식인 정의 | 지식인 역할 |
|---|---|---|---|
| 카를 만하임 (Karl Mannheim), 1893~1947 | 자유 부동하는 지식인 | 어떠한 집단에도 매이지 않고 "자유롭게 떠도는" 사회적 지위를 지닌 사람 | 지식인은 사회의 총체적인 면을 정확하게 파악할 수 있는 능력을 지녀야 하며, 이를 위해서는 누구의 간섭에서 벗어나 있어야 한다. |
| 안토니오 그람시 (Antonio Gramsci) 1891~1937 | 유기적 지식인 | 자신의 지식을 이용해 대중적 이익을 추구하는 지식인 | 부르주아 이데올로기를 깨뜨리고, 스스로를 조직하지 못하는 대중들을 지도해 혁명의 길로 나아가게 하며, 대중들에 대한 교육을 통해 더 많은 유기적 지식인을 길러내는 역할을 맡은 존재 |
| 장 폴 사르트르 (Jean-Paul Sartre) 1905~1980 | 보편적 지식인 | 지식인이란 자신의 전문 연구 분야에서 얻은 진리를 사회 전체로 확장하는, 즉 보편화하는 사람 | 모든 사람을 위해 자기의 모순을 살아가고, 모든 사람을 위해 근본주의적 태도로써 그 모순을 초극하는 것이다. |
| 미셸푸코 (Michel Foucault) 1926~1984 | 특수적 지식인 | 구체적이고 '비보편적인' 문제들, 즉 가족, 주택, 보건, 남녀관계 같은 실질적인 일상적 문제에 대해 성찰하고 바로 그 지점에서 활동하는 사람들. | 특수적 지식인들은 대중과 함께 사회의 여러 영역에 존재하는 모순을 파악한 후 투쟁에 참여, 그러한 투쟁이 실제로 사회의 문제점을 해결 |
| 피에르 부르디외 (Pierre Bourdieu) 1930~2002 | 자율적 지식인 | 지식인들은 예술가, 작가, 학자로서 자율성을 유지하며 정치적 장에 개입할 수 있다. | 피지배 계층으로서 외부의 여러 세력, 특히 정치나 자본 세력으로부터 지적 장의 자율성을 지켜내야 한다. 진정한 지식인은 세속적 권력과 정치적, 경제적 권위의 간섭에서 자유로워야 한다. |
| 지그문트 바우만 (Zygmunt Bauman) 1925~ | 해석자로서의 지식인 | 탈 근대적 조건에서 지식인은 보편성과 이에 기초한 입법적 역할을 포기하고 해석자가 되어야 한다. | 전문화와 함께 분열된 의미공동체간의 이해와 소통을 증진하는 대 기여 |

| | 지식인 명칭 | 지식인 정의 | 지식인 역할 |
|---|---|---|---|
| 에드워드 사이드 (Edward W. Said) 1935~2003 | 아마추어 지식인 | 아마추어란 단순히 직업적 전문성을 갖추는 단계를 뛰어 넘어 자신을 둘러싼 모든 것에 대해 도덕적, 철학적으로 성찰할 수 있는 순수한 정신과 태도를 갖춘 사람 | 국가의 권위나 권력의 보상에 흡수 통합되어 자신의 지위나 권위를 강화하는 데 몰두하는 전문직업인이 아니라, 사회적 혹은 시대적 고통에 대한 재현 행위를 언어 발화적 맥락에서 실천하는 사람들 |
| 놈 촘스키 (Avram Noam Chomsky) 1928~ | 진실의 지식인 | 우리가 속한 공동체에서 우리의 관심사와 행동에 대해 숨김없이 말할 수 있는 진실한 존재 | "인간사에 중대한 의미를 갖는 문제에 대한 진실"을 "그 문제에 대해 뭔가를 해낼 수 있는 대중"에게 알리고자 노력하는 사람 |

<표1>에서 가장 선명하게 드러나는 지식인의 역할은 정치 권력과 무관한 것이다. 권력에서 분리되어 지식인 스스로의 자유 공간을 확보하는 것이 그들의 공통적 사유이며 역할이었다. 이것은 지식인으로 하여금 어떤 힘에도 굴복하지 않고, 객관적이고 이성적인 비판과 개혁을 가능하게 하는 힘이 되었다. 설령 그람시의 유기적 지식인과 같이 부르주아의 지배이데올로기에 대항하는 헤게모니의 창조자로서의 정당 설립과 정치적 입장의 유기적 지식인이 존재한다고 하더라도, 그람시의 유기적 지식인은 철저하게 기득권에 반대하는 입장을 분명히 표명했다. 부르주아의 입장에서 지배이데올로기를 형성하는 유기적지식인은 진정한 지식인이라 하지 않았고, 상부구조의 기능수행자라고 명확하게 분류하고 있다. 유기적 지식인을 제외하고 서구에서의 지식인 개념의 전개는 모두 관료와는 구분되는 철저한 진리 탐구, 학술적 지식인, 비판적 지식인을 의미한다. 이러한 개념의 차이는 중국전통지식인을 살펴보면 그 차이점이 확실히 알 수 있다.

전통 중국에서 사용한 "사(仕)"라는 단어는 지식인이자 지배층에 속한 관료 혹은 관료가 되고자 희망하는 자다. "사"는 "지식인"과 비슷하지만 현대 사회에서 의미하는 지식인과는 사뭇 다르다. 현대의 지식인은 현대 사회의 하나의 계층이

며 양호한 교육을 수혜한 사람들로서 정신적 직업에 종사하는 사람들이다.

<표 2> 20세기 중국 6대 지식분자

| 시기 | 지식인 | 출생 시기 | 특징 |
|---|---|---|---|
| 청나라 말<br>(제1대) | 캉유웨이(康有为), 양치차오(梁启超), 옌푸(严复), 장타이옌(章太炎), 차이위엔페이(蔡元培), 왕궈웨이(王国维) | 1869-1880 | 양호한 국학훈련, 전통적 공명이 있지만, 서학의 가치 중시<br>“중체서용”<br>최후의 사대부<br>신지식, 신사상, 신시대의 선구자, “오사”지식분자에게 영향을 줌 |
| 1915년<br>이후<br>(제2대) | 루쉰(鲁迅), 후스(胡适), 천두슈(陈读秀), 이다자오(李大钊), 량슈밍(梁漱溟), 천옌거(陳寅恪), 저우쭤런(周作人) | 1880-1895 | 현대적 의미의 지식분자(전통사대부의 전통이 없음)<br>새로운 사회 구조에서 자신의 독립직업을 보유, 예를 들어 교수, 언론인, 편집자, 작가 등<br>일본, 유럽 등의 해외유학으로 인해 서방문화에 대해서 비교적 완전하고 직접적 견해를 가지고 있음 |
| 1930년대<br>(제3대) | 철학가: 펑요우란(冯友兰), 허린(贺麟), 역사학가: 푸스넨(傅斯年), 꾸지에깡(顾颉刚), 정치학가: 누오롱지(罗隆基), 사회학가 판광단(潘光旦), 페이샤오통(费孝通), 문학가: 주즈칭(朱自清), 원이뚜오(闻一多), 빠진(巴金), 삥신(冰心)<br>철학가: 펑요우란(冯友兰), 허린(贺麟), 역사학가: 푸스넨(傅斯年), 꾸지에깡(顾颉刚), 정치학가: 누오롱지(罗隆基), 사회학가 판광단(潘光旦), 페이샤오통(费孝通), 문학가: 주즈칭(朱自清), 원이뚜오(闻一多), 빠진(巴金), 삥신(冰心) | 1895-1910 | ‘후 오사’지식분자 오사운동 경험자, ‘오사’중의 학생 신분<br>대부분 유럽 유학 경험자, 전문적 학업 성과.<br>지식분업의 전문가<br>문화엘리트 층, 사회영향력에 의해 이름을 알림, 그러나 그 명성은 지식권내에 한정됨<br>30-40년대 중국 문학과 학술에 공헌이 가장 큼 |
| | | 1910-1930 | 오사 이후의 신지식과 신문화의 영향을 전적으로 받았으나, 때를 잘못 만나 신중국의 역사 안으로 편입되어 계속되는 정치운동으로 30년 이상의 시간을 허비하게 하고, 80년대 이후가 되어서야 학술적 성과를 내게 된다. |

| 시기 | 지식인 | 출생 시기 | 특징 |
|---|---|---|---|
| 1949년 이후 (제4대) | | 1930-1945 | 분명한 공산주의의식 형태를 가짐.<br>마르크스주의의 학술규범 안에서 활동<br>문학과 학술생명은 정치운동으로 단절됨 |
| 80년대 중기 '문화열' (제5대) | '문혁'시대인 | 1945-1960 | 신시대 지식분자 굴기<br>문혁시대인, 홍위병과 상산하향의 경력 보유<br>서방최신의 문학과 학술성과를 기반으로 새로운 사상계몽과 지식범위를 넓힘<br>개방적 지식, 다원화 현재 지식계의 중견역할 |
| 20세기 중국 최후의 지식분자 (제6대) | 문혁 후 지식분자 | 1960이후 | 기본적으로 문혁에 대한 인상 없음 |

20세기의 중국 지식인은 20세기 한세대만으로 나눠지 않고, 20세기 안에서도 몇세대로 분류가 된다. 그만큼 한 세기 안에 많은 굴곡이 있다는 말이다. 세분화 해 보면 20세기 중국에서는 모두 6세대로 지식인으로 나뉜다. 1949년을 기준으로 전 3세대(청말, 오사시대, 후오사시대)와 후3세대(1949년, 문혁세대, 후문혁 세대)를 나눌 수 있다. 전 3세대든 아니면 후3세대든 모두 '오사'와 '문혁'이라는 역사의 한축을 안고 있다. 오사와 문혁은 간단한 역사사건이 아니라 지식에 대한 일종의 심리적 분수령이 된다. 어떤 경험을 하느냐 어떤 공간속에 존재 했느냐가 서로 다른 지식인의 형태를 만들어 내기 때문이다. 세대 간의 차이라는 것은 종종 중대한 역사적 사건을 겪으면 더 명확히 나타나는 것이다.

제1세대(청말, 1949년이후) 지식분자는 과도기적 형태, 제2세대(오사, 문혁)는 개척, 제3세대(후오사, 후문혁)는 진술(증언)하는 것이다. 그러나 여전히 전통적 사고에서 벗어나지 못한채 지식분자의 입신양명을 도모함에는 변함이 없다. 일반적으로 이러한 입신양명은 서로 다른 세 가지 유형의 '인생에 대한 관심'으로 나타난다.

사회(정치)적 관심, 문화(가치)적 관심, 그리고 지식(전문)적 관심이다. 어느시대 어떠한 지식분자이든 이러한 세 가지 관심은 모두에게 필요했다. 그러나 사회 환경, 시대분위기, 지식인의 심리적 태도가 달라서 서로 다른 시대의 지식분자는 종종 특별한 위치에 처하게 된다. 20세기 중국지식분자는 대체적으로 제1세대는 사회에 대한 관심이 많다. 그들은 사회구조 전환기에 전야제에 처해있고, 그들의 관심은 오로지 어떻게 사회정치제도를 변혁할 것인가 였기 때문에 정치의식이 비교적 강하다고 할 수 있다. 제2세대(오사와 문혁)는 문화적 관심이 많다. 그들이 문화가치와 도덕중건의 관심은 사회정치적 관심을 초월하였고, 특히 문화계몽을 더 중시한다. 오사 신문화 운동과 '문화열'은 모두 제2대를 탄생시켰다. 비극적 역사와 만난 것이다. 제3세대('후오사' 와 '후문혁')은 상대적으로 지식적 관심의 매우 강한 세대다. 그들은 이미 문학이나 학술의 자유적 독립가치를 의식했다. 의식형태 혹은 문화가치의 의미로써만이 아니라, 문학 혹은 지식자체의 입장에서 각종 문제를 고민한다. 이로써 제3세대의 사회적 문화적 공헌이 앞 세대를 능가하진 않지만, 그렇다고 지식적 공헌이 적다고 할 수 없다.

지식인은 당연히 지식수준이 높은 사람이다. 사회과학과 문화수준의 향상에 따라 끊임없이 지식의 수준이 높아졌다. 1950년대 중국은 고등학교 문화수준 정도만 있으면 지식인에 포함되었지만, 1990년대가 되어서는 최소한 대학교 문화수준 이상이 되어야 지식인 대열에 오를 수 있었다. 서양의 지식인에 대한 이해를 보면, "지식이 있다"는 것은 단지 지식인의 필요조건으로 삼지만 충분조건은 안 된다. 서양 사람들은 항상 지식인을 "사회의 양심"이라고 불렀다. 그들은 이성, 자유, 평등, 정의 등과 같은 인류의 기본 가치를 옹호하는 사람으로 한편으로는 이러한 가치의 실현을 추진하는데 힘쓴다고 생각했다. 지식인은 당연히 어떤 지식 기능을 전문으로 하는 사람이어야 하며, 그들은 교사, 저널리스트, 변호사, 예술가, 문학가, 엔지니어, 과학자로서 개인적 계몽을 실현하며 스스로에게 가치를 부여했다. 그러나 만약 지식이 있는 한 사람이 모든 관심이 자신의 직업 범위 내에서 한정되어 있다면, 그는 여전히 "지식인"의 충분조건을 갖추지 못한 것이다. 지식인은 전문적인 부분에 헌신하는 것 외에도 또한 배려의 정신을 갖추고, 국가 사회와 세계의 모든 공공 이해와 관련된 일에 관심을 가져야 한다. 중요한 것은 이런 관심은 반드시 개인의 이익을 초월해야 한다. 서양의 학자는 지식인에 대해 비록 일치된 정의가 없고, 시대의 변동과 함께 그 개념과 역할에도 변화를 보인다. 그러나 모두에게 분명하게 드러나는 공통된 성격은 정치사회를 비판하는 직책을 갖고 있는 것이다.[4]

지식인은 생계를 도모하는 것 이외에도 선천적으로 사회의 가치 추세에 관심이 많다. 그가 생계를 도모하는 것은 살아있는 사람으로서 필요한 것이다. 또 사회인으로서 그의 운명, 직업, 성과, 양심은 그로 하여금 반드시 사회에 대해 도의적 책임을 지게 한다. 그들은 글을 쓰려고 하고, 신문을 만들려고 하고 시정(時政)을 비판하려 하고, 사회의식 형태를 자유롭게 선택하려 한다. 이런 것들은 모두 지식인으로서 존재하기 위해 필요한 것이며, 지식인이 사회에 대해 책임지는 방식과 수단이 된다.

지식인이 "사회의 양심" 이란 직책을 감당할 수 있는 까닭은 그들이 풍부한 학식을 갖추고 있는 것 이외에도 그들이 개인의 계몽으로 획득한 '독립적인 인격'과 '자유사상'을 갖고 있기 때문이다. 민주는 지식인들이 자유롭게 생각하고, 자유롭게 견해를 발표할 수 있도록 보장하는 제도적 조건이다. 그러나 전제정치, 전제제도의 조건하에서는 이러한 의미의 지식인의 생존은 매우 어렵다. 일단 그들이 권력에 굴복하여 지식인 고유의 특징을 잃어버리거나 혹은 침묵하여 그 비판적 작용을 할 수 없기 때문이다. 불복종하고, 비판 작용을 꾸준히 피력하는 사람은 단지 사라질 운명을 받아들이는 수밖에 없다. 양지성은 다음과 같이 "사회의 양심"에 대해서 말하고 있다.

> "사회의 양심"은 지식인 집단의 사회적 책임이고, 지식인 집단의 고결한 도덕적 추구라고 할 수 있다. 그러나 각 개체의 입장에서 보면 모든 사람이 "도에 뜻을 두고", "사회 양심"의 책임을 질수 있는 것은 아니다. 지식인 집단 중에서 명철보신(明哲保身)하는 사람이 있고, 권세를 가진 자에게 빌붙어 아부하는 사람이 있고, 급기야 영혼을 파는 사람이 대대로 있었다. 따라서 "사회의 양심"은 지식인의 가장 높은 경지이지, 지식인을 구분하는 기본 조건은 아니다. 이러한 가장 높은 경지를 가지는 여유와 공간이 서구사회에 비교적 더 많다. 그 이유는 서구

4) 양지성, 『현대 중국의 사회계층』, 연암서가, 2015.

사회에서 존재하는 종교로 인한 '영혼의 공간'이 존재하기 때문이다. 정치적 좌절, 국가의 존망 등 중국 사회에서 지식인은 국가와 명운을 함께 한다. 그러나 서구는 국가나 정치와는 별개의 공간으로 개인의 사적 공간, 즉 영혼의 공간으로 국가나 권력에 구속되는 형태가 비교적 적으며, 따라서 독립적으로 사고하고, 발언하는 형태를 많이 보여 왔다. 그러나 중국의 선비(士)는 그 특유의 약점이 있다. 그들은 시작부터 사회의 지배자는 아니었고, 다만 사회 지배자를 위해 계책을 내놓은 사람일 뿐이었다. 그들은 단지 "막료(幕僚)"로, 정치가에서 벗어나 사회에서 독립할 수 없었다. 그들의 사상은 정치가에게 받아들여진 이후에야 비로소 현실로 변할 수 있었기 때문이다. 문화는 지식인 개인의 재능으로, 그들은 이 재능에 의지해 자신의 사회적 지위를 높였다. 그러나 재능이 지위를 얻을 수 있을지의 관건은 권력자가 알아주느냐에 달려있다. 즉, "자신을 잘 대우하여 준 은혜(知遇之恩)"는 가장 중요한 은혜이며, 그것을 알아준 권력자에게 충성을 맹세하고 목숨까지도 건다.

이러한 사적인 이익을 위한 영합은 충성을 미끼로 독립성을 상실시켰다. 이것은 서양지식인이 사상 독립이나 인격 독립을 강조한 것과 상당히 많은 차이를 나타낸다.

## 2. 현대 중국 5세대 정치엘리트

### 사회에 대한 중요한 관리자로서의 역할

중국의 통치엘리트는 혁명가에서 시작하여 노동자/농민간부 중심에서 4세대에는 기술 관료로 그 정점을 이룬다. 이들은 과학기술 발전과 혁명의 명운을 걸고 국가 발전에 서비스 하는 관료들이다. 그들은 현재 중앙정치국 관료 25명중에서 전원이 대졸이상의 학력의 소유자이며, 15명 이상이 대학원 졸업 학력을

**5세대 중국 지도부의 특징**

| | |
|---|---|
| **문과 출신 지도부** | 기술관료 중심 → 인문사회계열 학과 졸업한 **사회 관리형** |
| 중국의 통치 엘리트 | 혁명가 → 노동자/농민 간부 → 기술관료 → 사회관리형 관료 |
| **높은 학력 수준** | 25명 정치국 위원 전원 대졸 이상 학력 및 15명 대학원 |
| **문화대혁명기 경험** | 上山下鄕 - 서민의 삶 이해할 수 있는 기회 및 실용적 성향 계기 |

계획경제 시대 이후 빈부격차 확대 등으로 인한 사회 경제적 갈등 심화
→ 전문적 기술 지식보다는, 복잡한 사회 갈등을 관리할 수 있는
**인문/사회적 소양**이 요구되는 중국 지도부.

소유한 사회관리형 관료로 변모했다.

또한 문화 대 혁명기를 경험했던 세대로서 현실적이고 실용적 성향을 많이 보이는 특징도 가지고 있다. 특히 사회문제를 처리함에 있어서 관념적인 형태보다는 실용적인 관리 방향으로 접근한다. 문화 대 혁명기를 경험했다는 것은 여러 가지 의미로 분석해 볼 수 있지만, 국가 발전과 개인의 명운을 동일시하고 동시적으로 국가적 발전을 추구하는 것이 그들에게는 목적이 된다. 사회는 지식인을 필요로 하면서도 우수한 행정 관료 또한 필요로 한다. 지식인과 행정 관료는 다른 각도에서 사회의 건강한 발전을 보장하며 사회의 진보를 추진한다. 그들의 양호한 상호작용은 사회 발전에 있어서 중요한 역할을 담당한다.

중국에서 소위 '지도자'는 공산당 중앙정치국 위원을 말한다. <표 3>의 인물들이다. 이들은 당·정·군 각 부분에서 핵심적인 역할을 맡아 중국을 움직이고 있는 '통치 엘리트'들이다. 중국공산당의 핵심부인 중앙 정치국은 현재 중국을 이끄는 최고 지도부이며 중국의 미래를 설계하는 자들이다.

<표 3> 현대 중국 5세대 정치엘리트

| 이름 | 출신 | 학벌 | 업적 및 정치성격 |
|---|---|---|---|
| 시진핑<br>習進平 | 1953년 6월<br>베이징<br>원적:산시성<br>푸핑(富平) | 1979년 칭화대학교 공정화학과 졸업<br>중앙군사위원회 껑뱌오 부총리 비서로 정치입문<br><중국농촌의 시장화 연구> 논문으로 법학박사 학위취득 | 중국 공산당 총서기<br>중국 국가주석<br>중국공산당 중앙군사위원회 주석<br>혁명원로의 아들, 태자당 |
| 리커창<br>李克强 | 1955년<br>안휘성<br>딩위엔(定遠) | 베이징대 법학과<br>베이징대 경제학 석·박사 | 1998년, 43세 최연소로 河南 성장으로 부임<br>河南 성 경제 발전 5개 항목의 추진 방안 마련<br>동북진흥 프로젝트의 성공<br>① 국유기업 개혁<br>② 해외 기업과의 합작사업 추진<br>③ 주택 개량 사업<br>④ 5점 1선 계획 수립 |
| 장더장<br>張德江 | 1946년<br>11월 랴오닝성<br>타이안(泰安) | 옌벤대 조선어과<br>김일성종합대학 경제학 전공<br>1972-1975 옌벤대학 조선어과<br>1978-1980 김일성종합대학 경제학과<br>1980-1983 옌벤대학 부총장 | 전국인민대표대회<br>상무위원장 |
| 위정성<br>兪正聲 | 1945년4월<br>산시성 옌안<br>원적: 저장성<br>샤오싱(紹興) | 하얼빈 군사공정학원<br>1963-1968 하얼빈 군사공정학원 탄도공학 전공 | 중국 최고 명문가 출신<br>1968-1975 허베이성 장자커우 무선전신 6공장 기술자<br>1975-1982 제4기계공업부 전자기술 추진응용연구소 연구원<br>2013-현재 정치협상위원회 주석 |
| 류윈산<br>劉雲山 | 1947년 7월<br>산시성(山西省)<br>신저우시<br>(忻州市) | 네이멍구 자치구 지닝 사범학교<br>공산당 중앙당교 간부반 | 선전 담당 상무위원<br>중앙당교 교장 |

| 이름 | 출신 | 학벌 | 업적 및 정치성격 |
|---|---|---|---|
| 왕치산<br>王岐山 | 1948년 7월<br>산둥성 칭다오<br>원적: 산시성<br>톈전(天鎮) | 시베이대 역사학과<br>2013-현재 정치국 상무위원/<br>중앙기율검사위원회 서기 | 중앙기율위원회 서기 |
| 장가오리<br>張高麗 | 1946년 11월<br>푸젠성<br>진장(晉江) | 1965-70 샤먼대 경제학과<br>2013년 3월-현재 정치국 상무위원/국무원 상무부총리 | 국무원 부총리 |

## 사회와 국가의 발전을 위한 '도구'로서의 지식인 공간, '싱크탱크'

중국 사회는 2000년대 이후, 중국 싱크탱크 발전에서 그 영향력이 점차 확대되고 있음을 보여준다. 우선은 관변 싱크탱크의 영향력이 압도적으로 확대되었다. 전통의 관변 싱크탱크가 내부정보에 대한 접근력, 정부 연구과제 수주능력, 방대한 규모의 연구인력 등을 앞세워 절대적 우위를 확보하고 있다. 특히 4세대 지도부 등장이후 중국 지도부는 싱크탱크를 정책생산의 중요한 일원으로 인정하면서 관료와 전문가 간의 협력관계를 매우 중시하는 경향이 두드러지고 있다.

또한 싱크탱크와 관료 간의 인적교류가 활발해지면서 관료집단과 전문가 집단 간의 자리이동 사례가 점차 증가하고 있다. 중국은 방대한 관료체계와 당 간부 훈련체계가 매우 광범위하게 잘 구축되어 있는 국가다. 따라서 전통적으로 학자들이 정부행정이나 정치에 직접 참여하는 경우가 거의 없으며, 관료와 학자들 간의 역할구분이 비교적 명확했다. 그런데 최근 들어 퇴직한 고위관료들이 대학이나 반관변 연구소도 들어오는 경우가 많다. 이런 현상은 중국 정부가 대외관계에서 이른바 '공공외교'를 활성화 시킨 전략과 무관하지 않다. 최근 중국의 강대국화 전략에서 서구의 '중국 위협론'을 불식시키기 위해 비정부 차원의 다양한 외교채널을 구축하여 중국의 대외정책을 알리는데 주력하고 있고 여기서 비정부 싱크탱크는 중요한 역할을 수행할 수 있고, 이러한 공공외교는 민-관 협력에 기초한 반관변 싱크탱크가 큰 활약을 할 수 있을 것으로 보기 때

문이다.[5)]

그리고 연구 활동 측면으로 보면, 중국 싱크탱크는 이념적 분화는 없고 단지 기능적 분화만 있다. 사회과학원이나 국무원발전연구중심에 소속된 학자 개개인의 이념적 성향은 다소간의 차별성이 있긴 하지만 조직적 차원에서 볼 때 정책이념상의 차별성을 찾기는 어렵다. 일반적으로 민주국가의 경우 민간 싱크탱크라 할지라도 정치 이념적으로 진보와 보수 혹은 중도 성향으로 분류되어 자신들의 이념적 주장을 전파하려하는데 중국에서는 이와 같은 분화가 아직은 충분히 이루어지지 않았다. 자유로운 사상의 공간의 부재와 민주국가에서 형성되는 국가관과 사회관의 의식형성과는 차이가 있으며, 또한 중국 싱크탱크는 관변적 성격이 압도적 우위를 차지하고 있기 때문이다. 따라서 서구에서 중요하게 인식하는 정부로부터 독립적이고 때론 비판적 기능에 충실한 싱크탱크를 아직까지 중국 사회에서 기대하기는 어려운 이유다.

그러나 중국사회에서 정부정책에 대한 비판이나 체제 저항적 담론이 전무한 것은 아니다. 하지만 이들의 활동 공간은 조직적 싱크탱크가 아닌, 체제외부의 주변화 된 사회운동이나 인터넷상의 대중여론에서 주로 이루어진다. 특히 체제저항이 아닌 정책에 대한 비판이나 관료의 부패문제 등에 대한 인터넷상의 여론은 많이 활성화되어 있다. 이른바 '공공지식인'의 등장으로 일컬어지는 지식인의 비판적 기능은 2000년대 이후 증가하고 있는 추세이다.

2015년 4월 <중앙전면심화개혁영도소조 제11차 회의>에서 시진핑 주석은 간부들의 4가지 능력 제고를 강조했다. 영도력, 기획력, 추진력, 실천력 등 수준과 능력을 향상시켜야 한다는 것이다. 그리고 이러한 능력은 기층과 현장에서 경험으로 배양해야 함을 강조한 것으로 이는 시진핑 자신의 문화대혁명 시기 하방의 경험을 반영한 것이다. 5세대 지도부에게 더욱더 강한 '능력 있는 정치엘리트'를 원하고 있다.

당의 정치엘리트 뿐 아니라 국가의사결정기관인 전국인민대표대회에서도 자체 내의 지식인이 핵심적으로 활동한다. 5세대 리더 538명을 조사한 자료에 따

5) Quansheng Zhao, "Epistemin Community, Intellectuals, and Chinese Foreign Policy," Policy and Society Vol. 25, Issue 1(2006), p.48.

르면, 538명중 82명이 해외유학 경험이 있다. 특히 5세대는 국제정치 전문가가 많은데 중국의 국제위상이 더욱 높아져 국제사회에 대응하는 전문적 지식의 필요성이 대두된 것을 의미한다. 시진핑은 2020년까지 더 많은 유학생을 배출하겠다고 밝혔으며, 2020년에 그 수는 300,000명으로 증가할 것으로 예측되고 이들 중 25%가 자국으로 돌아와 정부를 위해 일할 것으로 전망되기 때문에 중국 정치 환경에서의 지식인의 비율은 더욱 높아질 수 있다.

따라서 중국적 싱크탱크의 성격은 '국가의존적인 지식인-관료 협력모델'[6]로 정리될 수 있다. 최근 새로 출범하는 대형 싱크탱크는 대부분 전·현직 관료와 전문학자가 공동으로 참여하여 정책결정에 필요한 기초자료 제공과 자문기능을 수행하고 있다. 또 이들 연구기관은 과거처럼 정부기관 산하에 직접 편재하지 않고, 형식적으로는 정부로부터 독립적이다. 대외적으로 민간 싱크탱크 임을 내세워 국제교류 등에서 외국의 민간 연구기관과 협력관계를 확장하고, 내부적으로는 관료와 전문가 간의 긴밀한 네트워크를 유지하면서 중국 특유의 국가의존적인 관료-지식인 협력모델을 강화하면서 지식인의 활동공간을 확대해 나가고 있다. 이들의 목표는 하나로 일치된다. 국가와 사회의 발전이다. 오로지 이 하나의 목적을 위해 관료와 전문가는 긴밀할 네트워크를 형성하면서 싱크탱크의 공간속에 존재하게 된다.

## 3. 현대성의 공간과 현대 지식인

현대성의 공간은 현대의 지식인에게 인간생활의 환경적 '그릇'으로서의 공간을 제공한다. 또한 사회의 생산관계 속에서 양극화된 공간적 생산관계를 만들어 내었다.

6) 이문기 『중국 싱크탱크의 발전현황 및 특징: 국가 의존적 지식인-관료 협력모델』 중소연구 38권 제3호, 2014.

"자본주의는 1세기 동안 내부적 모순을 자체적으로 약화시킬 수 있다는 것을 깨닫게 되었다. 결과적으로《자본》이 나오고 1세기가 지나도 자본주의는 성공적으로 '성장'을 계속해 왔다. 승산을 계산할 수는 없지만 우리는 그 수단만큼은 잘 알고 있다. 그것은 공간을 점유하고 공산을 생산하는 것이다."

르페브르(Lefèbvre, Henri,1901~1991)는 이러한 선진자본주의 공간을 사회적 생산관계의 재생산과 직접 연결시킨다. 그는 세 차원의 재생산을 정의하고 자본이 세 차원에 직접 개입하고 영향을 미칠 수 있는 능력은 시간이 지남에 따라, 즉 생산력이 발전함에 따라 발전해 왔다고 주장한다. 첫째, 본질적으로 가족과 혈연의 관계의 맥락에서 생물학적 재생산이 있다. 둘째는 노동력(노동계급)과 생산수단의 재생산이다. 셋째는 훨씬 광범위한 것으로서 사회적 생산관계의 재생산이다.[7] 르페브르는 자본주의에서 포괄적인 공간적 문제 설정을 정의하고 사회적으로 조직된 공간의 외형적 모순에 계급관계를 뿌리내림으로써 공간적 문제 설정을 계급투쟁에서 중심적인 위치로 고양시킨다. 공간에 대한 투쟁을 계급투쟁을 대체하는 것으로 또는 계급투쟁에 대한 대안으로 제시하는 것도 아니다. 대신에 그는 사회적 혁명은 동시에 의식적으로 공간적 혁명이 되어야만 성공할 수 있다고 주장한다. 다른 '구체적 추상물'들이 자본주의의 실제 사회관계를 그 내부에 어떻게 담고 있고 신비화하고 물신화하는지를 보여주기 위해 맑스주의 전통에서 그것들을 분석해 온 것처럼 공간 분석에 접근할 필요가 있다. 공간성의 탈신비화는 혁명적 공간의식의 가능성을 보여줄 것이다. 이 혁명적 공간의식은 공간의 생산에 대한 통제력을 장악하는 것이 목적인 급진적 공간 실천의 물질적, 이론적 토대이다. '예측은 이제 역사적이 투영이 아니라 지리적인 투영을 필요로 한다. 즉 우리에게 결과를 숨기는 것은 시간이 아니라 공간이다.' 왜 사회가 그들의 사회적 목적을 위해 공간을 이용 하는가 그것은 사회적 생산관계의 재생산의 공간으로 적극 활용할 수 있기 때문이고, 그 공간 활용의 주된 역할은 지식인의 활동에 의해서 이기 때문이다

7) 에드워드 소자,『공간과 비판사회이론』, 시각과 언어, 118쪽.

## 지식인과 공간

국가의 운명과 개인의 운명을 동일시하고 운명론적 명운을 중시하는 중국 지식인의 특징은 탈 이데올로기, 현대적 감각 겸비, 국가적 개인적 계몽의 동시실현 가능성을 제시해야 하는 현대적 운명을 고스란히 안고 있다. 그리고 비판과 자기모순 속에 존재하는 과거 전통적 서구 개념의 지식인에 대한 기대는 이미 세계적으로 종말을 고했다.

지식인과 언론 공간(매체, 인터넷)은 개인 블로그 활용과 집단지성 발생의 근원으로 사회에 진출하는 통로가 되며, 과거 전통적인 방법으로 사회에 진출하는 형태와 다른 형태를 보인다. 대중에게 인정받거나, 이론적 현실적 방법으로 대안을 제시하고 개인의 지성을 활용한 문제해결 방식도 동원한다. 물론 실명으로 대하고 익명의 대중에게 공격을 받게되는 위험성이 존재하기는 하지만 대중의 지원을 받아 인지도를 상승시켜나가는 효과를 보고있다.

보도 업무는 신성한 것이다. 서구에서 지식인의 개념은 '드레퓌스 사건'을 언론에서 폭로하고, 수많은 지식인이 동참했던 것에서 비롯된다. 마르크스는 1850년 11월 『1848년에서 1850년까지의 프랑스의 계급투쟁』에서 신문잡지를 "국가의 세 번째 권력"으로 간주했다.[8] 마르크스가 말한 다른 두 가지 권력은 국가원수와 국민의회이다. 1843년 초, 마르크스는 일찍이 신문 잡지는 마땅히 다스리는 자와 다스려지는 자 사이의 "제3의 요소"가 되어야 하고, 신문 잡지를 권력을 장악하는 자와 지배되는 자를 초월하는 제3의 견제의 힘으로 봐야 한다고 지적한 적이 있다. 근대 서양 국가는 언론기구를 "제4의 권력"이라고 한다. 즉 입법, 사법, 행정 이외의 권력이다. 신문 잡지는 사회여론의 반영과 전파를 통해 일종의 무형의 거대한 정신력을 형성하여 사회에 강대한 제약과 영향을 끼친다. 이러한 큰 역량은 심지어 사법 행정의 대권을 쥐고 있는 통치자 역시 저항할 방법이 없다.

따라서 매스미디어는 지식인이 역할을 발휘하는 공간이며 지식인의 언론의 진지(陣地)가 된다. 현대사회에서 인터넷을 통한 개인매체 발전과 사이버 공간의

8) 『마르크스 레니선집』제1권 인민출판사, 491쪽

존재는 지식인에게 언론매체 공간 확보의 중요성을 확실이 인식 시켰다.

지식인과 정치 공간은 지식이의 지성과 지식을 동원하여 정치적 네트워크로 활용하고 정치 사회 관료로서의 활동할 수 있는 공간이다. 지식인과 사회 공간은 높은 학벌과, 기술로서 사회에서 절대적으로 필요로 하는 인재풀을 구성한다. 치열한 경쟁 속에서 개인의 능력을 극대화 시키는 환경이 지배적이어서 엘리트로 존재해야 하는 요구에 대한 극심한 스트레스가 존재하지만 그러한 과정에서도 해외 유학과 끊임없는 자기 개발, 그리고 상층부로 진입하고자 하는 절대적 욕망이 지속적으로 중국 사회공간을 '엘리트화' 하고 있다.

지식인은 문화의 뿌리이며, 문화의 자긍심 그 자체이므로 문화예술 공간을 형성한다. 2015년부터 강조된 '문화 강국'의 슬로건에 합당한 중국 문화예술인의 공간 형성은 불가피한 현실이다. 특히 서구 사회의 선진화된 문화력의 도전에 대응하기 위한 중국적 고뇌가 있으며, 이 책임을 맡은 계층이 문화예술의 지식인 계층이다. 따라서 중국 문화예술의 부흥과 세계화의 국가정책에 부합하기 위한 문화예술인에 대한 처우개선과 긍정적 참여 유발이 절실히 요구된다.

중국 문화 예술인들은 과거에 비해 월등하게 양호해진 문화 예술적 환경 적극 활용한다. 이데올로기, 예민한 몇 가지 현안에 대해서 문제 삼지 않는다면, 중국 정부가 제공하는 문화예술 공간을 적극 활용 가능하기 때문이며, 경제 강국으로서의 막강한 경제력으로 이미 전 세계 문화 산업 잠식하고 자본화하고 있는 현상은 중국 문화예술인에게 아주 큰 활동 공간을 제공하고 있다.

## 사이버 공간(공론장의 부활)과 공공지식인(公共知識人 public intellectual)

쉬지린은 공공지식인의 요건인 '공공성'을 "공중에게(to) 발언하는 것, 공중을 위해서(for) 생각하는 것, 사회의 공적 업무나 중대한 사회적 문제에 관여하는 것(about) 이다"라고 한다. 이 개념은 중국 전통적 지식인의 계몽적 성격과 우환의식 및 권위적 성격을 그대로 유지하고 있다. 이것은 지식인과 대중을 이원적으로 분리하는 형태로 접근한다.

현대 사회의 공공지식인의 발언 공간은 사이버 공간이 가장 많이 활발하다.

특히 전문학자들 간의 토론을 공론화할 수 있는 장이 필요하다. 이러한 공론장 형성이 필요한 중요한 이유는 매체에 대한 국가의 통제 때문이다. 중국 당국은 인터넷으로 인해 비교적 언론통제의 어려움을 겪고 있다고 볼 수 있다. 2011년 원저우 열차 추돌사고, 2012년 베이징 폭우 피해 보도 등에서 인터넷과 SNS는 당국의 통제를 단번에 무너뜨리는 놀라운 저력을 이미 보여준 바 있기 때문이다. 2013년 초 당의 언론통제에 항의한 <남방주말>파업사태에서도 인터넷으로 큰 영향을 미친바 있는데, 파업에 대한 의견 댓글의 수가 5억 건을 넘을 정도였다. 이러한 인터넷의 공론장 형성력은 지난 10여 년 동안 중국의 지속적인 경제 부상에 따라 2000년대 중반부터 "공공 지식인"에 대한 논쟁이 시작되었다. 특히 2004년 중국 주간지인 <남방인물주간> 7호 특집인 "중국의 영향력 있는 공공 지식인 50인"의 선정은 다시 한 번 '공공지식인' 의 개념을 부활 시켰고, 지식인층부터 대중까지 주목하게 했다. 이 특집을 기획한 이유에 대해서 편집자는 "지금은 지식인이 가장 많은 시대이지만, 동시에 지식인이 가장 적은 시대이다. 또한 지식을 가장 필요로 하는 시대이다."라고 했다. <남방인물주간, 2004, 17기> <남방인물주간>이 제시한 공공지식인의 요건은 첫째는 학술배경과 전문적 능력이 있는 지식인들이고, 둘째는 사회에 진언(進言)하고 공공 사무에 참여하는 행위자들이며, 셋째는 비판정신과 도의를 지키는 이상주의자들이다. 공공지식인이 사라져가는 현실을 개탄하고, 지식인들이 공공적 자리에서의 활약을 기대하고 있는 것이다.

사이버 공간이 탄생하기 이전 지식인은 전통매체를 통해서 발언을 했지만, 현재 중국에서는 사이버 공간에서 활동하는 파워블로거 들이 매우 많다. 공공지식인은 블로그를 통해 전통매체에 이미 게재된 보도에 대해 직접 보충 설명하거나 반박할 수 있고, 자신의 주장을 수정할 수도 있다. 공공문제에 대해서는 전통매체에 비해 상대적으로 자유롭게 신속히 자신의 관점을 밝힐 수 있어서 이들의 블로그 방문으로 그들의 공공문제에 대한 관점을 알 수 있다. 그들은 정치, 경제, 문화 등 여러 분야의 문제를 탐구하여 비판적 분석을 블로그에 게재한다.

현재 중국 사이버 공간에서 활발하게 공공문제를 다루는 파워블로거는 대체로 두 종류가 있다. 하나는 블로거로 활동하기 이전부터 이미 유명세가 있는 공공지식인이다. 이들은 대부분 네티즌들에게 신분과 직급을 공개하여 실명으로 활동한다. 예를 들면 마우위스(茅于軾: 저명한 경제학자), 랑센핑(郎咸平: 미국 펜실베니아 대학 와튼 스쿨 박사, 글로벌 회사의 경영과 금융전문가로서 회사 감독관리, 프로젝트 융자, 직접투자, 기업 M&A, 기업 파산등의 분야의 연구에 주력), 왕후이(汪暉: 칭화 대학 인문대학 교수, 1991년 〈학인〉 창간, 1996-1997년 〈독서〉잡지의 주편집장) 등이다. 다른 하나는 블로거로 인해 유명하게 된 사람들이다. 이들 가운데 일부는 익명이고 일부는 실명으로 활동한다. 예를 들면, 한한(韓寒), 스녠칸차이(十年砍柴: 사법부에 소속된《법제일보法制日報》의 유명 기자), 리엔위에(连岳: 저명한 비판가 및 파워블로거, 교사, 검사, 신문기자, 등을 거쳐 2002년 공직을 사퇴한 칼럼작가로 활동, 칼럼 내용은 주로 중국 국내외 정치평론)등이 있다.

이 중에서 한한은 중국의 한 청년 블로거가 타임지가 선정한 '가장 영향력 있는 인물 100인'에 2010년과 2011년 연속으로 등극한다. 2010년에는 세계에서 가장 영향력 있는 인물 2위를 기록했다. 또한 2009년 Foreign Policy지는 그를 100대 사상가(thinker)로 선정했다. 그의 New Yorker지는 2008년 이미 "한한의 왕국"이라는 제목으로 한한을 미국인들에게 소개했고, 2012년에 Financial Times는 한한 과의 인터뷰를 게재했다. The Altantic지는 한한에 대해서 "훌륭한 외모와 문학 악동, 고등학교 중퇴자, 베스트셀러 작가, 레이싱 선수, 중국 패션잡지 표지모델을 장식하고, 블로거로서 포스팅을 하며, 인터넷경찰에 의해 감시당하면서도 때로는 반체제인사들도 화나게 하는 인물"로 표현했다.[9] 그가 주목받은 원인은 그의 '정치 블로거'때문이다. 2013년 6월까지 한한 블로그의 방문자수는 6억 명에 육박했다. 중국의 언론탄압에도 불구하고 정치적 견해를 비교적 자유롭게 표출함으로써 반체제인사들과 청년 네티즌들의 환영과 지지를 받았다. 중국 지식인들은 '체제 비판적' 글쓰기를 할 때 직접적으로 사회문제를 거론하기 보다는 과거의 예를 들어 우회적으로 비판하는 것이 대부분이다. 그러나 한한은 인터넷이 감시가 힘들다는 것을 잘 알고 그 속성을 잘 활용하여 사회문제에 대해 풍자나 조롱, 아이러니, 유머 등의 방식으로 접근한다. 직접적으로 정부를 공격하거나 실명을 거론하여 비판하지는 않는다. 또한 시간이 지나

9) Jeffrey Wasserstrom, 'The Most Famous Chinese Blogger and Racecar Driver You've Never Heard Of', The Atlantic, 2012.8

면서 한한이 유명세를 타고 독자가 많아져서 정부가 한한의 블로그를 지나치게 감시하거나 폐쇄하지는 못한다. 한한은 절묘하게 경계를 넘지 않는다. 그리고 그 주어진 공간과 자유를 최대한 활용하면서 정치블로거로 활동하고 있는 것이다. The Altantic지는 그를 정부의 감시는 받지만 그렇다고 반체제 지식인으로 범주화 되지도 않는 '회색지대의 지식인'으로 평가한다.

중국 현대 청년세대를 대표하는 지식인의 탄생으로 평가 받지만 고졸 중퇴의 학력으로 '학력자본이 없는 지식인'으로도 알려져 있다. 또한 표절과 대필(아버지 한런권이 대필)의혹을 받고 기존 지식인들에 의해 강한 비판을 받고 논쟁의 중심에 있지만, 사이버 공간을 '공론장'으로 활성화하여 공공성을 부각시키며, 대중을 공론장 안으로 끌어 들이고 사회를 개혁하는 효과를 이끌어 낸다는 평가를 받고 있다. 예를 들면, 2009년 1월 초 '북천정부 110만 짜라 호화 SUV차 구입(北川政府 110万采购豪华越野车)'라는 글이 모 인터넷 칼럼에 실려, 네티즌들의 열렬한 논쟁을 불러 일으켰다. 이 문제에 대해 한한이 연속적으로 문제를 지적함으로서 사회문제로의 개입이 진행되었고 급기야 '공론장'이 활성화되기 시작했다. 주요 인터넷 매체인 신랑(新浪), 텅쉰(騰訊) SOHO등은 특집을 만들어 이사건의 진행과정을 실시간으로 보도했다. 그리고 대중들이 공론장으로 들어와 토론하기 시작했다. 지방정부의 부패를 언론이 다루지 않고 사이버 공론장에서 대중들이 문제화 했던 것이다. 결국, 북천 정부의 해당 관리는 좌천되었다. 이 논쟁은 사이버 공론장의 활성화가 언론도 다루지 않는 지방정부의 행정에 영향을 미친 사례이다. 한한은 자신의 자동차에 대한 전문지식을 활용하여 지방정부의 차량에 전문적으로 사회비판을 제시했다. 그리고 계속적으로 글을 작성하여 실시간으로 여론에 대응함으로 결국, 부패한 정부 관리를 좌천 시키는 사회개혁을 이루어 낸 것이다. 이 외에도 한한은 정부기관, 지식계, 대중매체, 그리고 대중들을 공론장으로 끌어 들여 토론을 촉발 시키고 각 사회 행위자들에게 보편적 기준에 따라 행위 할 수 있게 영향을 미쳤다.

중국 최초의 블로그 사이트 '보커왕(博客网)'이 생겨날 즈음 블로그 상에 가장 활발하게 활동했던 사람들은 바로 언론인, 전문인 등 글쓰기에 재능이 있는 사람들이었다. 블로그라는 도구는 기존의 지식인이 주로 활용할 수 있는 공간이 되었다. 따라서 블로그는 지식인과 관련이 깊으므로 블로거들 중에서 사이버 공공지식인이 나올 가능성이 많다.

이들 사이버 공공지식인들은 현재 정치, 사회, 경제, 문화 등 각종 문제에 대해 인터넷상에 자신의 생각과 의견을 제시한다. 이들은 대부분 교육 수혜의 정도가 높고, 시사문제에 관심을 많이 보이며 참여적이다. 세속적인 것을 증오하고 비판하는 성향을 보이는 이들은 지식엘리트와 대중들 사이에 위치한다.

21세기 현대 사회의 지식인의 모습은 전통적 지식인과 함께 새로운 시대의 구현인 인터넷이라는 공간에서 '공론장'을 만들어 활성화하는 '공공 지식인'의 시대를 맞이한 것이다. 공공지식인의 핵심은 바로 공공성과 보편성을 추구하는 것으로 공공 문제에 대해서 중립적인 입장에서 사고하고 글을 쓰며, 진영의 논리나 이익에 휩쓸려서는 안 된다. 또한 과거에 묶이고 체제에 발목 잡혀있고, 자본의 노예로 전락한 체제와 자본 구속적 형태에 머물러 있는 '중국식 보편적 지식인'을 공론장으로 끌어 들이는 노력도 절실히 요구된다.

## 4. 지식인의 '황금시대'와 시진핑 시대의 지식인

지금까지 중국 지식인은 한 번도 사회의 지배세력이 된 적이 없다. 그들은 단지 고대부터 현대까지 사회 지배자를 위한 참모가 되어 계책을 내놓아야 했다. 고대에는 지배력을 강화하거나 전쟁에 이기기 위하여 뛰어난 책략을 내는 자가 왕의 청함을 받아 정치에 참여했고, 현대는 국가의 지배이데올로기를 공고히 하기 위한 기능수행자로의 역할을 담당한다. 따라서 참모 지위를 가진 지식인의 권력에 예속되어 독립적인 인격을 갖기 어려웠으며, 지배권력, 지배자의 요구에 의한 상품만 생산할 뿐 강대한 정신력을 가진 상품을 생산할 수 없었다. 현대 중국사회에서 이러한 권력에 예속된 '정신적 유전자'는 아직도 많은 지식인의 생각 속에서 작용하고 있다. 자신의 작품으로 권력을 가진 사람에게 빌붙고, 높은 신분에 오르려는 지식인이 상당히 많다.

지식인은 사상의 창조활동에 종사한다. 사상적 독립이 없이는 어떠한 성과물도 얻을 수 없다. 중국의 선진 춘추 전국 시기는 그러한 면에서 중국 사상계에서 가장 찬란했던 시기였다. 제자백가가 서로 다투어 자기주장을 펼치고, 학술적으로 순수한 논쟁을 벌였다. 당시의 사상적 업적의 성과가 2천년이 지난 오늘 현대까지 영향을 미치는 것은 오늘날 중국의 많은 사상들이 모두 그 당시를 기원으로 두고 있기 때문이다. 바로 사상적 독립이 존재하던 시기였기 때문에 가능한 일이다. 그러나 2천 년 후 현대의 지식인은 사상의 독립성을 완전히 상실했다. 독립성의 상실은 지식의 창조능력의 상실을 의미한다. 이것은 현대 중국이 이미 기정 사실화 되어있는 전세계 보편주의를 넘어서고, 전세계 사상의 주체가 되려고 끊임없이 발부둥 치지만 항상 제자리를 벗어나지 못하는 한계를 갖게 하는 이유가 되기도 한다.

현재 학술계는 '권력을 좇는'에서 최근에는 '이익을 좇는' 경향으로 변했다. 학자가 부호를 따라 다닌다. 그들은 '상부구조의 기능수행자'로서 이익집단의 대변인이다. 그러나 오히려 국민(대중)의 이익이라고 꼬리표를 달고, '과학'의 확인을 받고 자신의 지위를 정당화 하려한다. 어떤 거짓을 밝히거나 사실을 증명하여 여러 가지 훌륭한 진리적 논의를 제기하는 것은 이미 그들의 관심 밖이 되어버렸다. 그들의 목적은 오로지 큰 부자에게서 케이크 한 조각을 나누어 얻기 위한 것이다. 이미 차래지식(借來之食)을 거부하는 것만으로도 '대단한 지식인'이 되어 버렸다.

권력을 좇고, 이익을 좇는 것 이것은 모두 시대 권세에게 붙어 아부하는 것이다. 지식인의 품격이 될 수 없다. 오히려 지식인은 권력과 의도적으로 멀어져 스스로를 소외시켜야 한다. 그래야만 독립적 공간이 생긴다. 주류 밖으로 나와서 독립하여, 객관적이고 냉정하며 초연한 태도를 유지하는 것이다. 특히 인문지식인은 시대의 사상을 만들어 내는 자들로서 차래지식을 거부하고 반드시 사상을 위해 대가를 지불해야 하며, 생명 희생도 감수해야 하는 것이다. 오직 진리와 정의를 위해 이익과 권력에 타협하지 말고, 진리를 추구하며 진리를 위해 대담하게 자신을 헌신해야만 강한 정신이 부여된 시대를 이끄는 '상품'을 만들어 낼 수 있다. 현재까지 우리 모두가 진리라고 하는 위대한 상품들은 모두 대부분 지식인 스스로의 희생으로 인한 열악한 환경 속에서 만들어졌다는 것을 부정할 수 없다. 또한 우리가 인지하는 대 사상가는 사회의 주류가 아니라 모두 철저하게 자신을 주류로부터 소외시킨 '자발적 비주류'에서 탄생했고, 인류는 '지식인의 자존심'에 의해서 변화하고 발전되어 진 것이다.

지식인의 황금시대는 지식인이 스스로 만드는 것이다. 지식인 스스로의 가치관과 세상을 보는 눈, 그리고 그렇게 인식되어지는 세상과 나와의 관계설정에서 생겨나는 공간 속에서 지식인의 '황금시대'는 만들어진다.

21세기에 들어선 이후 현대 중국에는 인문지식인의 활동이 많아졌다. 구좌파, 신좌파, 대중주의, 민족주의, 국가주의, 신제국주의, 신유학, 신자유주의, 신권위주의, 민주사회주의 등은 모두 신문 잡지, 인터넷에서 의견을 발표했다. 그러나 어떤 이들은 논쟁 중에 이성을 잃고, 자신과 생각이 다르다는 이유로 상대방의 견해를 깊이 이해하지 않고 무조건적인 인식의 일치를 요구하고, 함부로 욕을 해대고, 인식공격을 하는 조잡한 방법의 언어폭력으로 상대의 견해를 공격한다. 오로지 자신의 이론에 따라 중국의 발전 방향을 좌지우지하려 하며, 편협한 자신의 사상으로 중국의 미래를 만들고 싶어 한다. 이 또한 정신적 독립이 없는 상황이다. 지식인 자신의 정신에 오로지 중국만 넣고 있다. '영혼'의 공간이 존재하지 않는 이유다. 독립적 공간이 어느 정도냐에 따라 지식인의 황금시대가 결정될 것이다.

현대 중국 사회에서 개인적 계몽은 아직 요원하다. 시진핑 시대에 필요로 하는 지식인은 국가주의, 민족주의, 애국주의, 그리고 국가적 계몽의 실현을 위해 필요한 '도구적 지식인'일 뿐이다.

아마도 국가적 지배논리에서 본다면 중국은 아직도 개인의 계몽을 두려워하고 있는 지도 모른다. 국민이 영원히 계몽이 되지 않는 것이 통치자로서는 보다 쉽게 통치할 수 있으니 말이다. 따라서 국가 간부와 국민에 대한 사회주의 사상교육과 특히 문화예술인에 대한 사상 검증 강화는 아직도 중국 사회가 개인의 계몽을 허용하지 않는 전체정치 형태의 폐쇄된 사회임을 나타내고 있는 증거일 것이다.

현대 중국 지식인들이 가장 갈망하는 것은 사상자유와 언론자유이다. 자신의 생각을 언어로 자유롭게 표현할 수 있는 '공간'이 반드시 필요하다. 지식인에게 사유공간과 발언공간이 충분히 제공되지 않으면 사회를 결코 변화시킬 수 없다. 지식인은 생각을 직업으로 삼는 자들이다. 언론가 및 글쓰기를 직업으로 삼고, 그들의 사상을 읽는 이로 하여금 행동으로 전환하게 하여 사회를 개량하고 변화시키는 것이다. 이것이야 말로 매우 의미 있는 일이다. 그들이 변화시키는 것은 대중의 생각이다. 천재적 사상가가 한 세대 또 한 세대의 생각을 점진적으로 변화시켜 인류의 지적 단계를 발전시켰듯이 그들이 변화시킨 것은 물질이 아니라 사람의 생각을 더욱더 활발하게, 신중하게 만들어서 사변력과 판단력을 갖추게 했던 것이다. 이것이야 말로 지식인의 역할 중에서 가장 중요한 역할이라고 할 수 있다. 지식인 최고의 능력은 바로 사유, 사변, 발언이다.

근대 계몽운동의 선구자인 루쉰 선생은 '성인문화의 배양'을 강조했다. 계몽운동이 배양해내는 것은 독립적 선택이 가능하고, 독립적 책임감이 있는 성인이지 어린아이가 아니라는 것이다. "전통 중국의 모래알들을 한 데 모아 각각의 모래로 먼저 사람을 만들고, 그들이 모두 독립자주의 개체가 되게 해야 한다"고 반복해서 강조했다. 모래알 같은 나라에서 사람의 나라로 계몽하고자 했던 것이 아직도 실현되지 않았다고 중국 지식인들은 한목소리를 내고 있다. 루쉰 선생이 말하는 '사람의 나라'는 개인적 계몽의 완성이다. 책임감과 배려가 있고, 선택의 자유가 있으며 동시에 반드시 책임을 지는 용기가 있는 성인을 말한다.

### 〈추천도서〉

옌롄커, 『사서』, 자음과 모음, 2012.

장이허 저, 박주은 역, 『나의 중국현대사』, 글항아리, 2015

텅쉰문화, 『지식분자와 중국사회』, 한국외국어대학교 지식출판원, 2016

许纪霖 ,『读书人站起来』,中国人民大学出版社 ,2012

# 4. 중국의 법제정비와 법치국가 건설

김인식

중국에는 법이 있는가? 중국을 연구하는 연구자들조차 중국법의 유무와 그 유효성에 대해서는 의구심을 갖고 있다. 여전히 중국은 법률보다는 사람, 즉 '법치'보다는 '인치'가 우선한다고 생각하며, 이러한 관점에 따라 법률과 제도와 같은 제도적인 부분이 아니라 소위 '꽌시'로 대표되는 비제도적인 수단에 의한 업무의 진행과 문제의 해결을 우선적으로 생각하는 것이 우리의 시각이다. 그러나 중국 역시 '보통의 국가'와 마찬가지로 법률과 제도가 있으며, 과거 이것이 매우 부실하였던 시기를 지나 현재 시점에서는 상당히 개선된 법률과 제도를 운영하고 있으며, '꽌시'와 같은 비제도적인 수단에 의한 업무집행은 점차 법률 및 법규가 규정한 제도에 따른 추진으로 변화되고 있다. 본 글에서는 우리가 현재와 같은 편견을 갖게 된 과정과 배경에 대해서 살피고, 중국의 법제 건설은 어느 수준에 이르렀으며 그 전망은 어떠한지에 대해서 조망하고자 한다.

# 1. 중국의 '꽌시'

## 중국의 '꽌시'란 무엇일까?

중국을 잘 알지 못하는 사람도 중국에서는 소위 '꽌시(关系)'가 있어야 성공한다는 말을 종종 한다. 결론적으로 말하자면 이는 반은 맞고 반은 그르다. 중국에서 '꽌시'는 여전히 큰 영향력이 있지만 그렇다고 '꽌시'가 모든 것을 해결할 수는 없다.

'꽌시'란 우리말로 '관계(關係)'를 중국어로 읽은 것이다. 사전적 의미의 '관계'란 사람과 사람과의 관계, 사람과 사물과의 관계, 사물과 사물과의 상호 연관관계를 말하지만 중국의 '꽌시'는 주로 사람과 사람과의 관계를 가리키는 말이다. 중국에서 성공하기 위하여 '꽌시'가 필요하다는 말은 곧 중국에서 어떠한 일을 추진할 때 '아는 사람'이 있어야 여러 가지 사항에서 문제를 해결하기 용이하다는 뜻이다. 중국에서 마주치는 수많은 문제, 특히 행정당국의 인허가와 관련된 사항에서 소위 '꽌시'는 대단히 큰 영향력을 발휘하며, 실제 어떠한 문제로 인하여 처리되지 못한 일도 '아는 사람'을 통하면 해결되기도 하고 반대로 전혀 문제없던 사안이 '꽌시' 없이는 지연될 수 있음을 우리는 경험해왔다.

그러나 어떠한 일을 처리하면서 그와 관련된 사람들과 양호한 관계를 유지하는 것은 어느 나라 혹은 어떠한 문화권임을 막론하고 당연한 일이다. 우리 사회에서도 동문회나 향우회 등 인적 네트워크를 형성하는 것이 매우 자연스러운 현상인 것처럼 인적 네트워크를 형성하는 것이 중국만의 특별한 관행이라고 볼 수도 없다. 사실 지연, 혈연, 학연으로 대표되는 인적 '관계'가 영향력을 발휘하는 것은 우리도 크게 다르지 않다. 물론 이러한 인적 네트워크가 일반적인 친목을 벗어나 공적인 영역에서 영향력을 발휘하게 된다면 이것은 다른 문제가 된다. 개인적인 '관계'를 이유로 특정인이나 특정 단체를 우대하거나 배제하는 것은 전형적인 부패의 한 형태이며, 우리 역시 경제성장의 과정에서 이러한 경험을 수없이 겪었고, 사실 현재에도 겪고 있다. 이렇게 볼 때 중국의 '꽌시'는 일반적으로 말하는 인적 네트워크와 본질적으로 크게 다르지 않은 것으로 보이는 데, 왜 중국의 '꽌시'는 이토록 큰 영향력을 갖게 되었으며, 나아가 이러한 배경은 무엇일까? 주의할 점은 이 질문의 답을 찾는 과정에서 '중국이니까'라는 대답은 배제한다. 우리는 이해하기 어려운 중국의 많은 부분에 대해서 중국의 특수성만을 강조하는 방식으로 대답을 회피해왔다. 어떤 사회이든 그 안에서 통용되는 규칙이 형성되고 이것이 관례, 관습 혹은 관행이라는 이름으로 발전되어 그 구성원들이 보편적으로 받아들이는 '룰'이 되었다면 이는 그것이 그 사회 내에서 일정한 필요성과 합리성을 가지고 있음을 의미한다. '꽌시'가 그저 중국적 특징이라고 보기에는 일반적인 인적 네트워크와 본질적으로 큰 차이가 없다면 오히려 이렇게 일반적인 것이 일반적이지 않은 영향력을 갖게 된 이유를 찾는 것이 보다 합리적인 사고일 것이기 때문이다.

## 중국 '꽌시'의 형성 배경

중국의 '꽌시'는 왜 이와 같은 영향력을 갖게 되었을까? 이 질문의 단초는 '꽌시'가 주로 행정영역에서 언급된다는 데 있다. 중앙 혹은 지방정부를 막론하고 중국의 각종 인허가 과정의 불확실성은 악명이 자자하다. 규정이 불명확하거나 혹은 아예 존재하지 않고 또한 그 과정 역시 대단히 복잡한데다 그나마 수시로 변경되어 일관성 없는 중국 행정당국의 업무처리는 관련 규정을 충실하게 준수하여 일을 처리하기보다는 인적 요소, 즉 '꽌시'에 의존하는 관행을 만들었다고 볼 수 있다.

이를 보다 구체적으로 정리하면 다음의 세 가지 원인을 들 수 있다. 첫째, 중국은 법제의 발전이 매우 늦었다. 민사에 관한 통칙법인 '중화인민공화국 민법통칙(中华人民共和国民法通则)'이 제정된 것은 1986년이며, 회사에 관한 일반법인 '중화인민공화국 회사법(中华人民共和国公司法)'은 1993년에야 제정되었다. 중화인민공화국이 1949년에 수립되었음을 생각한다면 일국의 기본이 되는 법률들이 건국 후 3-40년 동안 존재하지 않은 것이다. 이것은 중국이 정치투쟁이 아닌 경제발전에 모든 역량을 집중하겠다는 개혁개방을 기점으로 하여도 매우 오랜 기간 동안 법률이 존재하지 않았음을 뜻한다.

그렇다면 법률이 없는 상황에서는 어떠한 방식으로 권리와 의무관계를 보호하였을까? 중국 민법통칙의 법원(法源)에 관한 규정은 중국이 어떠한 방식으로 운영되었는가를 추측해볼 수 있다. 중국 민법통칙 제6조는 "민사활동에 대해서는 법률을 준수하며, 법률에 규정이 없으면 '국가정책'에 따른다."라고 규정하고 있다. 이것은 우리의 민법이 "민사에 관하여 법률에 규정이 없으면 관습법에 의하고 관습법이 없으면 '조리(條理)[1]'에 의한다."고 법원을 규정하고 있는 것과 비교하면 매우 독특한 규정이라고 할 수 있다. 즉 우리는 법률에 규정이 없으면 충분한 관행이 축적되고 법적 확신이 더해진 관습법에 따르며, 이마저도 없으면 조리, 곧 상식에 따라 행동하도록 규정하고 있는 반면 중국은 법률에 규정이 없다면 국가의 정책이 민사활동의 기준이 된다는 뜻으로, 다시 말하면 중국에서 국가정책은 법률을 제외하면 최우선저 행동규준으로 역할하였던 것이다. 그러나 이것은 법률이 촘촘하게 정비된 경우라도 문제가 생길 수 있으며, 더욱이 법률 규범이 매우 미비하였던 중국에서는 결국 행정당국이 과도한 권한을 갖는 결과를 초래하였다.

둘째, 관련 규정의 미비로 인하여 객관적인 판단기준이 존재할 수 없었다. 행정 인허가에 있어서 계량화된 기준이 반드시 합리적이라고 볼 수는 없지만 최소한의 객관적인 기준은 필요하다. 예를 들어 대형 건설사업을 추진한다고 가정하면 행정당국은 최소한의 조건, 즉 자격증 보유 여부, 기업 업력, 일정 규모 이상 사업의 추진실적 등을 요구하게 된다. 이것은 성공적인 프로젝트의 추진을 위한 최소한의 판단기준으로서 역할하게 된다. 그러나 중국은 관련 절차가 미비하여 어떠한 절차를 통하여 결정할 것인가는 물론, 무엇을 기준으로 결정할 것인지에 대한 규정이 모두 존재하지 않았다. 심지어 전체적인 국가 시스템의 미비로 인하여 국가자격증이나 면허에 대한 규정조차 없는 상태였다. 특히 개혁개방 초기에는 모두가 신생업체로 모두가 경험이 없었기 때문에 이를 통하여 판단하는 것도 불가능하였고, 결국에는 객관적, 합리적인 판단 기준이 전무하였던 것이다.

1) '조리'란 말이나 글, 일이나 행동에서 앞뒤가 맞고 체계가 있는 것을 뜻하는 말로 거칠게 말하자면 '상식'에 가깝다고 생각할 수 있다.

결국 절차, 권한, 과정 등 행정 인허가 관련 전반의 규정과 제도가 미비한 상황에서 행정당국의 결정권자들의 자의적인 판단은 불가피한 것이었다. 다만 이것이 반드시 부패와 연결된 것은 아니다. 해당 프로젝트를 성공적으로 수행해야하는 행정당국으로서는 객관적이고 합리적인 절차와 기준의 부재는 행정당국으로서도 매우 위험부담이 큰 것이었다. 이 과정에서 '꽌시'는 최소한의 신뢰로서 역할하게 되면서 중국의 관행으로 자리 잡는다. 일반적으로 중국의 '꽌시'는 대를 이어서 장기간 지속된 관계를 가리키는 경우가 많다. 본인은 물론 아버지, 할아버지 혹은 그 윗대로부터 현재까지 관계를 지속해왔다는 것은 일종의 검증이자 최소한의 신뢰관계라고 볼 수 있으며, 이러한 사업자에게 인허가를 내주는 것은 최소한의 합리성과 불가피성을 가지고 있었다고 볼 수 있다. 그럼에도 불구하고 이렇게 주관적이고 자의적인 판단에 의존하는 의사결정은 필연적으로 그 부작용, 즉 부패의 개연성이 매우 높았고, 실제 고위 정치인이나 행정 관료가 개인적인 지인에게 특혜를 부여하는 부정과 부패가 빈번히 발생하게 된다.

셋째, 중국은 40여년에 이르는 기간 동안 고속성장을 지속하였다. 고속성장은 다시 말하면 이권이 발생할 기회가 빈번히 존재했음을 뜻한다. 한국은 법률과 제도가 충분히 정비되었을 뿐만 아니라 시민의식이 비교적 높은 사회인데도 불구하고 인적관계에 의한 부적절한 의사결정과 특정 사업자에 대한 특혜는 여전히 흔하게 발생하고 있다. 중국의 장기간에 걸친 고속성장은 곧 '꽌시'가 역할할 기회가 장기간, 빈번히 발생하였음을 뜻한다. 이러한 '꽌시'가 지속적이고 반복적으로 작용하면서 현재와 같은 관행이 형성되고 고착되었으며, 또한 현재와 같은 막강한 영향력을 가지게 된 배경이라고 할 수 있다. 즉 중국의 '꽌시'는 중

그림 1. 중국 인민대회당

국만이 가진 대단히 특별한 현상이거나 혹은 중국적 특색을 가진 독특한 관행이라기보다는 법률과 제도가 미비한 제도 환경에서 행정당국이 과도한 결정권을 갖게 되고, 나아가 이러한 상황이 장기간에 걸쳐 지속적으로 반복됨으로써 형성된 관행이자 중국적 현상이라고 이해할 수 있다.

## 중국의 '꽌시'는 지속될 것인가

그렇다면 중국의 '꽌시'는 앞으로도 현재와 같은 영향력을 발휘할 수 있을까? 대답은 '아니오'이다. 앞서 논의한 바와 같이 중국의 '꽌시'는 대단히 독특한 실체라기보다는 중국의 경제발전과정의 문제점에서 발생된 자연스러운 관행이라고 할 수 있다. 즉 중국의 '꽌시'가 형성될 수 있었던 배경인 법률 및 제도의 미비와 이로 인한 정보의 부재, 행정당국의 과도한 권한 등이 사라진다면 '꽌시'의 역할 역시 약화되거나 사라질 것이다. 중국은 '사회주의 법제국가' 건설을 목표로 지속적으로 법제 정비에 박차를 가하고 있으며, 그 성과 역시 적지 않다. 중국의 법률과 제도의 정비가 개선됨에 따라 점차 '꽌시'도 그 자리를 잃어갈 것이다. 이는 '꽌시'라는 비제도적인 요인이 좌우하였던 비정상적인 상황에서 점차 법률이라는 제도적인 틀로 대체되어가는 자연스러운 과정이라고 이해할 수 있다.

다만 현재 시점에서 중국의 '꽌시'는 여전히 무시할 수 없다는 것 역시 분명하다. 수많은 개선과 개혁에도 불구하고 여전히 중국의 법률과 제도는 그 흠결이 상당하다. 아직까지도 이러한 미비점을 '꽌시'로 대표되는 인적 요인에 의하여 결정되는 것은 흔한 일이며, 따라서 실질적인 부분에서는 '꽌시'를 이해하고 일부분 활용하는 지혜가 필요하다. 그러나 이것이 '꽌시'와 같은 인적 요소에 의존하는 중국내 업무처리에 정당성을 부여하는 것은 아니며 언제라도 문제가 발생할 수 있는 바 중국의 법률과 제도를 이해하고, 나아가 이를 적극적으로 활용할 필요가 있다. 이것이 앞으로 중국 법률과 제도에 대한 이해가 더욱 중요한 지점이라고 할 수 있다.

## 2. 중국 법의 발전과 현황

그렇다면 중국은 늘 현재와 같은 법률 후진국이었을까, 나아가 중국은 앞으로도 현재와 같이 법률과 제도가 후진적인 수준에 머물러 있을 것인가? 중국 법률의 발전 연혁과 향후 전망은 어떠한가?

### 중화인민공화국 수립 이전의 중국법(1949년 이전)

사실 고대 중국은 법률 선진국이었다. 역사 시대 초기부터 형벌 등에 관한 법률이 존재했고, 특히 봉건사회인 명나라, 청나라 시기의 대명률(大明律), 대청률(大清律)과 같은 법률은 세계적인 범위에서도 가장 높은 수준의 논리적 체계와 완결성을 가지고 있었다. 그러나 봉건시대의 법률인 만큼 그 한계 역시 명확하다. 먼저 고대 법률의 제정목적은 왕조의 정통성을 확립하고 통치체제를 공고히 하는데 있었다. 따라서 대부분의 법률은 왕조의 정통성에 관한 이론적, 윤리적, 정치적인 규범체계를 수립하는데 중점이 있었고, 기타의 법률은 효율적인 통치를 위한 행정절차에 관한 것이 대부분이었다. 이는 현대적인 관점에서 봤을 때 헌법, 행정법 및 형법 등 공법(公法)의 영역에 속하는 것이었고 다른 커다란 영역 즉, 사법(私法)영역에서는 매우 더디게 발전되었다. 봉건제 사회에서 소유권을 비롯한 개인의 권리에 대한 개념이 희박하고, 농업 중심으로 사회에서 거래관계를 규범화하려는 시도도 극히 드물었기 때문이다. 모든 법률은 그 사회에서 형성되고 통용되는 규범들을 구체화하는 논리체계인 만큼, 고대법의 전통이 현대 중국에서 발전되는 것은 불가능한 일이었다.

실질적으로는 중국의 현대적인 법률의 도입과 발전은 아편전쟁(阿片戰爭) 이후 서양의 문물을 받아들이며 도입한 것을 시초로 볼 수 있다. '국가 대 국가의 전쟁'이라기보다는 '문명 대 문명의 충돌'에 가까웠던 아편전쟁은 중국에 거대한 영향력을 미쳤다. 아편전쟁 이전까지 자국을 천하의 중심인 나라, 즉 '중국(中國)'으로 생각하던 중국에게 아편전쟁은 자국이 천하의 중심도 아니며 더욱이 세계의 최강국도 아님을 뼈저리게 느끼는 계기였다. 그러나 중국은 아편전쟁 패배 후에도 자국 중심의 세계관에서 완전히 벗어나지는 못하였다. 이러한 흐름에서 추진된 것이 양무운동(洋務運動)과 변법자강운동(變法自疆運動)이었다. 이들의 주요 사상은 '중체서용(中體西用)' 즉, 기술과 문물, 법률과 제도는 배우지만 여전히 중심은 중국에 두는 것이었다. 그러나 역사가 증명하듯 중국이 고집하던 '중국의 본질'은 변화된 시대에 부합하지 않는 것이었으며, 양무운동과 변법자강운동은 일부 서양의 문물을 도입하는 수준에서 실패하고 만다. 이후 중국은 신해혁명(辛亥革命)을 통하여 중화민국(中華民國)이 수립되고 일부 법률이 제정되어 반포되나 이후 군벌과의 전쟁과 중일전쟁 및 국공내전을 겪으며 중화인민공화국 수립 이전까지 100여년에 걸친 혼란의 시기를 겪으며 이들 법률은 실질적으로 시행되지 못한 채 사라지고 만다.

다만 이 시기 제정된 법률은 중국에서 최초로 제정된 근대적인 법률이라는 점에서 법제사적 의의를 지닌다. 중국 최초의 근대적 형법인 '대청신형률(大清新刑律, 1911)', 중국 최초의 근대적 상법인 '대청상율초안(大清商律草案, 1904)', 중국 최초의 근대적 민법인 '대청민율(大清民律草案, 1907)' 등이 이 시기 제정된다. 중화민국 수립 이후에는 임시 헌법에 해당하는 '중화민국 임시약법(中華民國臨時約法, 1914)', '형사소송조례(刑事訴訟條例, 1921)', '민사소송조례(民事訴訟條例, 1922)', '중화민국 민법(中華民國 民法, 1929)' 등 다수의 법률이 제정되는데 이러한 법률은 중국에서 도입된 최초의 근대적 법률로서 그 가치가 있다. 이 시기 제정된 법률에 대해서는 다음과 같이 평가할 수 있다. 첫째, 민국 시기 법률은 대부분 봉건적 성격과 자본주의 법률의 성격을 함께 가지고 있다. 그러나 봉건사회에서 근대 사회로 발전하는 과정을 유기적으로 반영한 것은 아니고 여전히 봉건적 성격이 강했던 중국에서 근대적인 법률을 기계적으로 도입하면서 갖게 된 성격이라고 볼 수 있다. 둘째, 대부분의 법률은 실제 매우 제한적인 지역에서 시행되거나 혹은 아예 시행조차 하지 못했다. 청나라 말기의 서양 열강과의 전쟁, 신해혁명과 중화민국 수립, 북양정부 수립, 중일전쟁, 국공내전 등 혼란한 시기를 겪으면서 청나라 혹은 중화민국 정부가 법률을 집행할 만큼 강력하고 안정적인 역할을 담당하기 어려웠기 때문에 일부 제한된 지역에서만 시행되거나 혹은 아예 시행조차 되지 못한 채 그대로 사라진다. 셋째, 설사 안정적으로 시행되었음을 가정한다고 해도 이러한 법률 규범이 성공적으로 안착되었을 가능성은 높지 않다. 법률이란 해당 사회에서 형성되고 통용되는 규칙들을 제도화한 것인데, 이 시기 법률은 중국의 현실을 충실히 반영하기보다는 서양의 법률을 기계적으로 도입한 성격이 강하다. 즉 정상적으로 시행되었다고 해도 성공여부는 불확실했다고 평가할 수 있다. 넷째, 다만 이들 법률은 이전의 중국에 존재하지 않았던 근대적 법률을 도입했다는 점에서 법제사적 의의를 찾을 수 있으며, 이들 법률이 중국 법률의 맹아로서 의의를 가지고 있다고 평가할 수 있다.

## 중화인민공화국 수립 이후 중국법의 발전(1949년~1979년)

1949년 국공내전의 승리로 건국된 중화인민공화국의 당면과제는 모든 신생국이 그러하듯 100년의 전쟁을 거치며 혼란하고 피폐해진 상황을 수습하고 국가의 기틀을 공고히 하는 것이었다. 이에 따라 1950년에는 중화인민공화국 최초의 법률인 '중화인민공화국 혼인법(中华人民共和国婚姻法)'이 제정되었고, 1954년에는 실질적으로 헌법의 역할을 했던 '중국인민정치협상회이 공동강령(政治协商会议共同纲领, 1949년)'을 기초로 '중화인민공화국 헌법(中华人民共和国宪法)'을 제정한다. 이후 민법, 형법 등 국가 기본 법률에 대한 논의가 활발하게 이루어지며 법제 정비작업이 추진되나 여러 가지 원인으로 인하여 중국의 법제정비 작업은 중단되게 된다.

먼저 지적할 것은 중국이 '사회주의 국가'라는 명확한 정치적·이념적 지향으로 건국된 국가였다는 점이다. 중국의 국시(國是)는 봉건제도의 반대와 자본주의의 대척점에 있는 사회주의 국가의 건설이었다. 중국은 봉건체제인 청나라나 전쟁의 상대방이자 자본주의 국가를 지향한 중화민국, 즉 현재의 대만에 대하여 대단히 비판적인 태도를 견지하고 있었다. 따라서 중국은 건국 후 이 시기 제정되었던 모든 법률의 효력을 부정하고 '사회주의 법률'을 제정하려는 노력을 기울이게 된다. 그러나 문제는 당시 중국은 법률에 대한 지식이 매우 부족하였다는 것이다. 비록 중국이 고대부터 법률 선진국이기는 하였으나 이는 봉건시대의 법률로 현대 중국과는 부합하지 않는 것이었고, 중화민국 건국 전후로 제정된 법률은 자본주의 법률을 모방한 것으로 이를 계수(繼受)하는 것은 용납할 수 없는 일이었다. 결국 중국은 당시로서 유일한 '사회주의 법률'의 입법례인 구 소련의 법률을 계수하는데, 이 역시 상당한 문제점을 가지고 있었다. 앞서 강조했던 바와 같이 법률이란 한 사회 내에서 이미 형성된 법률 질서를 규범화한 논리 체계이다. 그러나 당시 소련과 중국은 사회주의 국가라는 정치·이념적 지향점을 제외하면 모든 경제, 사회, 문화적 배경이 상이했다. 구 소련의 법률은 중국의 실정에 부합하지 않았고, 이러한 법률이 중국에서 도태되는 것은 매우 자연스러운 귀결이었다. 결국 중국은 제대로 된 입법조차 시도하지 못한 채 오랜 기간을 보내게 된다.

두 번째, 법률 허무주의의 영향이다. 우리의 건국 과정에서 보여지듯, 일반적인 국가는 국가가 설립되고 헌법과 법률이 제정된 다음, 그러한 법률에 의하여 국가권력이 선출된다. 그러나 중국은 이와 전혀 다른 과정을 거쳐 국가를 수립하였다. 즉 가장 먼저 정치권력인 중국 공산당이 창립되었고, 중국 공산당의 무장역량으로서 중국 인민해방군이 창설(1927년)되었으며, 군벌과 일본 및 국민당과의 내전 등 무장투쟁의 결과로서 중화인민공화국이 수립(1949년)되었다. 국가나 군대보다 정치권력이 먼저 존재한 만큼 당시 공산당 지도부는 법률이나 제도를 매우 경시하였고 일부 정치지도자나 당의 결정이 우선시되었다. 법률은 그저 당의 결정이나 정책을 시행하는 도구 이상으로 인식하지 않았던 것이다. 법률이 가진 사회질서 유지와 안전 보장의 역할을 부정하는 '법률 허무주의(legal nihilism)'가 팽배한 상황에서 법률의 발전은 요원한 일이었다.

세 번째, 그리고 가장 중요한 요인은 중화인민공화국 건국 후 곧이어 대약진운동(大躍進運動) 및 문화대혁명(文化大革命)이 발생하여 국가가 혼란의 상태에 빠진 것이다. 대약진운동은 마오쩌둥의 주도하에 1958년부터 1960년까지 진행된 급격한 경제성장운동이었다. 그러나 공업 생산력이 정치적 구호만으로 단기간에 향상되는 것은 불가능한 일이었고, 자연재해와 더불어 수천만 명의 피해자를 남기며 철저하게 실패하고 만다. 이후 1966년부터 1977년까지 진행된 극좌적 정치운동인 문화대혁명은 중국을 거대한 혼란으로 빠뜨린다. 홍위병(紅衛兵)과 '사령부를 포격하라(炮打司令部)'로 대표되는 문화대혁명은 국가를 포함한 모든 권위를 부정하며, 이 과정에서 국가 기관 자체가 무력화되는 결과를 낳게 된다. 법률적인 관점에서 보면 중국의 모든 법률이 무력화되었을 뿐만 아니라 법률을 제정, 심의, 반포할 국가기관 역시 모두 해체되거나 혹은 무력화됨으로써 정상적인 입법은 전혀 이루어지지 못한다. 더욱이 극좌적인 문화대혁명의 성격으로 인하여 사적소유(私的所有)는 철저하게 부정되며, 민법이나 상법으로 대표되는 사법(私法) 영역의 법률이 발전할 여지는 없었다. 물론 이 시기 법률의 제정이나 개정작업이 전혀 이루어지지 않은 것은 아닌데, 그 내용을 살펴보면 매우 큰 문제가 있음을 알 수 있다. 예를 들어 문화대혁명 시기 개정된 1975년 중화인민공화국 헌법은 국민의 기본권에 대한 규정이 모두 삭제되었을 뿐만 아니라 모든 국가기구의 권한이 중지되고 이것이 혁명위원회로 속하도록 규정하였고, 개인의 소유권이 모두 부정되고 인민공사에 관한 내용이 규정되는 등 매우 비정상적인 헌법의 형태를 가지고 있다. 또한 이 시기 제출된 민법 초안 제1조는 "중화인민공화국 민법은 중화인민공화국 헌법에 근거하여 중국공산당이 가장 빠르고 효율적으로 사회주의 총노선을 실현하고, 농업을 기초로 공업을 그 주도적 발전역량으로 하는 국민경제의 총지침을 실현하기 위하여 마오쩌둥 동지의 사회주의 과도기 모순과 계급투쟁의 학설에 따라 이 법을 제정한다."고 그 입법취지를 밝히고 있는데, 이는 민법이 사인간의 법률관계를 규범화하는 법률체계라는 점을 생각하면 매우 비정상적인 법률이었다고 평가할 수 있다.

결국 중화인민공화국 수립 이후 국가의 기틀로서 법률을 제정하고 제도를 정비하려는 노력은 법률에 대한 부족한 지식, 사회주의 국가 입법례가 없는 상황에서의 입법의 어려움, 법률 허무주의의 영향 및 결정적으로 대약진운동과 문화대혁명이라는 거대한 정치적 투쟁으로 인하여 전혀 발전을 이루지 못하고 문화대혁명 종료 시까지 정체되거나 혹은 퇴보되는 과정을 겪는다.

## 개혁개방 이후 중국의 법률

1977년 문화대혁명이 공식적으로 종료되고 1979년 '개혁개방(改革開放)'이 중국의 국가적 목표로 확정되면서 중국의 법률도 새로운 전기를 맞는다. 개혁개방이 공식화되면서 중국은 문화대혁명의 잔재를 지우고 한편 경제발전을 위한 기초로서 법률을 정비하는 작업이 본격적으로 진행된다. 먼저 문화대혁명 시기 제정되거나 개정된 법률에 대한 대대적인 재개정작업이 진행된다. 1975년 중국 헌법은 문화대혁명의 영향에 따라 국가기관의 권한이 부정되고 개인의 권리와 의무에 관한 규정이 대폭 삭제되었는데, 1978년 헌법은 이를 개정하여 검찰기관의 기능을 복원하고, 재판의 공개와 변호인 제도를 복원하였으며, 개인의 권리와 의무에 대한 규정을 복원 및 보충한다. 1982년 개정은 공산당 영도의 다당합작제, 정치협상제도, 인민대표자대회제도, 민족자치제도를 확정하고, 공유제를 원칙으로 다종 경제형식의 공동발전, 계획경제를 위주로 하되 시장의 보조적인 역할을 인정하는 등 대체로 1954년 제헌헌법의 내용을 계승하면서 문화대혁명 시기 헌법의 좌편향을 근본적으로 바로잡는다.

그림 2. 중국 헌법
[출처] 인민일보

한편 개혁개방을 위한 여러 법률도 제정되어 시행된다. 앞서 말한바와 같이 외국 자본의 도입을 위하여 '삼자기업법'이 제정되어 시행되며, 계약법 영역에서도 외국 자본과 기술의 도입을 위하여 '중화인민공화국 경제계약법(中华人民共和国经济合同法, 1981)', '중화인민공화국 섭외경제계약법(中华人民共和国涉外经济合同法, 1985)', '중화인민공화국 기술계약법(中华人民共和国技术合同法, 1987)'이 차례로 제정되어 시행되고, 이 3개 법률은 1999년 '중화인민공화국 계약법(中华人民共和国合同法)'으로 통합되어 현재까지 시행되고 있다. 또한 민사 영역의 일반법인 '중화인민공화국 민법통칙(中华人民共和国民法通则, 1986)', '회사법(1999)' 등 법률이 차례로 입법된다. 특히 중국 사법(私法) 영역의 법률은 매우 더디게 발전되었는데, 이것은 문화대혁명과 같은 극좌적 정치운동을 겪으며 사적 소유권에 대한 보호나 거래질서의 확립, 나아가 거래의 활성화와 같은 민사법의 원칙들이 중국에서는 큰 의미가 없었고, 심지어 상당한 기간 동안은 사적 소유 자체가 인정되지 않아 법적으로 보호할 필요성이 없었기 때문이다. 그러나 개혁개방을 통한 경제발전을 위해서는 기업의 활성화, 거래의 활성화가 당연히 필요한 것이었고, 이것의 전제조건은 개인의 합법적인 권리를 보장하고 민사법률관계를 규범화하는 것이었다. 이를 위하여 중국은 개혁개방 이후 민사법 영역의 주요 법률을 차례로 입법하게 되고 '민법통칙', '회사법', '계약법' 등과 같은 법률을 차례로 제정하여 개인의 권리 보호를 강화하게 된다. 이러한 경향은 헌법 개정 과정에서도 잘 드러난다. 1954년 제헌헌법에서 있던 개체경제 및 사영경제에 관한 규정은 문화대혁명을 거치며 삭제되었다가, 1982년 개정에 다종 경제형식의 공동발전을 규정하게 되고, 1988년에는 사영경제를 사회주의 공유제 경제의 보충적 역할로 확립한다. 더불어 1993년 헌법 수정 시에는 '사회주의 시장경제'를 중국의 경제제도로 확인하였고, 1999년에는 개체경제, 사영경제가 사회주의 시장경제의 중요한 부분임을 천명하였다. 2004년 수정된 중국 헌법 제13조는 '공민의 합법적인 사유재산은 침해받지 않는다(公民的合法的私有财产不受侵犯)'라고 규정하여 점차 개인의 재산권에 대한 보호 수준이 높아지는 것을 볼 수 있다. 이것은 개혁개방의 심화·발전과 경제가 점차 성장함에 따라 변화된 사회 질서를 반영하고 또한 이를 촉진하기 위하여 법률을 제정 및 개정한 것으로 이해할 수 있다. 다시 말하면 개혁개방 이후의 중국법률의 발전은 사유재산 보호의 수준을 제고하고, 시장의 활성화와 그 역할의 강화하는 방향으로 발전되었다고 할 수 있다. 또한 매우 중요한 법률임에도 제정되지 못하거나 혹은 개선이 더디게 이루어졌던 민사·형사 소송법 등도 제정하거나 수정하는 등 법제 전반의 정비가 의욕적으로 추진되고 있다. 현재는 이러한 법제정비와 개선을 거쳐 중국법은 이미 일정한 수준에 이르렀으며, 일부 새롭게 제정된 법률의 경우 입법기술의 측면에서 매우 발전된 형태를 가지고 있다고 평가할 수 있다. 그러나 이러한 노력에도 불구하

**중국의 주요 법률의 입법 및 개정현황**

| 헌법 | | 1954년 제정, 2004년 개정 |
|---|---|---|
| 민법 | 민법통칙 | 1986년 제정 |
| | 물권법 | 2007년 제정 |
| | 계약법 | 1999년 제정 |
| | 불법행위법 | 2009년 제정 |
| | 혼인법 | 1950년 제정, 1980년 개정(1981년 시행) |
| 회사법 | | 1993년 제정, 2013년 개정(2014년 시행) |
| 민사소송법 | | 1991년 제정, 2014년 개정(2015년 시행) |
| 형법 | | 1979년 제정, 2015년 개정 |
| 형사소송법 | | 1979년 제정, 2012년 개정 |

고 중국 법률이 가진 문제점은 여전히 상존하고 있으며, 이러한 부분은 지속적으로 개선이 필요할 것으로 보인다.

## 중국법의 현재와 미래

중국법이 과거의 매우 낙후된 상황에서 벗어나 일정한 수준에 이르렀다는 것이 현재 시점의 평가라면, 향후 중국법은 어떻게 발전되고 또한 그 전망은 어떠한가.

먼저 중국의 법률이 지속적으로 개선되고 발전될 것임은 분명하다. 이것은 단순히 국가가 법률과 제도에 의하여 운영되어야 한다는 지극히 당연한 명제에 의한 것은 아니다. 마치 과거 개혁개방시기 필요했기 때문에 '삼자기업법'을 제정한 것과 마찬가지로, 현재 또한 향후 중국은 법률과 제도를 개선하는 것이 당면한 과제이기 때문이다.

중국은 더 이상 죽의 장막에 가려진 폐쇄적인 국가가 아니다. 개혁개방 이후 40여년에 이르는 기간을 거치며 중국은 현재 지구상 가장 강력한 경제력을 가진 국가일 뿐만 아니라, UN 안보리 이사국, WTO 회원국으로서 역할하고 있는 등 국제사회의 일원으로서 자리매김하고 있다. 시진핑 주석이 강조한 바와 같이 '중화민족 부흥이라는 중국의 꿈'을 실현하기 위해서는 국제사회의 일원이자 '정상적인' 행위자로서 교류와 교역을 확대시켜야 할 뿐 아니라, 국제사회의 룰 메이커로서 규범을 형성하려는 의지를 점차 피력하고 있다. 이것의 전제는 중국의 자신들의 규범, 즉 매우 정상적이고 발전된 스스로의 법률체계를 갖는 것이라는 점에서 많은 개선에도 불구하고 여전히 미비함을 지적받는 중국법 정비작업은 향후 지속적으로 추진될 것이다. 일례로 중국 기업의 해외진출, 이른바 '조우추취(走出去)' 과정에서 중국 내 법률의 미비함, 혹은 중국의 제도 환경에 대한 불신으로 중국 기업들의 신뢰도를 의심하는 경우가 있으며, 반대로 중국에 진출하는 해외 기업이나, 단체, 개인은 여전히 자신들의 권리가 보장되지 않는다는 염려를 하기도 한다. 이러한 상황에서 중국이 국제사회의 룰 메이커로서 역할을 한다는 것은 불가능하며, 이러한 의심과 의혹을 떨쳐버리기 위해서는 중국이 스스로의 법률과 제도를 정비하여 그 신뢰도를 높일 필요가 있다.

한편 중국 내부의 안정을 위해서도 법률과 제도의 정비는 매우 중요한 과제이다. 중국은 근 40년에 걸친 고속성장 시기를 지나 본격적인 중속성장, 이른바 '신창타이(新常态)' 시대를 맞고 있다. 고속성장 시기 태동된 지역갈등, 빈부격차, 세대 간 갈등과 같은 여러 사회문제들은 성장이라는 빛에 가려 크게 드러나지 않았지만 성장이 둔화되면서 점차 그 갈등이 표출되어 사회적 문제로 제기되는 과정에 있다. 최근 중국이 지속적으로 '안정(稳定)'을 강조하는 것은 이러한 배경에서 기인한다. 이러한 복잡하고 어려운 사회문제들을 적절하게 관리하고 해결하기 위한 핵심조건은 논리적이고 합리적이며 안정적인 사회 시스템을 수립하여 이를 통하여 해결하는 것이다. 중국의 사회 안정은 향후 지속적인 경제성장의 가장 중요한 요건이라는 점에서 법률과 제도의 정비는 중국 정부의 확고한 정책적 지향점이라고 볼 수 있다.

## 3. 중국법의 문제와 그 전망

### 중국법의 문제들

앞에서 논의한 바와 같이 중국이 법률과 제도를 정비해야 하는 것은 이론적 당위뿐만 아니라 실질적인 필요성에서도 매우 큰 의의를 가지고 있으며, 이에 대한 중국 정부의 의지도 확고하다. 문화대혁명 직후인 1978년 11대 3중전회에서 이미 '사회주의 법제건설'이 제기되었고, 1997년 15대 공산당 대회에서는 '의법치국을 추진하여 사회주의 법치국가를 수립'할 것을 천명한 바 있으며, 이러한 내용은 1999년 헌법 개정에 반영되어 현행 헌법 제13조는 "중화인민공화국은 의법치국을 시행하여 사회주의 법치국가를 건설한다(中华人民共和国实行依法治国,建设社会主义法治国家)"라는 규정을 두어 법치국가 건설을 중국의 국가적 목표의 하나로서 명확히 하고 있다. 이후 2002년에 열린 16대 당대회에서는 "당의 영도, 인민이 주인이 되는 국가, '의법치국'의 원칙을 유기적으로 통합한다."고 하였고, 17대 당대회에서는 '의법치국'을 전면적 소강사회(小康社会)[2] 건설을 위하여 필요한 요구사항으로 설정하였으며, 18대 당대회에서는 기존의 내용을 재확인함과 동시에 '전면적인 의법치국의 추진', '사회주의 법치국가의 조속한 건설'을 구체적인 추진방향으로 제시하였다. 특히 2008년에는 중국 법치사회 건립에 대한 백서인 '중국의 법치건설(中国的法治建设)'이 발표된 바 있고, 2014년에는 '중국공산당 중앙의 전면적인 의법치국 추진의 중요문제에 대한 결정(中共中央关于全面推进依法治国若干重大问题的决定)'이 발표되어 현재까지의 중국의 입장을 정리하는 동시에, 향후 구체적인 정책목표와 추진방향을 체계적으로 정리한 바 있다.

그렇다면 먼저 현재의 중국법은 어떠한 문제들을 가지고 있는가? 중국법제는 중국의 확고한 의지와 지속적인 개선에도 불구하고, 중국의 독특한 정치 체제와 역사 및 경험의 부족으로 인하여 적지 않은 문제점들을 가지고 있다. 이를 입법, 사법(司法), 행정으로 나누어 간단히 살펴보면 다음과 같이 정리할 수 있다.

첫째, 입법영역의 가장 큰 문제는 제 역할을 하지 못하는 전국인민대표대회이다. 전국인민대표대회는 우리의 입법부, 즉 국회에 해당하는 기관이다. 그러나 적어도 헌법과 법률의 규정에 따르면 우리의 국회보다 더 큰 권한을 가지고 있다. 먼저 중국 전인대는 중국의 '최고 권력기관'으로서(중국 헌법 제57조) 헌법의 개정권한을 가지고 있을 뿐만 아니라, 우리의 국회가 행정부나 사법부와 동일한 지위를 갖고 상호 견제하는 삼권분립의 한 축으로서 역할하고 있다면, 중국 전인대는 행정부나 사법부보다 명확하게 우위의 지위를 갖고 이들을 감독하고 통제할 권한을 가진다. 예를 들어 전인대는 국가주석, 국무총리, 부총리(이상 행정부), 최고인민법원장, 최고인민검찰원장(이상 사법부)에 대한 임명 및 파면에 대한 권한을 가지는데 이것은 우리 국회가 대통령, 대법원장 등 제한된 인원에 대해서만 탄핵심판 청구의 권한만 인정되는 것과 비교하면 우리 국회보다 더 큰 권한을 부여받고 있음을 알 수 있다. 그러나 중국 전인대가 실제 시진핑 주석이나

---

2) '소강사회'란 이른바 먹고 사는 문제의 해결, 즉 원바오(温饱) 문제를 해결하는 단계와 부유한 공산사회의 중간의 단계를 가리키는 것으로 모든 중국인이 중등 수준의 생활수준을 갖는 단계를 가리킨다.

리커창 총리를 파면할 것이라고 믿는 사람은 없다. 헌법상 막강한 권한을 부여받고 있음에도 불구하고 이제까지 전인대는 당에서 결정한 사항을 국가적 차원에서 승인하는 역할만을 해 왔다. 심지어 '2선후퇴(退二线)'라고 하여, 전인대가 현직에서 은퇴한 고위 간부를 예우하는 일종의 명예직으로 여겨지는 풍토가 여전히 존재하는 것도 사실이다. 다만 최근에는 전인대의 역할을 강화, 정확하게 말하자면 원래 가지고 있는 권한을 실질적으로 행사하도록 노력하고 있으며, 실제 일부 법안에 대한 토론을 진행하는 등 개선의 흐름이 엿보이고 있다. 그러나 현재 시점에서 전인대가 여전히 제 역할을 하고 있지 못하고 있음은 분명하며, 이것은 중국법률의 발전에 가장 큰 문제점이라고 할 수 있다.

입법영역의 또 다른 문제점으로는 입법의 논리성과 체계성이 부족하다는 점이다. 일반적으로 법률과 법규는 헌법과 입법부에서 제정하는 법률, 대통령이나 정부 부서와 같은 정부 기관이 제정할 수 있는 명령, 지방자치단체가 제정하는 조례로 구분된다. 그러나 중국은 정확한 구분을 하지 않고 전인대에서 '조례'의 명칭으로 통과시킨다거나 혹은 국무원에서 '법'의 명칭으로 발표되는 체계적이지 못한 부분이 여전히 존재한다. 대표적인 예가 중국 호구제도[3]의 통칙법에 해당하는 '호구제도 등기조례'로, 이것은 전인대에서 통과되어 법률의 제정과 같은 절차를 따랐으나 명칭을 '조례'로 하여 이것이 절차에 따라 법률과 같은 효력을 갖는 것인지, 혹은 명칭에 따라 조례로서 효력을 갖는지에 대하여 이견이 있다. 이와 같이 법원성(法源性), 법률 적용의 우선순위 등에 차이가 있기 때문에 법률이나 조례 등의 구분에 따라 다른 절차를 거쳐 다른 효력을 갖도록 하고 있는데, 중국에서는 이 부분이 규범화되지 않아 여러 문제가 발생하고 있다. 다만 2000년 입법과정과 절차, 권한 등에 대한 통칙법인 '중화인민공화국 입법법(中华人民共和国立法法)'이 입법된 이후 이러한 문제들은 상당부분 해소되었으며, 최근 제정된 법률은 이러한 문제가 발생하지 않는다. 그러나 과거 입법절차나 권한 등에 대한 명확한 규정이 없던 시기 제정된 법률이 여전히 존재하고,

3) 중국 호구제도는 중국의 독특한 호적관리제도로서 일반적인 인구의 출생, 이동 등을 관리하는 일반적인 모습에 더하여 도시 및 농촌 호구로 주민을 구분하고, 이에 따라 인구의 이전을 엄격하게 제한한다는 점에서 여러 문제점을 발생시키고 있다.

또한 '방법(办法)', '규정(规定)' 등 다수의 소위 '규범성 문건'이 혼재되어 있는 중국법률의 체계의 문제의 해결에는 향후 상당한 시간이 소요될 것으로 보인다.

둘째, 사법영역의 문제점으로서는 무엇보다도 사법부의 독립성이 보장되지 않는다는 점이다. 사법부의 독립은 법치사회 건설의 최소한의 전제라는 점에서 매우 핵심적인 조건이지만, 중국 사법부의 독립은 여전히 요원한 것이 현실이다(후술).

이 외에 중국 사법영역의 큰 문제점은 헌법재판에 대한 규정이 미비하다는 점이다. 예를 들어 중국 호구제도는 해당 도시의 호구를 취득하지 못하면 정상적인 취업과 생활이 불가능하게 하여, 국민으로 가지는 거주·이전의 자유, 노동권, 평등권 등을 침해하는 것으로 볼 수 있다. 만일 이렇게 해당 지역의 호구가 없다는 이유로 인하여 취업의 기회를 박탈당하고 모든 사회보장제도로부터 배제되는 등의 차별이 한국에서 발생된다면, 우리는 침해된 기본권을 헌법재판의 과정을 통하여 구제받을 수 있다. 다시 말하면 법률이 기본권을 침해하거나 혹은 하위법령이 상위법에 위배되면 우리는 헌법재판이라는 절차를 거쳐 바로잡을 수 있으며, 이는 실질적으로 법률이 체계적으로 제정되고 시행되는데 매우 의미 있는 역할을 하게 된다. 즉 위헌적인 법률은 제정될 수 없도록, 상위법에 위배되는 하위 법령은 시행되지 않도록 감독하는 것이 바로 헌법재판의 역할인 것이다.

그런데 중국에는 이 헌법재판에 대한 절차가 매우 미비하다. 헌법은 헌법실시에 대한 감독, 즉 헌법재판의 권한을 전국인민대표대회 및 전국인민대표대회 상무위원회가 갖도록(중국 헌법 제62, 67조) 규정하고 있으나 그 구체적인 절차에 대해서는 규정도 없고, 역사상 헌법재판의 선례도 존재하지 않는다. 즉 호구제도와 같은 특정한 법률이나 제도가 위헌이라고 보여진다고 해도, 이것이 위헌인지 여부에 대한 판단을 구할 수 있는 절차가 존재하지 않으며, 위헌 여부가 확정되지 않는 이상 이에 대한 구제도 근본적으로 불가능할 수 밖에 없다. 결국 기본권에 대하여 얼마나 치밀하게 규정되어 있음과는 무관하게 이를 실질적으로 보장받을 수 있는 기제는 존재하지 않는 데 이것은 중국법의 제정과 시행, 나아가 법률 집행의 안정성에까지 영향을 미치는 대단히 중요한 흠결이라고 할 수 있다.

셋째, 행정 영역에서는 앞서 언급한 바와 같이 과도한 행정재량권이 문제가 된다. 광범위한 영역에서 상당한 개선이 이루어졌음에도 불구하고 중국의 행정편의적 입법태도와 이로부터 발생하는 행정의 비효율성, 과도한 행정재량권으로 인한 문제들은 여전히 존재한다. 특히 과도한 행정재량권은 곧 '꽌시'로 대표되는 부정 및 부패 발생의 개연성을 높인다. 수많은 개선에도 불구하고 규정된 절차와 범위를 따르지 않는 행정처리는 여전히 팽배해있으며, 이를 해결하지 않고서는 법치사회의 건설은 요원하다는 점에서 반드시 지속적인 개선이 필요한 부분이라고 할 수 있다.

한편, 무분별하고 규범화되지 못한 소위 '규범성 문건'의 과도한 활용은 중국 행정역역의 대단히 큰 문제라고 할 수 있다. 중국에서는 헌법과 법률 이외에 명령, 규장, 결정 및 지방성 규정 등 다수의 '규범성 문건'이 존재하는데 이들 문건의 법적 효력이나 적용 순서 등에 대해서 논란이 존재한다. 더욱이 규범성 문건의 경우 법률과 달리 그 제정 권한이나 절차가 명확하지 않기 때문에 각 부문이나 혹은 각 지역별로 동일한 내용이 상충되기도 하는 등의 문제를 가지고 있다. 특히 이러한 규범성 문건이 지나치게 많다는 점은 중국법의 매우 큰 문제의 하나라고 할 수 있다. 일부 학자는 중국의 행정의 85%가 법률이 아닌 규범성 문건에 의하여 진행된다고 주장한 바 있다. 이러한 비규범성은 행정의 안정성을 크게 떨어뜨린다는 점에서 반드시 개선되어야 할 부분이며 입법법을 비롯한 여러 개선이 추진되고 있으나 이 역시 상당한 기간이 소요될 것으로 예상된다.

위와 같이 중국법의 문제점은 여전히 적지 않으며, 일부 문제점들은 단시간 내에 해결되기 어려운 문제들이다. 반면 중국의 법제 개선 의지가 확고한 만큼 많은 부분에서 이미 가시적인 성과도 적지 않으며 향후 개선도 충분히 기대할 수 있다. 결국 현재시점에서 중국의 법률과 제도는 '여전히 부족하지만 분명히 제한적으로 좋아질 것이다'라고 평가하는 것이 정확할 것이다. 그리고 '제한적'의 의미, 즉 향후 개선이 분명함에도 불구하고 완벽한 개혁은 기대할 수 없는 요인에 대하여 구체적인 예를 통하여 살펴보고자 한다.

## '의법치국' vs 중국의 '의법치국'

중국의 법률과 제도 정비는 '의법치국'의 실현 혹은 '법치사회건설'으로 구체화되고 있다. 특히 중국이 가장 최근인 2014년 발표한 '중국공산당 중앙의 전면적인 의법치국 추진의 중요문제에 대한 결정(中共中央关于全面推进依法治国若干重大问题的决定, 이하 '결정'이라 한다)'을 살펴보면 현재 중국이 추진하고 있는 '의법치국'의 주요한 내용을 살펴볼 수 있다.

먼저 '결정'은 중국특색의 사회주의를 지키기 위한 본질적인 필요사항이자 이를 보장하는 수단이며, 국가의 통치체제와 통치능력의 현대화를 위한 필연적 요구로서 '의법치국'을 인식하고 있다. 전면적인 '의법치국'의 추진은 중국특색의 사회주의 법치체계를 수립하고 나아가 사회주의 법치국가를 건설하는 것을 목표로 ① 공산당 영도, ② 인민의 주체적 지위, ③ 법률 앞에서 만인의 평등, ④ '의법치국'과 덕치(德治)의 결합, ⑤ 실제 중국 상황과의 부합이라는 다섯 가지 원칙을 제시하고 있다. '결정'의 주요한 내용은 다음과 같이 정리할 수 있다.

<'결정'의 주요 내용>

1. 헌법을 핵심으로 하는 중국 특색의 사회주의 법률체계를 수립하고 헌법의 실시를 강화
   - 헌법 실시와 감독제도 개선
   - 입법체제의 개선
   - 과학적 입법, 민주적 입법의 추진
   - 중요영역의 입법 강화

2. 법률에 의한 행정의 집행을 통한 법치정부의 건설
   - 법률에 의한 정부직능 수행
   - 행정집행체계 개선
   - 공정하고 문화적인 법집행의 규범화 추진
   - 행정권에 대한 감시와 감독 강화
   - 국가사무의 전면적인 공개

3. 공정한 사법(司法)의 보장과 사법 공신력의 제고

- 독립되고 공정한 재판권 및 검찰권 제도 수립
- 사법권 분배의 개선
- 엄격한 사법 집행
- 사법권 행사 과정의 인민의 참여 보장
- 사법과정 중 인권 보장의 강화
- 사법활동에 대한 감독 강화

4. 전민의 법치의식 제고와 법치사회의 건설

- 법률의식 제고
- 사회 전반에서 법률의 지배를 실현
- 법률서비스 체제 수립
- 법률에 따른 권리의 보호와 분쟁 해결기제 수립

5. 법치업무대오(法治工作队伍) 건설 강화

- 법률 전문가 양성
- 법률 서비스 강화
- 법률 전문가 양성 강화

6. 전면적 의법치국 추진에 있어서 당의 지도력 강화

- 준법집행의 견지
- 당내 규칙과 제도의 건설
- 당원간부의 법치사유와 법률에 따른 업무수행능력 제고
- 기층으로부터의 법치화 추진
- 군(軍) 내 법치화 추진
- 일국양제 실천과 조국통일의 추진
- 섭외 법률업무 강화

‘결정’은 입법, 사법, 행정뿐만 아니라 법치사회 건설을 위한 선전과 보급, 의식 제고를 비롯하여 법률 전문가 양성이나 군 내의 법치건설과 같이 매우 방대하고 전면적인 영역에서의 다양한 추진과제들을 담고 있다. 특히 그 구체적인 내용들을 살펴보면 단순한 구호가 아니라 실질적인 개선이 이루어질 수 있을 것이라는 기대를 품게 한다. 앞에서 분석한 중국법의 문제인 전국인민대표대회의 실질적인 입법권 보장, 헌법재판제도의 수립, 입법절차의 개방과 전문성 제고 등의 과제는 현재 중국법의 문제에 대하여 매우 정확하게 인식하고 있음을 보여준다. 또한 엄격한 법률의 집행을 강조하여 ‘법률이 규정한 절차에 의한’ 정책결정 기제를 수립하며, 행정권에 대한 견제와 감독이 강화 및 전면적인 국가사무를 공개원칙을 시행하여 중국 정부에 남아있는 인치적 요소를 제거하고 나아가 감독을 강화하여 부정과 부패를 방지한다는 점에서도 매우 적절한 정책적 목표라고 할 수 있다. 사법영역의 개혁과제를 살펴보면 최근 교통과 통신의 발달로 인하여 다수의 성(省), 시(市)에 걸쳐 사건이 발생하는 경우 많은 법원에서 관할(管辖)을 이유로 재판을 수리하지 않아 재판받을 권리마저 박탈당하는 고질적인 문제를 해결하기 위하여 최고인민법원 순환법정을 설립하고, 입안심사제(立案审查制)에서 입안등기제(立案登记制)로 변경하여 실질적인 재판권을 보장하는 한편, 판사의 신분보장을 통한 재판의 독립 추구, 죄형법정주의·무죄추정의 원칙·불법증거 배재의 원칙 등 매우 당연한 원칙이지만 중국에서 지켜지지 않던 원칙에 대하여 명확하게 지적하고 이를 준수하겠다고 밝힌 것은 매우 긍정적으로 평가할 수 있다. 심지어 일부 내용은 지나치게 급진적으로 보여 지는 부분도 존재한다. 즉 판결에 대한 책임을 강화하여 해당 판결을 내린 판사에게 종신책임제를 시행하겠다는 것이다. 우리의 법원이 잘못된 재판에 대하여 사과하는 전례도 거의 존재하지 않고, 더욱이 개인에게 책임을 추궁하는 사례는 찾아보기 힘들다는 점에 비추어보면, 판사 종신책임제의 취지에는 공감하지만 실질적인 실현가능성이 의심될 정도로 강력한 의지를 보이고 있다.

이와 같이 ‘결정’의 주요한 내용을 살펴보면 대체로 정확한 문제의식에 근거하여 매우 적확한 개선과제를 제출하였다고 평가할 수 있다. 그러나 ‘결정’의 여섯 번째 내용, 즉 당의 지도적인 역할은 그 성공을 쉽게 예상할 수 없게 한다. 당의 지도적인 역할이란 ’의법치국’의 추진 과정에서 당이 지켜야할 내용을 담은 것으로 준법집행의 견지, 당내 규칙과 제도의 건설, 당원 간부의 법치의식과 법률에 따른 업무수행 능력의 제고, 기층의 법치화, 군(軍)내 법치화 추진 및 '일국양제(一国两制)[4]'의 실천과 조국통일의 추진, 섭외 법률업무의 강화를 들고 있다. 이는 주로 당 내부의 법치화를 뜻하는 것으로 중국 공산당 내부의 규칙과 제도를 완비하고 또한 당 간부들의 교육을 강화하여 기층으로부터 법치사회 건설을 추동하겠다는 것이다. 특히 기율과 법률에 따라 형식주의, 관료주의, 향락주의, 사치풍조의 반대를 천명한 것은 '의법치국'이 또한 당내 정풍운동과도 연결되어 있음을 시사한다. '의법치국'의 추진에 이른바 '사풍문제(四风问题)'가 언급된다는 것은 '의법치국'이 단순히 국가적 수준의 법률과 제도의 정비를 뜻할 뿐 아니라, 중국 공산당 당내 법치화부터 시작되는 당과 국가를 아우르는 전체적인 시스템의 정비로 인식하고 있는 것으로 이해할 수 있다.

또한 여기에서 다시 한 번 '의법치국'의 의미를 생각해볼 필요가 있다. '일반적으로 '법의 지배(Rule of Law)' 혹은 '법치국가(Rechtstaat)'는 사람의 지배나 자의적 지배와 달리 객관적인 준칙으로서 법률의 지배를 뜻한다. 즉 국가는 객관적인 법률에 따라야 한다는 점에서는 입법, 사법, 행정 영역의 개선은 물론 법치의식 제고와 인재양성까지 아우르는 중국 '의법치국'의 주요 내용은 이와 부합하는 측면이 있다. 그러나 '법의 지배', '법치국가' 이론은 근본적으로 권력에 대한 통제로서 발전된 이론이라는 점을 살폈을 때, '법의 지배'와 중국의 '의법치국'은 명확한 차이가 존재한다. 즉 전통적인 이론에서는 그 자리가 없는 중국 공산당이 중국 '의법치국'의 핵심적인 부분으로 존재하고 있다. "당이 지도적인 역할을 하는 것은 중국특색 사회주의의 가장 본질적인 특징으로, 사회주의 법치의 근본적인 보증이다(党的领导是中国特色社会主义最本质的特征 ,是社会主义法治最根本的保证)", "당의 영도와 사회주의 법치는 일치되는 것으로, 사회주의 법치는 반드시 당의 영도를 견지하며, 당의 영도는 반드시 사회주의 법치에 따라야 한다(党的领导和社会主义法治是一致的 ,社会主义法治必须坚持党的领导 ,党的领导必须依靠社会主义法治)"와 같은 시각은 전형적으로 국가와 당을 동일한 존재로 인식하는 것으로 보인다. 또한 '의

4) 하나의 국가 두 개의 체제라는 뜻으로 중국이라는 하나의 국가 내에서 자본주의 체제인 홍콩, 마카오, 대만을 그대로 인정한다는 중국 정부의 통일원칙을 말한다.

법치국' 추진의 제1원칙을 '당의 영도'로 규정함으로써 공산당은 감독받고 통제되는 권력이 아닌 이를 추진하는 주체로서만 자리 잡고 있다. 결국 당의 지도적 지위와 '의법치국'은 서로 양립할 수 없기 때문에 중국의 '의법치국'은 일정한 한계가 있는 것이다. 결국 중국 '의법치국'의 주요 내용은 긍정적으로 평가한다고 하여도 형식적 법치주의의 실현, 즉 입법·사법·행정 등 각 분야에서의 제도개선을 통한 국가 운영의 제도화라고 평가할 수 있다. 따라서 '의법치국'이 제시하는 개선과제들은 중국의 법률과 제도를 상당부분 개선할 것으로 기대할 수 있지만, 반대로 근본적인 개혁과 변화는 어려울 것으로 전망할 수 있다.

## 개혁은 매우 복잡한 문제, 사법독립의 예

한편 또 다른 측면에서 '의법치국'의 주요 개선과제는 비록 정확한 문제의식과 개선방안일지라도 반드시 성공을 보장하기 어렵다. '의법치국'의 주요한 내용들은 대부분 오랜 기간 동안 지속적으로 비판과 논의가 있었던 것으로 그 개선방향 역시 비교적 명확하였다. 이를 반대로 말하자면 이미 문제가 분명하게 제기되었고 이에 대한 해결방향 역시 명확하였음에도 불구하고 쉽게 해결할 수 없을 만큼 복잡하고 어려운 문제였다. 이것은 사법독립의 예를 들면 보다 분명하게 알 수 있다.

공정한 재판이 담보되지 않는다면 법을 준수할 의미가 없다는 점에서 공정한 사법은 '의법치국' 추진과정의 대단히 중요한 전제이다. 그리고 공정한 재판을 위해서는 사법절차의 공신력을 높이고, 나아가 사법부의 독립을 보장할 필요가 있다. '결정'도 이에 대하여 재판의 독립을 강화하고, 판사 및 검사의 신분을 보장하며, 소송 참여인의 알 권리를 보장하는 등의 다양한 개선과제를 제시하고 있다. 그러나 중국 사법독립의 문제는 단순히 몇 가지 정책으로 보장이 가능한 것이 아니고 여러 법률은 물론 헌법의 개정까지도 필요한 사항이다.

먼저 중국의 권력구조는 서구의 삼권분립과 달리 전국인민대표대회 및 각급 인민대표대회가 최고 권력기관으로서 권한을 갖는다. 각급 법원과 검찰은 당해 인민대표대회에 '책임을 지며(负责)' 각급 인민대표대회는 법원과 검찰의 주요 인

그림 3. 의법치국 선전물을 보고 있는 시민들
[출처] 신화사

원에 대한 임면권을 가진다(중국 헌법 제62,63조, 128조). 이렇게 전국인민대표대회, 즉 의회가 우월적인 지위를 갖기 때문에 형사사건의 처리에 있어서는 인민법원과 인민검찰원이 '업무를 분담하고 협조하여' 처리하도록 하는 규정(중국 헌법 제135조)이 가능하게 되는 것이다. 또한 사법부의 독립에 대한 규정인 중국 헌법 제126조는 인민법원은 법률에 의하여 독립적으로 심판권을 행사하며, "행정기관이나 사회단체 및 개인의 간섭을 받지 않는다."라고 하여 재판 자체의 독립보다는 사법부의 권한에 대한 독립을 보다 강조하는 규정을 두고 있는데, 진정한 사법부의 독립을 위해서는 이러한 규정을 모두 수정해야만 한다.

법률 수준에서도 사법부의 독립을 저해하는 규정과 제도들은 상당하다. 대표적인 것이 '중화인민공화국 법원조직법(中华人民共和国人民法院组织法)' 제10, 13조 등이 규정하는 심판위원회이다. 심판위원회(审判委员会)는 각급 법원장이 주재하고 동급 검찰원장이 배석할 수 있는 일종의 자문기구라고 할 수 있다. 주요한 직무로는 재판 경험의 축적, 중요하거나 어려운 사건의 처리에 관한 토론, 기타 법원 사무에 관한 사항에 대한 토론(중국 법원조직법 제10조)를 비롯하여 재심의 수리 결정여부(동법 제13조) 등을 결정할 수 있다. 그러나 재판 관련 사무 이외에 어려운 사건의 처리에 관한 토론이나 재심 수리여부의 결정 등은 재판에서 다루어지고 판단되어야 하는 사항으로 실질적으로는 심판위원회가 재판의 독립을 침해하고 있다고 볼 수 있다. 결국 실질적인 재판의 독립과 사법부의 독립을 보장하기 위해서는 단순히 몇 가지 제도의 개선으로 가능한 것이 아니고 헌법을 비롯한 법률과 제도, 나아가 법관과 사람들의 인식의 변화를 포함한 제도 및 비제도적 요소의 대대적인 개선이 필요하다.

결론적으로 중국 '의법치국'이 제시한 개선과제들이 매우 정확하고 구체적임에도 불구하고 단순하게 일부 법률이나 제도의 개선만으로 소기의 목적을 달성하는 것은 매우 어렵고, 진정한 '의법치국'의 실현을 위해서는 단순히 일부의 법률과 제도를 수정하는 것이 아닌 법률 시스템 전반의 대대적인 개혁이 필요하다. 또한 성공한다고 하여도 상당한 기간과 지난한 과정을 피하기 어려울 것이다.

## 4. 맺음말 : 민법총칙에서 살피는 중국법의 미래

앞에서 중국의 법률이 발전되고 정비되면서 현재에 이르는 과정을 살펴보았고, 현재 중국법의 문제와 중국 '의법치국'에서 나타난 중국 법제개혁의 로드맵 및 그 전망과 한계에 대해서도 살펴보았다. 중국은 아직까지 법률 선진국이라고 하긴 어렵지만 그 발전 속도가 매우 빠르고 적극적으로 법제 개혁을 추진하고 있어 그 전망은 대체로 밝다고 할 수 있다. 그러나 상당한 기간 동안 법률과 제도가 미비한 상태에 머물러 있음으로 인하여 입법·사법·행정 등 전 분야에 여러 문제점들이 상존하고 있고, 이를 해결하는 데는 상당한 기간과 노력이 필요할 것으로 전망할 수 있다. 또한 중국의 '의법치국'은 실질적인 법치주의의 건설보다는 형식적 법치주의의 실현에 가까운 의미, 즉 국가 운영의 제도화라는 의미가 강하다는 점에서 그 한계가 분명하고 또한 법치주의가 통치자에 대한 통제를 위한 이론이라는 점에서 중국 공산당은 '의법치국'의 집행자로서 자리하고 있다는 근본적인 한계도 지적할 필요가 있다. 그러나 구체적인 문제에 대한 '

의법치국'의 관점은 매우 정확하며, 그 개선과제 역시 매우 적확하게 제출되어 실질적인 부분에서는 상당한 개선을 기대할 수 있을 것으로 예상된다. 그렇다면 중국법은 향후 어떻게 발전될 것인가? 그 단초를 2017년 10월부터 시행되는 '중화인민공화국 민법총칙(中华人民共和国民法总则, 이하 '민법총칙')'의 제정과정과 특징에서 찾고자 한다.

'민법총칙'은 이전의 '민법통칙'과는 다른 법률이다. 중국은 건국이후 수차례 민법전을 제정하고자 하였으나 법률 지식의 미비와 정치적 격변으로 인하여 제정에 실패하고 개혁개방 이후 1986년에야 '민법통칙'을 제정하게 된다. 개혁개방이 심화되고 개인의 재산권에 대한 보장이 중요해짐에 따라 민법전의 필요성이 제기되었는데, 대륙법계에서 말하는 일반적인 민법전의 구성, 즉 민법총칙-물권-채권-가족법으로 구성된 민법전 모두를 제정하는 것은 역량이 부족하였다. 따라서 중국은 먼저 민법통칙을 제정하여 시행하고 '물권법'(2007), '계약법'(1999), '불법행위법'(2009) 등을 차례로 제정하게 된다. '민법통칙'이 먼저 제정됨에 따라 '민법통칙'은 전통적인 민법총칙이 담고 있는 내용에 더하여 물권법이나 채권법, 심지어 일부 소송법에서 다루어져야 할 내용까지 포함하고 있었다. 2009년 '불법행위법'을 끝으로 민법전의 각 부분의 입법이 완료되면서 통일 민법전의 제정작업이 다시 시작되었으며, 그 첫번째 작업으로 '민법총칙'이 2017년 3월 전인대를 통과하여 10월부터 시행을 앞두고 있다.

중국 '민법총칙'은 여러 가지 특징이 있으나 대부분의 최신 법 이론들을 현지화하여 수용하였으며, '21세기 민법전'으로서 새로운 시도도 돋보인다. 가장 독특한 것이 바로 '환경보호의 원칙'이다. 중국 '민법총칙' 제9조는 "민사주체는 민사행위를 함에 있어 자원을 절약하고 생태환경을 보호해야 한다."라는 규정을 기본규정 장(章)에 두어 민법 전체를 아우르는 대원칙으로서 천명하였다. 이것은 세계적으로 입법례가 없는 것으로 중국 '민법총칙'이 최초로 규정한 것이다. 아직 실제 판례가 존재하지 않아 예측하기는 어려우나, 구체적으로는 숲에 건물을 건축할 시 이로 인한 환경파괴가 명확하다면 이를 환경보호를 이유로 금지하는 것과 같은 사례를 예상해볼 수 있다. 즉 자원의 절약과 생태환경의 보호를 위하여 재산권에 제한을 가하는 것이 가능하다는 것으로, 환경보호의 문제가 인류의 커다란 과제가 되는 현 시점에서 매우 의미 있는 시도라고 할 수 있다. 그러나 실제 성공 가능성은 매우 희박하다. 재산권의 행사와 생태환경의 보호라는 여러 가치들을 어떠한 기준과 절차에 따라 균형점을 찾을지에 대한 전례가 없고, 또한 손해에 대한 구제와 대상, 범위의 산정 등의 문제는 대단히 다루기 어려운 문제이기 때문이다. 특히나 법 기술적인 측면에서 최고의 수준이라고 할 수는 없고, 법원의 역량도 법률 선진국에 미치지 못하는 중국에서 이를 이론적으로 정리해낼 수 있는 가능성은 매우 낮지만 언젠가 인류가 해결해야할 문제라는 점에서 볼 때는 이러한 시도와 향후 있을 경험은 비록 실패한다고 해도 매우 의미 있는 시도가 될 것이다.

지금 중국의 법률은 대체로 중국 '민법총칙'의 상황과 유사하다. 현재 중국의 법률과 제도는 매우 미비하고 부실한 상태에서 벗어나 이제는 일정정도 안정되고 완정된 구조를 갖추었고, 점차 서구의 새로운 법 이론을 받아들이거나 혹은 스스로의 실정에 부합하는 새로운 법률의 제정을 시도하는 시점에 있다. 법률의 발전이라는 관점에서 봤을 때는 중국은 현재 기준선 위에 있다고 할 수 있다. 향후 중국의 의지와 노력에 따라 중국은 세계적으로 선진적인 법률 규범을 수립할 수도 있지만 반대로 다시 퇴보할 가능성도 상존한다. 그것은 앞서 논의한 바와 같이 법제정비에 대한 중국의 확고한 의지, 정확한 문제의식과 명확한 개선과제의 제출 등과 같은 긍정적인 요인과 오랜 기간 걸쳐 축적된 법률 및 제도의 부정적 요인이 동시에 존재함과 더불어 영원히 놓지 않을 '공산당의 지배적 지위' 등 명확한 한계 요인이 병존하기 때문이다. 다만 분명한 것은 이제 중국이 '인치'의 시대로 돌아가기는 어렵다. 중국은 향후 법률과 제도에 기초하여 운영될 것이며, 법률과 제도의 중요성은 점차 더 높아질 것이 분명하다. 관건은 중국이 법률의 발전을 통하여 진정한 법치사회의 건설을 완성할 것인지, 혹은 공산당을 최정점에 둔 제도화된 국가 운영 수준에 그칠 것인지 여부이다. 결국 중국의 법률은 향후 더욱 역할이 강화될 것임이 분명하고, 이것이 우리가 중국의 법률과 제도에 대하여 지속적으로 관심을 갖고 연구해야하는 이유라고 할 수 있다.

〈추천도서〉

소준섭, 『중국 법의 이해 : 이론과 실제 그리고 역사』, 서해문집, 2016
주중국 대한민국대사관, 『사례로 풀어보는 중국법』, 휴먼컬쳐아리랑, 2015
한대원 외, 『현대중국법개론』, 박영사, 2002
이정표, 『중국회사법』, 박영사, 2008

# 저자소개

## 오승렬

현재 한국외국어대학교 중국외교통상학부 교수이다. 주요 논문으로는 「대만 경제 '중국의존' 현상의 경제적 요인과 함의」, 「중국 소비제약 요인으로서의 관주도형 경제」, 「중국 민영기업 경영구조 양극화 현상」 등이 있으며, 주요 저서로는 『중국의 발전과 거시경제정책』, 『아시아공동체』 등이 있다.

## 김종호

현재 한국외국어대학교 중국언어문화학부 교수이다. 주요 논문으로는 「帶"得"字程度补语句事件意义分析」, 「현대중국어 화제의 두 위치 해석」 등이 있으며, 주요 저서로는 『도표로 보는 정통중국어문법』, 『현대중국어 화제화 이중명사 구문연구』, 『공식으로 읽는 논어명구』 등이 있다.

## 강진석

현재 한국외국어대학교 중국외교통상학부 부교수이다. 주요 논문으로는 「體用으로 본 當代 중국의 大國思惟 : 중국모델과 애국주의 사유를 중심으로」, 「Yulgok's Philosophy and the Establishment of the Theory of Whether Human Nature and Things Nature Are Same of Different」 등이 있으며, 주요 저역서로는 『체용철학』, 『처음 읽는 중국현대철학』 등이 있다.

## 안영은

현재 한국외국어대학교 중국어대학 외래교수이다. 주요 논문으로는 「이소룡(李小龍) 신화는 끝나지 않았다」, 「저항의 즐거움-중국 대중매체 시대의 패러디」, 「사건으로서의 '十年' - 홍콩영화 '十年'에 대한 고찰」 등이 있고, 주요 저역서로는 『수신기(신화란 무엇인가』, 『망각을 거부하라』, 『야만의 시대, 지식인의 길』 등이 있다.

**정광훈**(鄭廣薰)

현재 한국외국어대학교 중국어대학 외래교수이다. 주요 논문으로는 「당대 신라와 고구려인의 월경, 그리고 소설 속 그들의 형상」, 「한국의 돈황문학 연구: 회고와 정리 그리고 제안」 등이 있으며, 주요 저역서로는 『중국문학 속 상인 세계』, 『돈황변문교주(敦煌變文校注)』 등이 있다.

**강수정**

현재 고려대학교 아세아문제연구소 연구교수이다. 주요 논문으로는 「국제 규범질서에서 중국의 역할에 대한 중국 지식인들의 인식과 지향」, 「중국인들의 정치적 신뢰에 영향을 미치는 요인들에 관한 경험적 연구」, 「Domestic Bureaucratic Politics and Chinese Foreign Policy」 등이 있다.

**임원빈**

현재 한국외국어대학교 중국어대학 외래교수이다. 주요 논문으로는 「唐代 詩僧의 禪詩 양상 고찰」, 「韓中 승려 시인 淸虛와 函可의 시가 비교연구」 등이 있으며, 주요 저역서로는 『中國古典 詩世界』, 『晩唐시가와 사회문화』, 『임포 시선(林逋詩選)』 등이 있다.

**정보은**

현재 한국외국어대학교 중국외교통상학부 외래교수이다. 주요 논문으로는 「현대 중국 지식인의 사회적 역할 및 활동공간에 관한 연구」, 「중국 사회 안정과 지식인 공간의 관련성 연구」 등이 있으며, 저서로는 『지식분자와 중국사회』가 있다.

**김인식**

현재 한국외국어대학교 중국외교통상학부 외래교수이다. 주요 논문으로는 「중국 통일민법전 제정의 의의와 전망」, 「중국 국유자본투자·운영회사 연구」, 「중국 국유기업의 새로운 분류법 도입의 의미와 전망」 등이 있다.

# 현대중국학특강

# 현대중국학특강

**초판 인쇄** 2017년 8월 23일
**초판 발행** 2017년 8월 30일

**지은이** 한국외국어대학교 중국연구소
**발행인** 김인철
**총괄 · 기획** 가정준 Director, University Knowledge Press
**편집장** 신선호 Executive Knowledge Contents Creator
**도서편집** 박현정 Contents Creator
**전자책편집** 이리나 e-Contents Creator
**재무관리** 김은혜 Managing Creator
**마케팅 파트장** 백승이 Chief Marketing Creator
**마케팅** 박종원 Marketing Creator
**발행처** 한국외국어대학교 지식출판원
02450 서울특별시 동대문구 이문로 107
전화 02)2173-2493~7
팩스 02)2173-3363
홈페이지 http://press.hufs.ac.kr
전자우편 press@hufs.ac.kr
출판등록 제6-6호(1969. 4. 30)
**디자인 · 편집** (주)이환디앤비 02)2254-4301
**인쇄 · 제본** 네오프린텍 02)718-3111

ISBN 979-11-5901-240-2 93910 정가 22,000원

*잘못된 책은 교환하여 드립니다.



HU:iNE은 한국외국어대학교 지식출판원의 어학도서, 사회과학도서, 지역학 도서 Sub Brand이다. 한국외대의 영문명인 HUFS, 현명한 국제전문가 양성(International +Intelligent)의 의미를 담고 있으며, 휴인(携引)의 뜻인 '이끌다, 끌고 나가다'라는 의미처럼 출판계를 이끄는 리더로서, 혁신의 이미지를 담고 있다.